荔波县志稿

点校本

潘一志　主纂

何羡坤　潘茂金　谭宝刚　点校

《荔波县志稿》点校出版工作委员会

顾　问　尹德俊　中共荔波县委书记
　　　　　叶　霖　荔波县人民政府县长
　　　　　李　洪　荔波县人大常委会主任
主　任　韦鸿敏　荔波县政协主席
副主任　朱丽琼　荔波县政协副主席
　　　　　潘永会　荔波县政协副主席
　　　　　冯发新　荔波县政协副主席
　　　　　胡朝阳　荔波县政协副主席
　　　　　陈培生　荔波县政协副主席
　　　　　何彦超　荔波县政协副主席
　　　　　王兴壮　荔波县政协副主席
　　　　　莫永开　荔波县政协原副主席
　　　　　覃启关　荔波县政协秘书长
主　编　潘永会　荔波县政协副主席
　　　　　卢云辉　贵州民族大学图书馆馆长
副主编　龙文琼　荔波县政协文史委员会主任
　　　　　潘茂金　黔南州文联原主席、潘一志之子
　　　　　谭宝刚　贵州民族大学教授
　　　　　何羡坤　荔波县党史县志编纂委员会办公室原主任、荔波县政协文史委员会原主任

点校出版小组

何羡坤　荔波县党史县志编纂委员会办公室原主任、荔波县政协文史委员会原主任
潘茂金　黔南州文联原主席、潘一志之子
谭宝刚　贵州民族大学教授

潘一志先生（1899-1977）

荔波縣志稿 叁柒

荔波县志手稿

点校说明

一、本县志编纂成书于1944年。

二、自编纂成书以来，尚未交由出版社正式出版之前，本县志曾有两种版本：一种是一九四四年毛笔手写本，计九卷，收藏于荔波县档案馆。另一种是1984年荔波县志办公室钢板刻印本(以一九四四年手抄本照录照抄)，计八卷，分发县直机关若干部，供各个部门志编纂人员阅读以知晓民国时期荔波各类历史概况。

三、本县志是在继承前人有关成果的基础上编写的，如清光绪年间知县苏忠廷、李肇同等人编写的《荔波县志》十三卷以及杨芗蒲编写的《荔波县志》，故本县志里有“采自李稿”“采自杨稿”等字样。

四、为编纂本县志，1943年荔波县政府成立了“荔波县志整理委员会”，县长陈企崇为主任，潘一志为副主任。下设办公室，组成了一个有十人规模的编纂班子，成员有潘一志、李伯纯、吴佩竹、周继光、梁斗书、梁一民、李西长、陈干周、韦植三、高重光等十人，编纂成员各有分工，最后由潘一志总纂。史料征集工作均聘请全县各乡镇长、各学校校长以及热心人士担任。

五、本县志1943年三月开始编纂，1944年十一月成书。当时用毛笔手写两部，一部存放于时任县长处；一部由潘一志保存，新中国成立后转交蒙明儒副县长，后存放于县档案馆。

六、本县志直到1984年才进行第二次刊印，荔波县志办公室为了新编新中国第一部荔波县志，因此钢板刻印一套八卷本，发给分管县领导和征集的各单位编写人员学习。

七、2017年八月由上海古籍出版社出版了由贵州民族大学图书馆和贵州水书文化研究院共同点校完成的繁体本的本县志。该繁体本由于历史原因而省略的文字，在新版中用□符号代替。如需查询省略的字句，可在1944年手抄本和1984年钢板刻印本中查阅。

八、以上七条点校说明，经荔波县政协文史委和贵州民族大学图书馆共同商定并一致同意，以此作为点校出版的依据，特此说明。

荔波县政协文史委员会　　贵州民族大学图书馆

2019年6月

目　录

卷一　地理志

《易》曰："至哉坤元，万物资生。"《白虎通》曰："天地者，元气之所生，万物之祖也。"《释名》曰："土者吐也，能吐生万物也。"土地之关系万物也明矣。《礼记》曰："取财于地。"《申子》曰："土，食之本也。"人生之不可一日无土地也更明矣。

荔邑虽穷乡僻壤，然三千余方公里之幅员，十万生灵，熙来攘往，赖此以生，以养，以葬，其关系又何如耶？至若历代之沿革，疆域之区划，位置之经纬，面积之大小，山川之形胜，气候之温寒，土质之肥瘠，以及关隘津梁，泉塘岩洞，名胜古迹，无一不影响于国计民生，是不可以不志。

首志地理。

建置沿革

荔波县为古荒服地，隋以前无考，唐贞观间属东谢应州地，天宝中为劳、莪等羁縻州，宋置羁縻荔波州。元季、明初为皮、蒙、雷三土司占据。正统间改土归流，嘉靖间设县，属广西庆远府。万历间知县刘邦征始详请建城于时来里之喇轸村(即今时来乡旧县村)，明末废焉。清顺治十六年，知县王家珍详请移县治于方村里袄村(即今方村街)。雍正十年，改属贵州，隶都匀府。乾隆二年，贵州抚部院宪张广泗奏请移县治于今城(见黔志《贵州通志》、《贵州全省地舆图说》、《明史·蛮夷传》及知县赵世纶《在城塘纪事碑》)。民国废府，隶贵州民政司；后隶黔中道，属贵州巡按使；民国六年废道制，直属贵州省长公署；民国十五年改省长公署为省政府，直属贵州省政府；民国二十四年六月，贵州划为“剿匪”区域，设行政督察区。贵州第十一区行政督察专员公署设独山，二十五年三月缩并，改为第八区；二十六年十一月复缩并，改为第二区，仍驻独山，荔波属焉。

附　《黔志》：“东谢应州领都尚、婆览、应江、陁隆、罗恭五县。”

按　《新唐书·地理志》江南道诸蛮州下云：“应江，贞观三年以东谢首领谢元深地置县五：都尚、婆览、应江、陁隆、罗恭。”都尚在故都江县左近，婆览在今荔波县北境水婆及故三合县烂土司地，应江在今榕江县西北平江地，陁隆即今台拱县地，罗恭在今丹江县西雷公山左侧。玄宗开元中，降牂州及琰、庄二州为羁縻州。初牂、琰、庄、充、应、矩六州皆为下州，至是降牂、琰、庄三州皆为羁縻州。其后天宝三载，又降充、应、矩三州为羁縻，始为五十一羁縻之制，亦称之诸蛮州。劳州治在今荔波县东南一百二十里之劳村，莪州治在今荔波县北莪蒲里。宋仁宗庆历四年（民国纪元前八六八年）环州（即今广西思恩县）区希范及荔波峒蛮蒙赶等作乱，明年转运使杜杞大平之（详《大事志》）。皇祐中（民国纪元前八六三至八五七年）于广西宜州置都督府及兵马都监。宜州西境有南丹州、安化州（即唐之抚水州）三州一镇，又有抚水、五洞、龙河、茅滩、荔波等蛮（抚水、安化、五洞、龙河，应均为广西思恩县地，茅滩应即今荔波县南之茅兰地）及陆家砦（应即今南丹县接独山县之六寨）。

附　《贵州通志》：“宋置羁縻荔波州，元属南丹安抚司，明洪武元年并入思恩县，十七年析置荔波县，隶广西庆远府，明末割隶贵州都司，国朝顺治十六年仍属广西，雍正十年改隶贵州都匀府。”

附　《贵州全省地舆图说·荔波县沿革》：“宋为羁縻荔波州，元属南丹安抚司，明洪武十七年析置荔波县，隶广西庆远府。正统十二年改隶南丹州。弘治七年复隶庆远府。国朝雍正十年改隶贵州都匀府，县辖十六里。”

附　《明史·蛮夷传》："（永乐二年），荔波县民覃真保上言：县自洪武至今，人民安业，惟八十二洞瑶民未隶编籍，今闻朝廷加恩抚绥，咸愿为民，无由自达，乞遣使招抚。乃命右军都督府移文都督韩观遣人抚谕，其愿为民者，量给赏赉，复其徭役。"

附　知县赵世纶《在城塘纪事碑》："荔波，古百粤溪洞之地，苗蛮六种，聚族而居，各分头目为埲，总计有十六埲，即今之十六里也。汉、唐以前，无乘志可考。宋时曾置荔波土州。元季、明初，为皮、蒙、雷三土司割据。至正德间改流，嘉靖间设县，属粤西之庆远府。万历初，知县刘邦征始详请建城于时来里之喇轸村，即今俗所称旧县地也。明末，知县王君莅任，以诸苗不法，详请剿洗，而喇轸之县治废矣。本朝顺治十六年，知县王君家珍请改建县治于方村之袄村，招异省汉民数家，以充役使，编缉钱粮，羁縻各里。然而规模草率，因陋就简，虽称县治，实同村落。此历来建置废兴因革之大略也。其风俗习尚，类皆家藏枪械，恣意仇杀，藐玩王章，轻视官宰。如知县胡君苍睿于康熙二年，奉檄莅任，路经水岩，苗民恐其止宿骚扰，纠集凶党，群行不法，官吏粮役，俱遭惨毒。此其凶暴之尤者也。虽旋经官兵剿洗，然自兹以后，受任斯邑，莫不心怀畏缩，裹足不前。或借寓于庆远府城，间有亲至者，皆请南丹土兵防护。人视荔波为化外，官目荔波为畏途。所以改土已逾二百余年，而风不能遽易，习不能遽改云。雍正十年，因荔波接近贵州新辟苗疆，改归黔省，隶都匀府属。十三年苗疆多事，蒙总督部院张题请粤西官兵驻荔防范，四境借以宁谧。又以苗民凶悍，拥有枪械，乾隆元年，复蒙督宪檄委都匀太守孙讳绍武协同都司林君焕奎，宣扬威德，谕缴兵械。苗民投献恐后，阅二月而事竣，枪刀标弩各收至万余。乾隆二年，又蒙抚部院宪张于苗疆善后事宜案内题设荔波营，驻兵八百，以游、守二员，千总、把总六员统辖之。复以方村县治偏在一隅，难以控制，委员相度形势，得古喇轸旧县对门河之蒙石里，地既适中，形复宽敞，而县治基址定焉。基内田亩房屋，悉给价值迁居之费，共给帑银柒百玖拾余两。三年八月，起建城工，至五年三月告成。周围五百二十六丈，约三里二分，共费帑银贰万壹千两。又建立祠坛庙宇、衙署营房，设学劝课，演武宣威。制度既已宏远，地势又复平旷。向之草率简陋者，规模为之一变。从此化行俗美，政简刑清，俾边僻苗方，渐致于变时雍之治，实于是焉基之。其可无纪以志厥颠末欤？是役也，创始则邑宰吕讳瑛，继事则邑宰金讳明基，督理则八寨司马陈讳于中，协办则游戎李讳勋，守戎万讳安，县佐方讳时宝，儒学戎讳辅，县尉鲁讳志仪，部司李讳正吉、陈讳照先、李讳正魁、张讳少卿、张讳奇杰、吴讳德瑗暨外部司等，均著劳绩。余于乾隆四年秋七月奉檄委署县篆，尔时城工尚缺迨半。然典章具在，率循非难。因得勉从诸君子略为措置，以终厥事焉。荔邑偏居一隅，素无志乘，故当落成之日，为之备述始末，立词于石，以俟后之君子备考云。乾隆五年四月　日记。”

按　碑在北门外神道碑附近，字迹虽模糊，细读之，尚可认识。

按　《黔志》、《贵州通志》、《贵州全省地舆图说》、《明史·蛮夷传》及赵世纶《在城塘纪事碑》等所载，自宋以后，沿革均有出入。惟以《在城塘纪事碑》系乾隆五年四月立，以地则亲历其间，以时则距明未远，得之传闻较真，故采焉。

位　置

经纬度

荔波全县占伦敦子午线东经一百零七度四十七分三十秒至一百零八度三十三分三十秒，北纬二十五度七分四十秒至四十三分四十秒。在贵州全省东南角偏南端，界桂省。黔桂公路未开之前，为省防重要门户，亦黔、桂交通孔道也。县城位全县中央而稍偏西南。占东经一百零八度三分三十秒，北纬二十五度二十三分三十秒。

经纬度系按亚新地学社欧阳缨著《本国分省精图》推算。惟据三十年十月贵州省政府制《贵州省概况统计》载荔波治所位置东经一百零七度五十五分二十秒，北纬二十五度二十九分四十秒。因无精确测算，特附录待考。

海　拔

荔波县海拔根据亚新地学社欧阳缨著《本国分省精图》载本国高度表，荔波系在四百公尺至一千公尺之间；又据地质学博士丁文江经过荔波口称："荔波海拔在四百二十公尺左右。"惟查三十年十月贵州省政府制《贵州省概况统计》载荔波海拔八百八十公尺。根据军令部陆地测量总局十万分之一《贵州省地形图》测算，又查独山铁道高度标识系九百八十一公尺，则荔波当在四百公尺左右。但未经精确测量，尚难肯定，特并存之，以俟后考。

标准时区

荔波位置在一百零七度四十七分三十秒至一百零八度三十三分三十秒，应属陇蜀时区。

按　民国纪元后，前中央观象台《历书》划分中国全部为五个标准时区。以东经一百二十度经线之时刻为标准者曰中原时区，以东经一百零五度为标准者曰陇蜀时区，以东经九十度为标准者曰回藏时区，皆整时区也；以东经八十二度半为标准者曰昆仑时区；以东经一百二十七度半为标准者曰长白时区，皆半时区也；各区之范围，经天文研究所加以修改，暂以省区之界线为限。其距省界线较远者，则择重要城镇及行政区域划分之。二十八年二月九日，内政部召集标准时区会议，决定按此分法。但在抗日期间，全国暂时均用陇蜀时区。

又按　云南、贵州、广西均属陇蜀时区，故荔波应属陇蜀时区。

附　中国标准时区图：

中国标准时区图

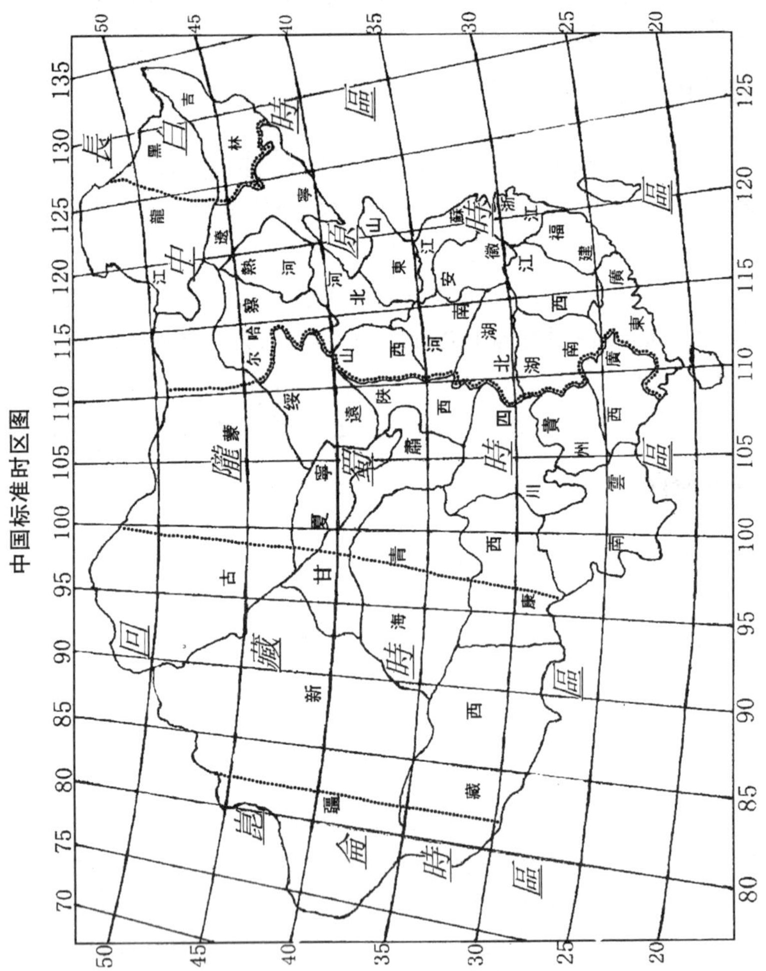
長白時區
中原時區
隴蜀時區
回藏時區
崑崙時區
黑龍江
吉林
遼寧
熱河
察哈爾
綏遠
寧夏
甘肅
青海
新疆
西藏
西康
蒙古
河北
山東
山西
陝西
河南
江蘇
安徽
湖北
湖南
四川
貴州
雲南
廣西
廣東
江西
福建
浙江
50
45
40
35
30
25
20
70
75
80
85
90
95
100
105
110
115
120
125
130
135

日出日没时分表：

按　国立中央研究院天文研究所编制《民国三十一年国民历》载北纬二十度与三十度日出日没时分表，与荔波县位置在北纬二十五度七分至四十四分有关，特录于后，以备参考。

中华民国三十一年北纬二十度暨三十度日出日没时分表

<table>
<tr><td colspan="3">日出没别</td><td colspan="2">出</td><td colspan="2">没</td></tr>
<tr><td colspan="3">北纬度</td><td>廿　度</td><td>卅　度</td><td>廿　度</td><td>卅　度</td></tr>
<tr><td rowspan="14">一月</td><td rowspan="2">一　日</td><td>时</td><td>6</td><td>6</td><td>5</td><td>5</td></tr>
<tr><td>分</td><td>35</td><td>56</td><td>32</td><td>11</td></tr>
<tr><td rowspan="2">六　日</td><td>时</td><td>6</td><td>6</td><td>5</td><td>5</td></tr>
<tr><td>分</td><td>36</td><td>57</td><td>35</td><td>15</td></tr>
<tr><td rowspan="2">十一日</td><td>时</td><td>6</td><td>6</td><td>5</td><td>5</td></tr>
<tr><td>分</td><td>38</td><td>57</td><td>38</td><td>19</td></tr>
<tr><td rowspan="2">十六日</td><td>时</td><td>6</td><td>6</td><td>5</td><td>5</td></tr>
<tr><td>分</td><td>38</td><td>57</td><td>42</td><td>23</td></tr>
<tr><td rowspan="2">廿一日</td><td>时</td><td>6</td><td>6</td><td>5</td><td>5</td></tr>
<tr><td>分</td><td>38</td><td>56</td><td>45</td><td>27</td></tr>
<tr><td rowspan="2">廿六日</td><td>时</td><td>6</td><td>6</td><td>5</td><td>5</td></tr>
<tr><td>分</td><td>37</td><td>54</td><td>48</td><td>32</td></tr>
<tr><td rowspan="2">卅一日</td><td>时</td><td>6</td><td>6</td><td>5</td><td>5</td></tr>
<tr><td>分</td><td>36</td><td>52</td><td>51</td><td>36</td></tr>
<tr><td rowspan="4">二月</td><td rowspan="2">五　日</td><td>时</td><td>6</td><td>6</td><td>5</td><td>5</td></tr>
<tr><td>分</td><td>34</td><td>49</td><td>54</td><td>40</td></tr>
<tr><td rowspan="2">十　日</td><td>时</td><td>6</td><td>6</td><td>5</td><td>5</td></tr>
<tr><td>分</td><td>32</td><td>45</td><td>56</td><td>44</td></tr>
</table>

续 表

日出没别			出		没	
北纬度			廿 度	卅 度	廿 度	卅 度
二月	十五日	时	6	6	5	5
		分	30	41	59	48
	廿 日	时	6	6	6	5
		分	27	36	1	52
	廿五日	时	6	6	6	5
		分	24	31	3	56
三月	二 日	时	6	6	6	5
		分	20	26	5	59
	七 日	时	6	6	6	5
		分	16	20	7	3
	十二日	时	6	6	6	6
		分	12	15	9	6
	十七日	时	6	6	6	6
		分	8	9	10	9
	廿二日	时	6	6	6	6
		分	3	3	12	12
	廿七日	时	5	5	6	6
		分	59	56	13	16
四月	一 日	时	5	5	6	6
		分	54	50	14	18
	六 日	时	5	5	6	6
		分	50	44	15	21

续　表

日出没别			出		没	
北纬度			廿　度	卅　度	廿　度	卅　度
四月	十一日	时	5	5	6	6
		分	46	39	17	24
	十六日	时	5	5	6	6
		分	42	33	18	27
	廿一日	时	5	5	6	6
		分	38	28	20	30
	廿六日	时	5	5	6	6
		分	34	23	21	34
五月	一　日	时	5	5	6	6
		分	31	18	23	37
	六　日	时	5	5	6	6
		分	28	14	25	40
	十一日	时	5	5	6	6
		分	26	10	27	43
	十六日	时	5	5	6	6
		分	24	6	29	46
	廿一日	时	5	5	6	6
		分	22	4	31	50
	廿六日	时	5	5	6	6
		分	21	1	33	52
	卅一日	时	5	5	6	6
		分	20	0	35	55

续　表

日出没别			出		没	
北纬度			廿　度	卅　度	廿　度	卅　度
六月	五　日	时	5	4	6	6
		分	20	58	37	58
	十　日	时	5	4	6	7
		分	20	58	39	0
	十五日	时	5	5	6	7
		分	20	58	40	2
	廿　日	时	5	4	6	7
		分	21	59	41	4
	廿五日	时	5	5	6	7
		分	22	0	42	5
	卅　日	时	5	5	6	7
		分	28	2	43	5
七月	五　日	时	5	5	6	7
		分	25	3	43	5
	十　日	时	5	5	6	7
		分	27	6	43	4
	十五日	时	5	5	6	7
		分	29	8	43	3
	廿　日	时	5	5	6	7
		分	30	11	42	1
	廿五日	时	5	5	6	6
		分	32	14	40	58

续　表

日出没别			出		没	
北纬度			廿　度	卅　度	廿　度	卅　度
七月	卅　日	时	5	5	6	6
		分	34	17	38	55
八月	四　日	时	5	5	6	6
		分	36	20	36	52
	九　日	时	5	5	6	6
		分	38	23	33	47
	十四日	时	5	5	6	6
		分	39	26	30	43
	十九日	时	5	5	6	6
		分	41	29	26	38
	廿四日	时	5	5	6	6
		分	42	32	22	32
	廿九日	时	5	5	6	6
		分	43	35	18	27
九月	三　日	时	5	5	6	6
		分	44	37	14	21
	八　日	时	5	5	6	6
		分	46	40	10	15
	十三日	时	5	5	6	6
		分	47	43	5	9
	十八日	时	5	5	6	6
		分	48	46	1	3

续 表

日出没别			出		没	
北纬度			廿 度	卅 度	廿 度	卅 度
九月	廿三日	时	5	5	5	5
		分	49	48	56	56
	廿八日	时	5	5	5	5
		分	50	51	52	50
十月	三 日	时	5	5	5	5
		分	51	54	47	44
	八 日	时	5	5	5	5
		分	52	57	43	38
	十三日	时	5	6	5	5
		分	54	0	39	32
	十八日	时	5	6	5	5
		分	56	3	35	27
	廿二日	时	5	6	5	5
		分	57	7	31	22
	廿八日	时	5	6	5	5
		分	59	10	28	17
十一月	二 日	时	6	6	5	5
		分	2	14	26	13
	七 日	时	6	6	5	5
		分	4	18	23	9
	十二日	时	6	6	5	5
		分	7	22	21	6

续 表

日出没别			出		没	
北纬度			廿 度	卅 度	廿 度	卅 度
十一月	十七日	时	6	6	5	5
		分	10	26	20	3
	廿二日	时	6	6	5	5
		分	13	30	19	2
	廿七日	时	6	6	5	5
		分	16	34	19	0
十二月	二 日	时	6	6	5	5
		分	19	39	20	0
	七 日	时	6	6	5	5
		分	22	42	20	0
	十二日	时	6	6	5	5
		分	25	46	22	1
	十七日	时	6	6	5	5
		分	28	49	24	3
	廿二日	时	6	6	5	5
		分	31	52	26	5
	廿七日	时	6	6	5	5
		分	33	54	29	8

按 日出日没时分，以日轮最上点实现于地平上定之。表中所载系地方时，欲改为标准时者，应视本地经度在本时区标准子午圈之西或东几何度，每度加减四分，西加东减。

日中平时表

按 国立中央研究院天文研究所编制《三十一年国民历》载日中平时，乃太阳过东经一百零五度子午圈时之平时时分秒，亦即荔波标准时区，特列表附后，以备参考。

附　中华民国三十一年日中平时表

表一

月序	一　月			二　月			三　月			四　月			五　月			六　月		
日序	时	分	秒	时	分	秒	时	分	秒	时	分	秒	时	分	秒	时	分	秒
1日	12	3	20	12	13	36	12	12	35	12	4	9	11	57	8	11	57	33
2日	12	3	48	12	13	44	12	12	24	12	3	50	11	57	0	11	57	42
3日	12	4	16	12	13	51	12	12	11	12	3	32	11	56	53	11	57	51
4日	12	4	43	12	13	57	12	11	59	12	3	15	11	56	46	11	58	1
5日	12	5	11	12	14	2	12	11	46	12	2	57	11	57	41	11	58	11
6日	12	5	37	12	14	8	12	11	32	12	2	39	11	56	35	11	58	21
7日	12	6	4	12	14	12	12	11	18	12	2	22	11	56	30	11	58	32
8日	12	6	30	12	14	15	12	11	3	12	2	5	11	56	26	11	58	43
9日	12	6	55	12	14	18	12	10	49	12	1	48	11	56	23	11	58	55
10日	12	7	20	12	14	19	12	10	33	12	1	32	11	56	20	11	59	6
11日	12	7	44	12	14	20	12	10	18	12	1	15	11	56	17	11	59	18
12日	12	8	8	12	14	20	12	10	2	12	0	59	11	56	15	11	59	30
13日	12	8	31	12	14	20	12	9	46	12	0	44	11	56	14	11	59	43
14日	12	8	54	12	14	18	12	9	30	12	0	28	11	56	14	11	59	55
15日	12	9	16	12	14	16	12	9	13	12	0	13	11	56	14	12	0	8
16日	12	9	37	12	14	14	12	8	56	11	59	59	11	56	14	12	0	21
17日	12	9	58	12	14	10	12	8	39	11	59	45	11	56	15	12	0	34
18日	12	10	18	12	14	6	12	8	22	11	59	30	11	56	17	12	0	47
19日	12	10	37	12	14	1	12	8	4	11	59	17	11	56	19	12	1	0
20日	12	10	56	12	13	55	12	8	47	11	59	4	11	56	22	12	1	13
21日	12	11	14	12	13	49	12	7	29	11	58	51	11	56	25	12	1	26
22日	12	11	30	12	13	42	12	7	11	11	58	38	11	56	29	12	1	39
23日	12	11	47	12	13	34	12	6	53	11	58	27	11	56	33	12	1	52

续　表

月序	一　月			二　月			三　月			四　月			五　月			六　月		
日序	时	分	秒	时	分	秒	时	分	秒	时	分	秒	时	分	秒	时	分	秒
24日	12	12	2	12	13	26	12	6	35	11	58	15	11	56	38	12	2	5
25日	12	12	17	12	13	17	12	6	17	11	58	4	11	56	43	12	2	18
26日	12	12	30	12	13	7	12	5	58	11	57	53	11	56	49	12	2	30
27日	12	12	43	12	12	57	12	5	40	11	57	43	11	56	55	12	2	43
28日	12	12	56	12	12	47	12	5	22	11	57	34	11	57	2	12	2	55
29日	12	13	7	12			12	5	3	11	57	24	11	57	9	12	3	8
30日	12	13	17	12			12	4	45	11	57	16	11	57	16	12	3	20
31日	12	13	27	12			12	4	27	11			11	57	24	12		

表二

月序	七　月			八　月			九　月			十　月			十一月			十二月		
日序	时	分	秒	时	分	秒	时	分	秒	时	分	秒	时	分	秒	时	分	秒
1日	12	3	31	12	6	15	12	0	12	11	49	56	11	43	40	11	48	48
2日	12	3	43	12	6	12	12	59	54	11	49	37	11	43	38	11	49	11
3日	12	3	54	12	6	8	12	59	34	11	49	18	11	43	37	11	49	34
4日	12	4	5	12	6	3	12	59	15	11	48	59	11	43	37	11	49	57
5日	12	4	16	12	5	58	12	58	55	11	48	41	11	43	38	11	50	22
6日	12	4	27	12	5	52	12	58	36	11	48	23	11	43	40	11	50	47
7日	12	4	37	12	5	45	12	58	16	11	48	5	11	43	42	11	51	12
8日	12	4	47	12	5	38	12	57	55	11	47	48	11	43	46	11	51	38
9日	12	4	56	12	5	31	12	57	35	11	47	31	11	43	50	11	52	4
10日	12	5	5	12	5	23	12	57	14	11	47	15	11	43	55	11	52	31
11日	12	5	14	12	5	14	12	56	54	11	46	59	11	44	1	11	52	58

续　表

月序	七　月			八　月			九　月			十　月			十一月			十二月		
日序	时	分	秒	时	分	秒	时	分	秒	时	分	秒	时	分	秒	时	分	秒
12日	12	5	22	12	5	5	12	56	33	11	46	44	11	44	8	11	53	26
13日	12	5	30	12	4	55	12	56	12	11	46	29	11	44	15	11	53	54
14日	12	5	37	12	4	44	12	55	51	11	46	14	11	44	23	11	54	22
15日	12	5	44	12	4	33	12	55	29	11	46	1	11	44	33	11	54	51
16日	12	5	50	12	4	22	12	55	8	11	45	47	11	44	43	11	55	20
17日	12	5	56	12	4	10	12	54	47	11	45	34	11	44	53	11	55	49
18日	12	6	2	12	3	57	12	54	26	11	45	22	11	45	5	11	56	18
19日	12	6	6	12	3	44	12	54	4	11	45	10	11	45	18	11	56	48
20日	12	6	11	12	3	31	12	53	43	11	44	59	11	45	31	11	57	17
21日	12	6	14	12	3	16	12	53	22	11	44	49	11	45	45	11	57	47
22日	12	6	17	12	3	2	12	53	1	11	44	39	11	46	0	11	58	17
23日	12	6	20	12	2	47	12	52	39	11	44	30	11	46	15	11	58	47
24日	12	6	22	12	2	31	12	52	18	11	44	21	11	46	32	11	59	16
25日	12	6	23	12	2	15	12	51	57	11	44	14	11	46	49	11	59	46
26日	12	6	24	12	1	59	12	51	37	11	44	7	11	47	7	12	0	16
27日	12	6	24	12	1	42	12	51	16	11	44	0	11	47	26	12	0	46
28日	12	6	23	12	1	25	12	50	56	11	43	55	11	47	46	12	1	15
29日	12	6	22	12	1	7	12	50	36	11	43	50	11	48	6	12	1	45
30日	12	6	20	12	0	49	12	50	16	11	43	46	11	48	27	12	2	14
31日	12	6	18	12	0	31	12			11	43	42	11			12	2	43

凡正午时校正钟表，欲得本地平时者以此为准；若欲以本地平时改为标准时者，应视本地经度在本时区标准子午圈之西或东几何度，每度加减四分，西加东减。

附　《时差曲线图说》以备参考。

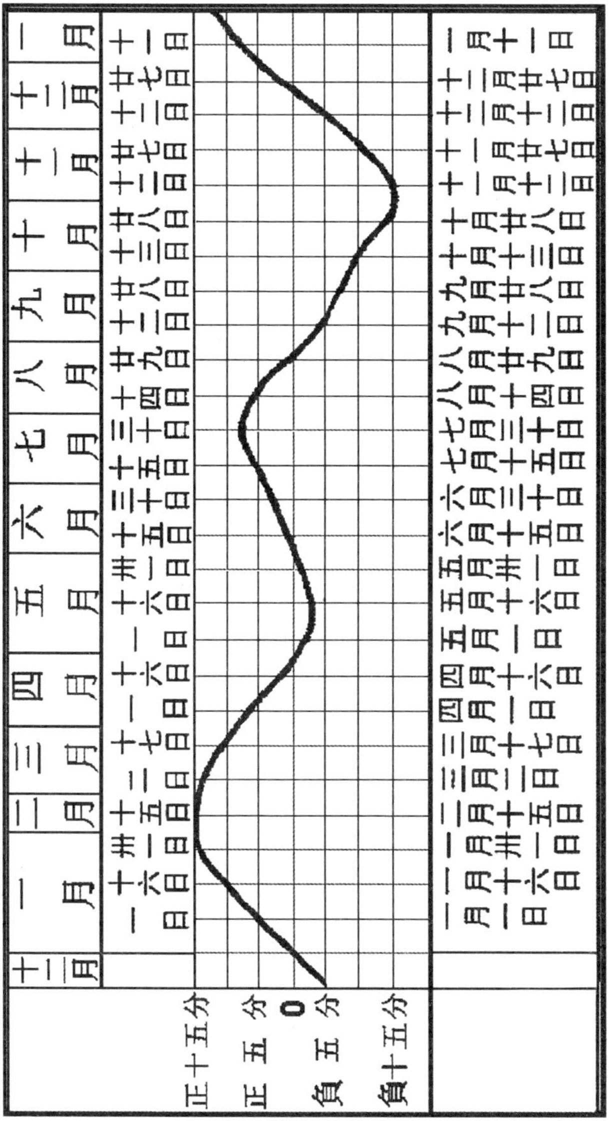

时差曲线图说

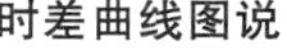
十二月
一月
二月
三月
四月
五月
六月
七月
八月
九月
十月
十一月
十二月
一月
一日
十六日
卅一日
十五日
二日
十七日
一日
十六日
一日
十六日
卅一日
十五日
三十日
十五日
三十日
十四日
廿九日
十二日
廿八日
十三日
廿八日
十二日
廿七日
十二日
廿七日
十一日
正十五分
正五分
0
負五分
負十五分
一月一日
一月十六日
一月卅一日
二月十五日
三月二日
三月十七日
四月一日
四月十六日
五月一日
五月十六日
五月卅一日
六月十五日
六月三十日
七月十五日
七月三十日
八月十四日
八月廿九日
九月十二日
九月廿八日
十月十三日
十月廿八日
十一月十二日
十一月廿七日
十二月十二日
十二月廿七日
一月十一日

《时差曲线图说》：自本日夜半至次日夜半，或自本日正午至次日正午，谓之一日；若详言之，则称真太阳日。盖所用以定日者为太阳之实体也。然真太阳日之长短不一，其故有二：一则太阳在黄道上之视行速度不均，视其距离近地点之远近而异，冬急而夏缓；二则因地球之自转依赤道，而太阳之视行则与赤道斜交。因此，若用真太阳日，则一年中一日之时间，随时盈缩，不特计算不便，而钟表之制造，亦无法求其合天。故近代天文家创为平太阳之法，最为简易。其法设一想象之平太阳，以平均速度行于赤道而又与真太阳终年之行相合，以此平太阳为准，则时日皆可平均矣。历中所载日中平时即当真太阳中天时平太阳所应有之时分。平太阳正午与真太阳正午之距离，谓之时差。本图即示时差周年变更之大势。凡某日曲线在零点横线上者，应于真时上加时差始得平时。凡某日曲线在零点横线下者，应于真时上减时差始得平时。

按　各省旧志，多志分野，《谢东山志》云："都匀府、程番府、永宁、镇宁、安顺、普安四州俱参井之余，思州、思南、镇远、石阡、铜仁、黎平六府俱翼轸之余。"《贵州通志》云："天文星野，黔越在荒服，保章氏所未载，前人以地近荆梁，分翼轸参井之余。"

乡先达李肇同、董成烈诸先生旧编县志遗稿云："荔邑地邻庆柳，属古扬州南境，星分在轸翼之余，画野控黔粤之次。"

又按　广东属《禹贡》扬州徼外地，广西属《禹贡》荆州南徼，四川属《禹贡》梁州之域，是以贵州属荆州分野较为适当，然皆渺不可稽。

又按　《贵州全省地舆图说》载荔波县天度日出日入："冬至日出卯正三刻二分五十七秒，日入酉初初刻十二分三秒，昼四十一刻九分六秒，夜五十四刻五分五十四秒。夏至日出卯初初刻十二分三秒，日入酉正三刻二分五十七秒，昼五十四刻五分五十四秒，夜四十一刻九分六秒。"亦不精确，姑录之以备一格。

疆　域

县　界

荔波县东界广西宜北县。县属佳荣乡之甲料、坡脚、何家寨、新寨、拉勿卡，茂兰乡之罗家寨、龙洞坪、下尧柳、铁坳、黎家寨、卢寨、韦寨等处，与宜北县属连界。

荔波县东南界广西思恩县。县属洞塘乡之拉蒿、平吉、雄关、塘边、洞腊、黎明关、洞长等处，与思恩县属连界。

荔波县南及西南界广西南丹县。县属洞塘乡之拉扒、甲忙、拉路，永康乡之尧兰、董胆关，朝阳乡之岜马，董界乡之董札、尧沙，捞村乡之江奔、板扣、洞勤、洞龙、播夜、八弓、岜肯等处包围南丹飞地之翁昂（**按**　民国三十二年三月，奉内政部令，准拨翁昂属荔波。并曾由部派员查勘。现正由部员查勘呈覆中）。捞村乡之长法、八故、雅抑、洞卓，董界乡之朝沙、界牌、白腊坳，驾欧乡之内广、打柳关、甲马关等处，与南丹县属连界。

荔波县西及西北界独山县。县属播瑶乡之董扒、董马、新寨、守伦、拉方、董细，阳凤乡之董豪、甲瞒、更兰、岜有、抹榜、水头、交朝、干尧，方村乡之尧穹、新寨、水拉、大甲、板卜（**按**　该处之高黑村原属荔波，因荔波地瘠民贫，各项捐款、负担较独山重，该村人民，避重就轻，借故捏词，呈恳拨归独山，民国二十四年省政府派员查勘，不蒙明察，竟予划拨。此亦可证明荔波贫瘠，担负重敛之一例也），恒丰乡之给轮、塘弄、甲左，阳安乡之甲兰、甲下、甲约等处，与独山县属连界。

荔波县北界三都县。县属阳安乡之拉哀、梅打、引虽、梅萼、港务、干贵，三洞乡之板了、地婆、已乃下寨、引港、水各等处，与三都县属连界。而河东沟直至河西，则以沟为界。沟东南属荔波，沟东北属三都。

荔波县东北界榕江、从江两县。县属从善乡之姑正、水往、水穴，佳荣乡之地界、蓝靛山等处，与榕江县属连界。佳荣乡之雷家坡、小敖等处，与从江县属连界。

行政区域及其沿革

荔波县行政区域，原分为蒙石、时来、巴灰、董界、巴乃、羊奉、方村、瑶台、恒丰（原名水婆）、羊安、三洞、从善（原名九阡）、周覃、莪蒲、瑶庆、巴容等十六埲（埲字从奉从土，取奉命守土之义，旧时土司之头目谓之埲目），后改为十六里。瑶庆、从善、巴乃、羊奉等为四大里，蒙石、时来、莪蒲、羊安为四小里，其余为八中里。

民国三年改为六区。第一区辖蒙石、时来、巴灰、莪蒲四里，第二区辖董界、巴乃二里，第三区辖羊凤、方村、瑶台三里，第四区辖恒丰、羊安、周覃三里，第五区辖三洞、从善二里，第六区辖巴容、瑶庆二里。

民国二十年二月筹办自治，设乡镇闾邻，划第一区为玉屏、安涛两镇及附郭、水丰、时来、福村、朝阳、花提、水浦、水角等八乡；第二区为洞莪、巴楼、汪蒙、捞村、驾欧、六林、地莪、播绥等八乡；第三区为方村、水利、甲良、夹岸、把平、平寨、拉柳、大利等八乡；第四区为鲁训、懂党、播花、洗旧、廷牌、阳楼、泰来，周丰、阳朝、金桃等十乡；第五区为上三洞、下三洞、水维、水东、杨柳、杨拱、鸾董、寨糖等八乡；第六区为久安、计才、洞塘、水尧、洞流、洞英、立化、威岩、坤地、水庆等十乡；共二镇五十二乡。

民国二十四年，改联保制。又因第五区治安问题，乃分化从善里，并入邻区，改设五区，辖三十三联保。玉屏、附丰（原蒙石里）、旧县、福村（原时来里）、朝阳、花堤（原巴灰里）、水角（原莪蒲里）、扬善（原属从善里一部分）等八联保属第一区；董界、巴楼、捞村（原董界里）、驾欧、地莪、播瑶（原巴乃里）等六联保属第二区；阳凤、尧并(原羊奉里)、甲良、方村(原方村里)、瑶台(原瑶台里)等五联保属第三区;恒丰、廷牌(原恒丰里)、阳安(原羊安里)、三洞、下东(原三洞里)、周覃(原周覃里)等六联保属第四区;板南(原从善里一部分)、佳荣(原巴容里)、茂兰、良山、述尧、溪竹、洞塘、久安(原瑶庆里)等八联保属第五区。

民国三十一年实施新县制,设直辖区及方村、从善两区署、一镇、二十乡。玉屏镇及时来、朝阳、驾欧、董界、捞村、永康、洞塘等八乡属直辖区,方村、阳凤、播瑶、水利、恒丰、阳安等六乡属方村区,从善、三洞、周覃、莪蒲、瑶庆、茂兰、佳荣等七乡属从善区。

按　乡镇区域将前十六里建制变更较大,难于详注。另绘行政区域沿革图,以资对照。

荔波县行政区域沿革图

一、明、清荔波县十六埲(里)行政区域图:

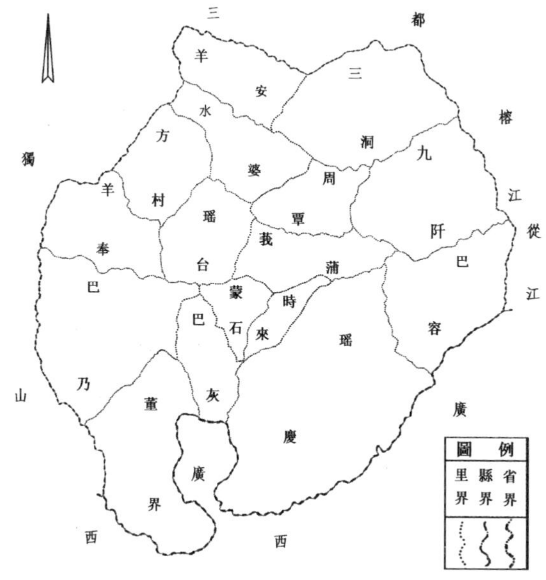

二、民国三年荔波县六区十六里行政区域图：

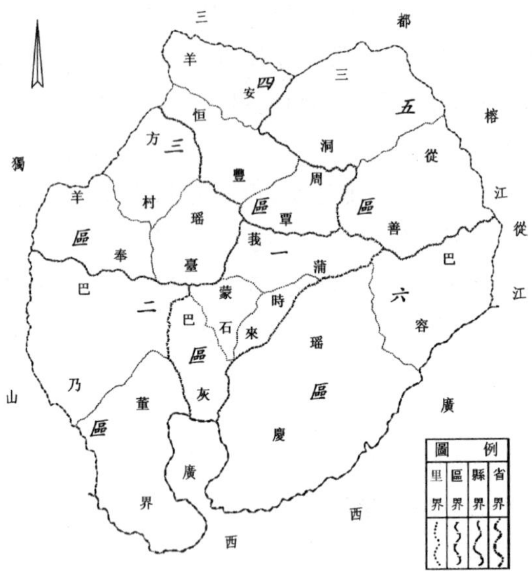

三、民国三十一年荔波县新县制一镇三区二十乡行政区域图：

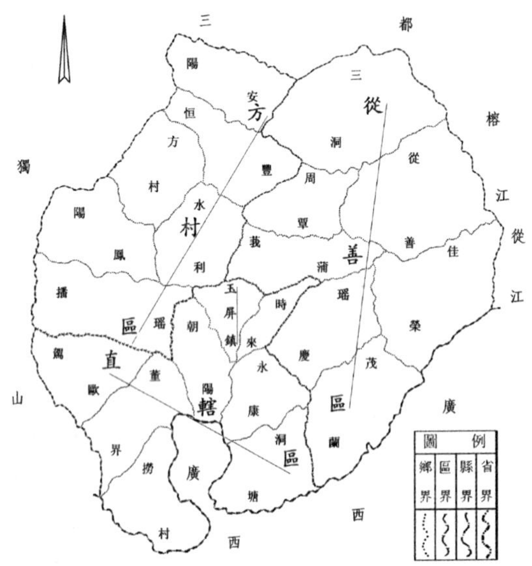

兹将各乡镇保甲户口列表于后，并附前十六里所辖村落表，以备查考。

按　从善区署于三十五年底业经裁撤。

荔波县乡镇保甲户口村落一览表

乡镇别	保别	甲数	户数	口数		壮丁数	村名
				男	女		
玉屏镇	1	9	78	182	222	56	中正路、平泰路、光明路
	2	9	93	183	189	46	文化路、福德路、南畴路
	3	11	121	204	253	69	文化路、演武路、恒丰路
	4	7	74	148	200	57	中山路、县府路
	5	9	98	172	200	49	昭明路、中正路、新华路
	6	8	83	153	205	53	昭明路、中正路、忠烈路
	7	8	78	162	200	49	中山路、公园路
	8	9	96	168	190	51	忠烈路、三民路
	9	13	151	228	272	70	民生路及石灰坳、新寨、鱼塘、大平、擦耳岩等村
	10	8	82	178	151	40	上菜园、中菜园、下菜园
	11	11	118	259	284	93	西门寨、棠地、板结、板基、板孔、板妙、董猛、董札等村
共计	11	102	1 072	2 037	2 376	633	
时来乡	1	8	85	175	216	57	上下罗家寨、新店、板望、廖家湾等村
	2	12	125	315	330	99	简界、亩育、板口、拉邑、板亩、更乍、寨呼、甲干、坡簿等村
	3	10	100	243	254	81	上中下福村、坡敢、上下花皋、亩汪等村

续　表

乡镇别	保别	甲数	户数	口数		壮丁数	村名
				男	女		
时来乡	4	9	96	193	215	65	上中下花围、回龙阁、岜腿等村
	5	7	77	143	133	41	上下水浪、水银、董更、董立、董丁、董五等村
	6	9	96	231	257	69	甲埲、丘城、拉台、弄扛等村
	7	10	112	253	281	79	旧县、沙地、官塘、菜园、东以河、驼背树等村
	8	8	93	197	239	63	后城、上下白岩、上下板莪等村
	9	10	100	166	171	59	上下水春、更底、更楼、萝卜木等村
共计	9	83	884	1 916	2 096	613	
朝阳乡	1	11	116	263	287	80	朝阳场及田洞、播用、板苟、冗瑶等村
	2	7	75	194	204	59	交朝、董柳等村
	3	7	70	166	202	42	吉茅、挡劳等村
	4	7	74	155	213	46	板乐、拉湖、塘上、鸠别、拉银等村
	5	7	68	173	184	42	八滥、坡九、在省、鲁凤等村
	6	6	69	137	181	42	在平村
	7	7	72	133	185	43	拱劳、更兑、新寨、板苟、在鸠等村
	8	12	122	246	315	82	花提、大寨、脚拱、在桥、更留、董架、拉浪、冗力等村

续　表

乡镇别	保别	甲数	户数	口数		壮丁数	村　名
				男	女		
朝阳乡	9	12	122	271	302	85	拉香、玖里、拉良、邑马等村
共计	9	76	788	1 756	2 073	521	
驾欧乡	1	8	97	282	194	82	拉奥(即驾欧)、甲殆、弄抹等村
	2	7	73	230	190	68	更挠、简印等村
	3	8	93	205	202	72	拉美、冲忙、拉烹、慕定、交弄等村
	4	10	118	232	230	74	邑故、浪抹、拉江、拉包、巴乃等村
	5	10	135	196	303	50	板檀、拉金、王寨、拉格腊等村
	6	8	93	197	185	56	六林、拉美、牛角等村
	7	12	145	204	266	63	地街、拉朋龙、榔蒲基、拉德莽等村
	8	5	51	83	82	25	翁龙、内广、己定等村
共计	8	68	805	1 629	1 652	490	
董界乡	1	13	130	247	269	82	在马、下冷、董纳、更细等村
	2	13	131	263	274	87	拉妙、内中外板麦等村
	3	11	113	219	229	71	拉早、巴怀、在莪等村
	4	9	89	178	184	57	婆村、董保、邑亩、董札、尧沙、亩现等村
	5	9	93	175	190	56	拉又、拉邑、浪者等村

续　表

乡镇别	保别	甲数	户数	口数		壮丁数	村　名
				男	女		
董界乡	6	13	129	274	280	84	巴楼、更类、脚村、拉冉、拉个等村
	7	9	97	177	174	56	王蒙场及内外孟塘、董界塘、海利等村
	8	8	80	165	178	53	董更、更相、洞干、更洛、拉烘等村
	9	10	105	175	187	55	者巴、把巷、界牌、朝沙、拉贬等村
共计	9	95	967	1 873	1 965	601	
捞村乡	1	8	103	188	231	62	大寨、把江、坡所、纳汉、蟠龙等村
	2	11	146	337	390	80	九亩、九雨、肯见、洞肯、洞卓、雅仰、肯布、八故、拉么、八架、长法、翁后等村
	3	10	114	185	233	60	板林、平岩等村
	4	8	80	153	170	51	洞龙、播夜、八弓、岜肯、肯甲等村
	5	6	67	152	135	51	三脚、尧莪、洞勤等村
	6	7	76	154	128	50	江奔、洞忙、塘光、板扣、定排、玄穹等村
共计	6	50	586	1 169	1 287	354	
永康乡	1	10	131	291	327	95	溪竹、亩早、盘龙、笔峰、董党、洞脚、洞瓦等村
	2	11	133	310	364	113	加强、必忙、董倒、上下尧古、董歹、尧兰、拉桥等村

续　表

乡镇别	保别	甲数	户数	口数		壮丁数	村　名
				男	女		
永康乡	3	11	147	365	414	103	梅宁、水洋、上口洞、董亚、太极、董亥、董台等村
	4	11	143	338	343	97	德门、其流、西友、梅卉、的坎、拉了、的大、拉梭等村
	5	9	119	286	297	77	董港、上下拉交、的未、拉党等村
	6	9	123	322	339	99	水尧、板夹、新场、坡底、打里、塘鸭等村
	7	7	88	212	258	52	马鞍、孔伞、岜莫、水捞、董罕等村
	8	6	72	162	178	56	洞扛、董路、董见、水扒、董尾等村
共计	8	74	956	2 286	2 520	692	
洞塘乡	1	12	144	262	302	72	洞塘场及丹林、山口、加肥、浪巴、马道等村
	2	11	132	338	318	81	莪押、拢用、老场、洞垱、洞更、瓦厂、油榨房、田洞、坝劳、牛洞等村
	3	8	109	242	265	64	九龚、白岩、必觉、大董蓬、吉弄、洞柏、拉干、必格、董务、董相等村
	4	7	93	244	226	63	李根坪、里忙、洞究、尧所、甲乙、加别、必左、洞腮等村
	5	12	139	252	263	70	板寨、板汪、洞湖、洞长等村

续　表

乡镇别	保别	甲数	户数	口数		壮丁数	村名
				男	女		
洞塘乡	6	12	137	270	297	75	洞亮、拉岜、寄才、坡格、洞陀、甲务、石板坳、街九、浪腊、甲鸠、拉路、甲忙、拉扒等村
	7	10	124	257	281	72	洞马、坡恒、汪洞、巴格、肯龙、才肯、肯甫、罗寨、平吉、村友、拉蒿等村
	8	11	132	236	314	63	久安、洞腊、蒙寨、塘边等村
共计	8	83	1 010	2 101	2 266	560	
方村乡	1	10	134	325	302	65	桥罗、拉街、板勇、播马等村
	2	10	134	317	347	63	纳排、板鸭、板郎、板墨、交挠、鲁吉等村
	3	10	143	361	311	68	方村街及板廷、郊进、拉岜、堡脚、罗家寨等村
	4	10	125	343	351	68	巴平、甲莪、红尼、者火、唐八、扳央、六黑、板站等村
	5	11	133	323	324	64	风寨、交羊、独家村、金兑、拉料、甲言、唐末、板六、六末等村
	6	12	276	374	382	66	唐马、上下莫万、在庆、甲站、板培、朋兵、沙沟、董斗、董贬、水江等村
	7	11	155	423	445	84	甲多、塘上、湾河、纳黑、交界、上下水蒙、更流、纳拉、把琴、拉抹等村

续 表

乡镇别	保别	甲数	户数	口数		壮丁数	村名
				男	女		
方村乡	8	11	140	323	301	65	甲良场及老街、干广、新寨、尧穷、桥头、吊井、煤炭厂等村
	9	11	150	300	321	60	水拉、亩的、甲午、板劳、甲莽、新寨、孔抹、平寨、高坡、甲沙、三甲、董丙、纳业等村
	10	12	144	276	305	54	大甲、板卜、者相、纳怀、董夯、其莪等村
共计	10	108	1 534	3 365	3 389	657	
阳凤乡	1	13	136	310	314	108	阳凤场及平竹、拉往、新寨、董郎、水头、甲吝、抹榜、岜岭、拉奆等村
	2	8	85	171	185	59	老场、交朝、干尧、拉拐等村
	3	12	130	248	256	88	交甲、打利、破碗、打瓢、马鞍、下河、董奎、拉岜等村
	4	10	115	212	215	76	尧更、把抹、尧付、岜岭、梅桃等村
	5	9	117	237	239	78	拉甲、拉挂、贬化、寨美、拉往等村
	6	11	132	248	230	88	尧并、六了、拉呼等村
	7	12	146	384	361	139	拉九、拉柳、新寨、唐必、拉寨、董平等村
	8	10	122	239	231	79	抹约、拉强、松弄、小河、拉吉等村

续 表

乡镇别	保别	甲数	户数	口数		壮丁数	村名
				男	女		
阳凤乡	9	10	131	268	250	89	更贵、把查、过类、播完、架桥、董丙、降毫、董毫等村
	10	12	139	287	291	96	拉磨、水涯等村
	11	12	141	296	280	98	过也、把然、甲按、甲瞒、月京、月老、月呆、更林等村
	12	11	125	240	230	86	油寨、拉守、把发、更兰、岜有、把明、下井、坡庙等村
共计	12	130	1 519	3 140	3 082	1 084	
播尧乡	1	12	146	301	326	84	播缓场及桥头、板光、地辣、甲串、拉仰、尧细、豆村等村
	2	15	146	296	314	83	新寨、尧蒙、守伦、拉方、董细、利息、红果、董拉、基固、坡旺等村
	3	9	103	156	184	45	更我、更鸭、上中下板岜、纳朗、甲村、地温、六香等村
	4	15	168	390	389	80	更塘、丙楼、董马、董扒、董娄、尧花、丙王、脚孔、拉类、大寨、拉乌、拉麻、更扛等村
	5	14	173	419	359	102	拉力、甲娄、拉唐、别好、甲能、在英、浪抹、桃村、打拉、把念、板拜等村

续　表

乡镇别	保别	甲数	户数	口数		壮丁数	村　名
				男	女		
播尧乡	6	12	132	280	354	83	干银、甲令、板尧、小巴灰、上下巴竹、在作等村
	7	13	130	337	316	91	在票、拉干、弄旺、拉日、尧蒙、甲湾、脚孔、浪抹、拉美、董穹等村
	8	15	160	375	369	92	地莪场及更方、巴查、地脉、内外鱼村、弄卖、洞丢、巴觉等村
	9	15	162	401	375	100	上下七村、大文、甲雷、更元、上下合村、更正、拉旁等村
	10	7	83	186	183	54	干龙、韦寨、洞杳(拉正、拜界、拉冉、拉雅、更右)等村
共计	10	127	1 403	3 041	2 169	814	
水利乡	1	12	130	334	315	69	水利、抵瓦、拉印、孔廷、纳莪、的朵、洞的、水丙、岩寨、大寨、水省、高寨、老寨、蓝靛山等村
	2	9	90	192	165	49	三所坟、龙井、拉弄、干各、尧捧、拉更、拉打等村
	3	10	150	299	277	68	拉连、弄亩、板阳、板帽、知物、知音等村
	4	8	74	180	174	48	甲本、洞览、板妙、上寨、亩赏、小米寨等村
	5	14	164	321	330	88	上下水龙、花钵、岜忙、拉吕、亩达、拉干、岜采、水岩、水降、拉小、抵和等村

续 表

乡镇别	保别	甲数	户数	口数		壮丁数	村名
				男	女		
水利乡	6	13	127	247	273	74	板尧、拉瞒、水碾寨、岜岭、水风、下寨、董外等村
共计	6	66	735	1 573	1 534	396	
恒丰乡	1	10	115	321	327	128	恒丰场及泰来、板衣、的领、板流、尧勇、其谷、脚的、务卯、务许、板口等村
	2	10	127	331	334	117	流连、务把、打远、弄打、的两、的哀、梅否、务条、总亩等村
	3	10	129	366	376	98	姑乔、班先、班打、水各、的吉、班尖、姑班、阳楼、亩起、姑成、塘弄、忙通等村
	4	11	127	325	328	121	轮洛、打兰、姑养、班孔、吉勇、拉岭、忙马等村
	5	13	155	467	470	148	总朋、塘党、塘滚、打并、弄瑶、牛角、瑶台、拉威等村
	6	11	131	317	309	113	古桥、水条、打化、雅都、务其、引哄、打抗、坝排、打往等村
	7	11	133	295	332	128	务莫、成领、板料、板蒙、板王、板马、水究、旦道、甲化、把宰、板力等村
	8	10	136	339	375	121	小场及中寨、采棒、中勇、饭旦、班本、甘如、坝尧、班岜、班其等村

续 表

乡镇别	保别	甲数	户数	口数		壮丁数	村名
				男	女		
恒丰乡	9	10	133	379	368	144	廷牌、哄罕、玉雄、其虎、坝空、的美、姑多、甲流、总满、务焦、始罗、忙庸、把老、把捞、甲左等村
	10	10	119	329	339	117	梅臭、礼笑、姑引、干昆、本它、务坝、班劳、班本、干务、鞭豆等村
共计	10	106	1 305	3 469	3 558	1 235	
阳安乡	1	12	155	324	327	102	梅亚、甲约、甲下、高远、塘降、甲王、地隆等村
	2	10	132	320	340	100	中朝、板格、把衣、长寨、阳包、项乔、务吉、高却、阳朝、雅曰、塘个等村
	3	10	123	353	373	105	甲兰、吉动、阳哄、雅斗、弄榜、梅求、的空、吉空、姑其等村
	4	14	165	346	362	102	的押、引罕、引若、雅闷、打丙、务旦、港务、干贵、动亚等村
	5	11	139	320	362	100	高并、雅朗、务劳、板桥、吉友、十安、姑罗、引杏、拉外等村
	6	8	113	240	275	82	堂亨、新寨、甲乃、梅萼、雅火等村
	7	9	123	260	285	80	阳安场及引虽、十曰、金桃、塘干等村
	8	11	122	288	298	91	高亩、今逢、梅打、及香、今其、拉哀等村
共计	8	85	1 027	2 451	2 622	762	

续 表

乡镇别	保别	甲数	户数	口数		壮丁数	村名
				男	女		
从善乡	1	10	135	295	296	105	猪场及姑赏、姑押、李家寨、覃家寨、荣鸟等村
	2	10	128	297	331	104	板南、引康、的系、水龙等村
	3	10	116	268	259	95	古檀、板闷、姑弄、姑如、弄力、蒿红、板梅、井麻、姑流等村
	4	10	119	264	228	94	巴凡、李桃、大寨、亩改、老寨、古内等村
	5	8	95	236	251	83	雨岜、康达、水叶、系哀、系吕等村
	6	12	154	405	334	145	李满、水达、石板寨、水迭、巴凯、水颇、梅高、姑其等村
	7	11	113	282	297	100	龙场及梅洒、梅才、姑祥、巴达、梅玄、梅蚁、甲利、的坝等村
	8	9	118	263	281	94	高农、巴老、水夜、本庭、水棒、塘棒、水往、水配、姑成、水穴等村
	9	12	137	344	284	126	水昂、杨拱、中寨、水响等村
	10	13	153	406	325	142	杨拱大寨、姑斜、系大、姑纯、姑正、平报、弯董、水碾、古奇等村
	11	6	85	136	121	55	巴缭、巴凯、姑杜、巴少、巴告、的岜、水董、姑茶等村
共计	11	111	1 353	3 196	3 007	1 143	

续 表

乡镇别	保别	甲数	户数	口数		壮丁数	村名
				男	女		
三洞乡	1	8	100	284	295	84	三洞场及下街、干独、在乐等村
	2	15	188	506	517	155	洒流、弯寨、杂哄、马仓坪、板闷、总点、板岜、板劳等村
	3	7	105	285	310	76	岜显、板旭、板稿、水雅、水间、母孟等村
	4	11	157	341	344	103	板引、的查、板劳、地亩、姑班、弄扛、弄亚等村
	5	9	119	258	307	78	板了、板郎、桥村、板尧、的如、班农、已电等村
	6	11	132	378	387	144	地婆(强打、的请、姑勇、板告)、板辽、良系、良村、良伞等村
	7	8	120	310	314	93	水更、己乃下寨等村
	8	9	116	324	375	107	达便、水垦、悟空、班的、已田等村
	9	6	80	221	265	50	定成、板岭、板以、水各、姑桃、地蒙、梅山等村
	10	12	170	415	479	138	水洋、大善、去六、板南、板把、板留、板合、板龙、板干、岜毫等村
	11	11	147	278	344	85	腊岭、板黎、岜玉、彩从等村
共计	11	107	1 434	3 600	3 937	1 083	
周覃乡	1	13	150	360	364	123	周覃场及展光、弄细、拉威、中苑、拉苑等村

续　表

乡镇别	保别	甲数	户数	口数		壮丁数	村名
				男	女		
周覃乡	2	12	137	337	340	114	播花、得所、拉采、坡地、交孔、降纳、更坡、交盘、更保等村
	3	8	132	314	318	105	拉也、板盘、佳庆、打毫、巴类、巴从、打绕、耕者等村
	4	9	108	264	268	86	板先、的秀、水令、驾远、板留、水后、姑能等村
	5	13	155	388	397	124	周封、板偶、弄索、克茶、夏寨等村
	6	10	123	305	314	105	地埃、水蒙、水简、干各、低涯等村
	7	6	76	242	258	81	水便、便总、古祐等村
共计	7	74	881	2 210	2 259	738	
莪蒲乡	1	9	108	257	292	84	水角、班拉、母响等村
	2	13	154	334	352	112	甲了、抹洁、水对、新寨、拉约、上下水错、塘房等村
	3	10	122	245	246	80	水吼、水泰、姑朗、水调、的育等村
	4	7	74	149	183	43	水江、水堡、中寨、弄成、瑶漂等村
	5	7	73	139	171	42	洞陀、洞田、水架、水扒、瑶排等村
	6	10	145	381	408	123	水息、亩荣、拉鲜、潘家寨（拉韶）、杨家寨（姑化）等村
共计	6	56	676	1 505	1 652	484	

续 表

乡镇别	保别	甲数	户数	口数		壮丁数	村名
				男	女		
瑶庆乡	1	9	102	240	238	89	洞流、上岜国、更报、更昔、董戒、洞各等村
	2	10	123	221	249	96	坡等、笔架、良山、董刀、洞力等村
	3	8	87	165	171	67	下岜国、老寨、吉讲、在平、拉雷、更坡等村
	4	10	102	187	178	69	更唐、更叶、高案、更院、王家寨等村
	5	10	116	238	234	85	瑶麓、定岜、覃家寨、韦家寨、卢家寨等村
	6	9	99	162	172	58	欧家寨、打里、董闷、董根等村
	7	10	109	231	244	87	吉王、拉歹、把干、拉所等村
	8	10	114	211	250	75	拉头、拉节、水条、上寨等村
	9	11	117	243	313	89	上下岜合、干鲁、底朵、板独、覃家寨、更铺等村
共计	9	87	969	1 948	2 049	715	
茂兰乡	1	10	133	285	293	101	茂兰场及浪贬、已利、尧朝、堂讲、岩差等村
	2	10	103	235	232	74	立卡、中寨、上下尧埃等村
	3	7	103	197	206	64	长寨、岜好、洞皆等村
	4	8	91	199	199	52	拉莪、在鸠等村
	5	7	98	197	216	59	洞英、岜英等村

续 表

乡镇别	保别	甲数	户数	口数		壮丁数	村名
				男	女		
茂兰乡	6	7	86	170	179	56	比丘、甲界、王家弯、罗家寨等村
	7	8	97	190	184	50	龙洞坪、上下尧柳、上下洞勿、唐马等村
	8	9	112	224	225	61	吴寨、立化、岜孔、肯班、岜欧、岜昔、平寨、董港、高望等村
	9	11	134	265	233	83	黎家寨、余家坡、蒙寨、破其、打油寨、卢寨、下平寨、应昂、十二索、韦寨、尧吊、王寨、王同等村
共计	9	77	957	1 962	1 967	600	
佳荣乡	1	11	120	294	317	99	狗场、老场及威岩、拉韶等村
	2	6	76	115	120	44	山王庙、拉勿等村
	3	11	127	343	349	89	龙场及坤地、坡脚等村
	4	8	92	172	206	46	比茅、新寨、何家寨等村
	5	13	140	359	267	87	拉祥、拉所、谭家寨、的界等村
	6	12	132	203	270	69	水维、小敖、甲料等村
	7	6	67	135	134	47	拉易、蓝靛山等村
	8	9	109	251	265	90	拉亮、干田坝等村
	9	10	118	250	263	87	拉茅、水排、地牙等村
	10	13	151	392	413	142	岜鲜、拉先、拉学、地界等村

续　表

乡镇别	保别	甲数	户数	口数		壮丁数	村　名
				男	女		
佳荣乡	11	13	158	356	344	127	蒿里、水箦、后山、水棚、尧已、拉滩、拉桨等村
共计	11	112	1 290	2 270	2 952	925	
合计	188	1 877	22 196	48 997	51 412	15 055	

按　各乡镇保甲户口，系根据荔波县政府三十一年十一月编整保甲时所得数字填载。洎三十六年，迭经灾害，户口数字锐减，另附三十六年度保甲户口数字表于后，以备查考。至各保村落，均依次序排列，参阅舆图，易于索引。

附　荔波县三十六年度三月份乡镇保甲户口数字表

乡镇别	保　数	甲　数	户　数	男　数	女　数	备　考
玉屏镇	6	63	902	1 993	2 126	
时来乡	7	66	774	1 572	1 809	
朝阳乡	8	62	894	1 681	1 926	
董界乡	9	72	869	1 757	1 569	
捞村乡	6	50	603	1 323	1 371	
永康乡	6	62	783	1 987	2 212	
驾欧乡	8	62	690	1 543	1 643	
洞塘乡	8	65	776	1 757	1 803	
方村乡	10	96	1 223	3 144	3 205	
阳凤乡	11	114	1 401	3 009	3 037	
播瑶乡	10	108	1 313	3 830	3 387	
水利乡	6	58	672	1 284	1 423	

续　表

乡镇别	保　数	甲　数	户　数	男　数	女　数	备　考
恒丰乡	8	90	1 012	1 704	2 598	
阳安乡	8	81	920	1 827	2 252	
从善乡	8	66	802	1 670	1 863	
茂兰乡	9	73	869	1 970	1 813	
三洞乡	6	63	970	2 081	1 840	
周覃乡	6	43	576	1 103	1 143	
莪浦乡	6	48	654	1 299	1 429	
瑶庆乡	8	66	821	1 809	1 873	
佳荣乡	10	83	943	1 404	2 172	
共　计	164	1 490	18 467	39 747	42 492	

附　荔波县十六里所辖村落表(◎采自李稿)

里　别	村　　名
蒙石里	西门小寨、北门小寨、平寨、播远、板结、打油、高寨、花村、岜望、板瑶、水岩、董外、岜岭等村
时来里	旧县、后村、上下白岩、上下板莪、沙地、官塘、上下罗家寨、板旺、板苟、甲古、拉岜、播婆、上中下福村、上下弯寨、拉扶、下结茅、甲埄、更崽、拉台、交成、弄扛、上中下水春等村
巴灰里	上结茅、板乐、巴兰、砦龙、拉艮、脚庙、脚别、班苟、砦笋、上下寨鸠、拱捞、脚拱、更料、上下拉香、拉良、拉浪、上中下寨平、板盘、内外播用、交曹、当老、田洞等村
董界里	内外板麦、下庙、寨马、拉伦、拉冉、拉个、内外孟塘、上下翁龙、堂板、拉蒙、拉炯、己定、者把、拉曹、浪洋、板弄、纳汉、劳村大寨、波所、板江、扁霭、把拱、板鲁、板林、洞肯、鸠抹、波小、海利、硐甘、肯相、董更、巴楼、董保、肯类、脚村、板并、寨莪、巴怀、拉早、上下婆村等村

续　表

里　别	村　　名
巴乃里	更方、太阳、巴茶、甲雷、漆村、地宛、甲寸、纳朗、班崑、地辣、巴巍、甲鲁、上下巴竹、播莞、豆村、瑶珉、杞固、甲转、拉麻、董斗、再索、上下桃村、拉棠、播拜、打拉、拉犇、内外冲忙、简杏、甲老、瑶花、拉今、拉欧、浪抹、板谭、六林、拉柳、地阶、沧盖、韦寨、拉岜、沦慕、拉祐、拜坟、岜乃、拉沤、甘龙、洞渺、洞脚、脚拱、拉干、上下再票、唐龙、地麦、巴脚、弄迈、洞丢等村
羊奉里	拉寨、拉挂、架桥、水涯、拉磨、甲案、月今、月老、月呆、板兰、拉叟、板明、交甲、打利、廷邪、拉飘、拉岜、交曹、拉拐、平竹、交郎、董郎、把婆、瑶并、板摹、拉九等村
方村里	拉岜、棠桥、板廷、板央、交呶、板麦、板郎、板茅、交晋、罗家寨、板勇、桥罗、中寨、甲脸、巴平、板站、红尼、唐入、六黑、风寨、瑶能、甘广、白家寨、今兑、棠勉、瑶龙、拉庚、瑶蚌等村
瑶台里	水利大寨、纳沃、抵朵、岩寨、高寨、朵瓦、公丁、洞低、水笋、水丙、洞田、甲站大寨、巴苓、再庆、唐马、莫万、上下水蒙、纳黑、摸哄、纳埃、董丙、甲砂、三甲、甲左、者桑、纳外、董扛、打鸭、板卜、贬为、高黑、板埃、板郎、水拉、水江、拉威、花村、洞览、洞礼、唐介、唐衮、弄摸、则吾、板扬、板冒、摸拉、拉大等村
恒丰里	唐党、务许、水刁、羊楼、忙马、打来、水更、总母、梅虎、雅闷、闷它、干昆、水旧、亭排、班打、班岜、岜鸟、的押、的空、上板料、外雄、干雷、姑引、水翁、塘弄、的两、上下板流、板力、姑成、甲庭、班坝、甲点、梅丹、的哀等村
羊安里	甲乃、板恶、梅弄、拉外、高外、板追、板美、引生、今到、棠干、甲黄、羊翁、石月、高明、今残、吉香、今逢、上羊翁、班比、拉爱、今昂、阳朝、今盘、板墨、甲下、地隆、巴艾、巴李、下地隆、沦讲、利苗、甲学、务今、务学、高远、今交、浪个、高并、石昂、务邻、引训等村
三洞里	打便、水更、水维、水东、轿扛、水义、班闷、地垓、款牛、箐口、干笃、撒拱、良村、寨落、班妙、梅山、的亩、的斜、板龙、板南等村
从善里	水响、羊拱、寨抹、水龙大寨、水迭、水叶、姑流、杨柳、姑颡、水扒、荣耀、则祐、内力、板卯、板南、姑发、姑其、亩改、引抗、总候、水达、水蝉、水董、水便等村

续　表

里　别	村　　名
周覃里	浪对、打高、板盘、上下板立、拉野、浪地、拉宰、波花、拉近、上下拉愿、打类、拉迁、弄洗、板荀、板光、鸠摸、周崩、更消、弄索、岜软、尾卦、板藕、上中下板料、董架等村
莪蒲里	水外、扶桑、水角大寨、佳留、漫纳、菇所、水钓、姑朗、上下水错、水碓、水吼、水闭、水浩、水令、水江、水浦、水把、甲本、瑶票、洞它、洞田、虽架、瑶排等村
瑶庆里	长寨、洞英、比鸠、瑶埃、瑶朝、瑶所、立卡、必坡、洞流、巴国、拉岩、更叶、更坡、水扒、水工、水庆、瑶六、水扛、拉竹、洞塘、瑶古、板寨、五圩、洞马、九圩、十二索、立化、洞吾、六龙、甲乙等村
巴容里	高里、方田、干葛、水瀡、瑶解、拉朝、威岩、拉详、拉吾、拉先、拉亮、拉茅、水维、坤地、地押、水排、水息、下拉小、姑活、慕容、拉邪、班董、抵由、务把等村

面　积

荔波县面积略成圆形，由正北至正南，约二百华里；由正东至正西，约一百七十华里；由东北角至西南角，约二百一十华里；由西北角至东南角，约一百八十华里。然万山重叠，曲道回环，不能以道里计面积。

按　二十六年十二月十日贵州省政府教育厅技术室制《贵州省各县面积一览表》载荔波县面积三千九百二十六点五二平方公里，折合五百八十八万九千七百五十市亩。

又按　三十年十月贵州省政府制《贵州省概况统计》，载荔波全县面积为三千四百五十八点一二平方公里，折合一万三千八百三十二点四八平方市里，五百一十八万七千一百五十市亩，占全省面积百分比二点零三。

根据军令部陆地测量总局十万分之一《贵州省地形图》测算，

并载荔波耕地面积分类统计表为：耕地总面积二十一万六千二百三十市亩；水田面积五万四千二百市亩；旱田面积一十三万八千三百六十市亩；旱地面积二万三千六百七十市亩。百分比：水田二五点一，旱田六四点零，旱地一十点九（根据各县土地陈报结果重新估计而得）。又载荔波县耕地面积对总面积百分比较表为：总面积五百一十八万七千一百五十，耕地面积二十一万六千二百三十；耕地面积对总面积百分比为四点二。又载荔波县平均每人所有耕地面积统计表为：耕地面积二十一万六千二百三十市亩，人口数一十万零六千五百四十六人，平均每人所有耕地面积为二市亩。又载荔波县人口密度统计表为每平方公里所有人口数三十点八（根据二十八年人口数一十万零六千五百四十六计算）。并录之以待后考。

气　候

荔波县位置稍近热带，气候温和、惟以山势因四大干脉由西北而东迤逦南行，故西、北、东三面高而中央及南面低，气候亦随之而异。最高为阳安、恒丰、方村三乡，次为三洞、周覃、从善、佳荣、阳凤、播瑶、驾欧七乡及水利上半乡，再次为莪蒲、瑶庆及水利下半乡，又次为茂兰、永康、洞塘三乡，而城区及时来、朝阳、董界、捞村四乡介两大干脉之间，地势较低，又以捞村为最低。至山之高度则以从善乡之姑甲、鸾董等处为最。城区气候最寒时为华氏三十三度，最热时为华氏九十八度，亦可为各地气候平均数字。而以阳安、恒丰、方村三乡为最冷，捞村乡为最热。又因山势纵横，高山与深谷气候迥然不同。如城区沿江一带与两岸高峰，相距仅十余里，有时山上细雨蒙蒙，大雾弥天，而平地则微露日光；隆冬时，山上白雪晶莹，而平地则数年不见一雪片。雨量虽多，然亦因山势及气候而稍有差别。如城区一带丛山包围，雨量较各乡少。每年各乡已栽秧，而城区尚缺乏撒秧水；惟气候热，虽立夏撒秧，而成熟反在各乡先。风向则夏季多东南风，冬季多西北风。气量低二度，高三十二度(根据《贵州省概况统计》)。此荔波气候之大概情形也。

兹附录三十年十月贵州省政府制《贵州省概况统计》载贵州省贵阳等三十四县平均温度统计及平均降水量统计表所列之荔波温度及降水量表于后，以备查考。

荔波县平均温度统计表

(民国二十六年至二十九年　单位　摄氏表)

全年平均	一月	二月	三月	四月	五月	六月	七月	八月	九月	十月	十一月	十二月
一零点九	八点四	一零点五	一三点五	一七点五	二二点五	二六点一	二七点四	二七点四	二五点四	二零点九	一五点一	一三点二

荔波县平均降水量统计表

(民国二十六年至二十九年　单位　粴)

一月	二月	三月	四月	五月	六月	七月	八月	九月	十月	十一月	十二月	全年总计
一点七	三四点九	五三点一	八零点五	一八七点三	一八四点七	一七二点五	一六五点六	一一四点四	五一点九	四八点二	一一点九	一一零六点七

按　荔波交通不便，与外隔绝，外方人士，多目为瘴疠之邦，有谈虎色变者。实则此地气候温和，寒热变化正常，山水颇多明秀。[邑令刘仰方先生有“三洞属之下杨柳一带山水，其明秀不亚江南”之句(文详《氏族志》)，即可见一斑矣。]即穷乡僻壤，亦绝无瘴疠。有游宦住此一二年者，每依恋不忍去云。

土　质

荔波土质，大都硗瘠，膏腴甚少，其种类约分为五：

一曰壤土，二曰埴壤土，其质粗松，不过粘亦不过燥；性暖耐旱，旱则回润，雨则滤水；所种穗大而质重，是为中上田，各地少有，城区及时来、朝阳、董界、从善、周覃、方村、驾欧等地之上等田属之；而以方村一带之田甲于全县。

三曰埴土，含砂质过少，湿则黏稠，干则固结，空气不易流通，不适于植物生育，但耕种及时，多施肥料，穗亦大而茂，是为中下田，各地较多。

四曰砂壤土，砂质较多，不耐旱，亦称中下田，工作认真，雨旸时若，收成亦可望，各地皆有，而以恒丰、三洞等地为多。

五曰砂土，砂质最多，易干燥，不宜耕种，虽工作施肥加倍认真，收益亦有限，是为下等田，各地较多。

此系询之老农所得之概况。本县既无农学专家，又无化验器具，其详无法分析，仅志其略，以待后贤采补。

山　脉(关隘、岩洞附)

荔波跬步皆山，冈峦起伏，丛薄错综，未易悉数。然水道所经，即山脉所互。山脉难问，水道易询。益智经历各乡，详询水道之原委，以求山脉之起讫。随地留心，逢人必问。越两阅月，笔载连篇，自信所得过半矣。殊执笔编纂，疑窦丛生，测绘舆图，几无从着手，搁笔者再。惟以限期迫促，无法征询，只得就其所得，笔之于书，遗漏错误，自知难免，深望阅者补遗正误，贡献意见于文献委员会，以待异日删正。幸甚！

荔波山脉出自都匀、贵定间之云雾山，迤逦南行，经都匀、独山间之八瓣山，复南行至独山之凤凰山，分为麻银坡、瑶人坡、打然坡三支入县境。兹分述如下：

一、瑶人坡南迤为然仲坡，经三洞桥入县属阳凤乡老场。复东南行经拉拐、交甲等各村后山至马鞍山，又分为二支：一东南行经尧付、尧并等各村后山至拉寨、董平，止于淇江；一南行经尧更、梅桃等各村后山，与更贵等处山脉连接，截断阳凤河。

二、打然坡分三支：(一) 一东南行经墨寨入县属阳凤场，南行为新寨、拉往等各村后山，止于阳凤河。(二) 二南行经养寨、打董、甲挠等村入县属阳凤乡之更兰村，复东南行为月京村后山，至更贵村与尧更、梅桃等处山脉连接，截住阳凤河，复东行为松弄、拉强等各村后山，止于架桥河入淇江口。(三) 三西南行经惰寨、勤寨，又南行为瑶琏山，复东迤为瑶琅山，又分三支入县境，为本县西南部大干脉：(壹) 一向东南行入阳凤乡，为董豪、董炳等各村后山，又东迤入播瑶乡为更我、纳朗、地温等各村后山，至地温河入淇江口止；(贰) 二南迤又折东行入播瑶乡为红果、守伦、播缓场、拉麻、桃村等各处山脉，至巴竹止于尧花河入淇江口。(叁) 三南行至播瑶乡巴叶坳，又分三支为播瑶乡南部及驾欧乡淇江西岸全部山脉：(甲) 一东行为播瑶乡董马、尧花、甲娄等各村山脉，至在作村止；(乙) 二向东南行入驾欧乡为简印村后山，至拉奥(驾欧乡公所所在地)止；(丙) 三向南行入驾欧乡拉格腊，又分两支：(子) 左支东迤为六林村后山，至地街起矗秀山，至板谈村与淇江对岸拉包、岜故等各村山脉连接，截断淇水；(丑) 右支为拿圭村后山，复分两支：(A) 一西南行为牛角山，经夹马关出广西南丹；(B) 二南行为翁龙村后山，又分两支：(a) 一西南行经内广至打柳关出广西南丹；(b) 二南行入董界乡白蜡坳，又向西南行出广西南丹里湖乡甲木，复入县属捞村乡为洞卓、雅仰、八故、橙树卡、拉么、长法等各村山脉，又东南行出广西南丹岜桃。

三、麻银坡东南行为石牌坡，分两支：(一) 一为宋公山，折东而北，为基长后山之狮山。(二) 二为拉细坡，东南行至老蓝寨、秧寨又分为三支：(壹) 一南行出董登，经开寨、岜凸、漂寨，跨漂洞水入本县方村乡甲良老街，其后山即台岭，为荔、独分界岭也。复东南行为甲良场、尧穹、交挠、吉鲁等各处山脉，至拉岜止于甲良河入淇江口;(贰）二东南行为高黑之霸王山,又分两支入本县方村乡:一为板卜、纳怀、平寨、上水蒙等各村山脉,至淇江岸止;二由水拉又分左右两支:左支经廖马、莫万、六黑、唐八、者火等各村山脉,右支经干广、风寨、拉料等处,均止于淇江岸;(叁）三北行为月亮坡,又分三支:(甲）一顺牟尼河(亦称母鱼河)经水崖出三都属甲照;(乙）二经本寨入本县恒丰乡为忙庸、亩起、姑养、板孔等各处山脉,止于水汽河(淇江上流);(丙）三经坝寨又分三支:(子）一为黎罗寨后山;(丑）二经干虽入本县阳安乡为中朝、金桃、阳包等各村山脉;(寅）三经姑也又分两支:一入本县阳安乡为引虽、甲乃、梅莩等各村山脉;二出三都县属阳猛为窑罐厂等各处山脉,又分两支:一东迤为打物、拉佑延至水龙、牛场、地寨等处为三都县东南大干脉,直至坝街止;一南迤经下靠、雄寨入本县境,因三洞河划分为轿扛坡、正谷坡。

轿扛坡西南行为荔波中西部大干脉,正谷坡东南行为荔波中东部及东南部两大干脉。兹分述于后:

一、轿扛坡为三洞乡西面屏障,亦即板了、桥村、弄扛等各村之后山。迤逦南下,为正田坡,界三洞、阳安、恒丰三乡之间,是为荔波中西部大干脉,又分四支:(一）一东南行经三洞乡之内水东、外水东(即水叉)处。(二）二南行经水东之地埃、水蒙至播花、拉也等处。(三）三南行为正岭坡,是为中干,另述于后。(四）四西南行入恒丰乡干昆,又分两支:(壹）一由本它村折向北行,经廷牌及阳安之梅求、雅朗、吉友等处。(贰）二西行至恒丰场,又分三支:(甲）一北行经务条、的两、姑多等处,至姑罗止(因上两山脉北行,截住干昆之水折而北流,至吉友复折西流,至姑罗南下为淇江);(乙）二西行经板流、其谷、板口及方村之董夯、甲沙、三甲、下水蒙等处。(丙）三西行经务奇、雅都、水条及方村之甲站、在庆、董斗等处,均至淇江岸止。

* 正南行为正岭坡,界恒丰、周覃两乡之间,又分两支:

（壹）一东南行经周覃之纳降、交盘、更保、耕者、浪类、打毫等处，在更保又分一支东行至打绕，为山甲坡，又东行经板盘至拉近，又分为二支：（甲）一西行经板留等处，止于花村河。（乙）二东行经周覃场，又折东南行至拉苑，又分二支：（子）一南行经水庇、水后等处，止于从善河入三洞河口。（丑）二折东北迤者经夏寨，止于三洞河。

（贰）二西行经恒丰之塘党，又分旁支东南行，经弄瑶及水利之花村等处；而正干西南行至水利之尧埲，又分旁支西南行经龙井、董红、董外及播瑶之台村、洞杳、韦寨等处；在台村又分支西南行经地莪场、脚孔及驾欧之巴乃、岜故、拉包等处，与淇江对岸板谈诸山脉连接，横截淇水，伏流十余里；至正干复南行至三所坟，又分旁支东南行，经水利、水龙、老寨、甲本、知音、知物及莪蒲之水错、塘房等处，止于花村河入三洞河口；正干又西南行，经水降、水岩又分为三支：（A）左支东南行经花钵、蓝靛山，又分旁支经莪蒲之瑶排、水扒，正脉经洞览及水浦、水江等处，至水浦河入三洞河河口止；（B）右支西南行至岜岭为仙人洞，经水浪至朝阳之播用村后为观音山，又南行至董界经内板麦，又分旁支经外板麦、中板麦、板妙、在马、下冷等处，正脉为板峭山、为外构坳，止于淇江汇入樟江处之王蒙场。（C）中支转南迤，经板尧，蜿蜒起伏，至县城北三里，为玉屏山即县城祖山也。又南下经花园、花皋止于樟江西岸。

二、正谷坡为荔波、三都两县分界地，东迤为正博坡，分两支：

（一）一东行经三都县的敢、姑引、中寨、和寨等处。

（二）二南行经的请、板告又分两支：

（壹）一东行为岜亢坡，出龙场坡又分三支：（甲）一东行经在乐、梅山、大善处止于大善河。（乙）二东南行经干独、板闷，又分两支：（子）一支东南行至板南、去六折西南行，经板龙、彩从等处至帽盒山，止于水便河。（丑）一支南行为马仓坪至地岔坡处，亦止于水便河。（丙）三南行经三洞场至洒流止。

（贰）二东北行经三都属己乃场、板良，又东转至姑仲分两支：（甲）一东北行者为己乃年坡。（乙）二东南行经的夜，入本县属三洞为雾鹿山，又东南行经板岭村、砍牛塘至姑桃村，为笔架山，又分三支：（子）一西南行经地良、岜做、水假、水道及周覃之水便等处，至水便河止。（丑）二西南行经从善之姑奇、岜缭、岜凯、水董等处，止于从善河入三洞河。（寅）三南行经姑甲山，至杨拱又分三支：（A）一西南行经龙场又分三支：（a）一经李桃、岜凡、李家寨、覃家寨及莪蒲之水各等处，至三洞河河岸止。（b）二为寨磨、姑赏等处山脉。（c）三经水梅又分为两支：一经板南、荣鸟等处与莪蒲之水各等处山脉连接。二经石板寨及莪蒲之水调、水吼、水春等处，至佳荣河会三洞河河口止。（B）二南行经系大、姑农、系吕、梅高等处，又西南行为岜凯、水达、李满及莪蒲之水息等处山脉。（C）三东南行经平报、姑正、水往等处，至水穴为引幽山，又分二支：（a）一东行出榕江县属之八蒙；（b）二东南行经佳荣之蓝靛山，又分两支：一东行出榕江属之滚通；二南行至小敖又分二支：一东行经从江县属之廖家坡、雷家坡出宰便，二西行出水维又分二支：① 一西北行经谭家寨、拉先、拉学、拉亮、拉茅出水碰、蒿里等处止于佳荣河。② 二西南行经拉祥、狗场、老场、拉龙，至观音山，为荔波中东部大干脉，兹分述如下：

一东行经扁茅至地坤之龙场；二东南行经拉勿、新宁、何家寨等处，出广西宜北之驯乐乡；三西南行，出三王庙又分三支：

（一）一东南行出龙洞坪，分两支：（壹）一南行出唐马，又分支东南行为铁坳，出广西宜北。（贰）二西南行经立化至余家坡又分二支：（甲）一西南行至十二索止。（乙）二南行经卢寨、韦寨又分二支：（子）一西行经王寨及洞塘之肯龙、汪洞、坡恒等处。（丑）二西南行经尧吊，出广西思恩县。（叁）三西南行出洞勿经岜英、拉莪、长寨、洞皆、尧垓等处，过尧垓横截茂兰河，出夹石营连洞塘之老场等处山脉。

（二）二南行经甲界、茂兰场、岩嗟、尧朝、立卡等处，至夹石营与尧垓等处山脉截茂兰河。

（三）三西南行出拉桨又分二支：（1）一南行经瑶麓及瑶庆两乡交界之黄泥坡，由黄泥坡西南迤经瑶庆之播料、洞流、洞力及永康之溪竹等处，又经必同卡至洞塘之老场又分二支：（壹）一经洞更、瓦厂、加别、洞腮、必左、甲乙等处，经洞塘场又分三支：（子）一南行经尧所、里昂、洞腊等处，至洞腊河止。（丑）二西南行经李根坪、坡格、板寨等处，至黎明关出广西思恩县。（寅）三西行经丹林、必觉、浪腊、洞长、拉扒等处至金璧关出广西思恩属之纳脚场。（贰）西南行，出岩洞口经望乡台，至水庆、水工、更铺等处，又分二支：（金）一至吉王、董闷、高岸等处。（木）二经底朵，又分三支：（春）一东南行至板独、岜国等处。（夏）二西南行延至平鲁，又分二支：（天）一南行经洞各至沙梨坳。（地）二西南行，延至岜合经马鞍、打里等处又分二支：（乾）一西行出时来，至甲捧、拉台等处。（坤）二西南行经董港、梅卉、穿洞、水洋、董亚、瑶兰、董胆关出广西南丹属翁昂之浪呆、更岜、己陇等处。（秋）三西南行出更底、更楼至白岩龙王洞、大坳、白虎坡，复西南行经拉岜出朝阳之鲁风、更兑、冗力、岜马等处，又分二支：（东）一南行出之董莽、岜昂场及捞村之平岩、巴弓等处止于莪江。（西）二西行至洞豪又转西南行，经董界之董札、董更、在莪等处，由董札分支西南行，至董保又分两支：（红）一西南行，经拉贬、朝沙、界牌等处，止于莪江河岸。（黄）二东南行经姑类之江奔又分二支：（日）一出捞村之三脚又南行为猴坡经蟠龙止于莪江；（月）二出唐光，经捞村之洞勤、大寨等止于莪江。

按　荔波山脉错综，水多伏流，故每一冈一峦，起伏不明，脉络颇难分析。至各地山名，不易为一般人所认识，故用村名以为线索。然无村不山，更难悉数，只能述其大者。山既纵横交错，村复布列星零，述之不易明了，特附系统表以明干支分衍之大概。按系统表以索舆图，较为易也。

荔波县山脉系统表

贵定县南、都匀县西(云雾山)－都匀(八瓣山)－独山(凤凰山)┐

└独山基场乡－┬(瑶人坡)→
├(打然坡)→
└(麻银坡)→

(瑶人坡)－(然仲坡)－三洞桥－荔波阳凤乡老场－拉拐－交甲┐

└马鞍－┬尧付－尧并－拉寨－董平。
└尧更－梅桃(与更贵等处山脉连接，截断阳凤河)。

(打然坡)－┬墨寨－荔波阳凤场－新寨－拉往。
├养寨－董打－甲挠－荔波阳凤乡更兰－月京－更贵┐
│└松弄－拉强。
└惰寨－勤寨－(瑶琏山)┐

└(瑶琅山)┬荔波阳凤乡董豪－董炳－播瑶乡更我－纳朗－地温。
├荔波播瑶乡红果－守伦－播缓场－拉麻－桃村－巴竹。
└荔波播瑶乡巴叶坳┐

┌董马－尧花－甲娄－在作。
├驾欧乡简印－拉奥(驾欧乡乡公所)。
│┌六林－地街－板谈－(与拉包等处山脉连接，截断淇江)。
││┌牛角－夹马关出广西省南丹县。

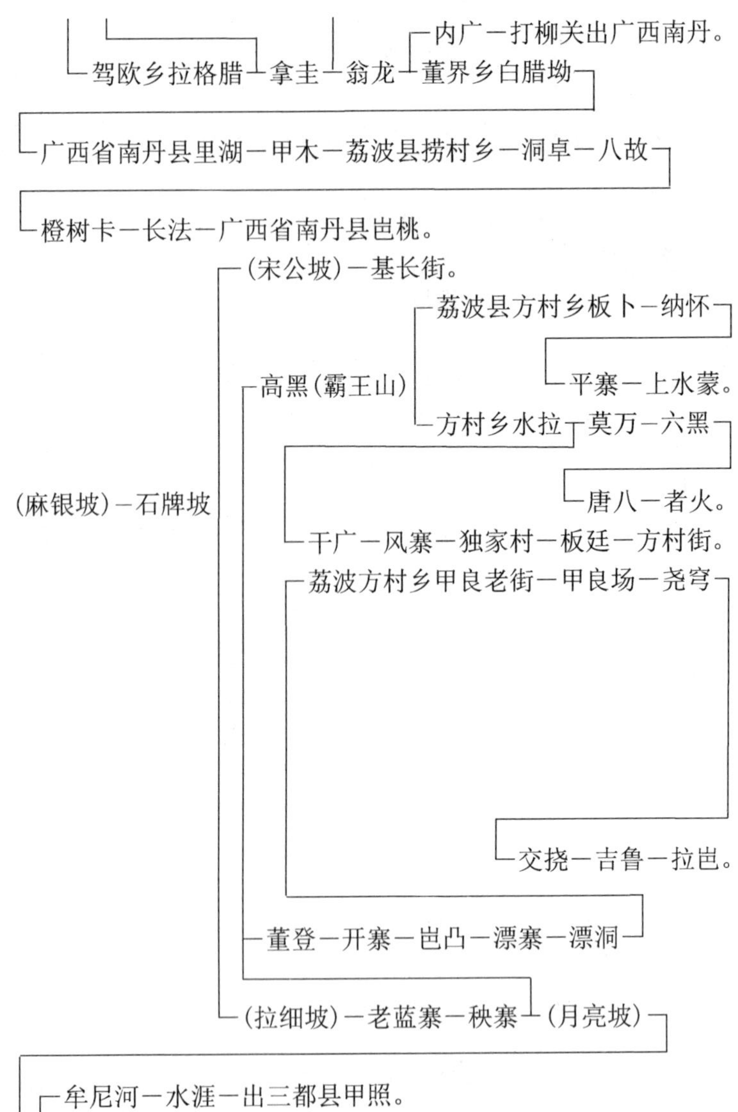
内广—打柳关出广西南丹。
驾欧乡拉格腊—拿圭—翁龙—董界乡白腊坳
广西省南丹县里湖—甲木—荔波县捞村乡—洞卓—八故
橙树卡—长法—广西省南丹县岜桃。
(宋公坡)—基长街。
荔波县方村乡板卜—纳怀
平寨—上水蒙。
高黑(霸王山)
方村乡水拉—莫万—六黑
唐八—者火。
(麻银坡)—石牌坡
干广—风寨—独家村—板廷—方村街。
荔波方村乡甲良老街—甲良场—尧穹
交挠—吉鲁—拉岜。
董登—开寨—岜凸—漂寨—漂洞
(拉细坡)—老蓝寨—秧寨—(月亮坡)
牟尼河—水涯—出三都县甲照。
本寨—荔波县恒丰乡忙庯—亩起—姑养—板孔。

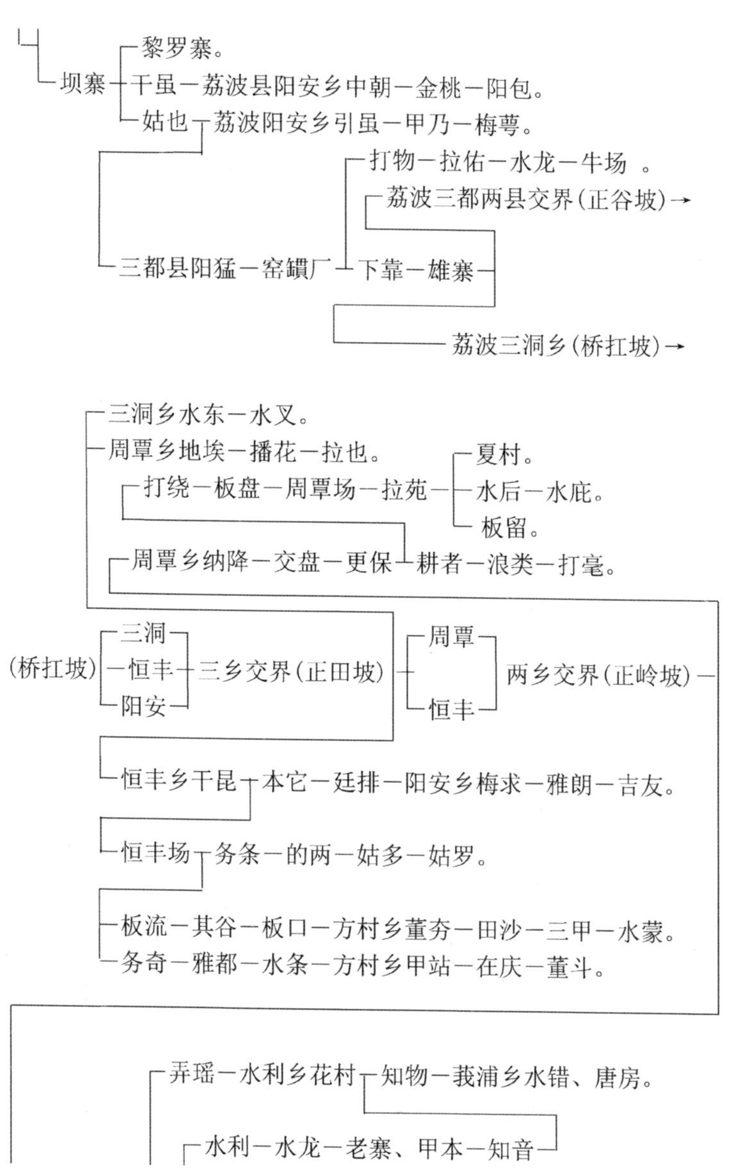

黎罗寨。
坝寨
干虽—荔波县阳安乡中朝—金桃—阳包。
姑也
荔波阳安乡引虽—甲乃—梅萼。
打物—拉佑—水龙—牛场　。
荔波三都两县交界(正谷坡)→
三都县阳猛—窑鐀厂
下靠—雄寨
荔波三洞乡(桥扛坡)→
三洞乡水东—水叉。
周覃乡地埃—播花—拉也。
夏村。
打绕—板盘—周覃场—拉苑
水后—水庇。
板留。
周覃乡纳降—交盘—更保
耕者—浪类—打毫。
三洞
(桥扛坡)
恒丰
三乡交界(正田坡)
阳安
周覃
两乡交界(正岭坡)
恒丰
恒丰乡干昆
本它—廷排—阳安乡梅求—雅朗—吉友。
恒丰场
务条—的两—姑多—姑罗。
板流—其谷—板口—方村乡董夯—田沙—三甲—水蒙。
务奇—雅都—水条—方村乡甲站—在庆—董斗。
弄瑶—水利乡花村
知物—莪浦乡水错、唐房。
水利—水龙—老寨、甲本—知音

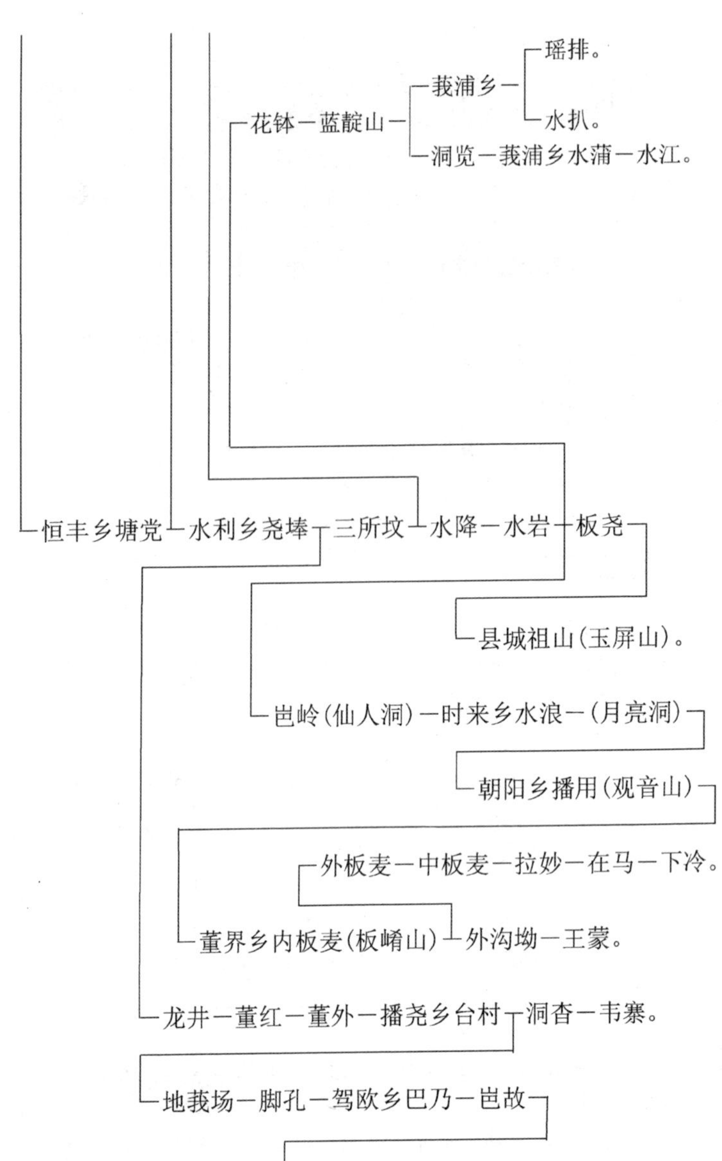

瑶排。
莪浦乡
水扒。
花钵—蓝靛山
洞览—莪浦乡水蒲—水江。
恒丰乡塘党
水利乡尧棒
三所坟
水降—水岩
板尧
县城祖山(玉屏山)。
岜岭(仙人洞)—时来乡水浪—(月亮洞)
朝阳乡播用(观音山)
外板麦—中板麦—拉妙—在马—下冷。
董界乡内板麦(板峭山)
外沟坳—王蒙。
龙井—董红—董外—播尧乡台村
洞杳—韦寨。
地莪场—脚孔—驾欧乡巴乃—岜故

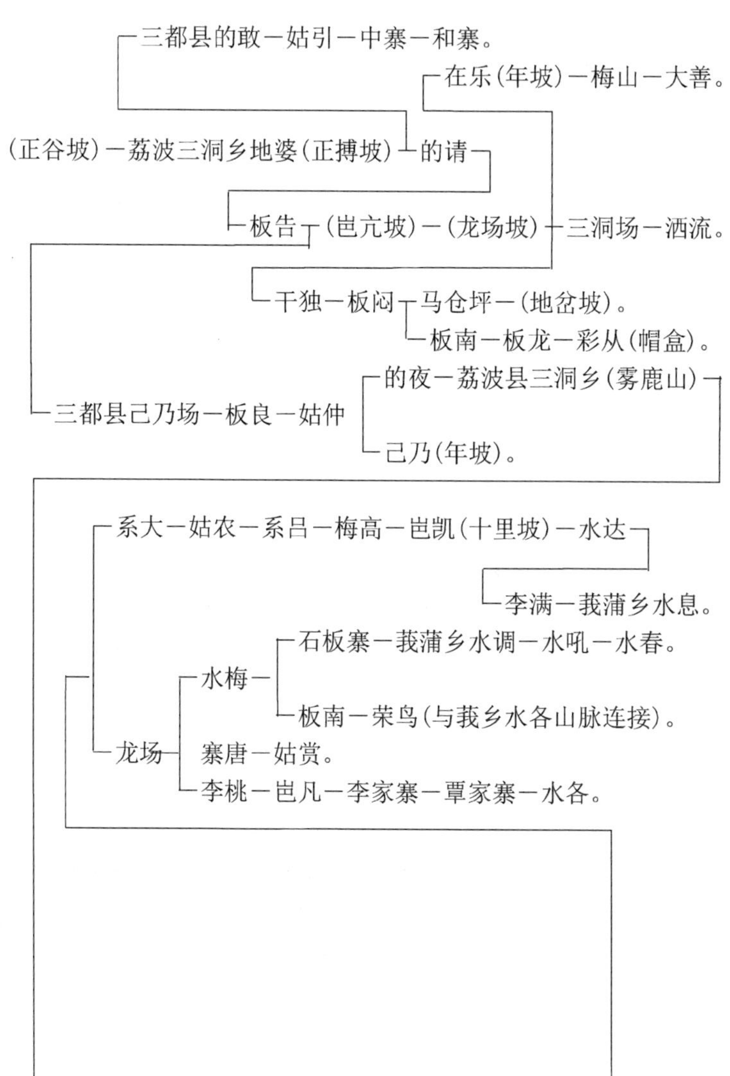
拉包（与板谈等处山脉连接，截断淇江）。
三都县的敢—姑引—中寨—和寨。
在乐（年坡）—梅山—大善。
（正谷坡）—荔波三洞乡地婆（正搏坡）
的请
板告
（岜亢坡）—（龙场坡）
三洞场—洒流。
干独—板闷
马仓坪—（地岔坡）。
板南—板龙—彩从（帽盒）。
的夜—荔波县三洞乡（雾鹿山）
三都县己乃场—板良—姑仲
己乃（年坡）。
系大—姑农—系吕—梅高—岜凯（十里坡）—水达
李满—莪蒲乡水息。
石板寨—莪蒲乡水调—水吼—水春。
水梅—
板南—荣鸟（与莪乡水各山脉连接）。
龙场
寨唐—姑赏。
李桃—岜凡—李家寨—覃家寨—水各。

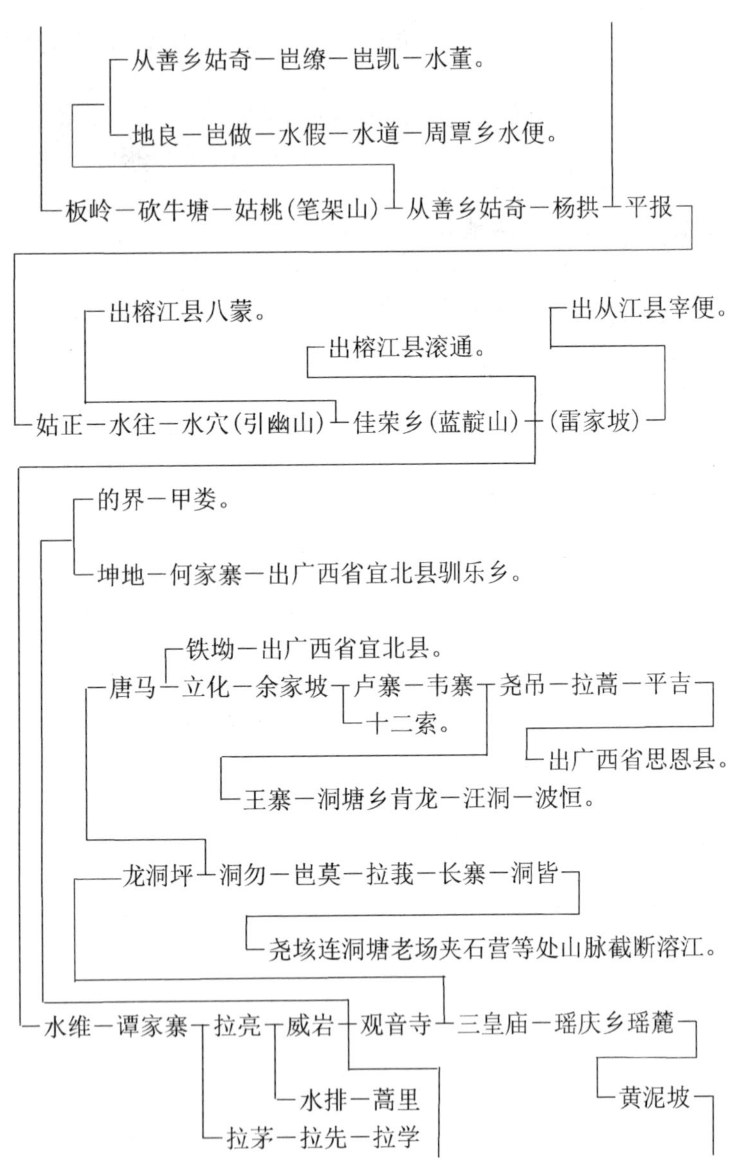
从善乡姑奇—岜缭—岜凯—水董。
地良—岜做—水假—水道—周覃乡水便。
板岭—砍牛塘—姑桃(笔架山)—从善乡姑奇—杨拱—平报
出榕江县八蒙。
出从江县宰便。
出榕江县滚通。
姑正—水往—水穴(引幽山)—佳荣乡(蓝靛山)—(雷家坡)
的界—甲娄。
坤地—何家寨—出广西省宜北县驯乐乡。
铁坳—出广西省宜北县。
唐马—立化—余家坡—卢寨—韦寨—尧吊—拉蒿—平吉
十二索。
出广西省思恩县。
王寨—洞塘乡肯龙—汪洞—波恒。
龙洞坪—洞勿—岜莫—拉我—长寨—洞皆
尧垓连洞塘老场夹石营等处山脉截断溶江。
水维—谭家寨—拉亮—威岩—观音寺—三皇庙—瑶庆乡瑶麓
水排—蒿里
黄泥坡
拉茅—拉先—拉学

┌吉王—董闷—高岸。
拉韶—望乡台—瑶庆乡水庆—水工—更铺┤
└底朵┬板独—岜国。

—平鲁┬洞各—沙梨坳。
└岜合—永康乡马鞍—打里┬董港—梅卉—穿洞
└时来乡甲棒。
水洋—董亚—瑶兰—董胆关—出广西省南丹县翁昂。
—时来乡更底—更楼—龙王洞—大坳—白虎坡—望城坡—拉岜
朝阳乡鲁凤—更兑—冗力
岜马┬出广西南丹翁昂。
└洞豪—董界乡董札┬董更—寨莪。
董保┬捞村乡江奔┬尧莪—平岩—八弓—岜肯—出广西南丹。
│　└三脚—猴坡。
└拉贬—朝沙—界牌。

┌洞更—瓦厂—加别—洞腮—必左—甲乙。　┌截断溶江。
└洞瑠—倒马坎—夹石营接茂兰乡洞皆、尧垓等处山脉
良山—洞流—洞力—永康乡溪竹—必同—洞塘乡老场—洞塘场
尧所—里昂—洞腊—大造坡—出广西省思恩县。
┌李根坪—坡格—板寨—黎明关—出广西省思恩县。
└丹林—必觉—浪腊—洞长—拉扒—金壁关—出广西思恩县纳脚场。

荔波县关隘表

名　称	所在地	附　　注
撞钟石	玉屏镇	在时会坳前二里，设石卡，路侧峭石壁立，击以石，声若钟磬，因此得名。　◎采自李稿
楼梯坡	玉屏镇	在玉屏山后，为县城走阳凤乡要道。岩山陡峻，砌石级，如梯形，故名楼梯
大　坳	时来乡	在旧县村后，有石卡
望城坡	时来乡	在城南二里，为赴桂孔道，山高路险，行人苦之
火石坳	时来乡	在望城坡后，山道曲折，极为险要
拉岜卡	时来乡	在拉岜村后最高峰，围石墙，高四丈余，东西门洞各一，垛堞俱备。相传建于清咸丰五年间，洪杨之役，附近村民避难于此。中宽阔，可容百余家，惜无水可供给养耳
甲埲卡	时来乡	在甲埲村前后，砌石卡三，扼黔桂要冲
外构坳	董界乡	在拉个村后二里，清同治六年，广西副将宋福庆曾败贼于此。◎采自李稿
哨楼坡	董界乡	在者巴村对河，清咸丰三年，知县魏承祝设哨楼于此。◎采自李稿
白蜡坳	董界乡	为荔波、南丹交界地，知县魏承祝建关于此。◎采自李稿
十二卡洞	董界乡	在坡小村西，为黔桂交界地，知县魏承祝设卡于此。◎采自李稿
猴　坡	捞村乡	在蟠龙村后，于悬岩绝壁上辟径直下，牛马不能过，由坡脚至坡顶约五里，为荔波第一险道
橙树卡	捞村乡	在九亩村后山，有橙树一棵，相传清咸丰五年训导郑珍到此设防，题“橙树卡”三字于其上，今已毁
夹马关	驾欧乡	在牛角村西南，为荔波与南丹交界，崎岖曲折，如鸟道羊肠
打柳关	驾欧乡	在夹马关南，为黔桂交界地

续 表

名 称	所在地	附 注
巴叶坳	播瑶乡	在尧花村西北，为荔波、独山交界地
紫微墙	阳凤乡	在水头村西北，为荔波、独山交界地
龙井坡	水利乡	又名跋送坡，距城四十里，上独山孔道，两山对峙，一下一上，曲折数里，行者苦之
花钵卡	水利乡	距城十五里，层峰阻塞，曲道纡回，往来过此，均有行路难之叹
轿扛坡	三洞乡	在弄扛村后，为独山至榕江孔道
正谷关	三洞乡	为荔波与三都交界地
正田坡	三洞乡	为三洞至恒丰大道
箐口坡	三洞乡	在三洞东十五里，绝险，坡脚为河东沟，原为独山至榕江孔道。沟东南属荔波，沟东北属三都，路沿沟而下，俗称“九十九道脚不干”也。数十里无人烟，近年来因治安问题，行人绝迹
沙 冲	周覃乡	为荔波至三都要道
正岭坡	周覃乡	为周覃至恒丰大路
拉后卡	周覃乡	为周覃进城必经之路
白岩坡	从善乡	为三洞至从善要道
水迭卡	从善乡	卡极险要。清末，广西游匪猖獗，乡民把守此卡十余年，匪不能破
猫叉树	从善乡	为从善进城孔道，砌石为卡，颇险要
十里坡	从善乡	为从善乡至佳荣必经之路，坡之长为荔波第一
水扒卡	莪蒲乡	为莪蒲进城要道
摇排卡	莪蒲乡	为莪蒲进城要道
沙梨坳	瑶庆乡	为瑶庆至永康要道
苦李坳	瑶庆乡	为瑶庆至永康要道

续 表

名 称	所在地	附 注
蓝靛山	佳荣乡	为荔波与榕江交界地
雷家坡	佳荣乡	为荔波与从江交界地
拉勿卡	佳荣乡	为荔波与广西省宜北县交界地
山王庙	佳荣乡	为佳荣至茂兰孔道
望乡台	佳荣乡	为佳荣至瑶庆大道
铁 坳	茂兰乡	为荔波与广西省宜北县交界处
雄关及大造坡	洞塘乡	清咸丰四年粤西土匪朱亚狗作乱，陷思恩，知县魏承祝于雄关及大造坡等处建碉卡防堵。今已毁。◎采自李稿
黎明关	洞塘乡	距城一百一十里，在板寨南，为黔桂交界处
瑶所关	洞塘乡	距城七十里，叠石为垣，巉岩峭壁，真天险也
金璧关	洞塘乡	距城一百一十里，在拉扒村西南，为黔桂交界处
金城关	永康乡	距城四十里，俗名懒板凳，在溪竹村南五里。上悬峭壁，下临深涧，一径纡回，崎岖陡绝。清同治丁卯，广西提督冯子材破贼于此。◎采自李稿
董胆关	永康乡	为永康至翁昂要道

荔波岩洞表

名 称	所在地	附 注
银 洞	玉屏镇	在玉屏山侧，民国二十七年，县长汪汉修作防空洞
龙王洞	时来乡	在白岩坡脚，上削壁、下深潭，洞内可容数百人。清同治之乱，邑绅何振新、覃端模等固守此洞，以待援军
苏仙洞	时来乡	在龙王洞侧削壁上，无路可登，相传有仙人苏姓者在此修炼，故名。◎采自李稿

续　表

名　称	所在地	附　　注
欧官洞	时来乡	在城西七里大河岸侧，相传有欧官者，姓韦名杰，邑之韦寨人，年二十弃家学道，在此圆寂，故名。◎采自李稿
月亮洞	时来乡	一名皇帝洞，在上花围村附近，内宽平明亮，可容千余人
花围洞	时来乡	在花围村后三里许，洞口有二，各可容千余人，上中下花围及朝阳乡交朝村居民常在此避乱
播用洞	朝阳乡	在播用村西北，内宽二三丈，深二三十丈，可容数百人
永安洞	董界乡	俗名硝洞，在董界、驾欧之交。洞中阴深，人迹罕到。清同治之乱，村民住此，保全甚多。◎采自李稿
甲　洞	董界乡	山形如狮，洞内可容数百人
九亩洞	捞村乡	在九亩村后山，可容数百人
安平洞	驾欧乡	在地街村左，清同治之乱，村民在此避难，保全数百家，知县钟毓材曾驻其中。◎采自李稿
甘稳洞	驾欧乡	在板谭村右，淇江伏流其中，内可住数十家。◎采自李稿
十二洞	驾欧乡	在拉圭场，一峰耸立，三面玲珑，洞凡十二，各不相通。清同治间，村民避乱于此，保全数百家。◎采自李稿
鱼村洞	播瑶乡	洞内宽平，可容数百人
唐朵洞	阳凤乡	洞前悬岩削壁，内有上下层，半边有水半边干，无光，为黑洞。搭桥过水里许，攀缘而上，数十步，达上洞，豁然开朗，地势平坦，容五六千人。清同治五年之乱，在此避难者数百家，知县王子林亦曾驻此
董奎洞	阳凤乡	洞内宽平，可容二三千人

续　表

名　称	所在地	附　　注
降豪洞	阳凤乡	洞内可容数百人
甲岸洞	阳凤乡	洞内可容数百人
乾锟洞	阳凤乡	洞内四周有水，中高，可住百余人，即架桥水发源处也
拉有卡	阳凤乡	清同治之乱，有莫赖者，在此练团，卒能平乱
水丰洞	水利乡	在水丰附近，内宽阔，可容数千人
仙人洞	水利乡	一名清虚灵洞，在岜岭村附近。可容数百人。余详见《名胜古迹》
拉更洞	方村乡	洞内可容千余人
干昆洞	恒丰乡	洞口有二，内有沟，可容二千余人
皆友洞	阳安乡	洞内宽阔，可容四五千人
达便洞	三洞乡	洞口二，长里许，宽二三丈不等，可容二千余人
板闷洞	三洞乡	洞内高而宽，可容五六千人，深四五里
古良洞	三洞乡	洞内宽平，可容千余人，深不可测，好事者探险，曾走四五里，因烛不继而还
周覃卡	周覃乡	卡在周覃乡卡坡山顶，周围石墙约四尺高，可容一二千人。相传清乾隆初年总督张广泗曾屯兵于此
干球洞	周覃乡	在夏村河对门，可容千余人
干凯洞	从善乡	在姑农村附近，内有河，可容千余人
干可洞	从善乡	在的系村附近，可容五六百人
丙檀洞	莪蒲乡	洞内可容五六百人
水庆洞	瑶庆乡	洞内可容千余人
更昔洞	瑶庆乡	洞内可容数百人
更朋洞	瑶庆乡	洞内可容数百人

续 表

名 称	所在地	附 注
更坡洞	瑶庆乡	洞内可容数百人
拉毛洞	佳荣乡	洞内深一里许,宽二丈,可容数千人
白岩洞	佳荣乡	洞在威岩村附近,深里许,宽三丈,内有水,可容数千人
卡脚洞	茂兰乡	洞内高而宽,通己利卡,可容万人
浪外洞	茂兰乡	洞内可容数百人
拢皆洞	茂兰乡	洞内可容数百人
滕台洞	茂兰乡	洞内可容数百人
尧垓洞	茂兰乡	洞内可容数百人
拉莪洞	茂兰乡	洞内可容数百人
岜昔洞	茂兰乡	洞内可容数百人
抬水洞	茂兰乡	洞内有大潭,茂兰场附近村寨,冬季无水均取给于此
灯笼洞	洞塘乡	洞内宽平,周围二三里,可容万人
瓦屋洞	洞塘乡	距老场二里许。洞门人字形,外有石墙,内分内洞外洞、天楼地楼。外洞亮,内洞黑,外洞分二层,上层住人,下层豢牛马。遇有事,壮者抵御,老幼燃灯火,循石级,入内洞,经一月亮门,直达天楼,俨然瓦屋,故名。昔游土匪徒扰乱,附近居民,多避难于此
董大洞	永康乡	洞内可容千余人,清咸同之乱,村民在此避难十余年
干柯洞	永康乡	在吉洞村后,可容数百人
干才洞	永康乡	在溪竹村后,可容数百人
干半洞	永康乡	在水尧村后,可容数百人
穿 洞	永康乡	在永康水洋场附近,岩山横隔,大路中通,约十丈,清咸同之乱,村民在此避难,曾改道越山巅而下,乱平,仍为往来孔道

水　道(津梁、泉塘附)

荔波之水,可分为东西两部,均南流入桂境为龙江,汇柳江、西江入南海。境内诸水,名称复杂,不便整理。兹为使整理便利及阅者醒目起见,概括西部诸水为峨江,东部诸水为溶江。并详述旧名,以备考古者之一助。

一、峨江

原打苟河,一名捞村河。

按　"打苟"二字系本地方言"弯河"之义(本地方言"河"为"打","弯"为"苟"入声);此水发于东北,向西南流,至董界乡之界牌,出广西南丹境,折向东流,入捞村乡,成大弯形,故有弯河之称。此名称仅限于界牌以下。

又按　"捞村"二字,系以地名称之,则仅限于捞村一乡。

又按　此水流经各地,各以地名称之,不一而足。是则"打苟"及"捞村"均不足以概此水之总名。

又按　"峨江"二字,原系指发源于三洞、佳荣两乡流至董界孟塘之水之总名称。而荔波诸水,以此江为最大,故以峨江二字总称之,较为名实相符,况荔波原有峨山之称,以距城东北五里罗葡木之峨山得名。则峨山可以代表本县别名,而此水又经峨山左侧流至城东,是则以"峨江"名称总之,更无不合,名正言顺,不仅便于整理也。

有二源:

一为樟江。

按　"樟江"二字以城东河岸樟树得名,盖荔波八景中"樟江夜月",即此地也。

又按　此水自城区以下,在朝阳乡称巴灰河(以朝阳乡原名巴灰里也);在董界乡称寨马河、王蒙河(以有寨马场,一名洞莪场、王蒙场也)。今以“樟江”二字总之,盖以樟江系城区命名,又为八景之一,兼总纳上流两大水源也。

一为淇江。

按 此水在方村乡称淇水,又称方村河;在阳凤乡称拉寨河(以拉寨系公渡处也);在播瑶乡称地莪河(以有地莪场也);在驾欧乡称巴乃河(以驾欧乡原属巴乃里也)。今以淇江总之,盖以淇水为方村命名,而方村为邑旧治地也。

兹分述于后:

樟江源有二:

(一)为三洞河。

按 此水在三洞乡称水维河、水叉河;在周覃乡称水便河;在莪蒲乡称大善河、水浦河;至时来乡称水春河;盖以其经各处地名称之。今以其发源于三洞乡,故总称三洞河。

(二)为佳荣河。

按 此水在佳荣乡称巴容河(以佳荣乡原名巴容里也);至水息又称水息河。今以其发源于佳荣乡,故总称佳荣河。

三洞河有二源:

一发源于三都属犛角塘,径水潘。

一发源于三都属比寨,径唐州至雄寨桥会水潘水,伏流里许,出雪花洞(以水由洞出,瀑布而下,飞沫四出如雪花,故名)、天生桥南下,径县属三洞乡水维,纳洒流溪(源出良村脚,经洒流村后,径岜显村脚入水维河),称水维河。折西南流径水叉,纳水雅溪(源出内水东,伏流后,径水雅村脚,至板稿村下面,入水叉河),称水叉河。复东折径周覃乡东南角,纳周覃溪(在周覃乡平田中,清流荡漾,环绕若带,一名带溪),至水便称水便河。纳地花溪(源出三洞乡,有五:一出干独村北,经梅山村南至大善村东南,称杨贤溪。二出三都属板妙村南至打便村后伏流里许,复出至板岭村脚。三出雾鹿山麓，至板岭村会板妙水，合流称忙亩溪，至大善村脚会干独水，西南流至水假村脚，为地花河。四出水洋村脚东南流入地花河。五出从善乡古奇村脚西流会地花河，称水假溪，界三洞、从善两乡，入水便河），至莪蒲乡西北纳水董河（源出杨拱、水昂一带，径水董至从善、周覃、莪蒲三乡交界处，入大善河），折西南下，称拉散河。至水错，纳花村溪（源出水利乡板阳、拉连一带，经周覃乡水令村，称拉浩河，入拉散河），复南下纳水兑溪（源出水各大寨，西北流至水兑，入河），称水错河。至水江，纳水浦小河（源出水利乡水龙，经洞览、洞陀，伏流后复出，经瑶票入河），复南下纳水扒溪、瑶排溪（两溪源出水扒、瑶排与洞览、洞雷间乱山中，均伏流后入河），又南流至水春会佳荣河，称水春河。

佳荣河有二源：

一出佳荣之小敖与水为间，至拉易，右纳乌溜沟（出荔、从交界乱山中）及蓝靛山等处之水，左纳拉所及谭家寨等处小沟，至拉学，纳岜鲜等处小沟，称牙息河。

一出从善乡水穴，右纳系吕溪（出水往、水配、姑成等处乱山中）及岜凯溪（出本廷、板甲、水迭、岜凯等处之水），称小河；至地界与牙息河会合，两河合流后西南下，左纳水碰溪（汇水排山蒿里处之水）及拉滩溪（出佳荣之拉韶、尧已、拉滩、岩洞口等处之水），称巴容河。折西流至水息，右纳水梅溪（出高农、水梅、石板寨一带）及水吼溪（出水叶、引忼，及纳板南、姑赏等处伏流之水），左纳水工溪（出水工等处之水），复西南流，径的育至水春，会三洞河，合流径白岩西南下，为樟江。径城东而南，至罗家寨，左纳板望溪（汇拉岜、板口诸水），西流至回龙阁，又南下右纳花围溪（一名威亩溪，源出水浪山后伏流，复出上花围村西北），至福村左纳福村溪（源出福村后山），又下纳上花皋溪（源出上花皋村后大山麓，经上花皋村脚入江），至朝阳乡结茅村侧，左纳结茅溪（源出结茅村后大山麓），复西折右纳下花皋溪（源出朝阳、围寨交界乱山中，北流至下花皋村脚入江），又南下至朝阳场，右纳播用溪（源出内播用村后鲁好山麓），称巴灰河，又折东向至寨省村脚，左纳寨省溪（汇鲁凤、播九、八烂诸水），至花堤村脚，左纳花堤溪（一名昂溪，源出更兑村），复西折右纳寨平溪（源出寨平村后大山麓，绕寨平村右诸山入江），至拉良右纳拉良溪（源出拉良村后大山麓），又南折，径拉香村后入董界乡，左纳婆村溪（源出婆村后大山麓），至洞莪场，称寨马河，至下冷村西折，右纳板麦溪（源出内板麦村侧，一名流香井），南下左纳洞莪溪（源出洞莪村后大山麓）下里许，右纳董纳溪（源出董纳村后大山麓），折而东，三里许，左纳巴楼溪（源出巴楼村后大山麓），折而西为孟塘河，淇江自北来汇，下至王蒙，称王蒙河。

淇江源有二：

一出三都属阳乐，南流入本属阳安乡姑罗村；

一出本属恒丰乡乾坤村脚，北流经廷排村入阳安乡姑罗村会阳乐水，折西流，至项乔村，右纳阳安溪（汇阳朝、引虽、定隆、金桃等各村之水），左纳弄榜溪（汇弄榜、梅求、高并等各村之水），复西流至雅斗村，右纳黎寨溪（源出独山属黎寨与罗寨之间，汇黎、罗寨等处之水），入恒丰乡，折转南下，至忙庸，右纳把老溪（汇把老、把劳、忙庸、甲左等处之水），至板孔纳水各溪（汇务条、水各等处之水），又西南流入方村乡，至董夯右纳板卜溪（汇板卜及和勇、姑养等处之水），至上水蒙右纳纳恒溪（汇纳怀、者上等处之水），左纳恒丰溪（汇恒丰场之雅都及瑶台之三甲、甲多等处之水），又南下，纳莫万溪（汇莫万、唐马等处之水）至方村，右纳把平溪（汇唐入、把平等处之水）至拉街村，会甲良河（源有二：一出独山属平静桥头，经三洞桥南下至本属方村乡尧穹；一出独山属漂洞，至尧穹会平静桥头之水），折南下纳龙井溪（源出龙井坡山麓大路侧），复西南流入阳凤之拉寨，称拉寨河，至抹约左纳董外溪（汇董外、董红各处大山谷之水），右纳董平溪（汇董平、尧并等处之水）及阳凤溪、拉守溪伏流之水（阳凤溪出独山属甲邦，南下入本属阳凤，经老场西南流；拉守溪出独山属墨寨，南下入本属阳凤，经新寨、拉往、拉守东南流会甲邦水，复南下至水涯，伏流数里，复出为董平溪，流于梅桃、更贵之间，东南流经六了村，入拉寨河），折南纳小河（源出独山属惰寨，经养寨、勤寨、打董、甲挠入本属阳凤之甲奉，东南伏流数里，复出架桥村东南乾坤洞，复东为小河入拉寨河），复南流入播瑶，至地莪场，称地莪河，右纳纳朗溪（汇地脉、纳朗等处之水），至觉巩，右纳巴竹溪（汇豆村、地腊、班岜等处之水），又南下，右纳寨索溪（汇董马、拉麻等处之水），西折入驾欧，右纳尧花溪（汇播瑶之尧花及拉殴、简印、更挠等处之水），及板谈溪（汇拉格腊、王寨各村之水），至板谈村南伏流甘稳下洞，又会地街溪（汇拉圭、六林等各村之水），伏流之水经十余里，出董界之响水岩为孟塘河，至王蒙场会樟江水为峨江（一名捞村河、一名打苟河），纳堂拔溪，一名响水河（源出翁龙等处大山中，汇翁龙、己定、内广、拉德莽等处之水，伏流数里，出董界为堂拔溪，入峨江），至界牌，东折入广西南丹属，复南折，入本属捞村，江中乱石，巉岩林立，高出水面数丈，水由石隙流下者十余里（名龙湫洞）。城区、朝阳、董界各地船行，仅至王蒙场止。阻黔桂交通，开凿不易。至捞村纳汉村脚，左纳尾江（源出纳汉村后山麓），至大寨村脚，左纳尾沟（源出大寨村后山麓），至平岩村，左纳尾涝溪（源出姑类之塘光等处，出平岩入江），右纳九亩溪（汇九雨、九亩等处之水），复东南入广西南丹属，为龙江，经广东入南海。

二、溶江

溶江源有二：一为茂兰河，一为立化河。

茂兰河源有三：(1) 甲界溪源出茂兰乡甲界村东北，向东南流，至比鸠会尧柳溪；(2) 尧柳溪源出尧柳村南，折北流会龙洞溪；(3) 龙洞溪源出龙洞坪，西流会尧柳溪，复西流至比鸠，会甲界溪。三源合流后，南流至洞英村脚，左纳洞英溪(汇洞英、比丘等处之水)，经茂兰坝，称茂兰河，至尧垓纳立卡溪(源出立卡村后大山麓，东南流入茂兰河)，折南流，入夹石营下岩洞，伏流十余里会立化河。

按　茂兰河于春夏之交，山洪暴涨，水势滔滔，俨然一大河也；入秋后或春夏久旱十余日，其涸立待，日常饮水，尚成问题。

又按　瑶庆、瑶麓、高岸、洞流等处溪水，流至茂兰乡界及永康乡溪竹溪水流至洞塘乡界，均伏流入岩洞中。

又按　洞塘场附近各地，于春夏之间，淫雨数日，则水淹屋顶，变为泽国。秋冬则饮水缺乏。询之当地故老，佥称茂兰河及伏流诸溪，均由地下汇入溶江，度其地势，语亦近似。但无确证，姑录之以待后考。

立化河源有三：(1) 岜欧溪(源出班肯村南，汇班肯、上下洞勿等各处之水)南流绕立化村脚，会岜孔溪。(2) 岜孔溪(岜孔、唐马等处之水)，复西南流至十二索，会岜欧溪。(3) 应昂溪(源出打油寨脚，汇卢寨、韦寨等处之水)，西南流会岜欧、岜孔两溪入尧所，曲折东南下，右纳瑶所溪(源有二，均出瑶所附近，汇瑶所、甲乙、必左等各村之水)，左纳平吉溪(汇坡恒、肯龙、拉蒿、平吉等处之水)，是为溶江，径洞腊渡，出大造坡西南，出广西思恩县入环江，南下汇龙江，经广东入南海。

按　各乡小溪流，除少数亲身经历者外，多半据各乡图及到各乡访问所得记载。遗漏错误，在所不免，惟希阅者补正。至其名称，除少数著名者外，多以附近村名代之，俾阅者容易明了也。

荔波县水道系统表

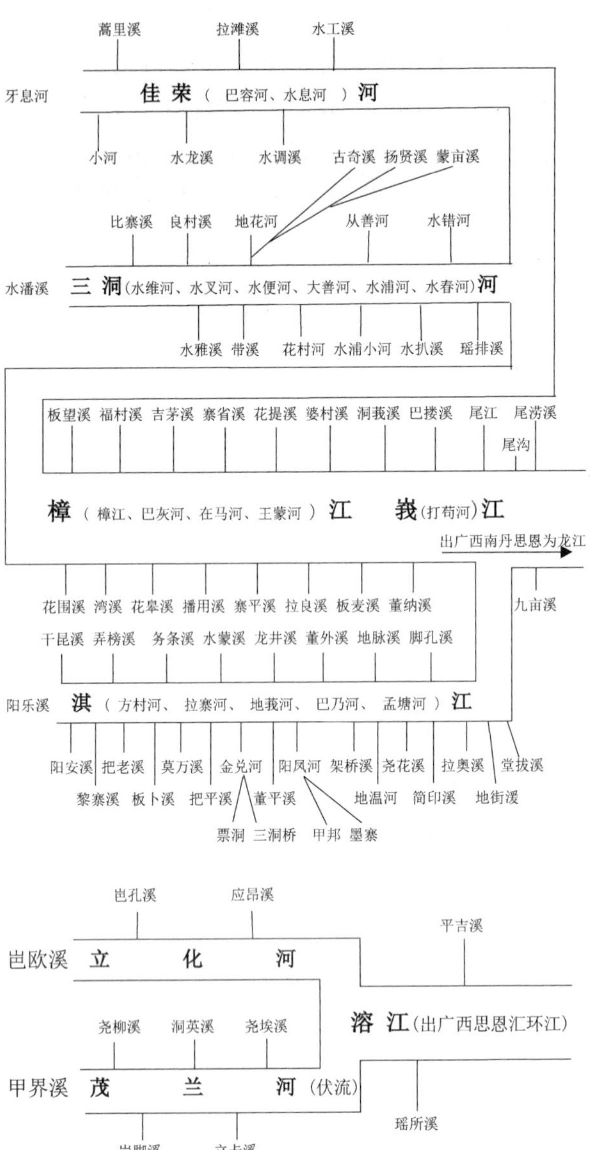
嵩里溪
拉滩溪
水工溪
牙息河
佳荣（巴容河、水息河）河
小河
水龙溪
水调溪
古奇溪
扬贤溪
蒙亩溪
比寨溪
良村溪
地花河
从善河
水错河
水潘溪
三洞(水维河、水叉河、水便河、大善河、水浦河、水春河)河
水雅溪
带溪
花村河
水浦小河
水扒溪
瑶排溪
板望溪
福村溪
吉茅溪
寨省溪
花提溪
婆村溪
洞莪溪
巴搂溪
尾江
尾涝溪
尾沟
樟（樟江、巴灰河、在马河、王蒙河）江
莪(打荷河)江
出广西南丹思恩为龙江
花围溪
湾溪
花皋溪
播用溪
寨平溪
拉良溪
板麦溪
董纳溪
九亩溪
干昆溪
弄榜溪
务条溪
水蒙溪
龙井溪
董外溪
地脉溪
脚孔溪
阳乐溪
淇（方村河、拉寨河、地莪河、巴乃河、孟塘河）江
阳安溪
把老溪
莫万溪
金兑河
阳凤河
架桥溪
尧花溪
拉奥溪
堂拔溪
黎寨溪
板卜溪
把平溪
董平溪
地温河
简印溪
地街溪
票洞
三洞桥
甲邦
墨寨
岜孔溪
应昂溪
平吉溪
岜欧溪
立化河
尧柳溪
洞英溪
尧埃溪
溶江(出广西思恩汇环江)
甲界溪
茂兰河(伏流)
瑶所溪
岩脚溪
立卡溪

荔波县津梁表

名　称	所在地	附　　注
李家渡	玉屏镇	在城东门外,即樟江渡也,为赴粤孔道。邑人李国瑾捐田所置。◎采自李稿。附《李国瑾传》于后
板我渡	玉屏镇	在狮子口下,邑绅覃金锡捐有义渡田。◎附《义渡田记》于后
高寨渡	玉屏镇	在城西板妙村脚。◎采自李稿
新官渡	玉屏镇	在城南门外下菜园,即前署前旧渡,俗名贬结渡,清光绪十七年知县梁宗辉捐廉重修。◎采自李稿
桂子桥	玉屏镇	城内老东门与新东门之间,东街之水由此出。◎采自李稿
升官桥	玉屏镇	俗名杨家桥,在城外东北一里许。◎采自李稿
济美桥	玉屏镇	在城西板妙村侧,清光绪三十三年四月蒙士明等捐修
三升桥	玉屏镇	在城西高寨脚,道光十二年蒙钱等捐修,咸丰十二年蒙将尧等重修,移于渡口。◎采自李稿
何家桥	玉屏镇	在城北二里,邑绅何振新捐修
白岩渡	时来乡	在白岩村脚
福村渡	时来乡	在福村寨脚
一心桥	时来乡	在回龙山后,清咸丰十年蒙唐把建。◎采自李稿
继善桥	时来乡	在城西高寨下石厂前三里,跨花围溪(一名威亩溪)。蒙光朝始以木架,清道光初年蒙讲元等改修石桥。◎采自李稿
万古桥	时来乡	在时来乡上福村河对岸,清嘉庆十年韦村韦元瀛捐修。◎采自李稿
乐兴桥	时来乡	在时来乡上花皋村脚,清道光十二年蒙样银捐修。◎采自李稿
花皋桥	时来乡	在下花皋村脚,一名拉苟桥

续　表

名　称	所在地	附　　注
朝阳渡	朝阳乡	一名巴灰渡，在朝阳场上面半里许，秋冬水涸，在朝阳场脚有石礅过河
脚拱渡	朝阳乡	在脚拱村脚
拉香渡	朝阳乡	在玖里村脚。◎采自李稿
裕后桥	朝阳乡	在交朝村后里许，清道光五年覃文琳捐修。◎采自李稿。一名久丰桥
巴兰桥	朝阳乡	在八烂村脚，覃光荣捐修。清同治中被贼拆毁。光绪元年其子候补经历继昌孙景福等重修。◎采自李稿
羊角桥	朝阳乡	在寨平村后，原修已毁，无考。民国十八年朝阳乡伍晋禄一人重修
拉良桥	朝阳乡	在拉良村脚
继善桥	朝阳乡	在脚拱村脚，三拱，跨昂溪。◎采自李稿。 **按** 此桥已毁
拉香桥	朝阳乡	在拉香村脚
拉妙渡	董界乡	在拉妙村脚，秋冬水涸，搭板桥过河
寨马渡	董界乡	在寨马村脚，对岸即洞莪场，秋冬水涸，搭板桥过河
海利渡	董界乡	在海利村脚。◎采自李稿
双溪桥	董界乡	跨孟塘河，连绵七拱，俗名大七拱桥。气势雄壮，为本邑境内第一大桥。清道光中阖邑绅民捐修。◎采自李稿。附《碑序》于后
小七拱桥	董界乡	跨堂拔溪，一名拉香桥
巴楼桥	董界乡	在巴楼村脚。◎采自李稿
三多桥	董界乡	在拉伦村外，清道光二十九年何把物等捐修，已坍毁。◎采自李稿

续　表

名　称	所在地	附　　注
扁靄桥	董界乡	跨小清河。◎采自李稿
庙门渡	捞村乡	在大寨庙门前。◎采自李稿
马道桥	捞村乡	在大寨前。◎采自李稿
拉奥渡	驾欧乡	在拉奥村脚,系拉奥、简印两村捐修
和合桥	驾欧乡	在石牌下,清道光十四年莫友金等捐修。◎采自李稿
加寿桥	驾欧乡	在界石下,清咸丰九年莫把金捐修。◎采自李稿
福寿桥	驾欧乡	在地街村前,清嘉庆二年何应先等捐修。◎采自李稿
洪　桥	驾欧乡	在地街村外,清道光二十年何文炳等捐修。◎采自李稿
板谭桥	驾欧乡	在板谭村前,平桥七洞
地莪渡	播尧乡	在地莪场脚
拉唐桥	播尧乡	在拉唐寨脚
拉寨渡	阳凤乡	在拉寨前。◎采自李稿
拉柳渡	阳凤乡	在拉柳村前。◎采自李稿
拉强渡	阳凤乡	在拉强村前
架　桥	阳凤乡	在架桥村前,一拱
董奎桥	阳凤乡	在董奎村前,三拱
方村桥	方村乡	在方村街左侧,三拱,清乾隆四年修
甲良桥	方村乡	在尧穹村前,平桥三洞
水利桥	水利乡	在水利街前
水龙桥	水利乡	在下水龙村脚

续　表

名　称	所在地	附　　注
拉连桥	水利乡	在拉连村前
弄亩桥	水利乡	在弄亩村前
板帽桥	水利乡	在板帽村侧
杨楼桥	恒丰乡	在杨楼村脚，有二：（一）三拱，（二）一拱
廷牌桥	廷牌乡	在廷牌村前，有二，皆一拱
继志桥	三洞乡	平桥五洞，在水维河上流，三都属阳乐人杨煌一人捐修，共去银千两，人工由水维各村民众负担，清光绪二十九年起，宣统二年完成
引凤桥	三洞乡	在轿扛坡脚一里许，清道光庚寅年修
板旭桥	三洞乡	在板旭村前半里，平桥三洞
邑显桥	三洞乡	在邑显村侧，平桥三洞
板劳桥	三洞乡	在板劳村侧，平桥三洞
扬贤桥	三洞乡	在梅山、板南两村之间，平桥三洞，民国十五年潘起忠一人捐修
蓉塘桥	三洞乡	在梅山、板南两村之间，平桥三洞
亩美桥	三洞乡	在板南村后，平桥三洞
大善桥	三洞乡	在大善村后，平桥三洞
地花桥	三洞乡	在板龙村后三里，平桥三洞
继善桥	周覃乡	有二：一在水叉河下流，平桥一洞连拱桥一大洞，清乾隆二十九年修；二在夏村右侧，三拱，清道光年间修
播花桥	周覃乡	平桥九洞，在播花村前
周丰桥	周覃乡	平桥二洞，在周覃场东北半里许

续　表

名　称	所在地	附　　注
拉浩桥	周覃乡	在拉浩河。溪水甚急，随修随毁，计二十年间已修复五次，故有五复桥之称。 **按** 此桥原在下面数丈，河面较窄，如于此处用粗铅线架练子桥，则事半功倍，且可耐久，望乐善君子注意焉
水息渡	莪蒲乡	在水息村东南，因无的款，船已早坏，尚未修复
大善桥	莪蒲乡	在水各村西北三里许，系在河中栽石礅数十座，名为跳礅。山洪暴涨时，仍难通过
拉岩桥	瑶庆乡	在拉岩村前，一拱
岜国桥	瑶庆乡	在岜国村前，一拱
更坡桥	瑶庆乡	在更坡村前，一拱
更叶桥	瑶庆乡	在更叶村前，三拱
奈何桥	佳荣乡	杨姓捐修，在拉滩河上
威岩桥	佳荣乡	在威岩村附近
拉勿桥	佳荣乡	在拉勿村附近
坤地桥	佳荣乡	在坤地村附近
龙场桥	佳荣乡	在龙场附近
拉所桥	佳荣乡	在拉所村附近
地牙桥	佳荣乡	在地牙村附近
洞英桥	茂兰乡	在洞英村脚，三拱
水扒桥	永康乡	在水扒村东北里许，一拱
福嗣桥	永康乡	在水瑶田坝中，一拱。◎采自杨稿
洞腊渡	洞塘乡	距雄关二里许，为荔波、思恩交通要津，船属私有，春夏水涨，过客颇感不便

附 李国瑾传

邑人李西长撰《李国瑾公传》云："公姓李，名国瑾，字伯瑜。营商贾，家稍裕。性孝友，老弥笃。行年七十，蒙前清赐耆老寿顶。当孀母病重，医药罔效，曾割股奉亲，有愚孝之名。维时城东前横大河，无义渡。荔波虽僻，又为下两广上云贵必经之路，凡上下之人，行抵河干者，每兴望洋之感。公慷慨乐捐附郭田二十余丘，约出谷二百秤，作渡船田基本。年收谷息，足供雇船伕及造船之费用，迄今尚在，人呼为'李家渡'。当道光末殁时，荔波县知事吴德容赠一挽联：'割股奉亲，今之孝子；呕心创业，古之勤民。'嗣后高封马鬣，即以此十六字刻其墓联。猗欤休哉。此县乐善好施一般耆旧青年，多称道弗衰，抑亦道德源流之有自来矣。"

附 狮子口义渡田记

邑人覃金锡撰《狮子口义渡田记》云："旧县之北有渡焉，曰狮子口，大河前横，涉者病之。先君子筹赀刳木为舟，往来鱼贯，免揭厉而达庄逵。先君弃养后，舟遂阙如。戊戌春，六村醵赀鸠工，舟复设，计费廿金而已，佥曰：'是舟也，三年必须补旧，六年必须更新，集腋维艰，赀将安出？'金锡闻而怃然！因忆遗训，曾以置义渡为言，虽棉力无多，不敢不勉。谨将遗业二丘捐作义渡，每年收谷变价，存储五年，已足充造船之费，仍交六村宗祠首事，轮流经营，永远推行，成先志也。村翁曰：'作者难，述者不易，今以往，所不洁己以共济者，有如此河。'其言明且清，且为后之经理义渡者劝也。记之。查义渡田，一坐落旧县五谷庙右边，一丘出谷七十三秤；一坐落五谷庙后，一丘出谷三十秤；共买价银一百零十两。"◎采自覃著之《赘赘编》。

附：双溪桥序

天地之陷缺，待人而补之；前人之陷缺，又待后人而补之。莫为之前，虽美弗彰；莫为之后，虽盛弗传。前人已能彰其美于前，而后人又不能传其盛于后，将负前人矣。董界有溪曰孟塘，乃由黔入粤之要津，距白蜡坳十余里。官府羽檄，由驿传者必经其地；行旅之出于其途者，尤络绎不绝。其溪为方水、荔水交汇之区，春夏水涨湍急，涉者常灭顶焉。道光三十年，里人修成石桥七洞，穹窿跨溪，费五千余金，行路者便之。去岁因暴雨，溪水泛滥，波涛汹涌，桥之第四洞崩其大半，惟余其半，今已期月矣，石犹悬出而不落，其神明之呵护乎？抑前人之精诚，蟠结不解，以待我人之补乎？此长生斯土而朝夕出入斯桥者之责也，敢烦及远人哉。无如燹火之余，村存数家，而家无长物。盖今于光绪三年二月鸠工，经营数载，计所费不少，既独立之难支，期众擎之易举，惟祈仁人君子，咸乐解囊，助其不给，完此前功。自时厥后，雁齿虹腰，安于盘石，作砥柱于中流，同皇图而巩固。要皆成人之力也，则德与此桥永垂不朽矣。是为序。光绪甲申十年落成，其费五百七十千文。

按　此桥创修于清道光二十七年，落成于三十年，名为万善桥。光绪三年补修，十年完工，改名双溪桥。

荔波县泉塘表

名　称	所在地	附　　注
永济泉	玉屏镇	在城东门外月城内，清同治九年知县钱埙所凿。◎采自李稿。详《营造志》
荔泉井	玉屏镇	在城西门外半里许大路侧。相传早年井上有荔枝一株，叶绿水清，互相掩映，荔波之名，因此而得云
吊　井	玉屏镇	在城西北角，深丈余，以竹竿吊桶汲水，故名
杨公井	玉屏镇	在城内西南角，县政府左侧，知县杨以增所凿。萧氏三烈妇尽节处，建亭其上，增题“清同古井”四字，俗称同古井。◎采自李稿
苏公井	玉屏镇	在城东月波亭下，相传有善士苏琼茹素，以诸水不洁，凿此自给。俗名小井，水甚清冽。◎采自李稿
油鱼井	玉屏镇	在城西三里许，大河岸侧，水从岩脚流出，清凉沁齿。◎采自李稿

续　表

名　称	所在地	附　　注
梨　井	玉屏镇	在时会坳，荔波八景中之“梨井春光”即此地也。详《名胜古迹》
董瓦塘	瑶庆乡	在水庆村附近，宽十余亩
赛龙塘	朝阳乡	在龙村侧，有大、小塘各一，相传为欧官所在地也
流香井	董界乡	在板麦村左，自砂碛中流出，泉水清冽，异于他井
一品泉	董界乡	在寨马村后，三井相连，形如品字
盆捞井	董界乡	在拉圭场后山上，一石中空，大如盂，深二尺许，清泉注焉，以酒盅挹取，数担不竭，不取亦不溢。◎采自李稿
清水塘	董界乡	在驾欧乡下朝阳乡大路侧，宽数亩，水极深，旱岁不涸。相传为蒙官神坛地
坡岜井	播瑶乡	在坡岜村脚，用石麻条砌成四方形，水甚清冽
干　塘	方村乡	在水拉村附近，宽十余亩，相传数十年前有闸可开水入洞，后水洞塞，历年淤积，三分之二已成干地，故名干塘。而三分之一浮泥深数丈，内有大鱼重数十斤云
龙　井	水利乡	在龙井坡大路侧，水自岩穴喷出，清冽沁齿。◎采自李稿
麒麟井	水利乡	在董瓦村，周围数尺，其清若镜。◎采自李稿
四方井	水利乡	有二：一在花村，两山对峙，岩石奇崛，泉出其中，形如方壁，下流为拉浩河；一在三洞乡杂哄村大路侧。◎采自李稿
瀑布泉	水利乡	有四：一在水利乡花村；一在三洞乡水维河上流；一在三洞乡水叉河；一在朝阳乡交朝村后。均详《名胜古迹》
犀牛塘	水利乡	在水利乡瀑布泉下

续 表

名 称	所在地	附 注
温水泉	阳安乡	水温,有硫磺气,洗浴可疗疮疥
达便塘	三洞乡	在达便村脚,宽数亩,养鱼易长,旱岁亦可灌溉田亩
杨柳塘	三洞乡	在杨柳小场侧,深数丈,旱岁不涸,亦可灌田亩
干董塘	三洞乡	在梅山村附近,宽数亩,水由后山岩石中流出
姑桃塘	三洞乡	在笔架山半山上,宽数亩,终岁不涸
盐 井	莪蒲乡	相传在水息村后,水污秽,无人汲取。村民某夫妇外出工作,其小女就近汲取煮饭,夫妇归,饭犹未熟,痛打其女,及揭锅尝之,咸甚,询得其情。后其女因重伤致命,其忿甚,将井封闭。◎采自杨稿。**按** 语近荒唐,惟以盐井关系民生,姑存以俟后考。
一碗井	时来乡	有二:一在驼背树路侧,岩隙流出,其圆如碗,水味清冽,终岁不竭;一在播瑶乡韦寨下朝阳乡路侧,与上述同。◎采自李稿
甲垟井	时来乡	在甲垟街,井数口,均喷泉出石隙中,清冽无比
红水井	永康乡	在水洋村附近幽洞路边,常流出红水,味咸,有硫磺气,村民取之医疮疥颇效。◎采自李稿
董力塘	永康乡	在水洋村附近董力深山中,广十余亩,深数丈,一年或数年一涸,村民取鱼,以千斤计

市 场

荔波县市场表

名 称	所在地	赶场日期	赶场人数	贸易情况	备 考
蒙石场	城 区	己亥	五六千人	以棉、麻、土布、桐油、叶烟、竹席等为大宗	原赶城外西北里许老场,后移城中麻园(文庙后),现赶城东门外河街

续　表

名　称	所在地	赶场日期	赶场人数	贸易情况	备　考
旧县场	时来乡				距城五华里，已废。◎采自李稿
福村场	时来乡				距城十华里，已废。◎采自李稿
朝阳场	朝阳乡	子午	二三千人	以麻、桐油、叶烟等为大宗	俗名巴灰场，距城二十华里
洞莪场	董界乡	丑未	二三千人	以桐果为大宗	一名寨马场，距城三十华里
王蒙场	董界乡	辰戌	二三千人	以桐果为大宗	距城四十华里
捞村场	捞村乡	丑未	二三千人	日常用品，无大宗贸易	距城九十华里，原赶巴昂，因翁昂匪首何妖扰乱，移赶此地
巴昂场	捞村乡	辰戌	二三千人	日常用品，无大宗贸易	因翁昂匪首何妖扰乱，移赶捞村大寨。已废
拉圭场	驾欧乡	巳亥	二三千人	日常用品，无大宗贸易	距城七十华里
播苑场	驾欧乡	寅申	一二百人	油、盐、米、肉等	距城三十五华里。已废
播缓场	播瑶乡	卯酉	一二千人	以包谷、黄豆、辣子等为大宗	距城六十华里
地莪场	播瑶乡	丑未	七八百人	日常用品，无大宗贸易	距城三十五华里
阳凤场	阳凤乡	巳亥	四五千人	以竹器(笠、篓、箩、篮等)为大宗	距城九十华里

续　表

名　称	所在地	赶场日期	赶场人数	贸易情况	备　考
甲良场	方村乡	丑申	四五千人	以牛、马、猪、草纸、土布、麻、黄豆、米、麦为大宗	距城七十华里
甲站场	方村乡	卯戌	四五百人	油、盐、米、肉等	距城六十华里
方村场	方村乡	巳子	一二百人	油、盐、米、肉等	距城五十华里
河坝场	方村乡	寅酉	一二百人	油、盐、米、肉等	距城五十五华里
水利场	水利乡	寅酉			距城三十华里。已废。◎采自李稿
恒丰场	恒丰乡	子午	四五千人	以铁器、草席、豆腐干、石灰等为大宗	距城七十华里
廷牌场	恒丰乡	己亥	一二百人	油、盐、米、肉等外，以谷子为大宗	距城八十华里
阳安场	阳安乡	卯酉	三四百人	油、盐、米、肉等	距城九十华里
三洞场	三洞乡	辰戌	四五千人	以牛、马、猪、棉花、土布、谷米为大宗	距城九十华里
杨柳场	三洞乡	寅申	二三百人	油、盐、米、肉等	
周覃场	周覃乡	丑未	二三千人	以土布为大宗	距城七十华里
猪　场	从善乡	亥	二三千人	以棉花、青布、水草等为大宗	距城八十华里
龙　场	从善乡	辰	一二千人	以棉花、青布、水草等为大宗	距城九十华里
水各场	莪蒲乡	卯酉	一二百人	油、盐、米、肉等	距城六十华里。已废
水庆场	瑶庆乡	辰戌	一二百人	油、盐、米、肉等	距城五十华里

续　表

名　称	所在地	赶场日期	赶场人数	贸易情况	备　考
威岩场	佳荣乡	戌	一二千人	以土布、香菌、米等为大宗	距城一百华里
坤地场	佳荣乡	辰	七八百人	以土布、香菌、米等为大宗	距城一百华里
茂兰场	茂兰乡	子午	四五千人	以土布、牛、水草、花生、陶器等为大宗	距城五十华里
洞塘场	洞塘乡	卯酉	一二千人	以竹席、蓝靛、包谷等为大宗	距城六十华里
尧所场	洞塘乡	子午	一二百人	油、盐、米、肉等	距城七十华里
水洋场	永康乡	辰戌	千余人	日常用品，无大宗贸易	距城三十华里
拱伞场	永康乡	寅申	一二百人	油、盐、米、肉等	距城二十五华里

名胜古迹

荔波僻处遐荒，声教后讫，历代古迹，半多失传；虽有一二天然形胜，因无文人学士为之歌咏，亦多湮没不彰，良可慨也。

兹就耳目所及者分别述之，以备将来之一览。

荔波八景

东郭晓烟　在城东南时来乡官塘村。夏秋之交，早雾横亘山腰十余里，皎若匹练，半空奇峰罗列，俨如海上三山，从天外飞来，洵佳景也。◎采自李稿。

知县苏忠廷有诗云：“荔泉城畔乍晴天，无限炊烟接晓烟。匹练横斜高处起，遥峰隐约半空悬。东来紫气冲牛斗，北望流云逐马鞭。风景依稀随变换，一轮红日翠微巅。”

邑先正李国材有诗云：“东风袅不动春烟，横亘峰腰匹练牵。绿树有情低处见，青山无脚半空悬。鸟寻暗垒时迷路，人上高楼欲化仙。朝旭偶衔葱岭出，闾阎都傍紫微边。”

邑先正覃金锡有诗云：“飞仙东抹晓烟稠，太极图呈一幅幽。省识鹏程行贵早，模糊雉堞卧曾游。黛迷万点山如梦，红射三边日出头。旧县晴空新县暖，扶摇人好上谯楼。”

西峰霁雪　城西十数里，一河中界，夹岸皆山，起伏连绵，如涛奔浪滚。值冬雪初晴，万派晶莹，光芒夺目。◎采自李稿。

知县苏忠廷有诗云：“西峰叠叠玉玲珑，却为闾阎预兆丰。瑞霭螺环新月白，诗吟驴背夕阳红。寻梅峻岭逢樵子，荷笠寒江有钓翁。那似高僧清梦稳，不妨游宦印泥鸿。”

邑先正李国材有诗云：“一峰黯淡一峰明，天角微阳送晚晴。松柏满山开冷翠，云烟落地化空清。高僧梦鹤门常闭，有客骑驴酒共行。最是寒梅寒已惯，单衣短布动歌声。”

邑先正覃金锡有诗云：“粉本从西挂半空，雪峰初霁未消融。山都变老头争白，日亦韬光色退红。梦鹤人眠松叶屋，探骊诗涤水晶宫。乘时谁共鸿留爪，万仞瑶台御顺风。”

北郊落照　在北门外，荒冢累累，土阜相望，每当暮鸦往还，夕阳明灭时，登楼四眺，不禁令人生凭吊之感。◎采自李稿。

知县苏忠廷有诗云：“峨阳城北小桥东，翠黛苍茫补化工。短笛横吹芳草地，画帘高揭杏花中。遥山晚景无边绿，反照斜阳分外红。爱惜分阴勤教稼，纪行恰好绘幽风。”

邑先正李国材有诗云：“未落秋阳返照红，丰碑寂寞古亭空。溪流溪去寒光送，山外山多冷艳烘。此地草深埋白骨，何人酒醉笑西风。松杉晚景分明好，莫记年华唱恼公。”

邑先正覃金锡有诗云：“荒郊秋色冷丰碑，对此茫茫落照知。

一片残阳鸦叫影，数谁终古豹留皮。葵倾得地心原热，草蔓黏天感易痴。北拜玉屏山启秀，有人捧日立嶷嶷。”

南堰奔涛　在城南二里，峨江由东北而来，南注于此，性悍疾，邑人筑石为坝，鳞次栉比，水石相激，雪花一片，云浪千重，澎湃之声，震动数里。◎采自李稿。

知县苏忠廷有诗云：“一派峨江江水寒，回环百里似龙蟠。西经高寨烟迷渡，南涌官塘雪作团。介石磷磷成砥柱，银涛滚滚壮文澜。诗囊画稿知多少，笔底滩声欲绘难。”

邑先正李国材有诗云：“峨江之水东北来，平流至此多石台。台石阻水水怒石，水激石声何壮哉。夹岸风停山色静，万团雪滚浪花堆。热肠热耳偶然洗，笑口为逢君始开。”

邑先正覃金锡有诗云：“大江东去浩漫漫，拗折奔南堰陡拦。万点雪尖钻叠石，四时雷怒吼晴滩。虚舟下水无边快，砥柱中流自古难。淘尽峨阳多少事，铜弦铁板我来弹。”

梨井春光　在城北五里时会坳土地祠前。清泉一泓，自石隙流出，其味甘洌。每岁春二三月，井上梨花盛开，楼台倒影，草木争荣，游人云集，称胜会焉。◎采自李稿。

按　祠楼已毁，墙壁犹存。世变沧桑，不胜今昔之感。

知县苏忠廷有诗云：“梨花井上斗芬芳，游士争流曲水觞。胜地谁遗棠树爱，甘泉应带荔枝香。三春灿烂逢寒食，一勺清凉洗热肠。重见吾民熙皞象，光天化日正舒长。”

邑先正李国材有诗云：“腻腻风光邈邈春，梨开金井动游人。山林厚福多香火，士女轻衫拜土神。流水小桥清照影，凌云高阁净无尘。登楼不敢拈花笑，侬是华严法界身。”

邑先正覃金锡有诗云：“莹然梨井白如银，小小繁华上巳辰。水影倒摇沽酒旆，花魂偷引踏青人。风流胜景情生韵，天纵诗才妙在真。无古无今觞咏好，新春哭过永和春。”

樟江夜月　在城东李家渡上。樟树一株，大数围，前临陡岸，皎月当空，树影婆娑，倒映水中，枝柯掩映，即小李将军画，无以过也。兼以渔歌晚唱，野火明村，当其境者，恍若洞庭秋夜云。◎采自李稿。

知县苏忠廷有诗云："一轮明月一扁舟，载酒高歌好唱酬。翠袖分明悬玉镜，银涛澄彻滚金球。放开眼界黔州小，感慨眉山赤壁游。到此纤埃都不染，何须海上问瀛洲。"

邑先正李国材有诗云："良宵皓月滚金球，写出江天一色秋。眼界分明同白昼，人生难得泛孤舟。寺寒霜落疏钟外，林静烟凝古渡头。洗去红尘三万斛，先民何处访巢由。"

邑先正覃金锡有诗云："不受红尘半点侵，夜良何止值千金。倒悬玉镜江心亮，直射银涛月色深。霜气横拖渔父艇，清光争上雅人簪。是谁倚树吹仙笛，赢得珍珠露满襟。"

洞天消暑　在城东七里许，俗名龙王洞，一名白岩洞。洞上白石嵯峨，左右悬岩削壁，游者必操舟二里许，始达洞口。前临大河，入其中，幽深宏敞，凉气逼人，盛夏必披裘焉。◎采自李稿。

知县苏忠廷有诗云："溪光云彩共澄鲜，清镜超然断俗缘。避暑客来修竹岸，纳凉人放采莲船。山临水国宜消夏，地隔尘寰别有天。只惜渔郎寻不到，问津空怅五陵烟。"

邑先正李国材有诗云："红尘隔断水悠悠，热处人来荡小舟。洞里有天仍是地，山中无夏不疑秋。巉岩斗日浓阴落，老树呼风瘴气收。一曲浩歌归去也，满船明月渡沧洲。"

邑先正覃金锡有诗云："凿空盘古未开天，洞口临江合住仙。一叶扁舟辞热客，十分清气落吟肩。人惊赤帝行秋令，我与青山认旧缘。弹指避秦人散尽(丙寅城陷曾在此避乱)，茫茫谁与话桑田。"

又　李国材游白岩洞有诗云："仙府结诗坛，诗肠此地宽。酒呼双桨急(酒不足，使人摇船急取)，雪坐一堆寒(洞口生石绉如雪)。石齿泉通脉，波心月弄丸。归舟须缓缓，客有钓鱼竿。"**又**云："两桨摇开深树阴，洼然一洞荡胸襟。悬岩立壁撑风雨，怪石成桥渡古今(洞口生石,横空成桥)。响应有声疑虎啸,潭寒无底怕龙吟。游人莫作寻常视,能为苍生沛旱霖。”又云:“峨阳未老谪仙才,又与群仙会玉台。灶近潭旁供水便,风从天上采樵来(待从正觅薪,忽空中风下一枯树)。生成顽石心能转(旁小洞前大石,不时自行翻动),睡久儿童梦可回(门人有在石床卧者)。酒兴微酣归思动,半江雨霁夕阳开。”

邑人吴中钦著《白岩游记》云:“溯樟江而上,舟行二里许,有岩焉,壁立万仞,耸峙江干。远望之,如瀑布,如银河倒泻;即而仰视之,云与俱连,浑不知峰之所极,眼花缭乱,亦浑忘帽之落也;俯而思,疑为斧凿,则斧痕固未见也,疑为刀劈锯剖,则刀锯之痕,亦未常露也。呜呼噫嘻!其来何自耶?其果何名耶?岂县志所载洞天消暑者非此也耶?抑因色以名,所谓白岩者即此也耶?岩之下有洞,宽可十余丈。当风见日,无尘嚣气;虽溽暑,披襟对之,凉生肘下,故名之曰‘洞天消暑’。洞外砌石成卡,乃先民避乱时筑以自卫者。盖洞之前后左右皆大山,巉岩绝壁,无路可通;而江流至此,益深且阔,非乘舟筏,无由利济,故乱时居民恒视以为桃源焉。嗟呼!承平久矣,吾人大都忘白岩之益矣。犹忆乙丑匪乱,洞之内外,均被附近居民捷足先占。远者扶老携幼迟来,而不能求一片席地以安厥身者夥矣。而今阅时几何,岩之风景无殊,天险依然,竟无有一人过而问者。不思防患,预为修葺,一旦有事,遂仓卒以赴之,诚无怪人之不容我,山灵有知,亦必移以北山之檄矣。故吾愿游斯岩者,不以过客自居,题一韵,挥数字,即便了此游览之兴,聊记雪泥鸿爪之缘而已;当视其力之所能,各尽修补之责,坏者修之,无者创之。上焉者倡,中焉者和,下焉者尽力而修之,则不惟亭台楼阁,可增斯岩之胜;即事起仓惶,亦可作碉垒之用,避乱之所。是则斯岩之大幸,抑亦民众之所深幸也夫。”

沙市围鱼 在城东一里,俗名洗布河。清波荡漾,细浪潆洄。小舟织水若飞,密网纵横,锦鳞奋跃,不啻绿杨红树风景也。◎采自李稿。

知县苏忠廷有诗云："平沙浩浩隐烟霞，共说生涯在水涯。几舸轻舟冲荻港，三椽矮屋傍芦花。拦河结网邀邻叟，破浪停桡问酒家。捕得尺鳞堪买醉，高歌竞唱夕阳斜。"

邑先正李国材有诗云："乡村有网号拦河，水浅沙明信手拖。触缴红鳞奔浪误，纷拏赤体有人多。山林气肃清霜动，芦苇阴深夕照过。夜火谁称叉手妙，满江星点唤哥哥。"

邑先正覃金锡有诗云："洋洋鱼水戏难求，张网围来任去留。人占白鸥沙作市，风翻绿鸭浪吞舟。霜鳞丙穴忙摇尾，露体丁男笑掉头。最是晴霞红树晚，渔歌唱破半江秋。"

中山公园

在城内西北角旧游击署地址。形势雄阔，局面高朗，古木葱茏，荫翳避日。民国二十四年，建修公园。中筑一亭，亭之侧，修屋一座，设大众俱乐部，并广植花木。风景宜人，诚胜地也。

月波亭

在城东门外樟江岸上。清咸丰九年知县吴德容建。凭栏四顾，万顷茫然，令人有飘飘欲仙之慨。吴令题联云："月夜花朝，问闾阎可曾歌舞；波平浪静，与宾友再作商量。"同治五年毁。◎采自李稿。民国五年季秋，县长陈敏章重建。◎采自杨稿。

按　亭上层楼为风雨所坏，民国二十二年，县长徐孟坚重修，拆去上层，增修临江月台数椽，以供游览。

邑先正覃金锡撰《重建月波亭记》云："苍苍然邑东郭樟江上，曩有亭焉。山襟披秀，水带拖蓝，清境也。月点波心，波涵月影，清趣也。溯厥权舆，则岁在咸丰丁巳所建也。当是时，吴公乃庵，为我邑宰，有政声，公余构亭，题曰'月波'。月，阅也；波，即荔波；其寓意雅且切。辛酉赭寇至，毁之，忽忽垂六十年。今邑侯陈公宪周，壬子九月莅任，政平讼理。乃于丙辰季秋，召匠氏重葺而新之。凭眺间，风飕飕生腋下，欲羽化而俱仙，佥曰乐哉。昨非氏愀然曰：'亚雨欧风，震撼加厉，虽甲第，且恒惴栗其巢而覆也，胡以亭为？'今是子曰：'君之感抚时而嗟，仆之感借亭而寓，夫生斯土者，或暗于公理，感而指月明心；或厌彼强权，感而临波洗耳；宰斯土者，仰观月满，则感编氓离散，而思所以生之聚之；俯察颓波，则感末俗沦胥，而思所以惩之劝之。悟道如参禅，当前即是。安往而不寓学术治术之机乎？苟附和言乐，如水母目虾，盲从而无所观感。既负贤侯雅意，且自弃赋畀之良知，可叹也。'昨非子皤然改曰：'拘于墟者迹也；感而通者心也。风雨不动安如山，臣请为斯亭祝。'因述其问答，而纪其兴废之迹焉。抑尤有感者，自后群贤，亭外屦满，把酒问天，可有人高掌远跖，吐月吞波，揽辔而澄清天下否！"

县长徐孟坚撰《月波亭跋》云："昔贤有司民牧者，每爱建筑高台，非独厌游观之乐，盖亦有取义焉。斯亭巍然临江之表，瓦甍鳞比，峦峰簇围，其足为斯亭之点缀装饰者，亦云备矣。顾年久失修，爰鸠工补葺，并添造月台，以便周旋。余因之有感焉：夫荔邑之民物凋残，亦犹斯亭之颓废也。救敝补偏，尚待戮力。惟冀此后地方事业蒸蒸日上，亦如斯亭之焕然一新。是则建亭之微意云。"

浴心亭

在城东里许河岸上。下就樟江之水设游泳池。水势平缓，深浅合度，适于游泳。登楼东望，旧县六村，星罗棋列，烟火迷离；而大河前横，沙明水净。游此地者，不禁有浴乎淇风乎舞雩之概。民国二十九年县长陈世宇建。

玉屏山

在城北二里许，县之镇山也。方正庄严，阔大富厚，万山环拱，若画屏然。

知县谢人龙撰《培补玉屏山序》云:“尝读诗至公刘景乃冈,相阴阳,观流泉,未尝不叹地邑民居,必度形胜以培人杰也。乙巳(道光廿五年——编者注)之春,受篆斯邑,观环署秀峰,清流旋绕,知地灵之所钟,犹未识风脉之所自也。公事之暇,溯原主玉屏,见山如屏之端严,如玉之朗润,窃谓名斯山之不苟也。惜山半雨水裂痕两道,宽深五六丈,长者三十余丈,短者亦十余丈,零星沟渠甚夥。犹美玉之不无瑕,深恐为斯山累,即为斯邑之风脉累。因与少尉刘君字笏亭,湖北汉阳人,商培土脉之法,遂为补山之愚。第积篑诚难,捐赀不易,先沏函于省垣朱制军。制军祖茔亦斯山之发脉,慨然助赀三百余贯;又复募得绅民三百余贯。少尉不避暑雨,监督工匠,日三四百人,三阅月而工甫竣。余乐玉屏之无瑕也,与少尉环步山麓,至玉山上,行见夫山阴之山,如凭玉几,过峡之山,如界玉尺;山阳之山,亭亭玉立;山阳之水,曲曲玉环;山间之木,似琼林,如玉树;山中之人,疑多璞玉,堪待玉人之雕琢。尔士子负玉姿,抱玉质,谨凛玉洁之节,磨砻玉光之润,而比德于玉,将登玉堂,列玉笋,佩玉鱼,庶不负余与少尉补玉屏,培荔脉,以玉汝于成之心也夫。”◎采自李稿。

邑先正李国材有诗云:“在城不觉城有树,登高满城飞绿雾。西北角辟数亩田,始见城中有余步。一枝文笔建长天,一弯玉带绕清涟。如此好山如此水,夜哨深吹五百年。”◎采自李著《晴舟诗录》遗稿。

一在方村街东北,形势突兀,四山环拱,乃方村旧县治之祖山也。◎采自杨稿。

小玉屏

在玉屏山麓,端整凝秀,县治之少祖山也。◎采自李稿。

按　小玉屏俗称黄泥坡。原为农作地,无风景可言。民国二十年,划作中山林场后,历年栽植松柏,成活者多。此地距城不远,便于游览。山不高而秀,绿野平铺,江城前列,烟水明媚。预卜十年后可占荔江第一名胜也。

东 山

在城东三里，旧县之镇山也。一名梅陇山。晓日初出，薄翠浮空，晴岚掩映，亦奇景也。◎采自李稿。

文笔峰

在城西十里，尖耸若笔，直插云霄，与群峰迥异。◎采自李稿。

天马山

在城南五里，玉屏之对山也，势如天马，夭矫腾云，有万里横行之势。◎采自李稿。

回龙山

在城西南四里，县治之水口山也。登高远眺，旧县、新城宛然在目。上建文昌阁，清同治丙寅春毁于兵。◎采自李稿。

邑先正李国材《咏西峰阁》诗云："高处脚跟平地起，豪来椠柄半天横。两城树木分衰旺，十里峦峰杂暗明。古壁残诗和蠹灭，深秋江水学人清。险中莫恋乌栖曲，一叶归舟趁晚晴。"又《登西峰阁古风》有"路出城西西复西，鸿鹄当空鸟不啼。三升桥头行小憩，蒲溪香色动兰蕙。一船一桨一帆风，有阁高悬半空中。跨豹攀虬践幽涧，偶然人立峰万仞。两城风景目收罗，泼泼涛声响长河。壁上古诗剩残字，古人于今已隔世。谁复更识古人来，相逢莫使眉不开"等句。◎采自李著《晴舟诗录》遗稿。

笔架山

一在城西三里高寨河右侧，三峰平列，宛如笔架。◎采自李稿。

一在三洞乡东南，左右两峰，高耸入云；中四峰，高及四分之三，平列一排，形势工整，俨同雕塑。

半月山

在城西三里之高寨村，形如半月。◎采自李稿。

按　民国初年，建静波楼于其上，以供游览，今已毁。

玉几山

在城西五里回龙山后，圆净如几。◎采自李稿。

望城坡

在城南二里，登至坡顶，俯视城中，烟树苍茫，历历在目；而尤以中秋前后，南门及旧县两坝，稻谷金黄，绿水中分，划出太极图，俨然如绘，真奇观也。民国八年县长傅良弼建亭于半山，今已毁，遗址犹存。

拉岜卡

在时来乡拉岜村后最高峰，石墙环绕，俨若城垣。北瞰治城，红墙绿树，一望迷离；西睎朝阳、董界两乡，山回水曲，村落星布，极目苍茫，令人恍如登泰山，有黄河一线齐烟九点之慨，诚荔邑古迹之一也。

白虎坡

在城南三里，奇石峥嵘突兀，形如虎踞，故名。

时会坳

在城北五里，为晋省孔道。原于道旁建土地祠一座。每年三月上巳，士女云集，流觞曲水，胜极一时，因名时会。后祠毁会停，抚今追昔，徒增兰亭梓泽之慨而已。

◎邑先正李国材有《时会宴集》诗云：“席地传觞傍浅沟，性情清旷不登楼。兰亭故事王家在，溱水韶光郑国留。春色易浇名士酒，雨花还上老人头。问年已过强而仕，果否风流落下流。”又《时会坳观泉》诗云：“此水何其洁，此山之中疑有月；此水何不怠，此山之中疑有海。梨香阵阵古亭虚，都为此水证清腴。未有水前水何去，既有水后水何来。临流且酹一杯酒，斜阳独坐思悠哉。”

狮子口

在城东北三里大路侧，尾连峻岭，首扑大江，有跳跃奔腾之势。口内宽数丈，往来行人，常憩息于此。◎采自李稿。

碧　滩

在白岩洞前，长二里许，深数十丈。两岸山石，万仞巉岩，一水中流，苍茫荡漾。每于月夜泛舟其间，山高月小，水静波湉，逸兴幽情，当不亚苏东坡赤壁雅致也。

朝山塔

在城西南六里，学宫之对山也。清道光二十三年，知县蒋时淳议建塔于平冈之上，以培风水，曾筑塔基，周围数丈。咸丰初年，因乱中止，遗址至今尚存。◎采自李稿。

宜　园

在城东武庙侧，方广十余丈，名花百种，曲径通幽。内有石洞莲池。征士董芝茂觞咏处也。今废。◎采自杨稿。

邑先正李国材《陪宴宜园即席赋五古》有“荔县东东角，江都小草堂。步坚青石磴，望掩紫微墙。室不崇雕镂，亭偏取敞扬。水环人四面，人在水中央。树木全依路，诗歌欲绕梁。雨花桃李月，风景荇菱乡。燕剪拖杨柳，蜂须挂海棠。打频怜蝶板，吹老惜莺簧。芍药倚栏醉，葡萄压架凉。桂旗围菜圃，竹箭斗姜场。兰畹茶烹雪，蕉篱酒窖霜。此间别天地，无事问羲皇。手拨芙蓉雾，衣披薜荔裳。短船摇薄桨，细浪泛轻觞”等句，当时胜地，已可见一斑矣。

且住亭

一名“无不宜亭”。清同治元年知县吴德容所建，在城东节烈祠后。竹深荷净，淡雅宜人。五年城陷毁。◎采自杨稿。

峨阳别墅

在城东北五里，俗名“萝卜木”，邑处士覃德辉读书处也。今废。◎采自杨稿。

邑先正李国材《游峨阳别墅五言古风》云：“中谷有草堂，故人读书处。种橘一千头，种松一万树。不许尘飞入，但许鹤来去。仲秋十九日，折柬来邀我。路下狮子岩，云阴新砦锁。山水曲十里，清幽消受颇。过坪便夹碁，遇井便弹琴。风添檀板韵，山争怀鼓音。随意歌一曲，物外得闲心。门楼覆芳草，新书红纸联。白云涨山腰，主人何处边。路寻松径入，直到翠微间。山房一何洁，四壁皆图书。山树一何老，四围皆萧疏。我兴复不浅，搜奇遍山隅。董君自不凡，王君亦复俊（同游有董香圃、王云帆二人）。主人导之前，披襟践幽涧。长啸清风来，突凌山万仞。雏桐雏可爱，席地坐其下。叶足庇人多，干才盈拱把。共拾小石丸，抛击卜禄马。李君弥清狂，牵条上枝丫。桓温于柳树，感慨曾无涯。我今于此木，何年再见耶。主人复前走，转过山之坳。中多异草花，黏人如漆胶。滑鞋度凸石，途险气难骄。我上殊觉易，我下殊觉难。我身恐前坠，我手僮后攀。已到寻常地，心怯有余汗。客笑倾一堂，酒筹行万状。夜来继以烛，山间肆清放。酒醉踏月归，不待东方亮。竹作防身剑，木作防身枪。近城犹把握，遇友惊相望。自顾复不类，一笑掷道旁。到家人已倦，幽梦人还多。耳音风鬅发，目影树婆娑。余情类若此，无奈余情何。”

可　厅

在城东桂子桥上。

明秀楼

在巴乃里再漂村。

梯云山馆

在董界里内板麦村。

时来书馆

在时来里旧县村。

结茆书屋

在巴灰里结茆村。

东卢山房

在峨阳西三十里。

以上皆贡生李国材栖隐教徒处也，均已废。◎采自李稿。

按　李国材有《可厅四景诗》其一云：“书声响琅琅，倚石醉花香。清风送爽月流光。茶半盏，涤诗肠，梦不到黄粱。”其二：“东窗日上红，幽人睡醒浓。披衣浣面学匆匆。大弱冠，小成童，讲解一堂中。”其三：“饭余课尤多，书童席面罗。镕经铸史入文科。稍闲处，睡来魔，偷懒学头陀。”其四：“日夕雨风收，藏修此息游。门前散步快勾留。言相洽，气相投，情致最绸缪。”又《重到梯云馆》诗云：“梯云久别卧云身，再到人如隔世人。庭草已延他径蔓，山花难比那年春。几行题墨残将尽，多半书童认不真。惟有潆洄一溪水，当门依旧碧粼粼。”又《时来书馆书怀》诗云：“卅年名利味艰辛，孤负闲云流水身。生性自非嵇叔懒，命书先注范丹贫。常行好事求佳梦，稳把真心印后人，一卷南华一壶酒，清风明月满江滨。”

乡先达白朝贵著《东卢山房赋》有云：“论杀贼于远乡近土，与君同焉；将酬劳以尺柄寸珪，曰吾老矣……先生不出，吾又怪此多云多水乡也。”观此数语，其地其人，已可概见矣。

去思亭

在城东二里许，浴心亭后面。清光绪己亥为邑侯白泽芳去思而建。已毁。

邑先正覃金锡有记，详《职官志·白建鋆列传》。

怅云亭

在城西里许棠地村左侧。邑贡生覃金锡先茔在此，为省墓憩息而设。风景清幽，亦足以供游览。◎采自杨稿。

仙人洞

一名“清虚灵洞”。在水利乡岜岭村，距城三十里。于平畴旷野中，孤峰挺立，古树葱茏。山之半有洞，循石级而上，数百武，纡回曲折，如入山阴道，步步引人入胜。至洞门有屋三间，门上石壁宽平数丈，题“清虚灵洞”四字，苍老古劲，传系数百年前黄和尚遗迹。进洞门内数武，有披发祖师神像。座前有石鱼石虾、石龟石蛇，奇形怪象，不一而足。西则石柱千条，森森罗列，入内则高深宽广，有若日月焉，有若云霞焉，有若屏若帐若棹若椅焉；皆岩浆凝结而成，玲珑精致，巧夺公输。岩脚有观音一座，前有石磬一，岩浆击之，其声铿然，闻之令人尘心顿洗。折而右，有石穴，幽暗深邃。前行数武，至后洞，凭栏俯视，悬岩万仞，骇人心目。门内有古藤二株，大如栲栳，由洞口盘绕山顶，丫杈奇崛，宛若游龙。相传为数千年古物。顺治中，樵者偶断其一，血流如泉，至今不枯不腐。下则松柏苍翠，禽鸟嘤呦，日影山光，交相掩映。登斯境者，俗念全消，飘飘羽化，琅环福地，当不过此。◎抄自李稿。

邑先正李国材有诗云："万峰联络一峰孤，万峰老峻一峰雏。玲珑透剔中空虚，仰覆两朵青芙蕖。飞来石佛貌清臞，倒生古木半荣枯。岩泉落地溅明珠，承泉石盘冷相于。石几石席天然铺，四围绿翠摇风疏。人间此地真蓬壶，无怪仙人择所居。我来不见烧丹炉，仙花仙果半荒芜。夕阳在山酒醉余，闲情倚栏一长吁。村翁向我笑揶揄，促归声口但狂呼。高歌一曲临草庐，秉烛还观仙子书。"

邑先正董成烈有诗云："兀立孤峰秀，天开古径幽。磬声闻激石，松韵听鸣秋。老木缘山鼠(洞口老柏枝梢常有小鼠往来极捷)，寒潭吼夜虬。仙人今已去，犹有遗踪留。"

邑先正覃金锡有诗云："仙人一去几千年，洞口无言嚼晚烟。鬼斧神斤奇点缀，白云黄叶淡因缘。果然风景清于水，如此虚灵巧夺天。终古岩岩真面在，流传更不借神仙。"

邑先正何振新拟《重修清虚灵洞募捐启》云："我荔多山，山多洞。洞有高敞者，幽深者，有光怪陆离，玲珑透剔者。无洞不奇，奇者多，见者惯，故奇亦不奇。岜岭万山中有山焉，拔地突起，独立青苍，四无倚傍。自足至顶，高不及百丈，半腰划开一门，轩豁爽朗。入门仰视，有如白云在空，或舒或卷，或淡或浓，纷披绵渺。足之所履，皆细碎白石，如银沙布地，四壁石影涌见，有如佛骑狮象者，有如仙伏龟蛇者，其奇独大奇于诸洞之奇。故昔年诸洞未开而此洞先辟。乡先辈因其似佛则佛之，因其似仙则仙之，因其似狮象龟蛇则狮象龟蛇之，颇多灵异。于是诸洞之名不传而此洞之名独著，近百年于斯矣。及烽烟起，避贼者入宅其中。干戈抵触，烟火薰蒸，牛马践踏，剥蚀漫漶，而洞非复前日之清虚灵矣。兹者，人尽归村，洞封榛莽，而一峰独秀，依然玉笋凌空。倘复启之辟之，则翠柏苍松，犹是当年景物。况前人作之于前，后人宜述之于后。所愿诸君子解囊相助，俾一邑名胜之地，焕然重新。从此山岳之灵，钟为人杰，当有卓然特立，气象岩岩者应运而生也。”

民国二十年春四月，益智曾旅行至此，登楼凭眺，曲径寻幽，剔藓剜苔，雪泥宛在，不禁有鹤去楼空之感。口占云：“仙人何处去，洞口白云封，凭吊空千古，苍茫一望中。”

按　此山此洞，风景绝佳，乃不生于通都大邑，与三山五岳齐名，又不生于荔城附近，与峨阳八景媲美，诚斯山斯洞之不幸也。

楼梯坡

在城北十五里，为城区游仙人洞所必经。路险绝而幽静可爱。行人至此，于汗流气喘中，流览山光，饱餐翠色，而顿忘其疲惫也。

邑先正覃金锡有诗云：“何物硬横空，一条破万绿。我疑登蜃楼，云梯排山岳。岂知城北来，形势一变局。离郭十里许，逢山千仞蹙。一弯复一弯，折旋迴风曲。一磴复一磴，雷硠莽云覆。羊肠势盘纡，鸟道形攒簇。高岂让龙门，隘还争鹿角。介然用成路，毋乃力士属。六甲凿山巅，五丁开山麓。不然崛礨险，何以道途熟，来往作蛇行，谁敢矜捷足。上者须扬眉，下者头自伏。列阵蚁穿珠，拥树猱升木。我欲学王阳，回车且投宿。争奈舌代耕，谢屐必往复。未过觉心惊，方过防眩目。口欲嚼红霞，手无杖绿玉。勃窣攀茑萝，抖擞嘱僮仆。非幼乎蹒跚，非敬足踖踧。惭逊搏风鹏，笑类走险鹿。陡然发狂痴，风前仰天祝。干将莫邪剑，愿假劈巀嶭。无烦夸娥移，何事共工触。偏陂转瞬无，荡平屈指卜。塞险不忧秦，道难免唱蜀。膜拜云中君，庶几偿大欲。彼苍默不言，搔首空眺瞩。怀抱愚公愚，浩歌谱一曲。飘飘风吹衣，长啸振云谷。”

猴　坡

距城八十里，为县城赴捞村乡必经之路。坡极高，路极险。由坡顶俯视捞村，俨如釜底，万山重叠，一水中分，夕照飞霞，梯田漾绿。至此不禁有世外桃源之感。

民国三十一年夏，益智因督导县政经此，口占二绝云："行人争说猴坡险，欲上猴坡叹路难。之字盘旋三百转，青天蜀道等闲看。""绝顶回头窥釜底，星罗棋布几村庄。渔郎慢作桃源隐，抗建端须赖后方。"

板峭山

在董界乡寨马村后。清同治六年知县钟毓材宿营于此，被贼围阵亡。◎采自李稿。

外构坳

在董界乡拉个村后二里。清同治六年广西副将宋福庆败贼于此。◎采自李稿。

哨楼坡

在董界乡者巴村对河。清咸丰三年知县魏承柷设哨楼于此。◎采自李稿。

白蜡坳

在董界乡，为荔波、南丹交界地。知县魏承柷建关于此。◎采自李稿。

十二洞卡

在董界乡坡小村西。知县魏承柷设卡于此。◎采自李稿。

十里长滩

距城五十里，在董界乡孟塘村左侧三里，水面空阔，波光若镜，深不可测，群鱼之所归宿也。◎采自李稿。

响水河

即翁龙之堂拔河也。水在驾欧乡边境入洞，复出于董界乡境内。由乱石间奔赴峨江，声闻数里。◎采自李稿。

天生桥

有二：一在董界乡孟塘村左侧七里，两山对峙，一水中流。石桥横亘其上，势若长虹，不假人力，真奇观也。◎采自李稿。

一在三洞乡水维河上流雪花洞下。两边岩石，高耸穹隆，水由下注。登桥上，望瀑布四溅，水沫雪飞，风景清幽，不可笔述。

甲凡山

在董界乡海利村北五里，山石巉岩崎崛，草木纷披，甲于群山，故名。◎采自李稿。

橙树卡

在捞村乡九亩村后。“橙树卡”三字为清咸丰五年训导郑珍亲笔。今已毁。

拉皓坡

在董界、驾欧两乡之交。崇山峻岭，嵫厘嶙峋。山麓有田一区，有溪数丈，白石千仞，山鸟时鸣，幽静无比。◎采自李稿。

矗秀峰

在驾欧乡地街村前。峭拔如笔，端正如圭，昔人所谓“拔地孤峰秀”，此山足以当之。◎采自李稿。

瀑布泉

有四：一在水利乡花村，源出水利、恒丰两乡交界处，流至花村，一泻数丈，若匹练倒挂。瀑布下有石，陡悬，阔四丈余，形如蟹介，又名蟹介泉。瀑布经石上下泻如帘。帘内有洞，地高燥，淹没不及。洞下有潭，俗名犀牛塘。渔人尝拨水帘以入，垂钓得鱼，以泉烹之，味鲜美。有携酒裹粮游泳数日不出者。

邑先正董成烈有诗云："万仞危岩泻急湍，飞流如练水光寒。涛声响彻林千叠，浪影横遮路百盘，停磴行人朝冒雾，拨帘渔父夜加餐。我从王事频来往，也为清幽把钓竿。"

一在三洞乡水叉河。源出内水东，流至水叉，从山峡间悬岩泻下数丈。冬季水涸，瀑布不大。春夏之交，白练高悬，水石相激，声闻数里。

一在三洞乡水维河上流，详下《雪花洞》。

一在朝阳乡交朝村后，倒泻数丈，东北流至时来乡下花皋村脚，南折入峨江。

羊　山

在阳凤乡纳守村东北，甲按、拉磨等村东南。其形如羊，昂然直立，头角峥嵘，有跃跃欲跳之势。◎采自杨稿。

凤　山

在阳凤乡把明村东北，势若飞凤，与羊山遥遥相望，为全区名胜。羊凤里因此得名。◎采自杨稿。

按　"阳凤"二字，原用"羊奉"，一用"羊凤"。民国三十一年，县政会议决定各乡、镇名称，佥以凤山在阳凤场之南，兼以凤鸣朝阳，语有来历，因改用"阳凤"。

台　岭

在方村乡甲良场西北三里。端正方整若台，为荔、独分界山也。◎采自李稿。

云　岭

距城四十里。在水利乡南七里。山体端正凝厚，秀色可餐。万峰环抱，森卫严整，有凤翥鸾翔之势，为县治山脉干龙也。◎采自李稿。

龙　山

在恒丰、水利两乡交界。形势蜿蜒，矫若游龙。为县治干脉所经过也。◎采自李稿。

帽盒山

有二：一在三洞乡彩从村西南三里。独立万山中，周围圆影，分三层，下层大，以上渐小，为宝塔式，工整若埏埴然。明参将邓子龙曾屯兵于此，俗称古营盘。◎采自李稿。

一在方村乡玉屏山西面。两山对峙，约距十余里，为该处第一文峰。◎采自杨稿。

雾鹿山

在三洞乡东北。夭矫横空，有虎踞龙盘之势。县属南干大山脉由此起。

雪花洞

在三洞乡水维河上流。河水源出水潘，伏流里许，由洞口奔放，挂流数丈，下激岩石，雪花四溅，真奇观也。

张中丞营

在周覃乡东山顶。清乾隆初年，总督张广泗屯兵于此。◎采自李稿。

金城关

在永康乡溪竹村南五里，俗名懒板凳。清同治丁卯，广西提督冯子材破贼于此。◎采自李稿。

穿　洞

在永康乡水洋村附近，巉岩横亘，一径中通。前后绿野平铺，青山环抱。行人憩此，每流连而不忍去云。

独秀峰

在永康乡水洋村。孤峰拔起，绿水潆洄，令人对之肃然起敬。◎采自李稿。

奈何桥

在佳荣乡拉滩河上。相传昔人有契好者，送别至此，行者至前面山冈回顾，送者于桥上大恸曰："君去矣！可奈何！"因以"奈何"名桥，而名行者回顾处为望乡台。迄今追溯遗踪，犹觉情深若揭。◎采自李稿。

覃虎强墓

在朝阳乡板乐村前二里，翠岫衙排，清流带绕，堪舆家谓之飞鹅投江或飞凤衔书地也。虎强，明时人，世袭荔波土巡检。永历间其孙朗富大著武功，诰授挂印将军总兵，追赠虎强为"武显将军"。其支派迁广西梧州容县，科第连绵。清嘉庆中，裔孙翰林学海及举人拔萃等来展墓，撰文泐石。道光中，裔孙解元武保知荔波县，解任后亲往祭焉。◎采自李稿。

朱家坟

在城北玉屏山西一里，朱射斗、朱光斗之祖墓。射斗官至川北镇总兵，赐谥勇烈；光斗中武举，官千总。清嘉庆时人也，其后裔有官至漕运总督者。置墓田交公经管，每年祭扫。墓左有古树二株，一高耸如伞盖，一弯曲如虬蟠。咸同间邑城两陷，城外树木，鲜有存者，惟此封树，依旧葱茏，盖数百年前古物也。◎采自李稿。

万义冢

在城西门外十数武，大路左侧，系合葬清同治五年城陷殉难文武官绅暨兵民老幼男女之墓也。

清直隶保定府高阳县子绋齐锡纶撰《重修万义冢序》云："窃念罔极恩深，长抱蓼莪之痛；同胞谊重，难禁花萼之悲。嗟岁月之迁流，益哀伤之日甚。先君号午塘讳荫曾，于同治甲子秋捧檄来佐是邦，并摄三脚屯土州同篆。余偕三弟锡绶、锡缙、锡绅随任侍奉。只冀竭菽水之欢，常承色笑；不期告烽烟之警，祸起逆氛。时土匪勾结苗匪数万扰荔属，无遗地。值二月十三日合大股扑县城。先君任满交卸，欲旋省改组，作归田计。彭明府号啸皋讳培垣，以先君谙军务，禀留办城防。殊贼匪围攻四十余日，先君率百姓同心固守，以待后援。无如粮尽援绝，三月二十五日城陷，房屋灰烬，老幼妇孺均遭惨杀。先君偕彭明府犹督兵拒战，奈兵寡贼众，同时阵亡。先母张氏尽节署内，三弟皆死难焉。余于扰攘中从乱军逃出。四月中旬城复，邑人检阖城骸骨合葬于斯。及余匍匐至荔，但觅捕署颓垣破瓦，尸骸无存。犹记先君故处，往寻之，仅于泥中掏获腮骨、齿俱在。先君在时，口内左有独牙,其根最巨,尚能辨认。抚此号泣哀痛,追悔当日不能从事九泉,苟延性命,子道亏甚。即具备棺裳,扶归安葬。转念先母及三弟之片骨未获,询之邑人,始悉与先君身骸并收入忠义冢中矣!呜呼痛哉!哀哀父母,生我劬劳。生不能尽其孝,殁不能尽其哀,是诚抱恨终天矣。惟念三弟俱殁,形单影只,作客天涯。勉承先君之志,仍在黔就职。壬申春,奉委办紫泉厘务,至荔省墓祭扫。目击荒烟蔓草,心如芒刺,抢地呼天。爰鸠石工,重封马鬣。处此伤心之际,语无伦次。谨勒碑于墓前,聊志其梗概云尔。时同治壬申孟夏月下浣建。”

莫土司祖墓

在驾欧乡弄板山,相传为莫姓来黔始祖之墓。墓上生一古树,中分三大枝。一枝生梨树叶,一枝生枫树叶,一枝生包盐叶。亦罕觏也。◎采自杨稿。

蒙土司祖墓

在城西三里许之螺蛳山山腹,墓前有碑,书云“明土司蒙公讳敦露之坟”,据《蒙氏族谱》载,即蒙姓明时由粤东来黔始祖嘉吉之子也。墓右前方有古枫一株,干皮皂白成鳞状,恍如松干,枝叶左斜覆坟上,如庇护然。

清赠旌表节烈孺人黎涂氏母女墓

在城西右侧桶桶井上,其夫黎仁风题一绝句云:“夫妻原是假,尽节便成真。从此留余恨,空悲死后身。”其表弟清道光丁酉科举人前授荔波县儒学训导即选知县郑珍为之赞,其词曰:“贤哉黎母,名播千古。城破家亡,恐遭贼掳。大劫难逃,令人悲苦。母女哀哀,镌人肺腑。效韩玖英,投入秽土。生卅四年,死得其所。节烈堪称,旌表莫补。花诰荣封,恩逢新主。一片冰心,惟天可诉。从兹永逝，能对宗祖。十二韵成，无愧赞语。名播千古，贤哉黎母。”◎采自杨稿。

抗战烈士墓

在中山公园，民国二十八年建。前立一亭，内竖抗战阵亡将士及死难同胞纪念碑。

杨将军墓

在中山公园，民国三十年一月建。抗战阵亡追赠陆军少将杨将军家骝之墓。详《人物志》本人列传。

张林氏节孝坊

在城北二里接官坪。邑庠生张国华之妻，贡生张书铭之母。青年矢志，抚孤成名。清道光二十七年抚院贺、学院丁题奏奉旨建坊旌表。丙寅毁于兵。◎采自李稿。

曹邱氏节孝坊

在城北二里接官坪。邑孝廉方正邱树桐之女，湖南安化县知县邱育泉之姊，恩贡生曹之杰之嫂，俊秀曹之楷之妻。年二十四而夫殁，立志守节，孝事翁姑。清光绪十年抚部潘、学院杨题奏奉旨建坊，今尚岿然。◎采自杨稿。

罗周氏节孝坊

在城北二里河岸。邑贡生罗新楷之媳，俊秀罗琪玉之妻，处士周良柱之女。年十九，夫殁，矢志守节，孝事翁姑，翁姑殁，丧葬尽礼。清光绪十一年，抚部潘、学院杨题奏奉旨建坊旌表。坊已塌，遗址尚存。◎采自杨稿。

萧氏三烈妇尽节亭

一名“清白亭”，在城西南隅，县政府后侧杨公井上。邑宰吴公德容题石表之，曰“清同古井”。◎采自李稿。余详《人物志·萧氏三烈妇列传》。

卷二　氏族志

《书》曰:“民为邦本,本固邦宁。”《孟子》曰:“民为贵,社稷次之,君为轻。”国家如此,地方亦然。荔邑遐陬僻壤,文化闭塞,蚩蚩之氓,等于化外,似无足称。然而瞻榆望杏,同游熙皞之天;击壤吹豳,共乐雍和之俗,彼林林总总者,何莫非方趾圆颅也。况自抗战军兴,历年兵役之征集,从未缺额,而西南铁路工段修筑之成绩,为各县最,上令嘉奖,昭昭可考。所谓民性纯良,民情浃洽,即此可见一斑。惟以过去政策,徒事羁縻,德化未施,而视同异类,以致种族之界限未泯,冰炭之争端遂起,压力愈重而反抗力愈大,有由来矣。

迨我总理民族主义之提倡,合中华民族为一家,不分畛域,一视同仁。《化书》云:“蛇豕可以友而群,虎兕可以狎而驯。”况人类乎！将见一道德以同风俗,被润泽而大丰美,猗欤休哉！

次志氏族。

氏族源流

荔波居民,在昔因其语言、服装、习尚之不同,而分为若干种族,即客家、本地、水家、莫家、瑶子等(又有称赧子者,即本地一族;称山湖广者,即山居之湖广人,无庸另列此种名目);以上各族,除客家称为汉族外(以其“后来”,故称为“客”),其余统称苗夷,目为土著。然考所谓土著各族,究竟在有人类之始,即全部在此地产生?抑或何一部在此地产生?何一部来自外地?均难臆度。即以中国人种论，在原始时，何部在中国境内产生？何部来自西方？或全部在中国境内产生？抑或全部来自西方？经人类学、人种学专家多方考据，尚聚讼纷纭，莫衷一是。与其牵强附会，凭空臆说，指某部分为土著，某部分为客籍，或某部分为苗，某部分为汉；割裂民族感情，彼此仇视，互相冰炭，实无补于国计民生。既不能考证指出在有人类之始即在此地产生之某部分，则今日之所谓土著者，安知不为千百年前之客籍；而今日之所谓客籍者，又安知不为千百年后之土著也。即果尔有在有人类之始即在此地产生之某部分，然以地则同为地球上一片土，以人则同为方趾圆颅，固无轩轾也，又何必斤斤较量，徒起无谓纠纷。况汉、苗种族，原无绝对区别。考汉族名称，系因汉朝之名而得；在未有汉族名称以前，其生存竞争于中原版图者，当不止一氏族；是则汉族系经历若干年代融合若干氏族（即上古若干部落）而成，决非一始祖所繁衍。本县所称为土著之各族姓氏，多有在汉以后始入黔者。惟以代远年湮，传闻互异，更难其孰汉孰苗。至语言、服装、习尚之不同，全因交通关系，住交通便利之地者，富摹仿性；住交通阻塞之地者，富保守性。富摹仿性者逐日更新，富保守性者常时守旧。历年既久，竟形成种种不同现象。然在若干年前，初无二致也。至种族间之优劣，系以文化为标准；而文化之是否昌盛，则以交通与教育为转移。使交通便利，教育普及，文化水准平衡，汉与苗固无贵贱之别也。清叶海禁初开，常目英人为英夷矣，常目法人为法夷矣。及一败于鸦片之役，再败于八国联军，于是昔日所称为夷者，反尊之若神圣，畏之如虎狼。甚至一二洋化者，只恨其肤之不白，眼之不蓝，发之不褐，额之不阔，鼻之不隆。此系满清狭隘政见，养成自大心理所致，识者鄙之。况苗族亦上古黄河流域各民族之一。考其来源，有称为古之三苗、有苗、九黎者，有称蚩尤为古代苗族之代表者。《史记》注"吴起"曰："三苗之国左洞庭而右彭蠡。"《尚书》曰："窜三苗于三危。"又曰："有苗来格。"

按 “三危”在今甘肃敦煌县南;《礼记》郑注以三苗为蚩尤,《尚书》孔传以九黎为蚩尤,其说不一。总之三苗、九黎均自黄河流域南迁无疑。因数千年来,栖息湘、黔、桂诸省,与中原隔绝,少事往还,致一般学者目为化外。自抗战军兴,西南为后方重地,故对于西南民族中之主要成分——苗夷,始加之以意,又更进一步而追溯史乘,采访方言,考求习尚,而汉、苗同源之说,见之报章杂志者颇多,在中华民族一炉镕铸之中,汉、苗之间,不应以民族区分。兹根据张铁君氏认为“汉苗并不是两个民族,实乃两个氏族”之意,称为氏族。至汉、苗同源论,亦以张铁君《中华民族原来就是一个民族》一篇,较为具体,特节录于后,以备参考。

附 节录张铁君《中华民族原来就是一个民族》:中华民族的构成部分,过去虽大别为五族,其实据近人(梁启超等)的研究,实可分为十一族,即苗蛮族、蜀族、巴氐族、徐淮族、吴越族、闽族、百粤族、百濮族、氐羌族、北狄族、东胡族。其中除已和汉族同化,族界已完全泯灭者外,所谓满族,即东胡族,蒙、回即北狄族,藏族即氐羌族,此外苗蛮族,现仍栖湘、黔、桂诸省。以上诸族,数千年来,和其他各族,彼此的文化互相交流,到现在究竟是若干分立的民族,抑早已彼此融化成为了一个中华民族,这是一个根本问题。近来有些研究家,已获得许多宝贵的论证,他们不但指出国内各族早已同化,而且进一步指出各族原是同源,我们从这些研究中,已寻出中华民族原来是一个民族的科学基础。翻开中国历史,首先看到的就是黄帝与蚩尤的战争。大家都以黄帝代表汉族,蚩尤代表苗族。其实这个战争究竟是否汉、苗之争,在历史上尚是疑问。有些历史学家研究的结果,对蚩尤与炎帝疑为一人(见吕思勉编的《白话本国史》)。因阪泉涿鹿,古人多以为两役,然《史记·五帝本纪》多同《大戴礼记》的《五帝德》、《帝系姓》两篇。而《大戴礼记》,只有黄帝和炎帝战于阪泉的文字,并无与蚩尤战于涿鹿的记载,可疑一;而蚩尤和三苗,昔人都以为是九黎之君,三苗和炎帝,同是姜姓，可疑二；阪泉与涿鹿两地，实即一地。据《史记》集解引皇甫谧谓阪泉在上谷，又引张晏谓涿鹿也是上谷，正义引晋《太康地理志》，又谓涿鹿城东一里有阪泉，可见涿鹿、阪泉必定古说都是一地，可疑三。无论如何，这战争必定是姜姓与姬姓的战争。大约姬姓居河北，以游牧为业。《史记》说黄帝"迁徙往来无常处，以师兵为营卫"，这好像是游牧人民；姜姓居河南，以农耕为业，农耕人非游牧人之敌，故黄帝将炎帝击败了。据王桐龄著《中国史》所载"炎帝榆罔在位，中国大概分为三部，极北为蒙古族之荤粥所据，南为苗族之九黎所居，汉族则介于两族之间。炎帝孱弱，九黎之君蚩尤北攻汉族，炎帝逃于涿鹿，诸侯黄帝领兵征蚩尤，战于涿鹿之野，克蚩尤，杀之"，即依旧说，这次战争是汉、苗两族的战争。但汉、苗两族是两个氏族，抑是两个民族，仍应深加研究。现在苗族学家，他们认为汉、苗并不是两个民族，乃是两个氏族，这是由于风土说及语言学来论证的。

中华民族内的满、蒙、藏诸族，满族人口极少，且已同化，已不必论。蒙、藏诸族与汉族同源，亦已有研究家证明过了（胡石青《蒙藏民族是否炎黄子孙》，《经世月刊》一卷八期），兹不复赘。我们要特别提出讨论的，就是汉、苗两族究竟是否同源呢？因汉、苗两族是一般人从历史记载上最易认为是两个分立的民族。现在且将我在贵州时，苗族方言讲习所罗荣宗、吴修勤两教授研究所得供给我的论证，略述于后：我们以为苗族与汉族是中国古代的两个氏族，只是中华民族内的一支族，由名称来说，已可证实。《书》称苗族为有苗，《说文》："草生于田者谷曰苗。"古代氏族多以其族所能制作之物为名。苗族至今多业农，其族之名，或即用他们所能制作的东西来称呼。古代氏族的称呼大多如此。在古籍上所见可以相比较的，如有巢氏、有鬲氏、有虞氏、有婚氏、有苏氏、有莘氏等等。在风俗方面，苗族多能墨守祖先的成法，若以他们杀牛祭祖的典礼来看，实同甲骨卜辞上所发现殷商杀牛祭祖的史实。苗家祭祖多在

七、八月间,祭时多杀一肥硕牯牛,杀之前,必以斗。四月八日牵斗牛来,相与省视,对于祭祖所用牺牲,皆是特别喂养过的。这种习俗,和汉族极相似。《礼·祭义》说:“古者天子诸侯必有养兽之官,及岁时,斋戒沐浴而恭朝之,牺牷祭牲,必于是取之,敬之至也。”又说:“君召牛,纳而视之,择其毛而卜之,吉,然后养之。君皮弁,素积,朔月、月半君巡牲,所以致力,孝之至也。”河南安阳殷墟发掘之龟甲文上亦有“王者省牛”之语,足见古人祭祀,特养牲牛。现苗族祭祖的牛,特别早期豢养,实存古意。牵牛的人穿着礼服,以伞遮牛,都是表示爱护的意思。牛到之场所,要鸣三炮来欢迎,这不是示敬又是什么?退一步说,这种习俗的偶合,尚不足为强有力的证据,但语言学上的论证,那要算最有力的了。语言的质与量,固随时代而变迁。即一字的发音,往古和现在也不相同,如“儿”字、“而”字,在诗韵列入四支,用今音来读便不合;押韵时是读“倪”或“饴”,恰像粤语的读音。又如“佳”字、“街”字、“谐”字,同列为九佳,如用今音来读便各不相同,但押韵时,“佳”字读“街”字音;“谐”字读“骸”字音;此种读音亦如粤语。因粤语之近古音,故有人说古音当在粤语中去寻求,这是不错的。如果我们将苗语与粤语比较其读音,相近的却不少。例如《安顺府苗志》语呼“鸡”为“喈”,仲家苗呼“鸡”为“盖”,《黔书》所录苗语称“鸡”为“介”,水家苗亦称“鸡”为“介”,这些音若用粤语读音恰正相同。又如仲家语读“毡帽”为“冒晋”,“冒”显然为帽音,但“晋”字音便不可解;若用粤语读音,“冒晋”即“帽毡”,这是苗语的倒装句法。此外仲家语称“糯米”为“阿那”,“粘米”为“阿晋”,“那”为糯,“晋”为粘,用粤音读,又极相似。又苗语呼“油灯”为“当油”,“升斗”为“倒盛”,都是倒装句法,且合粤音。至于呼“冷”为“囊”,呼“舌”为“利”,呼“细”为“又”,称“父”为“阿巴”,称“母”为“阿味”,和粤语更是绝对相同。其他称“镰刀”为“零”,称“脸盆”为“论盒”,称“四”为“西”,称“金”为“扛”或“工”,称“银”为“案”,称“铅”为“无”,称“烟”为“应”,皆是粤音。

粤音、苗音的相符，可证明苗语尚保存着古音，可见苗语、汉语之同源而异流，亦可证明苗、汉两族之同源而分支了。现在我们再举些单音为证：孤，《唐韵》：古乎切。《礼·玉藻》："凡自称小国之君曰孤。"野乘稗史，国君辄自称曰孤家，又孑处亦曰孤。今水西花苗称我曰"孤"，贵阳仲家苗称我也叫"孤"，罗斛、荔波的仲家称我亦叫"孤"，下江县僮家称我亦叫做"孤"，皆读若粤音——即国语ㄍㄨ的去声——是汉语古音古称。氓，《唐韵》：武庚切。《正韵》：眉庚切，音盲。《说文》："民也。"今苗夷语第一人称曰"孤"，第二人称曰"氓"，下江县僮族第三人称亦称曰"氓"。未，《唐韵》、《正韵》：无沸切，音味。《玉篇》："未犹不也。"未有即不有。今贵阳仲家称"不"读如粤音的"未"。墓，《集韵》：蒙脯切，音摸。《说文》："丘也。"郑玄曰："冢茔之地，孝子所思慕之处。"今汉语多读墳或坟。僮语、硐语均不读坟，只读做"墓——ㄇㄜ"，扫墓读"ㄏㄣㄇㄜ"。按《王制》："墓地不请。"扬子《方言》："凡葬，无坟谓之墓，有坟谓之茔。"故《檀弓》云："古者墓而不坟。"注：土之高者曰坟。僰人夷语言称"墓"不称"坟"，盖古墓不坟之意也。戒，《广韵》：古拜切，音介。《说文》："警也。"《书·大禹谟》："警戒无虞"，"戒之用休。"《聘礼》："戒上介亦如之。"《注》："犹命也。"今僮语谓"不要"或"勿"皆读若粤音之"戒"。例如说"不要去"曰"ㄍㄞㄅㄟ"，"勿说"曰"ㄍㄞㄍㄤ"，皆含警戒与命令之意。趕，《篇韵》：音卑，行也。今僰人夷语谓"行"曰"ㄅㄞ"或"ㄅㄟ"，皆"趕"之音转也。躰，《玉篇》：力登切，音楞，身也。今僮语、仲家语称"身"曰"ㄌㄤ"，即"楞"之音转也。旻，是天空之称呼，如苍旻、穹旻。《广韵》：武庚切。《集韵》、《韵会》：眉贫切，音珉。《说文》："秋天也。"《尔雅》释天："旻天为秋天。"《疏》："万物成熟皆有文章，故曰旻天。"《书·大禹谟》曰："号泣于旻天。"《传》："仁覆愍下，故曰旻天。"《诗·小雅》："旻天疾威。"训"旻"幽远之意。冥，亦天空之称呼，《唐韵》：莫经切。《集韵》、《韵会》：忙经切。《正韵》：眉经切，音铭。《楚辞·九章》：

“据青冥而摅虹。”青冥，天也。文天祥《正气歌》：“沛乎塞苍冥。”苍冥，天也。《说文》：“幽也，幽深貌。”旻、冥同音，意义亦大都相同。今贵阳仲家称“天”为“ㄇㄣ”，罗斛夷家亦呼“天”做“ㄇㄣ”，天柱硐家语呼“天”亦为“ㄇㄣ”，皆读若国音之“门”。西南汉语之“闷”，盖“旻”、“冥”的转音。按苗夷社会，以农业为生活，要满足其欲望，端要望岁稔丰收。“冥为秋天，万物成熟。”这是他们的意识受生活决定的反映，故呼天为旻。苗夷语之保存 Min 的古音也有古意。蒙，《集韵》、《韵会》：谟蓬切，音蒙。《论衡》：“溟涬蒙澒。”《春秋命历序》：“蒙鸿萌兆。”蒙澒、蒙鸿，元气未分貌。今黔、桂边界僮语呼“天”做 Mong 阳平声，又另存一古音而其意更古。丽，《唐韵》：即计切。《正韵》：力霁切，音隶。《楚辞·招魂》：“被文纤丽而不奇些。”前引《东方朔传》：“以道德为丽。”《玉篇》：“好也。”《广韵》：“美也。”今贵阳仲家读“好”做 Li（ㄌㄧ），读如国音“黎”，若西南汉音之“利”，即“丽”字。安南、罗斛、荔波夷家均读 Lie（ㄌㄟ），若国音之“雷”，恰恰符合粤音读“丽”字，更近古音。更值得我们注意者，今僮、仲、令族妇女服饰、衣襟、袖缘均绣以花纹以丽之，此殆僮语之取义乎。眄，《集韵》：民坚切，今做“眠”。贵阳仲家、罗斛夷家、下江僮家、天柱硐家皆称“睡”为 Nim（ㄋㄧㄣ），与粤音“眄”同韵。𠮏，今文“吾”，《唐韵》：五乎切。《集韵》、《韵会》、《正韵》：讹胡切，音梧。《说文》：“我自称也。”“吾”字见于古典经籍者最多，盖古之口语也。今倮倮语称“我”曰 Ng，粤音读“吾”亦曰 Ng，适与倮倮语相符。特，《集韵》、《韵会》、《正韵》：敞德切，音剩。《玉篇》本作特。特，朴特，牛父也。《玉篇》：“牡牛也。”《书·舜典》：“格于艺祖用特。”又牡马亦曰特。《广韵》：特，雄也。今仲家语、僮家语皆称牡牛曰“特”（De），称牡马曰“马特”（Ma－De）。瘕：《篇海类编》：音极，病也。粤音读 Get 入声，今𫐄人夷语，患病曰“瘕”，头痛曰“卂瘕”，腹痛曰 Duy Get。阇，《唐韵》：当孤切。《集韵》、《韵会》：东徒切，音都，《说文》：“闉阇也，从门者声。”《广韵》：城上重门。

《玉篇》:“城门台也。”《诗·郑风》:“出其闉阇。”今棘人夷语称“门”曰“阇”(Du)阳平声,恰与粤音“都”字符合。餍,《广韵》、《集韵》、《韵会》:于艳切,音厌。《玉篇》:“饱也。”“足也。”今棘人夷语,如仲家、僮家、令家,皆称饱做“餍”(im),读阴平,恰与粤语读“餍”字符合。蜡,助驾切,音乍,年终祭名。《礼运》:“仲尼与于蜡宾。”《注》:“夏曰清祀,殷曰嘉平,周曰蜡,秦曰腊。”《郊特牲》:“蜡也者,索也,岁十二月合聚万物而索飨之也。”蜡祭之蜡,《广韵》作䄍。今僮家称除夕曰 HAm ZAm,HAm 者昏也,ZAm 即蜡字读粤音,成文为昏蜡字倒置文法也。蜡祭为周礼,岂僮族为有周之遗民乎?语言是一个民族特征之一,语言相同或近似,自然是一个民族而分支的两个氏族。最令人易认为两个分立民族的汉、苗两族,我们从各方面研究,均得到同源的结论。

张铁君氏所举苗族语言,虽与荔波各种方言不尽符合,然对于汉、苗同源,确为有力之证据。尚有可以补充者,如水家称“坟山”为“ㄇㄨ”上声,实与“墓”字同音,又“坟”仍读“ㄈㄣ”入声,读“坟墓”为“ㄈㄣㄇㄨ”,音义俱吻合。又“天”读“天”去声,“地”读“地”上声,“人”读“人”去声,“棉絮”读“棉”入声,“阴”读“阴”去声,“阳”读“阳”入声,亦皆音意相同。

又以服饰论,裙钗妇人饰也。《说文》:“裙,下裳也。”《释名》:“裙,群也,连接裙幅也。”《玉篇》:“钗,妇人岐笄也。”秦嘉《与妇徐淑书》:“今致宝钗一双可耀首。”曹植《美女篇》:“头上金爵钗。”又梁鸿妻孟光荆钗布裙。今水家妇女之布裙及银首饰,其形式是否与古同,虽不可考,然皆古制也。又如我国明朝以前,男子原蓄发满头,至清始剃头辮发,太平天国成立,仍下令蓄发,是蓄发汉族古制也。本县瑶族蓄发,始终不改,见者却以为怪,非瑶族怪也,乃见者少见而多怪耳。又如目前城市女子,多已剪发,而乡间女子,除在学校读书者外,即客籍亦多视剪发为莫大耻辱。经若干年后,或将认不剪发之女子为太古遗民矣。又如国历年节,经政府提倡,三十余年，而城市居民尚未更改，乡村更无论矣。再经若干年后，视乡村之过废历年节者，不又将成为古董节气乎！盖风俗习尚之不同，全因交通与教育关系所致。交通不便，教育不普及，则保守性强，墨守成法。习惯既深，纵有少数人欲移风易俗，亦难于短期内实现。此古人所谓礼在四夷之意也。研究民族来源，当求之历代史实，不能以目前现象而遽加臆断。

至本县水家文字，与古象形文类似者颇多，亦可作研究民族源流之一助。兹略举于后，以供学者参考：

草字书[illegible]，与篆文[illegible]字相似。

水字书[illegible]，与篆文[illegible]字相似。

鱼字书[illegible]，与象形文[illegible]字类似。

日字书[illegible]、月字书[illegible]，与象形文[illegible]、[illegible]字同。

天字书[illegible]或[illegible]，与古文[illegible]字相似。

杀字书[illegible]或[illegible]，与古文[illegible]、籀文[illegible]字同。

癸字书[illegible]或[illegible]，与篆文[illegible]字同。

牛字书[illegible]，与篆文[illegible]字同。

左字书[illegible]、右字书[illegible]，与篆文[illegible]、[illegible]二字同。

窗字书[illegible]，与古文[illegible]字相似。

口字书[illegible]，与古文[illegible]字相似。

目字书[illegible]，与古文[illegible]字相似。

鼻字书[illegible]，与古文[illegible]字相似。

爻字书[illegible]，与篆文[illegible]字同。

北字书[illegible]，与篆文[illegible]字相似。

金字书[illegible]，与古文[illegible]字相似。

乙字书[illegible]，与篆文[illegible]字相似。

门字书[illegible]，与篆文[illegible]字相似。

壬字书壬，与篆文壬字同。

此外尚有其他文字，另详后《文字篇》。

按　《三合志略》以“三都属水龙、水潘、水祥及荔波属水尧、水婆、水维、水艮、水匾、水葛、水甫、水错、水冬、水庆、水梅、水利、水岔为十六水，每一水以一大寨而辖数小寨，十六水地带无长江大河，而独以‘水’名族，其中必自有故”；又引《宋南蛮传》以“龙汉侥因奏水曲而膺天子之封，荣宠无可伦比，疑以曲名族”；又载万大章《覆罗香林书》：“疑今水族，即为抚水遗民，其称水家，殆以水居得名，犹土家客家之别。”又谓：“观十六水之有水潘、水龙、水韦等村，皆以姓名地。”各语均属非是。查“十六水”三字，乃由独山等处传说而来，在荔波水家所住境内并无此称谓，其详已不可考。况查水家所居之地，每一寨名之上多冠以水字，经此次调查，在荔波境内，已有六十余村，若连三都属，恐多至百余村以上，非仅此十六寨也。又查“水匾”二字，荔波无此村名，经此次调查，仅于从善、三洞两乡交界之深山穷谷中，得一地名“水匾”。在若干年前，三洞乡杨柳一带居民，到该处种地，筑茅屋居住，因有村名，数十年来，已成荒山一片。若谓古时或有村寨，亦只零落数家，若谓时代变迁，或系古之大寨，然以其地势偏僻狭隘，绝非古大寨之规模。又查“水岔”或即“水叉”，“水冬”或即“水东”，“水艮”或即“水更”。查本县三洞乡潘氏分为上三洞下三洞两大族，韦氏分为水东、水维两大族，各近千户，计百户以上者有数村，而水更村乃一庶支，水叉乃水东一部分，各仅数十户，以上二村，均不足以代表一水。至谓以曲名族，查所称之乐器瓢笙，疑即今之芦笙，而水家称芦笙为“ㄅㄨ（上声）ㄇㄧㄠ（去声）”，其译意“ㄅㄨ”为管（乐器），“ㄇㄧㄠ”为苗，即“苗乐”也。至水家之善吹芦笙者不过一二村，相传学于三都县之花苗，非其族原有之乐也。此外水家并无其他乐舞，既非其乐，当不至以曲名族。若谓以水居得名，更属附会。查水字乃系译音而非译义，水家读其族名“ㄙㄨㄟ”，即水字阳平。至五行之水，虽读为“ㄙㄨㄟ”，乃由水字之音译出，非水字之义也。盖水家对于五行“金、木、水、火、土”之读音，皆以字音译，除金字之外，均与字义无关。至“山水”之“水”，则另有译音（与“ㄋㄣ”音近），足见其族原名为“ㄙㄨㄟ”，后译音为“水”，非以义译也。若谓族名“ㄙㄨㄟ”音由水字之音译来，是则先由水字之义而以水名族，后由水字之音而译为“ㄙㄨㄟ”音，然则其族原名为何，更属疑问。若谓代远年湮，其族原名或已遗忘，然则水家一切言语之异于汉族者，尚保存不失，岂其族原名而竟遗忘耶？足见族名乃系由“ㄙㄨㄟ”音译为水字耳。既非义译，当不能以义求之。又谓水潘、水龙、水韦以姓名地，亦非也。查三村之名，“潘、龙、韦”乃由该村之原名译音，而非以姓得名也。如水潘系数村总名，其原音读“ㄆㄢ”去声，故一作“水攀”；而水龙村系有三处，二属荔波，一属三都，其原音在“ㄌㄩㄝ（略）”与“ㄌㄨㄥ”之间，而在荔波者，皆非龙姓；水韦亦数村总名，其原音在“ㄌㄟ（雷）”与“ㄨㄟ（韦）”之间，故水韦原系“维”字而非“韦”字；盖译音为“潘、龙、韦”者，适与姓偶同耳。又查《潘氏族谱》，其始祖系于宋南渡后随军入桂，弃官溯龙江而上，初至蒙石（即今荔波县治），继迁佳荣，又迁三洞，后始繁衍。现三洞、从善两乡，潘姓者三千余户，而水潘乃一支脉，亦不能以水潘代表潘氏；又查村名上一字冠以水字者数十村，下一字均系译村名原音，更足证明非以姓名地也。况现在住荔波之水家各姓源流，虽代远年湮，多不可考，惟据其歌谣及族谱所称，均由外省迁入。又查黔东清江河一带苗族石匠，在近数十年间，来荔波境内做工，或在某山某地掘取窖银，据称其祖先遗物，有暗号可寻；又查水家所住寨名，有称“ㄅㄢ”“ㄇㄧㄠ”者数村，其译义“ㄅㄢ”为寨，“ㄇㄧㄠ”为苗，即苗寨也。足见在若干年前，该地另有他族居住也。又水家对于种族之别，常称“ㄍㄚ”阴平，即客家；“ㄅㄨㄧㄞ”阳平，即本地；“ㄙㄨㄟ”阳平，即水家；“ㄇㄧㄠ”去声，即苗家；四族。其称“ㄇㄧㄠ”者，即指三都属之花苗、黑苗及从江属之生苗、熟苗，是则水与苗又有区别也。然族名

“ㄙㄨㄟ”音，究系何所取义，遍询故老，均不能道，宁阙待考。

又按 本属除客家及瑶子外，其余本地、水家、莫家三族，其语言习尚，相同者多(详后《语言表》及《风俗篇》)。又查各氏族间同一“韦”姓，在播尧乡为本地，在恒丰、三洞两乡为水家；同一“姚”姓，在瑶庆乡为水家，在洞塘乡为本地；同一“蒙”姓，在玉屏镇为本地，在阳安、永康两乡为水家；同一“吴”姓，在水利、莪蒲两乡为水家，在播尧乡则语言习俗与莫家同；又同一“莫”姓，在方村、阳凤两乡为莫家，在驾欧乡为本地。又以地域论，则永康、瑶庆、从善、莪蒲、三洞、阳安、恒丰、水利等乡多水家；方村、阳凤、播尧等乡多莫家(按播尧乡“吴”姓其语言习俗与莫家同，惟以“莫”姓较多，故以莫家代表)；周覃、时来、朝阳、董界、驾欧、捞村、洞塘、茂兰、佳荣等乡多本地。虽同一种族，而各乡之语言多有不同，足见语言与地域大有关系。以地域语言综合论，则莫家住地，介于水家、本地之间。水家语言多与莫家同，莫家语言又多与本地同；如以单音考查其发音点，则本地与水家同者亦多(详后《语言对照表》)。由以上各种考察，足见三族绝对同源。惟以地域距离较远，而语言习俗差异之点亦较大；又因古时交通不便，民性安土重迁，多系老死而不相往来。历年既久，偶尔接触，彼此语言习俗，各自不同，遂有种族之别。惟瑶子语言与各族相差太远，或另是一族。又查瑶庆乡瑶麓数村之瑶语与榕江属计划一带(与本属从善、佳荣两乡接壤)之黑苗语类似，或是同族；但其姓氏则有覃、卢、韦、欧、莫、常、吴等(吴姓现已无人)，与本属其他各族姓氏同。至茂兰乡尧埃村之瑶族皆姓欧，捞村乡江奔、洞芒等村之瑶族有何、谢、王、覃等姓，其语言服饰与瑶麓之瑶族又各不同。来源均不可考，姑暂从阙。

兹将各氏族户口及居住情形列表于后，并将采访所得略述源流。惟各大姓中，有因代远年湮，询问不详者暂从阙；至后来客户，又有因姓氏虽同，而原籍各异，不能全载者；有因姓氏零星，采访不周者，亦多从略。

荔波县各氏族户口居住情况一览表

姓别	原籍	户数	口数		居住情况								备考
			男	女	乡别	户数	男数	女数	乡别	户数	男数	女数	
韦	江西	3 295	7 737	8 091	时来	21	32	30	阳安	298	653	688	**按** 播瑶韦姓称其始祖韩鼎新于宋时由江西迁荔波,改姓韦。三洞韦姓称其始祖来自江西。住恒丰、三洞、周覃、从善、佳荣、永康、阳安者为水家,住水利、玉屏者有少数客家,住瑶庆之瑶麓者为瑶子,余多本地
					方村	18	42	52	朝阳	8	19	20	
					永康	15	35	36	水利	69	183	132	
					佳荣	51	99	117	洞塘	53	107	114	
					莪蒲	8	17	21	驾欧	44	92	98	
					从善	75	132	117	董界	20	43	37	
					茂兰	62	114	104	阳凤	268	535	502	
					周覃	95	216	251	三洞	482	1 340	1 321	
					瑶庆	177	332	338	玉屏	74	127	157	
					恒丰	1 066	2 890	3 081	播瑶	391	774	796	

续 表

姓别	原籍	户数	口数		居住情况								备考
			男	女	乡别	户数	男数	女数	乡别	户数	男数	女数	
潘	江西	2 900	6 549	6 883	水利	4	8	14	朝阳	3	8	5	潘姓始祖必旺，江西九江府德安县人，宋时随韩世忠军南来，以功授知州，后弃官游粤桂，至荔家焉。除从善猪场潘家寨为客家外，余属水家
					时来	6	14	14	周覃	30	67	65	
					从善	848	2 036	1 965	洞塘	5	15	10	
					三洞	815	2 041	2 307	方村	127	208	198	
					佳荣	663	1 340	1 358	董界	24	59	55	
					莪蒲	240	535	582	茂兰	3	3	5	
					阳安	21	57	55	玉屏	30	51	48	
					瑶庆	15	24	29	永康	46	83	93	
莫	山东 湖北	2 787	6 035	6 042	时来	8	12	12	驾欧	445	897	929	驾欧莫姓始祖伟勋，原籍山东青州府益都县，北宋时随狄青讨广西侬智高，以功食采南丹。阳安莫姓始祖布涛由湖北入黔，住独山兔场，后凤纪始迁荔。住阳安者为水家，住方村、
					恒丰	4	7	8	水利	59	151	137	
					永康	1	2	2	玉屏	14	20	28	
					朝阳	4	7	4	佳荣	16	34	35	
					方村	669	1 582	1 563	从善	1	1	2	

续 表

姓别	原籍	户数	口数		居住情况								备考
			男	女	乡别	户数	男数	女数	乡别	户数	男数	女数	
莫	山东 湖北	2 787	6 035	6 042	播瑶	66	161	162	周覃	1	2	2	阳凤、播瑶者为莫家，余为本地
					捞村	10	15	14	阳凤	1 143	2 372	2 344	
					阳安	101	202	221	瑶庆	8	14	18	
					茂兰	161	392	394	董界	76	164	174	
覃	江西	2 457	5 670	5 999	捞村	18	32	33	永康	151	362	381	覃姓始祖由江西从戎至广西，住思恩。明太和移住荔波，时已繁衍为四大族，即敦懿、敦谊、敦叁、敦肆也。除捞村之玄穹、瑶庆之瑶麓为瑶子外，其余均为本地
					莪蒲	23	68	86	董界	50	90	71	
					方村	209	507	513	瑶庆	62	132	131	
					茂兰	27	51	45	洞塘	44	88	86	
					水利	174	378	350	佳荣	123	335	345	
					从善	74	169	176	周覃	413	1 098	1 115	
					播瑶	8	13	13	时来	393	808	866	
					朝阳	521	1 188	1 473	驾欧	3	4	7	
					阳凤	4	8	21	玉屏	114	246	211	
					恒丰	39	93	76					

续 表

姓别	原籍	户数	口数		居住情况								备考
			男	女	乡别	户数	男数	女数	乡别	户数	男数	女数	
吴		1 498	3 282	3 324	时来	15	24	30	瑶庆	18	30	28	除玉屏、朝阳有少数客家外，住莪蒲、从善、周覃、恒丰、瑶庆、永康、水利为水家，余属本地
					茂兰	3	4	6	永康	43	110	125	
					莪蒲	320	710	767	三洞	2	3	3	
					玉屏	19	41	56	驾欧	26	59	44	
					从善	11	24	20	洞塘	58	101	112	
					周覃	72	165	149	朝阳	20	40	49	
					阳凤	1	3	3	方村	7	17	12	
					董界	22	43	59	播瑶	378	727	751	
					恒丰	113	377	317	佳荣	71	169	182	
					水利	299	633	611					
蒙		1 469	3 229	3 553	时来	82	195	213	瑶庆	194	394	454	**按** 蒙氏族谱称蒙氏始祖嘉吉于明洪武年间带二子从沐将军南征，由粤东来黔，有功封将军职，二子袭
					朝阳	9	22	21	佳荣	34	83	84	
					莪蒲	12	24	22	驾欧	19	52	49	

续 表

姓别	原籍	户数	口数		居住情况								备考
			男	女	乡别	户数	男数	女数	乡别	户数	男数	女数	
蒙		1 469	3 229	3 553	水利	19	49	51	洞塘	61	135	161	土司。长登霖为独山土司,次登露为荔波土司。住瑶庆、佳荣、莪蒲、阳安、永康、恒丰、从善者为水家,余为本地
					阳安	281	597	644	玉屏	155	274	350	
					阳凤	4	7	10	播瑶	19	44	56	
					永康	440	1 053	1 160	捞村	8	12	13	
					恒丰	6	10	14	董界	39	78	76	
					茂兰	28	56	54	方村	51	111	111	
					从善	4	5	7	周覃	4	8	3	
何	江西	1 447	2 837	3 081	时来	12	22	22	玉屏	12	18	25	何氏族谱称其始祖由江西迁至贵州都匀,继迁独山拉旺,分支迁居荔波董界。除住捞村之玄穹者为瑶子外,余属本地
					朝阳	18	40	51	阳凤	1	2	6	
					水利	1	0	1	董界	592	1 096	1 197	
					洞塘	20	36	35	佳荣	22	61	51	
					播瑶	1	2	1	驾欧	179	349	355	
					瑶庆	48	84	92	方村	2	7	8	

续 表

姓别	原籍	户数	口数		居住情况								备考
			男	女	乡别	户数	男数	女数	乡别	户数	男数	女数	
何	江西	1 447	2 837	3 081	茂兰	5	10	8	从善	2	3	4	同上
					捞村	505	1 039	1 162	永康	27	68	63	
杨		636	1 421	1 519	播瑶	5	14	12	时来	16	24	30	住从善乡扬拱及阳安、莪蒲等乡者为水家，余属客家
					三洞	3	7	9	方村	26	73	68	
					水利	7	23	20	驾欧	8	13	14	
					玉屏	29	52	63	阳凤	3	5	6	
					朝阳	26	53	60	茂兰	10	24	18	
					永康	3	5	8	董界	1	2	3	
					佳荣	1	1	2	瑶庆	3	6	4	
					洞塘	25	64	81	莪蒲	44	106	126	
					从善	122	266	251	周覃	3	4	8	
					阳安	301	679	736					

续 表

姓别	原籍	户数	口数		居住情况								备考
			男	女	乡别	户数	男数	女数	乡别	户数	男数	女数	
欧		547	1 152	1 242	永康	39	110	137	瑶庆	185	367	374	住茂兰之瑶垓、瑶庆之瑶麓者为瑶子外,余属本地
					佳荣	49	133	160	董界	1	3	1	
					驾欧	1	2	2	洞塘	7	15	15	
					播瑶	1	2	1	玉屏	5	4	7	
					茂兰	259	516	546					
姚		516	1 088	1 191	水利	5	11	14	时来	1	5	1	除三洞少数客家及佳荣少数瑶子外,住永康、从善、瑶庆者为水家,余多属本地
					茂兰	8	16	14	洞塘	290	567	608	
					佳荣	11	22	23	瑶庆	34	82	89	
					朝阳	2	3	1	董界	1	1	1	
					三洞	3	2	8	玉屏	4	5	7	
					从善	2	4	5	永康	155	370	420	
罗		400	935	1 032	阳安	1	2	3	水利	13	25	19	除玉屏、方村、茂兰、水利等少数客家外,余属本地
					驾欧	9	22	21	玉屏	22	42	50	

续 表

姓别	原籍	户数	口数		居住情况								备　考
			男	女	乡别	户数	男数	女数	乡别	户数	男数	女数	
罗		400	935	1 032	阳凤	16	45	44	朝阳	8	10	15	同上
					瑶庆	8	18	19	永康	4	6	13	
					莪蒲	1	1	1	董界	5	10	10	
					时来	139	305	376	佳荣	1	2	3	
					茂兰	9	18	20	洞塘	17	39	46	
					周覃	1	1	1	方村	74	205	204	
					播瑶	72	183	187					
黎		359	697	735	时来	3	5	8	茂兰	6	11	14	播瑶黎姓始祖万同，原籍江西吉安府新豁县，明洪武间随军征云南，住广西河池，其后金山分住荔波。除少数客家外，余属本地
					水利	3	6	2	驾欧	10	16	23	
					玉屏	9	18	16	洞塘	3	7	10	
					朝阳	3	5	3	阳安	16	35	41	
					阳凤	2	1	3	播瑶	291	570	594	
					董界	13	23	21					

续 表

姓别	原籍	户数	口数		居住情况								备考
			男	女	乡别	户数	男数	女数	乡别	户数	男数	女数	
周		320	750	796	时来	14	36	33	周覃	179	445	460	除少数客家外均属本地
					三洞	1	3	1	水利	15	31	58	
					驾欧	2	4	4	阳凤	7	13	14	
					玉屏	33	67	68	洞塘	29	59	67	
					永康	1	3	2	朝阳	13	20	32	
					茂兰	1	2	5	从善	7	23	13	
					董界	10	28	23	莪蒲	3	2	4	
					播瑶	5	14	12					
卢		314	614	607	时来	2	4	4	茂兰	241	467	472	除瑶庆之瑶麓为瑶子外，余属本地
					水利	3	10	6	方村	4	7	7	
					董界	5	10	11	玉屏	1	1	1	
					佳荣	19	36	35	洞塘	2	7	3	
					瑶庆	37	72	68					

续 表

姓别	原籍	户数	口数		居住情况								备考
			男	女	乡别	户数	男数	女数	乡别	户数	男数	女数	
陈		241	453	548	水利	3	6	16	从善	5	11	9	属客家
					时来	4	11	8	佳荣	77	127	177	
					阳凤	8	21	27	永康	6	12	13	
					方村	32	67	77	洞塘	18	30	32	
					瑶庆	1	3	2	播瑶	4	7	7	
					朝阳	12	25	24	玉屏	37	65	82	
					茂兰	7	12	17	董界	9	16	13	
					周覃	18	40	44					
石		221	542	484	时来	3	8	6	洞塘	5	9	16	除少数客家外，余属水家
					莪蒲	1	1	2	玉屏	10	23	23	
					水利	1	2	4	播瑶	1	1	4	
					永康	1	4	5	茂兰	2	3	4	
					三洞	67	143	160	佳荣	5	9	10	

续 表

姓别	原籍	户数	口数		居住情况								备考
			男	女	乡别	户数	男数	女数	乡别	户数	男数	女数	
石		221	542	484	从善	123	333	245	瑶庆	1	4	3	同上
					董界	1	2	2					
白	河南	194	300	353	方村	136	160	207	周覃	3	6	5	除佳荣乡高里及玉屏镇有少数客家外，余属本地
					驾欧	1	2	2	阳凤	1	5	3	
					莪蒲	1	4	5	佳荣	30	72	73	
					播瑶	8	17	25	永康	1	3	4	
					三洞	1	2	2	恒丰	2	5	4	
					水利	4	15	11	玉屏	5	8	11	
					朝阳	1	1	1					
王	福建	189	350	387	时来	9	10	20	茂兰	4	13	7	除捞村属瑶子、恒丰属水家外，余多属客家
					捞村	20	23	22	驾欧	4	5	6	
					阳凤	6	16	12	朝阳	10	19	18	
					恒丰	24	44	55	方村	2	7	5	

续 表

姓别	原籍	户数	口数		居住情况								备考
			男	女	乡别	户数	男数	女数	乡别	户数	男数	女数	
王	福建	189	350	387	佳荣	3	4	4	瑶庆	9	20	22	同上
					三洞	2	4	4	董界	11	12	16	
					玉屏	35	62	87	永康	3	6	8	
					洞塘	9	20	15	莪蒲	6	11	13	
					从善	3	6	5	周覃	1	3	2	
					播瑶	25	55	66					
李		167	327	391	时来	6	11	11	瑶庆	4	9	8	属客家
					茂兰	15	26	22	永康	1	2	2	
					莪蒲	2	4	4	三洞	2	6	5	
					水利	1	2	8	驾欧	7	16	15	
					玉屏	53	93	132	洞塘	19	36	44	
					阳凤	4	8	8	朝阳	6	12	13	
					方村	12	30	33	董界	1	1	2	
					佳荣	6	17	25	从善	10	26	28	
					播瑶	18	28	31					

续 表

姓别	原籍	户数	口数		居住情况								备考
			男	女	乡别	户数	男数	女数	乡别	户数	男数	女数	
柏	河南	151	300	313	方村	74	110	118	阳安	2	3	4	属本地
					时来	8	18	12	玉屏	10	20	20	
					朝阳	5	9	12	董界	3	5	6	
					播瑶	41	120	123	驾欧	5	9	12	
					阳凤	3	6	6					
常		136	284	312	佳荣	1	1	1	瑶庆	133	279	307	除少数瑶子外,余属水家
					时来	2	4	4					
刘		134	292	315	时来	6	15	12	播瑶	5	6	14	属客家
					水利	1	2	5	玉屏	26	49	54	
					方村	4	12	7	朝阳	11	25	20	
					佳荣	6	13	15	瑶庆	1	2	3	
					永康	1	1	3	从善	1	2	2	
					董界	12	28	26	茂兰	10	17	18	
					洞塘	35	80	88	周覃	1	3	2	

续　表

姓别	原籍	户数	口数		居住情况								备　考
			男	女	乡别	户数	男数	女数	乡别	户数	男数	女数	
梁	湖南福建	115	281	286	水利	4	8	5	方村	5	13	12	住播瑶者为本地，余属客家。原籍湖南者于明时随军征古州留居焉。嗣支孙移住周覃，再繁衍而分移各地
					驾欧	2	6	4	周覃	9	18	19	
					阳凤	2	5	9	佳荣	3	5	4	
					洞塘	6	18	17	播瑶	59	155	156	
					玉屏	21	44	52	时来	2	3	3	
					茂兰	2	6	5					
玉	江西	107	284	301	水利	2	1	2	茂兰	19	45	30	玉氏族谱称始祖于明中叶由江西吉安府庐陵县行商始至广西南丹，后移思恩，至玉洪迁荔。余属本地
					时来	66	201	226	方村	2	4	4	
					玉屏	4	11	17	洞塘	14	22	22	
陆		101	221	215	时来	2	4	3	方村	3	8	5	除少数客家外，余多属水家
					驾欧	2	2	3	玉屏	18	36	34	
					阳凤	2	2	2	朝阳	5	14	6	

续 表

姓别	原籍	户数	口数		居住情况								备考
			男	女	乡别	户数	男数	女数	乡别	户数	男数	女数	
陆		101	221	215	永康	1	1	2	周覃	2	4	6	同上
					董界	1	2	1	洞塘	3	1	5	
					从善	58	139	136	三洞	1	2	2	
					播瑶	3	6	10					
黄		95	192	212	时来	6	11	12	佳荣	9	22	18	属客家
					从善	3	6	9	三洞	1	2	2	
					洞塘	14	24	27	永康	1	6	2	
					方村	2	2	5	朝阳	7	12	17	
					驾欧	12	25	29	水利	2	2	2	
					玉屏	38	80	89					
谢		87	295	296	捞村	25	48	43	时来	1	1	3	除住捞村属瑶子及其他少数客家外，余多属水家
					洞塘	3	5	9	董界	3	6	6	
					佳荣	1	1	1	永康	1	3	1	
					玉屏	2	5	3	水利	1	2	2	
					阳安	50	224	228					

续 表

姓别	原籍	户数	口数		居住情况								备考
			男	女	乡别	户数	男数	女数	乡别	户数	男数	女数	
龙		85	185	188	方村	2	7	7	朝阳	16	35	32	属客家
					佳荣	15	35	35	瑶庆	1	2	3	
					周覃	2	7	3	董界	19	34	37	
					洞塘	10	17	21	播瑶	4	8	11	
					玉屏	13	31	35	茂兰	2	5	3	
					三洞	1	4	1					
岑		80	207	190	水利	1	1	1	从善	2	3	4	除少数客家外，余多属本地
					董界	1	2	2	瑶庆	10	25	14	
					周覃	40	107	109	玉屏	5	13	8	
					播瑶	10	30	27	阳凤	10	24	22	
					朝阳	1	2	3					
张		79	165	183	茂兰	6	12	14	佳荣	5	13	17	以下均属客家
					洞塘	8	13	13	玉屏	18	25	40	

续　表

姓别	原籍	户数	口数		居住情况								备　考
			男	女	乡别	户数	男数	女数	乡别	户数	男数	女数	
张		79	165	183	董界	9	25	24	时来	8	19	24	同上
					瑶庆	3	10	6	永康	1	2	1	
					水利	1	1	1	驾欧	2	4	3	
					朝阳	3	8	6	阳凤	5	9	13	
					方村	9	22	18	播瑶	1	2	3	
唐		76	174	157	水利	1	0	1	驾欧	12	28	29	
					佳荣	6	16	18	方村	2	4	4	
					周覃	1	2	1	阳凤	1	3	1	
					朝阳	3	9	7	时来	5	16	10	
					董界	6	13	10	瑶庆	1	2	1	
					播瑶	3	7	4	玉屏	14	32	26	
					洞塘	20	39	43	茂兰	1	2	2	
全		76	197	192	永康	1	3	3	茂兰	3	8	6	
					洞塘	66	169	168	水利	1	1	1	
					佳荣	2	3	7	玉屏	3	3	7	

续 表

姓别	原籍	户数	口数		居住情况								备考
			男	女	乡别	户数	男数	女数	乡别	户数	男数	女数	
胡		47	105	104	水利	10	27	15	洞塘	2	3	4	
					时来	2	1	6	播瑶	3	6	10	
					朝阳	1	3	4	茂兰	4	8	8	
					方村	14	35	31	玉屏	6	10	15	
					瑶庆	5	12	11					
谭		35	62	65	时来	1	1	1	水利	3	4	3	
					播瑶	1	3	2	玉屏	9	16	15	
					方村	1	1	1	洞塘	2	2	1	
					佳荣	15	30	33	董界	1	2	4	
					驾欧	2	3	5					
朱		31	60	64	茂兰	9	22	19	佳荣	1	4	3	
					洞塘	13	25	29	玉屏	7	9	12	
					董界	1	0	1					

续　表

姓别	原籍	户数	口数		居住情况								备　考
			男	女	乡别	户数	男数	女数	乡别	户数	男数	女数	
徐		30	69	78	水利	1	1	1	佳荣	1	1	2	
					时来	4	11	10	董界	2	3	4	
					方村	2	7	10	永康	1	2	3	
					从善	2	7	9	玉屏	14	33	36	
					洞塘	3	4	3					
彭		30	66	70	时来	1	2	1	驾欧	1	2	2	
					玉屏	6	17	13	洞塘	1	2	1	
					永康	2	4	8	朝阳	2	3	6	
					播瑶	1	3	3	董界	12	26	31	
					瑶庆	3	5	3	水利	1	2	2	
金		29	59	62	洞塘	18	34	43	董界	1	2	1	
					三洞	1	4	1	驾欧	2	4	3	
					播瑶	3	8	6	方村	1	3	2	
					玉屏	3	4	6					

续表

姓别	原籍	户数	口数		居住情况								备考
			男	女	乡别	户数	男数	女数	乡别	户数	男数	女数	
伍		27	58	59	洞塘	1	1	0	瑶庆	2	4	3	
					播瑶	2	5	4	朝阳	14	28	33	
					董界	3	5	6	玉屏	1	2	3	
					茂兰	4	13	10					
向		27	49	43	莪蒲	1	3	1	阳凤	18	28	26	
					玉屏	4	13	9	洞塘	1	3	3	
					水利	1	0	2	播瑶	2	2	2	
高		27	62	67	水利	1	1	1	茂兰	1	2	3	
					洞塘	1	3	4	驾欧	1	1	1	
					瑶庆	1	2	4	董界	4	14	12	
					玉屏	14	31	29	时来	4	8	13	
曹		26	65	66	莪蒲	1	3	3	朝阳	1	2	1	
					茂兰	2	2	2	周覃	2	5	3	

续 表

姓别	原籍	户数	口数		居住情况								备考
			男	女	乡别	户数	男数	女数	乡别	户数	男数	女数	
曹		26	65	66	三洞	2	8	7	播摇	5	16	16	
					方村	7	17	20	阳凤	2	5	3	
					玉屏	4	7	11					
廖		25	48	46	时来	1	1	4	播瑶	3	5	4	
					朝阳	3	7	5	洞塘	12	29	21	
					玉屏	3	2	8	茂兰	1	1	2	
					永康	1	2	1	董界	1	1	1	
田		25	57	64	时来	1	2	0	茂兰	3	6	6	
					佳荣	2	6	5	三洞	1	1	1	
					朝阳	2	3	4	洞塘	10	25	28	
					玉屏	5	14	19	水利	1	0	1	
余		22	31	44	茂兰	6	9	10	播瑶	7	9	16	
					玉屏	7	9	11	洞塘	2	4	7	

续表

姓别	原籍	户数	口数		居住情况								备考
			男	女	乡别	户数	男数	女数	乡别	户数	男数	女数	
安		22	43	58	洞塘	16	36	50	时来	3	3	3	
					茂兰	3	4	5					
邓		21	43	47	玉屏	11	26	30	水利	3	3	2	
					朝阳	3	10	8	莪蒲	1	1	1	
					播瑶	3	2	6					
萧		21	38	49	茂兰	2	3	3	水利	1	0	1	
					方村	2	5	7	阳凤	1	1	2	
					朝阳	6	13	14	驾欧	1	2	2	
					玉屏	7	12	15	永康	1	2	5	
江		18	42	37	水利	5	9	6	洞塘	12	30	30	
					三洞	1	3	1					
宋		16	28	45	玉屏	3	2	7	佳荣	3	6	8	
					董界	1	4	3	水利	1	1	1	

续 表

姓别	原籍	户数	口数		居住情况								备考
			男	女	乡别	户数	男数	女数	乡别	户数	男数	女数	
宋		16	28	45	时来	1	2	3	播瑶	1	1	3	
					方村	1	3	4	阳凤	4	8	13	
					洞塘	1	1	3					
舒		16	35	36	洞塘	5	15	12	玉屏	4	8	10	
					佳荣	7	12	14	三洞	1	1	3	
袁		15	44	40	周覃	1	2	1	时来	2	9	7	
					佳荣	4	6	7	朝阳	1	2	2	
					永康	3	12	10	玉屏	3	7	7	
					三洞	1	6	6					
曾		14	21	23	洞塘	6	10	8	水利	1	1	1	
					三洞	1	2	3	玉屏	6	8	11	
尹	湖南	13	28	33	方村	1	3	2	茂兰	10	21	28	始祖成章，湖南衡阳樟木市人，卖药来黔。**按** 独山万大章疑为尹道真后裔，非也
					玉屏	2	4	3					

续 表

姓别	原籍	户数	口数		居住情况								备考
			男	女	乡别	户数	男数	女数	乡别	户数	男数	女数	
林	福建	13	29	29	玉屏	7	16	17	朝阳	4	8	8	
					水利	1	4	2	洞塘	1	1	2	
蔡		12	34	25	方村	11	33	24	佳荣	1	1	1	
龚		12	24	33	玉屏	3	5	8	茂兰	3	5	6	
					时来	5	12	18	洞塘	1	2	1	
滕		12	27	28	玉屏	5	15	11	朝阳	1	1	1	
					洞塘	6	11	16					
赵		11	26	26	三洞	1	2	1	朝阳	5	12	10	
					瑶庆	1	5	5	董界	1	1	5	
					驾欧	2	3	4	周覃	1	3	1	
郭		11	25	25	阳安	1	1	2	洞塘	3	10	6	
					茂兰	1	2	3	播瑶	2	5	7	
					水利	1	0	1	玉屏	3	7	6	

续 表

姓别	原籍	户数	口数		居住情况								备考
			男	女	乡别	户数	男数	女数	乡别	户数	男数	女数	
戴		11	36	36	玉屏	1	1	2	朝阳	1	3	3	
					洞塘	7	26	27	茂兰	2	6	4	
董		11	25	26	佳荣	4	5	7	时来	3	8	6	
					玉屏	3	10	9	播瑶	1	2	4	
傅		11	23	18	玉屏	2	5	4	时来	2	3	3	
					茂兰	1	4	2	洞塘	5	9	8	
					水利	1	2	1					
乔		11	28	30	洞塘	4	12	10	三洞	4	7	12	
					水利	1	1	1	玉屏	2	8	7	
雷		11	29	32	玉屏	1	3	3	董界	1	3	3	
					朝阳	8	19	23	时来	1	4	3	
阳		10	14	26	朝阳	8	12	26	播瑶	2	2	0	
麻		9	13	29	佳荣	9	13	29					属苗族

续 表

姓别	原籍	户数	口数		居住情况								备考
			男	女	乡别	户数	男数	女数	乡别	户数	男数	女数	
姜		9	17	23	玉屏	4	6	9	方村	4	10	13	
					佳荣	1	1	1					
陶		9	18	15	玉屏	1	1	3	水利	1	0	1	
					瑶庆	1	4	2	驾欧	3	7	6	
					洞塘	3	6	4					
夏		9	20	16	洞塘	2	4	4	阳凤	1	2	1	
					玉屏	4	8	9	恒丰	1	3	1	
					方村	1	2	1					
冉		8	22	19	玉屏	2	3	4	董界	1	2	3	
					方村	1	4	2	播瑶	1	1	0	
					朝阳	1	6	3	时来	2	7	7	
巫		8	24	32	玉屏	7	22	30	佳荣	1	2	2	
尚		7	13	10	时来	2	3	2	玉屏	1	2	3	
					永康	4	8	5					

续 表

姓别	原籍	户数	口数		居住情况								备考
			男	女	乡别	户数	男数	女数	乡别	户数	男数	女数	
璩		7	27	27	玉屏	1	2	3	洞塘	2	8	9	
					时来	1	2	1	莪蒲	3	15	14	
段		7	9	15	朝阳	1	0	1	玉屏	5	9	13	
					水利	1	0	1					
任		6	10	13	玉屏	2	5	5	朝阳	1	1	2	
					茂兰	2	3	3	瑶庆	1	1	3	
万		6	14	10	朝阳	5	12	9	播瑶	1	2	1	
程		6	19	23	玉屏	1	3	4	洞塘	5	16	19	
郑		6	12	15	茂兰	2	4	7	时来	1	2	1	
					玉屏	1	2	3	佳荣	2	4	4	
蓝		6	10	11	洞塘	3	4	3	播瑶	1	3	3	
					董界	1	2	4	玉屏	1	1	1	
秦		6	10	16	周覃	1	2	6	播瑶	1	2	1	
					水利	1	2	4	玉屏	3	4	5	

续表

姓别	原籍	户数	口数		居住情况								备考
			男	女	乡别	户数	男数	女数	乡别	户数	男数	女数	
蒋		5	8	19	茂兰	1	4	6	玉屏	2	1	7	
					洞塘	2	3	6					
文		5	10	11	洞塘	3	7	8	玉屏	1	2	1	
					三洞	1	1	2					
鲁		5	10	12	洞塘	4	9	10	玉屏	1	1	2	
汪		5	18	18	玉屏	2	2	3	朝阳	2	10	10	
					洞塘	1	6	5					
熊		1	12	13	佳荣	1	6	6	阳凤	1	3	3	
					玉屏	3	3	4					
费		5	5	8	玉屏	3	3	5	董界	2	2	3	
许		4	10	10	三洞	2	5	4	时来	1	2	2	
					朝阳	1	3	4					
简		4	7	10	水利	1	0	1	茂兰	1	1	3	
					播瑶	2	6	6					

续　表

姓别	原籍	户数	口数		居住情况								备　考
			男	女	乡别	户数	男数	女数	乡别	户数	男数	女数	
骆		4	8	8	方村	4	8	8					
孙		4	6	7	玉屏	3	4	4	水利	1	2	3	
成		4	8	8	玉屏	1	2	3	佳荣	2	4	4	
					时来	1	2	1					
汤		4	12	10	时来	1	3	1	玉屏	2	3	5	
					永康	1	6	4					
丁		3	5	5	洞塘	1	2	1	播瑶	2	3	3	
梅		3	8	7	玉屏	3	8	7					
艾		3	4	7	方村	1	1	3	周覃	1	2	3	
					茂兰	1	1	1					
申		3	8	7	方村	3	8	7					
项		3	6	7	三洞	3	6	7					
严		3	10	10	佳荣	2	7	8	洞塘	1	3	2	

续　表

姓别	原籍	户数	口数		居住情况								备　考
			男	女	乡别	户数	男数	女数	乡别	户数	男数	女数	
马		3	10	8	三洞	1	4	3	方村	1	3	2	
					玉屏	1	3	3					
贺		3	5	6	玉屏	3	5	6					
饶		3	4	4	玉屏	3	4	4					
钟		3	8	6	玉屏	1	4	2	洞塘	2	4	4	
魏		3	12	10	洞塘	1	2	1	玉屏	2	10	9	
范		3	3	4	玉屏	3	3	4					
庞		2	2	3	玉屏	2	2	3					
涂		2	0	6	玉屏	2	0	6					
吕		2	5	4	时来	1	3	2	玉屏	1	2	2	
犹		2	3	2	玉屏	2	3	2					
章		2	6	4	朝阳	1	3	2	方村	1	3	2	
聂		2	4	7	播瑶	1	1	3	方村	1	3	4	

续　表

姓别	原籍	户数	口数		居住情况								备　考
			男	女	乡别	户数	男数	女数	乡别	户数	男数	女数	
国		2	10	7	播瑶	1	9	6	方村	1	1	1	
易		2	7	7	水利	2	7	7					
邱		2	2	1	洞塘	1	1	1	茂兰	1	1	0	
苏		2	3	2	茂兰	2	3	2					
叶		2	4	5	瑶庆	2	4	5					
兰		2	4	2	佳荣	1	3	1	水利	1	1	1	
阮		2	4	2	方村	2	4	2					
钦		2	5	4	三洞	2	5	4					
孟		2	6	3	玉屏	1	1	1	洞塘	1	5	2	
詹		2	3	5	玉屏	2	3	5					
房		2	3	7	玉屏	1	1	5	时来	1	2	2	
庄		2	2	7	玉屏	2	2	7					
毛		1	3	0	阳凤	1	3	0					

续 表

姓别	原籍	户数	口数		居住情况								备考
			男	女	乡别	户数	男数	女数	乡别	户数	男数	女数	
戈		1	3	2	茂兰	1	3	2					
洪		1	4	5	玉屏	1	4	5					
殷		1	0	1	朝阳	1	0	1					
游		1	6	4	时来	1	6	4					
盘		1	0	1	洞塘	1	0	1					
苗		1	1	1	佳荣	1	1	1					
虞		1	1	2	佳荣	1	1	2					
麦		1	5	5	方村	1	5	5					
左		1	4	2	玉屏	1	4	2					
皮		1	2	1	玉屏	1	2	1					
牟		1	1	3	玉屏	1	1	3					
粟		1	3	3	玉屏	1	3	3					

续 表

姓别	原籍	户数	口数		居住情况								备考
			男	女	乡别	户数	男数	女数	乡别	户数	男数	女数	
邹		1	2	5	玉屏	1	2	5					
杜		1	2	1	玉屏	1	2	1					
康		1	2	3	玉屏	1	2	3					
崔		1	2	3	玉屏	1	2	3					
邬		1	1	3	玉屏	1	1	3					
奚		1	4	1	佳荣	1	4	1					
史		1	1	1	玉屏	1	1	1					
共计 姓氏：143 户：22 196 男：48 997 女：51 412													

按 上表所列数字，系根据荔波县政府三十一年十一月编整保甲所得载入。洎三十六年，迭经灾害，户口数字锐减。

另附 三十六年度保甲户口数字于《地理志·行政区域》编后，以备后考。惟氏族户口异动，非经长时期调查，不得其详，故暂从略。

荔波县各氏族户口统计表

姓别＼户口＼族别	客家			本地			水家			莫家			瑶子			备考
	户	男	女	户	男	女	户	男	女	户	男	女	户	男	女	
韦	25	56	62	893	1 942	2 043	2 880	5 563	5 809				97	176	180	瑶子全住瑶庆乡瑶麓
潘	15	36	38				2 885	6 513	6 845							
莫				804	1 714	1 748	101	202	221	1 878	4 115	4 069	4	4	4	瑶子全住瑶麓
覃				2 409	5 570	5 900							48	100	97	住玄穹瑶子户6，男12，女10。余住瑶麓
吴	10	28	35	612	842	846	876	2 413	2 443							
蒙				498	1 063	1 168	971	2 166	2 385							
何				1 412	2 766	3 028							35	71	53	瑶子全住捞村乡玄穹
杨	169	370	406				467	1 051	1 113							
欧				487	1 029	1 123							60	123	119	住瑶麓瑶子户120，男63，女69。余住茂兰乡瑶垓
姚				313	575	645	191	492	514				12	21	23	瑶子住佳荣乡拉滩

续　表

族别/户口/姓别	客家			本地			水家			莫家			瑶子			备考
	户	男	女	户	男	女	户	男	女	户	男	女	户	男	女	
罗	138	314	340	262	621	692										
黎	29	54	65	330	643	670										
周	15	32	37	305	718	759										
卢				281	550	548							33	64	59	瑶子全住瑶麓
石	18	35	37				203	507	447							
白	14	34	33	180	266	320										三洞、佳荣客家
王	145	283	310				24	44	55				20	23	22	瑶子全住玄穹
柏				151	300	313										
常							132	279	303				4	5	9	瑶子全住瑶麓
梁	56	126	130	59	155	136										
玉				107	284	301										
陆	78	79	74				63	142	141							
谢							62	247	253				25	48	43	瑶子全住玄穹
岑	5	13	8	75	194	182										
其他	1 770	3 936	4 180													本栏系全属客家之各姓，详《氏族表》，不赘
共计	2 547	5 396	5 755	9 178	19 232	20 450	8 255	19 619	20 529	1 878	4 115	4 069	338	635	609	
注附：此外佳荣乡之麻姓等属苗族，为数甚少																

荔波县各氏族户数比较图

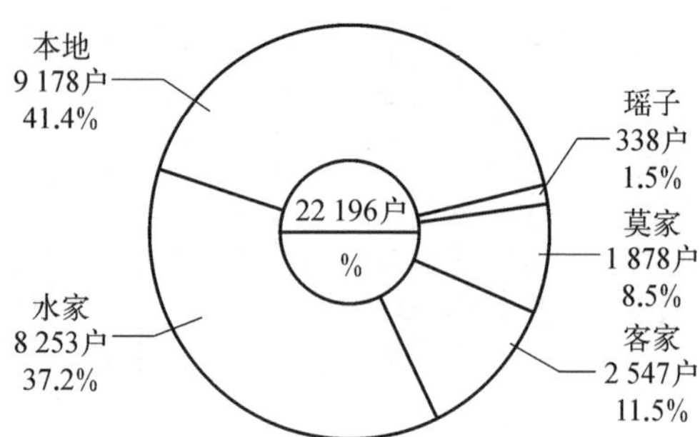

荔波县氏族分布图

风　俗

一般习俗

正月元旦　除夕之夜，鸡未报晓，即以茶果、香烛恭祝灶神，名曰“接灶”；事毕，关大门，谓之“关财门”；少顷，陈年糕、米花、清供等物于堂中，焚香秉烛，全家老小，更换新衣，拜叩天地皇王祖先暨家中尊长毕，启门放炮，谓之“开财门”；并向吉方行迎喜神礼，谓之“出行”；黎明乃赴远亲近邻庆贺，或用红名片书己名某某恭贺新禧等字样遣价报入其家，谓之“拜年”；拜年毕，亲友之间，彼此召饮，互相酬酢，正月以内，几无虚日，谓之“请年酒”。◎李稿、杨稿同采。

按　此系废历年节之旧习惯。至国历年节，虽经政府机关提倡，于是日开会庆祝，或表演新剧，以助娱乐，而民间迄今未改。惟近年来过废历年节，亦不过放爆竹、请春酒、凑热闹而已，上述礼节，已多不实行。惟旧稿所载，故录之以备一格。

正月初十至十五日　昼则舞狮子，演百戏，夜则舞龙灯，燃花灯；并扎山禽、水族诸盆景，游行市街，鼓乐喧阗，花爆缤纷，极游观之乐，谓之“闹元宵”。◎采自李稿。

按　舞龙舞狮，近年仍盛行，惟仅表演三昼夜而已。

正月十五日　绅耆庶民，各设祭品于祖墓前致祭，并燃灯一罩，谓之“上灯”。◎采自李稿。

按　此风俗近年仍盛行，惟不燃灯。

立春之日　五省会馆各装春戏，抬春牛芒神，随地方官迎神春郊。◎采自李稿。

今已废。

雨水节前后三日　士民多植花木，接果树，取其易活。◎采自李稿。

春社日 城乡皆刑牲酾酒祭土地神，谓之“土地会”。◎采自李稿。近年举行已少。

春社前数日，有新茔在三年内者，采黄花煮水染糯米造饭，连同香烛酒肉以祀新茔，谓之“拦社”。◎采自李稿。

今仍盛行。

清明节前后一个月内 各家拜扫先茔，标纸钱（亦名清钱）于坟上。具牲醴，宴亲友，有多至数十席者。畅饮高歌，极一时之盛。或于是日垒土砌石，修补先茔，不必择吉，盖以是日土神不用事故也。◎采自李稿。

今仍盛行。

四月初八日 以枫叶揉碎，渍水染糯米造饭，名曰“黑饭”。农家以饭和肉饲牛，俗谓报牛之力，又称“黑饭节”。◎采自李稿。

今乡村农家仍盛行。

五月初五日为端午节 各家悬蒲艾于门，以角黍互相馈送，泛蒲觞，系长命缕，饮雄黄酒，浴百草汤。◎采自李稿。

近年此风仍盛行。并于是日举行划船竞赛、游泳竞赛、泅水竞赛等，以提倡体育运动。

五月十三日为关帝胜会 前后数日，如有大雨，谓之磨刀水。是日文武官员均公服诣武圣庙行香。◎采自李稿。

行香礼已废。

五月二十八日为城隍会 士民有具三牲到庙内庆祝，午间备各种仪仗音乐，奉城隍神像出府，周游四门，各家门前均设香案向神礼拜。◎采自李稿。

现已废。惟会首掌有会款，每年仅将款息备礼物祝神宴会而已。

六月六日为土地生日 各土地祠附近人士，醵金备鸡酒致祭。◎采自李稿。

近年此风已少。

七月十四日为中元节　各家自初十日起，朝夕焚香设馔烹茶以奉祖先。并虔备冥钱包袱，于十三、十四两夜，设供于门内外焚之。哀恸怛恻，出于至诚。即古人春露秋霜之意也。◎采自李稿。

近年仍举行，但已不如从前之隆重矣。

八月十五日为中秋节　各家以月饼及西瓜、石榴等果品互相馈送。待月出即陈设各物供之，名曰“拜月”；有以笙箫鼓乐，玩月通宵者，俗传为“看月华”。◎采自李稿。

近仍盛行。

九月九日为重阳节　文人学士，或有载酒登高、吟诗为乐者；富有之家，则以高粱糯米等酿酒，贮之大瓮，其味甘香，久而弥佳，名曰“重阳酒”。◎采自李稿。

近年仍有此风。

十月初一日　各家具酒醴鸡黍，于祖先墓前致祭，并用蓝黑两色花纸剪成衣裳鞋袜等件焚化，谓之“送寒衣”，今鲜有行者。◎采自李稿。

今已全废。

十二月初八日　名曰“腊八”，宰猪腌肉，谓之“腊肉”。◎采自李稿。

今仍盛行。

十二月二十四日　昼则以帚扫尘垢，夜则以香花茶果饧食等物虔祀灶神，谓之“送灶”。然多于二十三夜行之。俗谓灶神于是夜上天呈奏其家终岁善恶，至除夕回，再祀之。◎采自李稿。

近年已少举行。

十二月末日　谓之“除夕”。前数日城乡各户舂糍粑，炸米花、米扁等，以备新年茶点之用。是日以新书门联门神彩钱等贴于门首，焚香设席，叩拜天地祖先毕，齐集家人食之，谓之吃“团圆饭”。

饭毕，家中幼小辈向尊长辈及各亲友处敬礼，谓之“辞年”。半夜接灶神，又开财门。火爆雷轰，灯烛达旦。家人彻夜不寐，谓之“守岁”。◎李稿、杨稿均采。

近年仍盛行，惟政府提倡过阳历年，故春联多于阳历除夕或元旦张贴，至于辞年守岁，行者已少。

特殊习俗

四月节　本属阳凤乡莫家，于每年四月初八日，凡喂有水牯牛者，将牛角削尖，灌以酒，牵至荔、独交界之拉更节地方角战。是日牛数百头，任其酣斗。观众数千，喝彩之声，山鸣谷应。午后回家，宴以取乐，亦名“黑饭节”。

六月节　本属从善、瑶庆、永康、水利等乡之水家，于每年六月内，除丁卯外，临时择一卯日过节，备酒肉，祭祖先，宴宾客，名为“过卯”。盖取耕耨事毕，宴饮为乐，亦古“伏祭”之意也。

又　从善乡水梅、寨磨数村，每十三年（逢子年）敬神一次；杨拱数村每七年（丑未年）敬神一次。每次均在六月间择吉日举行，名为“做霞”。盖祈祷风调雨顺、人寿年丰，亦古“大雩祭帝”之意也。

九月节　本属三洞、恒丰等乡之水家，于每年九月至十月之交，逢亥日过节，名曰“过多”。恒丰乡及三洞乡之水东过第一亥；三洞乡之水维过第二亥；上、下三洞过第三亥；下杨柳过第四亥。

在前一日（戌日）即将家中一切用具洗涤洁净，下午四、五时，陈设鲜鱼、果品、衣服、鞋袜等于堂上，恭祭祖先。亥日，青年子弟著鲜服，乘肥马，到年坡赛跑。观众以千万计，极一时之盛。午后回家，大宴宾客，连日饮酒作乐，并击铜鼓助兴。约四五日，客散尽始止。盖取农事备收，羔酒自劳，亦古“大飨报赛”之意也。其分前后几亥者，以彼此亲友便于来往也。

十二月节　本属周覃、永康、从善等乡之本地，于十二月初一日过节，名曰“过帝”。届时必备糍粑、米花、酒肉等，祭祀祖先。拜年宴客，与废历正月年节同。盖守古时“建丑”及“腊祭”之意也。

婚嫁　关于一般相同之婚礼，另载《政教志·典礼编》。惟有少数特殊之点，既非规定礼制，又非普遍习俗，特分述于后，以备采风者参考焉。

一、养小媳：有因女家贫苦，不能养女以待嫁，请媒送往婿家抚养，谓之“养小媳”。及男女成人，始行结婚，谓之“圆房”。

二、赘婿：有因女家殷实而无子嗣，则招婿上门，料理家务，谓之“赘婿”。如以后子女多，则以长子继女家之后，同女姓。

三、抢白：有因女家父母去世，从权先行结婚者，谓之“抢白”。

四、顶孝：有因男家父母去世，向女家说合，接媳来家，谓之“顶孝”。

以上习俗，各族间均有。至本地、水家、莫家等，有因家贫，礼多省略，男不亲迎，女家亦无多嫁妆。新妇出阁时，不坐肩舆，送亲者十余人或二三十人不等，多系青年妇女，持伞步行，送至男家，遂结百年之好。（**按**　新妇步行出嫁，一则省费，二则暗合王荆公人道主义。此种风气，似应保留。）

此外，尚有瑶族婚嫁，不用媒妁，不择吉日，先由男女双方同意后，女即先到男家住十余日，女家始去访，由男家款待酒肉，继由男家备礼金三元六角，酒一壶，去女家认亲，即成正式夫妇。此后如男子另娶，女子即自由另嫁，绝不同居，而男子亦不能稍事干涉。如男女犯和奸案，即将男女两造捆绑；如男子犯强奸案，即将男子捆绑；送请首人处理。罚犯者出酒肉供给全族人两餐。（**按**　瑶族男女在结婚前，全由男女双方同意，结婚后，绝对不许重婚，深合现代法理。勿以其文化落后，而竟一切加以鄙视也。）

丧葬　关于一般相同之丧礼，另载《政教志·典礼编》。兹将其特殊情形而成为一部分习尚者略述于后，盖别于礼制也。

一、客家：丧家在安葬前二三夜，各亲友来吊者颇多，夜半请善歌者击鼓唱孝歌，或请善京、川调者打围鼓，以消长夜。送丧时，亲属妇女，蒙面号泣，以表哀悼；间有信佛或富有之家，则请道士诵经，超度亡魂。

二、本地及莫家：丧家在安葬前之数日，先开路念经。附近各村男女，于每晚天黑时齐集丧家门外，男女分行对立，各执长尺余之竹刷把一把，互相敲击。一人执一木棒击粑槽作拍子，虽百数十刷把蝉联，而击出之声，有条不紊；并于柩前悬铜鼓数面，每面用一人敲。其余各执四五尺长竹竿一根舂楼板作拍子，节奏亦颇和谐。盖因办丧事时，各亲友来吊，借此娱乐，以消永夜耳。安葬之日，宰牛、马、猪、羊，以宴宾客，名曰"吃簸坟"。

三、水家：择吉安葬，多用反书（文类篆籀，以天干地支五行推算，其详不可考）。在安葬之前，全族人素食（以素食别亲疏，亲支忌荤，远支则不忌），但鱼、虾等水族可食。有于柩前悬铜鼓多架，击之，声闻数里。又于安葬之前一夜，在村内设歌堂，请善歌者男一女一，唱孝歌达旦；次日又在田野间搭布帐数处：一设祭堂，中供灵位，悬祭帐，为亲友致祭之所；一设歌堂，为唱孝歌之所；一设芦笙堂，为吹芦笙之所；歌堂、芦笙堂有各设二处者。又有搭戏台唱小调（俗名"唱灯"）者。是日孝家内亲以纸扎旗伞故事及龙灯等列队送祭前来，多至数百人。锣鼓喧天，炮声震地，极一时之盛。当日凡来参观者，纵非亲故，孝家均招待酒饭，食者多至数千人，名曰"奏控"。送葬时，男丧则宰牛、敲马；女丧则宰猪；多至数十头不等。分肉赠送亲友，孝家忌食。此风虽限于富有之家，然耗资甚大，无补实际，亟应改良，近已逐渐减少矣。

四、瑶族：瑶族丧葬，与他族不同。十岁以下死者埋之，十岁以上死者，殓以棺，抬置洞中。三十岁以下者置青年洞；三十岁以上者置老人洞；任其腐烂。富者砍牛致祭，悬铜鼓数架于门外，任意乱击，近月始撤。

以上所述，系本县各氏族间习惯之大概情形也。外间有传本地为夷族，新妇结婚时，与新郎尚未谋面，即回外家，俟有孕而后归，故有长子不得居正室之例；又传水家为苗族，各村男女，吹笙跳月，私谈恋爱，即成夫妇，无须媒妁；娶寡妇则先私通，引之入宅，团聚数月，先夫家始来索身价；又传瑶子大坛腌蚯蚓等物以待嘉宾；种种无稽之谈，全系隔靴搔痒，妄诞已极。

按 芦笙跳月等歌舞，实非水家所有。偶因开吊而请之芦笙，多系三都属之花苗。在水家学吹芦笙者，虽有一二村，然全系男子（三都属之花苗则有女子参加跳舞），并无女性。且系营业性质，非民间娱乐之举。从未闻有男女吹笙跳月私谈恋爱即成夫妇者。至寡妇再醮，亦须凭媒说合。所谓身价者（盖收回礼金，非身价也），亦必交清，始能接人。惟有时因其先夫亲属故意为难，致寡妇忿恨，私行出去，因之兴讼，然非普遍如此。又所谓长子不得居正室之语，尤为荒谬绝伦。按本地习俗，仍以长房为重，不惟现在不闻此种陋习，即过去长房，名列巍科，身膺显爵者，亦大有人焉。至男女暧昧之事，即通都大邑，何地无之。或有事出偶然，亦不能认为一般习尚。若谓瑶人坛腌蚯蚓，则绝无其事。同人中覃文彬、覃福景等，因从事教育，在瑶村住数月或数年者，从未见有此饮食。以上各节，系因交通不便，传闻失真，以讹传讹，引为笑谈资料。盖谈者信口开河，原出无心，而闻者或信以为真，付之笔札，遂成史实，有伤风化，故特举而辟之。

一般迷信

迷信原不足述，惟以旧稿所载，地方习尚，确系如此，姑存之以明时代性之沿革。

正月元旦晴明主岁丰 又于元旦汲取新水与除夕之水较称轻重，可卜来年丰歉。今已废除。

正月初九日　名曰“上九”，俗传为玉皇生日。谓此日吃素一日，可当一年斋期。又于是日五更陈设素斋祭品虔祀昊天上帝，以祝平安。今已废除。

正月初旬鸡犬日不扫地　可免跳蚤；有只忌初一与初七者。**按**　近年仍有忌初一不扫也。余已废除。

立春鞭春牛时，嚼生萝卜　可健齿。今已废除。

元宵取龙灯余烛燃之　谓可除邪；剪龙须系小儿手足，谓可保长命；取龙衣布与小儿为衣，谓之龙皮，可免灾疫。今已废除。

清明日折柳插门　或簪于儿童髻上，俗传可以延寿命。现仍盛行。

四月初八日为佛浴日　各家用红纸两条书“佛生四月八，家家嫁瓦蜡，瓦蜡一去不回煞”等数句架十字贴于壁上，谓可驱瓦蜡。今仍有少数举行。

五月五日以五色丝系小儿手足　谓之长命索；午时食大蒜，谓可明目；浴百草汤，谓可除疥癞；以雄黄酒洒墙壁、地面，谓可祛蛇。今仍盛行。

六月六日家有鲜服者取出晒　谚云：“六月六，晒龙骨。”又晒书籍，谓可除蠹；农夫以酒饭祀田祖，插钱纸于田中，以除螟螣。今仍盛行。

中秋夜占次年元宵晴雨　谚云：“中秋月不明，雨打上元灯。”今已无此谚语。

九月九日饮茱萸酒　谓可除疫疠。近年举行者少。

立冬后闻雷　谚云：“十月闻雷，黄土成堆。”谓闻雷多病也。近年此谚语已少传说。

除夕以斧砍果树，用口嚼饭喂之　预祝次年发实繁多。近年仍有少数举行。

◎以上均采自李稿。

此外又有数种蒂固根深，牢不可破之迷信，影响人类社会甚巨，特补载于后。

风水　凡造屋或安葬，必请堪舆家看龙脉，定方向，消砂纳水。有因择吉地而停父母灵柩数年至数十年者。其害处前人已有专论不赘。近年来思想较新者，业已破除。惟一齐众楚，收效甚微，是又有望于科学教育之普及也。

择吉　凡婚丧起造，必须择吉日吉时，甚至出行送礼以及起猪圈、安鸡笼亦须择日，贻害甚大，近年破除者已多。

命卦　算命卜卦，信者甚多。每年正月内，卖卜算命看相者颇盛行。惟近年不信者已逐渐加多。

鬼神　凡遇发生疾病，不求医药，只问巫觋，向鬼神祈祷。备牲畜酒饭请鬼师祈禳。又有求岩神、木神等护佑者。父母逝世，请鬼师开亡路，度亡魂；又有设道场，诵经礼忏，引渡父母早升天堂。此种迷信，徒费巨资，毫无补益。城厢如此，乡村尤甚。近年来经政府学校多方宣传，关于念经超度以及求子求财者，已逐渐觉悟。惟本邑交通不便，医务尚未发达。病人无法调治，故不能不信仰鬼神，以图侥幸于万一；而好些人虽明知鬼神之不足信，然为安慰病人心理计，又不能不作姑妄听之之想。故欲根本打破此种迷信，除发达医务外非政令所能禁止，亦非言语所能开导也。近十年来，各学校之捣毁土地祠偶像者，不可胜计。民国三十年，县长段叔瑜利用城隍庙设地方行政干部训练所，乃捣毁庙中神像一空，初犹街谈巷议，相惊伯有，后仍相安无事。此亦足为打破迷信鬼神之一助也。

雷电　凡古木古庙触电焚毁者，咸相惊异，以为触怒天神，将降大祸。又以立春后第一次闻雷，谓之“新雷”，敲钟击鼓鸣炮，谓之“接新雷”。有自新雷之日起，以后第三日、第五日、第七日、第九日，名为忌雷日，是日忌动土；又有自新雷之日起，至开秧门（即栽秧之第一日）止，凡闻雷声，即忌动土，如在外耕作，闻雷声必停工回家。此种迷信，妨害农时，影响甚大，近已逐渐破除矣。

岩神木神　邑中敬岩神者甚多。有求子求财，或生病许愿者，多于正月十五日还愿。杀猪宰鸡、送桅杆神帐等，大宴宾客，耗费不少。又有送小儿拜寄木神，取名木生、木保、木寿等者。惟近年已逐渐打破，信者较少矣。

特殊迷信

财神　凡商人、工人，每月初二日及十六日，宰鸡敬神一次，名为“打牙祭”或“敬宝财”。以客家敬奉为多。

圣母娘娘　各族皆信，而以本地为甚。无论何人，必敬一次，名为“做桥”。富者举行时，杀猪宰牛，大宴宾客，耗费甚巨。

割蛋　用鸡蛋一个，以木炭画蛋壳，定方位，念咒语毕，煮熟，横截其半，取出蛋黄，视蛋白沿边之厚薄及内中点线之大、小方向而判吉凶。

按　《通鉴》胡注引范成大《桂海虞衡志》云：“鸡卜，南人占法……亦有用鸡卵卜者，握卵以卜，书墨于壳，记其四维。煮熟，横截视当墨处，辨壳中白之厚薄，以定侬人之吉凶。”是在宋以前，已有此迷信矣。此迷信水家最盛行。

蓄发　本邑瑶民，十岁以下者剃发；十岁以上者，男女全蓄，挽髻于顶。并迷信鬼神，以为剃发必遭神谴，多生疾病。故有进校读书之学生仍不肯剃发。

按　蓄发原系我国古制，惟有碍卫生，应予改良。然对于瑶民，必先打破迷信心理，始能实现也。

按　此迷信系益智于民国二十四年在董界乡亲问瑶胞而得。并举广西南丹谢某之子，因出外求学，剃发回家，不久病故为例，言时其面色似戚戚然有所戒惧。虽多方解释不见信，故知其迷信之深也。

此外迷信尚多，不胜枚举。仅略述其大者，供之社会人士，以期有所改良，则其余自不难潜移默化也。

民　情

荔波一般民性，勤俭纯朴，勇敢耐劳。惟交通阻塞，文化落后，故保守性强，而缺乏冒险之精神。民间无正当娱乐设备，每年冬隙，以赌博宴饮为乐，相习成风。因其赋性勇敢纯朴，而又好赌好酒，故一遇刺激，则械斗仇杀，习以为常。惟近年来，赌酒之风渐减，而好勇斗狠之事亦罕见矣。除上述普遍性外，恒丰、阳安民性多佻薄，故多好讼；三洞、从善民性多僄悍，故易流为盗。然治民如治水，苟因其性而利导之，未始不可纳之轨物也。

民国三十一年六月邑令刘仰方先生县政工作报告对于三洞、九阡有云："三洞即三洞乡，九阡即从善乡，来至荔波之人，一提三洞、九阡，莫不以为盗贼遍地，视为盗匪渊薮。仰方此次亲赴三洞、从善各乡督导，详细考察，所得结果，殊与一般人意料迥异。查三洞、九阡之民众，耿直之民众也。三洞、九阡之经济，可谓田肥美民殷富，当之无愧。三洞属之下杨柳一带山水，其明秀不亚于江南。三洞之小学教育，且为全县之翘楚。而何以过去果竟有抢杀案件发生？推原其故，实由于距城稍远，是非曲直，一时未获辩明，心中之忿，无所发泄，遂不得不铤而走险，以图一逞。盖民性耿直，政令合理则极端服从，不合理则暂时忍受，而思得当以报。对此特殊环境之处置，治本在普及民众教育，提高全民之知识水准；治标办法，拟采取地方分权制度，于三洞、九阡适中之地点置一县府行署，内设主任一人，代表县长总览该地区之民、财、建、教、粮、军、治安诸政务，并对辖境之民众纠纷案件，在可能范围内迅作合理之调解，庶因民之欲而利导之，可望渐上轨道矣。"

按　三洞、从善近数十年来匪患，多为土豪劣绅所造成。盖其人民受土豪劣绅之压迫削剥，无处昭雪，酝酿既久，遇机发泄，则奔腾澎湃之势，不可遏抑（事实详《大事志》）。此历年之事实也。刘令之论，盖深得民隐矣。

此外瑶族民性，好打猎，趋捷异常，猎兽时，人可追及狗。并能学鸟音，颇类真，诱鸟前近。而且枪法极精，百发百中。故瑶族村寨附近，鸟兽几绝迹。尤可贵者，其团结力之强及守秘密坚信约，为现在人类中所仅见。一经然诺，决不失信，族中秘密，虽妇孺亦不泄露于外。出外工作，同去同来，合心一致。其所用武器，全系昔时之火绳枪，而所住之村寨，不过数十家。在民国十四、五年，本邑边匪何老幺、戴老水、舒老六等，人枪数百，武器精利，打村劫寨，肆行无忌，而独于瑶村，不敢睨视，因其团结力坚强之故也。除饮酒外，别无嗜好。兼富自制力，虽不知政府禁令为何物，而吹赌偷窃事件，绝少发生，且服从长官及地方首人，绝无异志。惟须待之真诚，如一经欺骗，则终难得其信任。此种美德，为各族所不及，勿以其文化落后而轻视之也。惟不讲清洁，不信医药，多因急病而死。以瑶麓数村计，在民国十三年，共四百余户，现仅存二百余户。十年之间，死亡过半，其死亡率之大，骇人听闻。加以重男轻女习尚，较一般民族为尤甚，故男多女少，无妻之夫，约占四分之一，其出生率自然减少。将来瑶族蕃孳问题，极为可虑，应如何设法救济，是在当局者所宜注意也。

生活状况

荔波山多田少，土地瘠硗，丰年收入稻谷及杂粮，仅堪自给，荒年则仰给外县；又因交通不便，商业凋零；地下矿产，未经开发，故一般人民生活，大都艰苦。兹将食、衣、住、行分述于后。

食：民间饭食，以黏米为大宗，糯米次之，粳米最少。每年青黄不接之际，则全赖包谷、麦子、小米、稗子、荞子等杂粮接济。殷实之户，日足三餐，贫者每多食粥。捞村乡瑶民，终岁食杂粮。菜食以青菜最普遍，萝卜、白菜、黄瓜、南瓜、豆荚等次之。恒丰、阳安、三洞等乡,则以大叶韭菜为夏季主要食物。至其他小菜,则仅城区多有,四乡甚少。肉食以猪、牛、鸡、鸭、鱼等为最普遍,屠狗亦盛行。鲤鱼多养于田中或塘中。恒丰、阳安等乡养草鱼有大至四五十斤者,鮥鱼亦多。惟一般贫民,除逢年过节及敬神宴客外,肉食甚少;甚至油、盐亦不常食。烹饪方法,除城厢外,很少讲究。惟饮酒为最普遍。乡村工作辛苦,每晚必饮酒,肉菜其次也。富裕之家,款待贵客,虽有用及海味,然为数甚少。

衣:一般衣服,多用土布。各家妇女,均能纺织染缝。机器布及舶来布,穿者甚少。丝毛织品,尤为罕觏。穿皮衣者,多系富翁,而且限于老年人。睡眠需料,亦多用土布卧单及棉被,暑天则用蚊帐、竹簟、草席等。毡毯之类,用者亦少。乡村农民,除赴宴作客外,少穿鞋袜。尤可怜者,瑶族同胞,不分寒暑,终岁仅单衣一袭,赤足不著履,是民生问题,所急待解决者也。

住:城乡房屋,全系旧式,而乡村则多楼房,上层住人,下为畜舍,虽知为妨害卫生,但无力改造,兼以乡村多系农家,畜舍在外,难防偷窃,环境使然也。至乡村房屋,除富有之家,修建特殊者外,类皆缺乏光线与空气,然亦因治安关系,不得不尔。各乡居民,极贫者以草盖屋,余多用瓦,惟捞村乡之瑶民,全系草屋,故其生活特苦。近数年来,推行新运,城市屋宇一切用具,类多清洁。乡村则除少数生活优裕者外,一般贫民,或因积习太深,难于更改;或因终日勤劳,不遑整理,故环境卫生尚难推进。

行:荔波公路正开始修筑,尚未通车,远行者除少数坐轿、乘马外,大都步行。市街路平坦整洁。乡路尚未修筑完成,雨天泥滑,行人苦之。至岗峦起伏,溪涧纵横,行路之难,甚于蜀道。

方　言

荔波县除汉语为普遍通行外,又有本地话、水话、莫话、瑶话等。在各种语言中，每一种亦各有差异，然此系因地域远隔，口音不同，年代既久，竟各成一派耳。至本地话、水话、莫话互通之处甚多，如由单音追溯其发音点，则无甚差异。在若干年前，或同是一种。惟瑶语则相差太远，或另属一种。兹将最普遍常用九十九字列表对照，以备参考。

荔波县方言对照表

族别 语言	本地	水家	莫家	瑶子
天	闷	闷或读天去声	闷	
地	顿	底	顿	ㄉㄚ
日	大问	大问	大问	
月	冗垫	ㄋㄢ	ㄋㄢ	
山	岜（或）播	怒 入声	ㄅㄛ	
川	打	ㄇㄚ	云一	
草	哈	亚	亚	
木	梅	梅	梅	ㄉㄛ 上声
水	ㄋㄣ	ㄋㄣ	ㄋㄣ	ㄡ
火	愈	愈	愈	ㄉㄛ 上声
风	然	康 上声	康 上声	金皮
云	呼	花	花	ㄠ 上声
雨	问	问	问	浓
露	奈	逆	奈	ㄆㄨㄡ
霜	内逢	内ㄅㄤ 平声	内旺	ㄐㄛ
雪	内浩	内ㄏㄚ	内ㄏㄚ	
父	甫	布 阴平	布 阴平	ㄅㄛ 去声

续 表

族别 语言	本 地	水 家	莫 家	瑶 子
母	妈（或）米	ㄋ丨	ㄋ丨	ㄇㄞ
兄	哥	怀	哥	朵溜
弟	依	奴	依	句
祖	ㄅㄡ 上声	ㄍㄥ 上声	ㄍㄥ 上声	ㄍㄨㄡ 去声
孙	烂	汉	烂	云ㄨ
子	ㄌ	ㄌ	ㄌ	峨
女	ㄌㄅㄥ 上声	ㄌㄅㄥ 上声	ㄌㄅㄥ 上声	峨蛙 去声
叔	爷乃	布 阴平 低	爷	播丨ㄥ 去声
伯	爷牢	龙 入声	大爷	播ㄌㄛ 上声
姐	姐	或	姐	ㄆㄚ 上声
妹	依ㄅㄥ 上声	奴ㄅㄥ 上声	依ㄅㄥ 上声	峨蛙
夫	ㄍㄟ	ㄍㄟ	ㄍㄟ	悮
妻	则雅	ㄋ丨牙	ㄋ丨牙	ㄎㄛ上声 ㄅ丨ㄝ去声
婆	雅	牙	牙	蛙去声
媳	白	虾	奚	宜ㄢ
马	麻	麻	麻	亩
牛	外〔水牛〕 则〔黄牛〕	ㄍㄨㄟ入声〔水牛〕 波阴平〔黄牛〕	ㄅㄨ	友
狗	骂	骂	骂	ㄍ丨ㄚ去声
猪	ㄇㄨ去声	ㄇㄨ上声	ㄇㄨ上声	
鸡	ㄍㄟ上声	ㄍㄞ去声	ㄍㄞ去声	ㄍㄚ

续 表

族别 语言	本 地	水 家	莫 家	瑶 子
鸭	ㄅ丨上声	ㄅㄢ上声	ㄅㄢ上声	ㄡ上声
鹅	安 上声	安 上声	安 上声	
羊	ㄩㄨㄤ	法	ㄖㄚ 去声	里力
上	ㄍㄣ	ㄨ 去声	ㄡ	
下	拉	ㄉㄝ	拉	
左	ㄖㄨㄟ	西阴平	ㄌㄞ	ㄆㄚ去声写
右	括	化	ㄈㄞ 去声	ㄆㄚ去声 铺
耳	ㄖㄜ	ㄎㄚ 去声	ㄫㄚ	
目	ㄋㄚ 去声	ㄋㄚ 去声	ㄋㄚ 去声	蒙
口	ㄅㄚ 上声	ㄅㄚ 上声	ㄅㄚ 上声	
鼻	ㄋㄥ 去声	ㄋㄥ 去声	ㄋㄥ 去声	
饭	岩 入声	ㄡ 阴平	岩 入声	
酒	ㄌㄡ	ㄏㄠ	ㄌㄠ	架
菜	ㄅ丨ㄚ	ㄇㄚ	ㄇㄚ	污
肉	ㄋㄜ	南	南	卡
桌	ㄉ丨ㄥ	兮	ㄐㄥ	吊 上声
凳	ㄉㄤ去声	ㄉㄤ上声	ㄉㄤ上声	ㄏㄝ
碗	弯	对阴平	ㄨㄥ	丢
筷	得	主	ㄕㄥ去声	ㄉ丨ㄚ
笔	ㄑㄥ上声	ㄅㄣ上声	ㄋㄥ上声	基岩
墨	麻	莽阴平	麻	岩

续　表

族别 语言	本　地	水　家	莫　家	瑶　子
纸	炸	苴	沙	罗去声
书	ㄖㄜ	ㄌㄝ去声	ㄌㄝ去声	罗去声
起	六	正入声	运	下
坐	ㄉㄤ	ㄏㄨㄟ上声	锐	ㄏㄝ
睡	宁	宁	宁	杯
走	ㄅㄟ去声	ㄅㄞ去声	ㄅㄞ去声	猛
人	文入声	任	印	奴
我	故	欲	念	龚去声
你	ㄇㄣ入声	ㄏㄚ入声	ㄋㄣ入声	鬼
他	爹去声	ㄇㄣ去声	ㄌㄝ去声	奶上声
饥	也	也	也	
饱	引	ㄉㄥ上声	衰上声	ㄌㄧㄚ入声
冷	ㄏㄣ上声	ㄏㄣ上声	ㄏㄣ上声	散上声
暖	ㄌㄧㄡ	ㄉㄨ	ㄌㄧㄡ	休去声
长	ㄖㄟ	ㄏㄞ	ㄧㄚ	
短	ㄋㄣ	ㄋㄣ	ㄋㄣ	
高	ㄪㄤ去声	ㄪㄤ去声	ㄪㄥ去声	
低	ㄋㄥ上声	ㄋㄥ上声	ㄋㄥ上声	
爱	ㄐㄧㄟ	莽阴平	莽阴平	美
恨	气	ㄏㄨ入声	ㄐㄟ去声	板
好	丽	ㄌㄞ入声	ㄌㄞ入声	

续　表

族别 语言	本　地	水　家	莫　家	瑶　子
丑	ㄖㄨㄛ	ㄏㄡ 上声	收	
甜	万	ㄌㄣ 上声	万	甘
苦	ㄏㄥ	ㄍㄥ 去声	ㄍㄥ 去声	哀
贫	荷 阴平	荷 阴平	荷 阴平	休
富	光	富 上声	光	灰
一	ㄌㄧㄠ 去声	夺	ㄌㄧㄠ 去声	居
二	ㄕㄥ 上声	ㄫㄚ 入声	ㄖㄚ 去声	ㄞ
三	散	散	散	巴
四	西 上声	兮 上声	ㄕㄟ 上声	ㄍㄧㄨ
五	沙	莪	莪	ㄅㄧㄚ
六	ㄕㄛ 上声	ㄌㄥ 阴平	ㄌㄥ 阴平	丢
七	ㄕㄣ 上声	ㄕㄣ 上声	ㄕㄣ 上声	雄 入声
八	ㄅㄢ 上声	ㄅㄢ 上声	ㄅㄢ 上声	牙
九	ㄐㄧㄨ	ㄐㄧㄨ	ㄐㄧㄨ	ㄐㄧㄨ 去声
十	ㄥㄧㄡ	ㄥㄧㄡ	ㄥㄧㄡ	ㄐㄧㄨ 阳平
百	ㄅㄝ 上声	ㄅㄝ 上声	ㄅㄝ 上声	ㄅㄞ
千	现	现	精	腮
万	反	反	反	反
多	ㄍㄥ 入声	ㄍㄥ 入声	ㄍㄥ 入声	
少	消	消	消	

按　上列九十九字，多以较近之汉字及国音字母等音译出；其

不能译者从阙。此九十九字，全系任意写出，并非故意选择。其中瑶语仅有一“万”音同，至于本地、水家、莫家，除三族相同之音为三十五字外，本地与水家单独相同之音又三字，水家与莫家单独相同之音又二十一字，本地与莫家单独相同之音又十一字。其完全不同音仅二十九字。足证明本地、水家、莫家等语言系同源而异流也。

又按 我国现时语言学大家李方桂氏于民国三十一年夏，曾到荔波考查月余，对于荔波各氏族语言，深为明晰，亦认为水话、莫话同出一系，而与本地话亦属同源。关于荔波氏族问题，承赐函指示并惠赠《莫话记略》一本，特采有关者，附录于后。

附 李方桂先生原函：“别后瞬已逾年，忽奉大札，不胜欣慰！贵邑志出版后当以先睹为快！弟在荔波，为时甚促，深觉水家之风俗语言，甚为重要。离荔波后，深有询问无从之感，他日必当趋贵县领教。水家、莫家及榕江等处之洞家皆出一系，弟自语言上称之为‘洞水语系’。此系与荔波之‘本地’、独山之‘蛮’亦有关系。本地等属弟所谓‘台语系’。此两系关系甚深，而与汉语之关系亦甚明显，盖皆出同源，历时久而差异遂增。荔波之瑶人，实属苗语系统，与‘洞水语’及‘台语’皆异。但其与汉语亦有关系。故现所谓瑶、苗、水、洞等无不与汉族同出一源，此弟所以敢言者也。拙著《莫话记略》一册特奉上请教，材料少而调查时间亦少，粗疏之处，万不能免，请足下教正。《人类学集刊》第一期既已售罄，愧无以奉赠，乞宥为感！水族婚姻制度极可研究，兹有一事请教。据云‘同流’(即同宗之义)不能结婚，但何者为一‘流’，弟不甚了了。不知足下暇时可能以水族婚姻制度略为示知否？又闻‘水婆’分内外两支，其婚姻情形又何如？草此，即颂著安！三十二年十月十四日。”

附 李方桂先生《莫话记略·导论》：“莫话之分布地点及与其他语言之关系：莫话之所以叫作莫话，就因为说这种话的人差不多全姓莫。这种人也就叫莫家。分布的地点主要在贵州荔波县的西北境方村及阳凤两乡。据发音人说阳安乡(荔波北境),播瑶乡、驾欧乡(皆在荔波西境),茂兰乡(荔波东境),以至广西的南丹,都有莫家,不过家数不多而已。本篇完全以方村的方言为研究对象。别处的莫家话方音的差别何如,以及有些地方的莫家是否仍说莫话,都还是问题。莫家的语言与荔波的水家话很相近,同属于我们叫作'洞水语系'Kam Sui Gyoup 的那一支里。属于这一支的语言有:(1) 贵州的玉屏、天柱、锦屏、黎平、榕江、从江及广西省内的三江、融县等地的洞话 Kam Language;(2) 贵州的三都、榕江、从江及荔波的水话 Sui Language;(3) 贵州定番县内的羊黄话 Ten Language,(4) 莫话 Mak Language,及荔波播瑶等乡的锦话 Chan Language(锦话是著者起的名字,当地的客家——即说官话的汉人,并不是广东、江西的客家——把他叫作本地话。但是当地的仲家系——台语之一——的语言也同叫作本地话。因为说锦话的人与仲家同化很深,故汉人不去分别他们。但是水家、莫家、本地——即仲家之一——等都叫他作锦 Chan)。洞水语系与台语系 Tai Ccnouh 有密切的关系,但是不属于台语系(狭义的)。如果我们把洞水语及台语总起来叫洞台语系 KamTai Language 时(这里我们不能详细地讨论各系语言的关系,将来专文去讨论)就可以用下列的表说明莫话之位置。

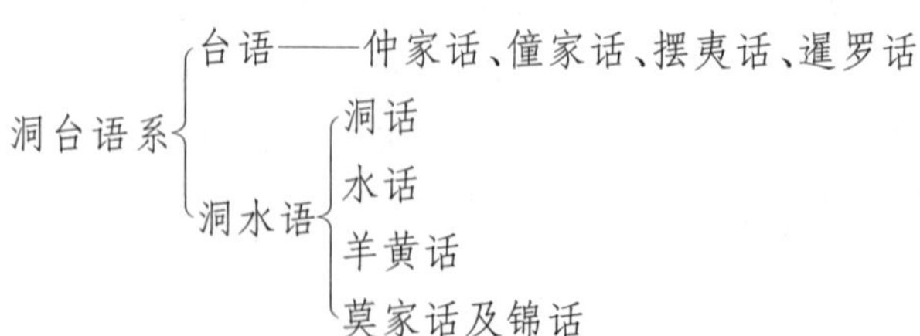

莫话虽然跟水话系统上很近,可是荔波的水家似乎并不把莫家当

作水家的一支。水家本身也有方言的不同，例如荔波北部恒丰乡的水婆方言，东北部三洞乡的方言，及西北水利乡的水利、水岩方言等。他们方言虽不同，可是都算水家。而莫家则不然。莫家方言固然也与水家的差别大些，但是主要的原因也许因为莫家跟本地人(即仲家之一) 混在一起，风俗习惯也跟本地接近而与水家不同。水家之过年(如过亥、过卯等)，水家的年历，死人时的唱歌开吊等都与莫家不同。莫家甚而至于本身就没有歌，只会唱本地歌。其所以能唱本地歌主要原因是因为他们跟本地人通婚。唱歌是谈爱情的基本条件，因此莫家男女青年莫不会唱歌，不但与本地人唱本地歌，自家亦唱本地歌。据说从前水家不与本地通婚，而莫家则不然。水、莫反不通婚(通婚不通婚的问题，我们不敢相信是绝对的，也许只是常见不常见的问题。除非经过民俗上的考证，我们不能就信一面之辞)，这也许是莫家与本地同化而与水家疏远的缘故。语言方面也可以看出莫家与本地接近处(我们在这里只能说莫话的音系比水话简单而近似本地话。如水话的 $\underset{\cdot}{m}$，$\underset{\cdot}{n}$，iJ，^{p}m，^{p}n，$^{p}\eta$，γ，$^{p}\gamma$，R，q，q′等没有了，词汇也与本地话有许多接近的地方)。”

文　字

荔波所有文字，除汉文外，水家另有一种文字；俗谓之“反书”。其笔画多与古象形文类似，已列举如前，其不同者，或为秦以前之另一体文字(**按**　秦以前字体庞杂，秦始皇统一天下之后，始统一文字，以小篆为国书，别体渐归淘汰)；抑或因不敷用，为后人所加入(**按**　反书每句不过一二字，其余多系读音而无字。有通汉文者，则注与汉文同音之字，以帮助记忆)，已不可考。至其用途，仅为择吉卜卦者所秘，故流传甚少。兹将采访所得，列表于后，以作考古者之一助。

汉文水文对照表

天	冬	戌	巳	子	己	甲	漢文
〔或〕	〔或〕	〔或〕				〔或〕	水文
地	東	亥	午	丑	庚	乙	漢文
〔或〕		〔或〕			〔或〕	〔或〕	水文
日	南	春	未	寅	辛	丙	漢文
〔或〕		〔或〕	〔或〕	〔或〕	〔或〕	〔或〕	水文
月	西	夏	申	卯	壬	丁	漢文
〔或〕		〔或〕		〔或〕		〔或〕	水文
星	北	秋	酉	辰	癸	戊	漢文
〔或〕	〔或〕	〔或〕		〔或〕	〔或〕	〔或〕	水文

年	巽	爻	刀	鳥	陽	風	漢文
〔或〕	〔或〕						水文
月	離	乾	斧	獸	山	雲	漢文
	〔或〕	〔或〕			〔或〕		水文
日	坤	坎	弓	虫	河	雷	漢文
	〔或〕	〔或〕		〔或〕			水文
時	兑	艮	箭	魚	草	雨	漢文
〔或〕	〔或〕	〔或〕			〔或〕		水文
吉	神	震	卦	虎	木	陰	漢文
		〔或〕					水文

手	妹	夫	子	恒	喪	凶	漢文
						〔或〕 〔或〕	水文
足	姑	婦	母	人	犯	死凶	漢文
							水文
耳	嫂	兄	舅	祖	死	乖	漢文
							水文
目	岳	弟	叔	孫	柩	歹	漢文
							水文
口	婿	姊	伯	父	元	惡	漢文
							水文

牛	綫	輔	宜	廉	鼻	漢文
						水文
馬	衣	弼	上	貪	頭	漢文
						水文
殺	裳	門	下	古	腰	漢文
〔或〕		〔或〕				水文
火	金	窗	倒	今	文	漢文
						水文
土	水	針	破	與	武	漢文
			〔或〕			水文

按　我国现代社会科学家岑家梧氏于民国三十二年九月曾到荔波考查，谓水家反书字体及文法均与殷代甲骨文相合。关于荔波氏族问题，承赐函指示，并赠《我们的国族》一册及其大作《贵州边族研究之回顾与前瞻》一篇。特采有关者附录于后。

附　岑家梧先生原函："月前赴贵处调查，诸承厚注，铭感实深！返校后，以课务兼忙，未即函谢，罪甚！罪甚！近维起居清嘉，著书有得为颂！关于水家来源问题，胡羽高、罗香林、万大章诸氏只追溯至唐宋二代。弟现于反书中，发现若干字体及文法，均与殷代甲骨文相合，足证水家文化渊源甚远，似可追溯至商代也。刻正探究水家文化与殷人文化之关系。一俟成稿，当即呈政。尊作志稿，想已杀青，前承允抄荔属各族人口数目及地理分布见示，敬乞早日寄下，以便参考。兹随函奉赠《我们的国族》一册，至祈鉴收为荷！余不一一，此请著安。三十二年十一月十日。"

按　岑家梧先生《贵州边族研究之回顾与前瞻》一篇，谓贵州境内所谓苗所谓夷者，大致上可别为二类：一为苗群，一为仲群。兹将有关于荔波部分节录于后，以备参考："……仲群中包括水家、侗家，即普通所谓'夷人'或'夷家'。人口总数八八二□，仲群各族，旧说均以之属苗族，故有仲家苗、水家苗之称。然仲家自称aoyue，水家自称fensue，侗家自称Sunkamo。其语系显然与苗语不同而近于掸泰系，即与滇省摆人及海南黎人同一系统。其在黔省之分布方向亦与苗异。大约由印度支那半岛北上而入滇桂。再由桂而入黔。分布于荔波、都匀者水家也；散布惠水、长顺、罗甸、贞丰、安龙一带者仲家也；而侗家则于桂省邻界之黎平、永从下江各属见之。"

卷三　大事志

明以上羁縻时代大事记

唐至明代

唐太宗贞观三年，东谢应州地置婆览县，隶江南道黔州都督府。

按　婆览县即今荔波县水婆（即今恒丰）及三都县烂土地。

唐玄宗开元元年至天宝三年，置劳、莪两羁縻州，隶黔中道。

按　劳州即在今荔波东南一百二十里之捞村，莪州在荔波县北之莪蒲。

宋太祖开宝三年，置羁縻荔波州，属南岭西路广西庆远府。

宋仁宗庆历四年，荔波峒蛮蒙赶等作乱，称帝于白岩山（今荔波皇帝洞）。

宋仁宗皇祐元年，荔波属广西宜州都督府。

元世祖至元元年，置荔波州，属庆远之南丹安抚司。后为蒙、皮、雷三土司分据。

明太祖洪武元年，灭蒙、皮、雷三土司，荔波并入思恩县。

明太祖洪武十七年，析置荔波县，隶广西庆远府。

明成祖永乐二年，荔波八十二洞瑶民愿归顺为民。

明英宗正统十二年，荔波改隶南丹州。

明宪宗成化十六年，荔波赍果作乱，承蒙烂土长官司张镛奏请剿。

明孝宗弘治七年以后，荔波改土归流，易十六埲为十六里，置方村、蒙村、穷来村三巡检司，改属庆远府之河池州。

明武宗正德元年，荔波改司设县，仍属河池州。

明神宗万历元年以后，设县城于时来之喇轸村（即今时来乡旧县地），建土城及东、西两门，割隶贵州都匀司。

明神宗万历三十五年，重定荔波、南丹县界（原碑在董界乡之界牌村）。

清代大事记

清顺治元年，荔波属贵州布政司，仍设县知事一、典史一，县治在今时来乡之旧县。

清顺治十三年，九阡土司后裔雷天宝攻克县城。清知县王家珍请广西清军援救，进克九阡，雷天宝被害。

清顺治十六年，荔波复改隶庆远府。迁县治于方村之袄村。

清顺治十七年，修袄村县城，建南北两门，筑土城一百二十丈。

清康熙二年，清署理知县事胡苍睿被杀于偏岩。

清雍正十年，荔波改隶贵州省都匀府。

清雍正十二年，广西军经荔波三洞进攻都江。

清雍正十三年，清贵州总督张广泗檄调广西柳庆清军进驻荔波防范，屯于三洞、九阡、莪蒲等里。

清乾隆元年，总督张广泗因荔波起事，乃檄委清官吏知府孙绍武、都司林焕奎等驻荔，大事“剿洗”，缴弓弩枪械各万余件。

清乾隆二年，移县治于蒙石里全亨村（即今县城）。增设儒学训导一员。同年设荔波营，驻兵八百，置游击、守备二员、千总二员、把总四员统辖之。

清乾隆三年，建修石城。同年又建立祠坛、庙宇、衙署、营房等。

按 荔波县城周围五百二十六丈，约三点五里，高一丈八尺五寸，原设东旭、西城、南熏、北拱等四门。后于清同治九年添东门月城，增设二门。民国十五年于东北隅开新东门，三十年又于东南隅开东作门。

清嘉庆十七年，天地会党人林疤颈到荔波密谋起事，事泄被害。

清道光元年，方村杨莲美起事，旋被擒。

清道光二十三年，清营兵内哄互相残杀。

清道光二十五年，培补玉屏山，征民工三四万人。朱射斗认为玉屏山属其祖坟后山。

清道光三十年，修筑黔桂边境要隘碉卡。

清咸丰元年，巴容吴三王等起事，邱树桐率清练进攻，吴被擒。

清咸丰二年二月，邱树桐督清练会攻南丹张其学等起事，平之。同年九月，荔波人覃大庆联合广西人朱亚狗等起事，旋被擒。

清咸丰四年三月，独山人杨元保、余光裕等起事，进荔境，陷阳凤。四月，邱树桐统练会攻杨元保等，杨众寡不敌撤退。七月，都江厅会党罗天明起事，进兵三洞。

清咸丰五年三月，都匀苗民起事，清知府鹿丕宗檄调邱树桐统荔波清练数百人赴匀援救。七月，九阡、莪蒲两里之潘新简、吴邦吉、覃朝纲等起事。清知县蒋嘉谷率队防堵。九月，潘新简等三次攻城几破，以粮缺退回九阡。十月，蒋嘉谷率队攻九阡潘新简等，师溃殉职。十一月，刘山部残练归南丹，荔波城中空虚。十二月，荔波清典史宣德代理县事，檄委蒙庆湘设局于平寨。以蒙石、时来、巴灰、董界、巴乃等里编团练，死守孤城。

清咸丰六年正月，瑶庆蒙阿林联合潘新简率队攻城，至旧县与清军激战，各死亡百余人，遂撤退。同年四月，清军攻瑶庆，蒙阿林被杀。九月，清军攻九阡不胜。十月，邱树桐攻克水婆。十一月，清军攻九阡水庇，清把总邓廷赞被杀于水庇，枭其首去。

清咸丰七年二月，邱树桐被杀于独山烂土司。五月，清军攻三洞，千总雷新霆被杀，团首蒙庆湘溃退周覃。十月，清军功莫芝茂攻三洞，三脚屯余老科、罗光明进据羊安亩洼。十一月，苗众攻城，德容同育泉等却之。十二月二日，余老科、罗光明撤出亩洼，焚毁村落。

清咸丰八年正月，上江徐多福降清，六月解省，斩于市。九月，太平军黄金亮据水功，继攻城不克。军功黄坤泰、黄玉龙等被擒，脔之。十月，知县吴德容调各里壮丁，令千总王化龙等统之，分三路进攻水功，寨棚被毁，金亮退据瑶麓。十二月，清军进攻瑶麓，大小三十余战，黄金亮退走九阡。

清咸丰九年二月，黄金亮复攻城不克，退走下江。三月，千总莫之茂、外委曹运先等攻九阡，曹被铳伤右股，莫退屯水昔。九月，下河黄起凤统兵万人攻荔城，不破。十二月，清团练覃大士、蒙培暗约驻九阡之罗光明等攻城，机失逃走九阡。

清咸丰十年正月，覃大士引罗光明等屡犯荔波城至杨家桥，知县吴德容饬参将范定邦等却之。四月，覃大士复进据罗布木，知县吴德容饬千总王化龙、莫芝茂等却之。八月，攻九阡水泰，把总汪逢春中伤死。十月，蒙培杀覃大士降清，知县吴德容诛之于城东。

清咸丰十一年正月，太平军余诚义由定番下南丹，进县境，二十一日陷城，守备曾玉麟、千总王化龙等被杀害。三月，太平军由九阡、三洞下古州，知县吴德容回城。

清同治三年三月，太平军李文彩进三洞被拒，走三脚汇罗光明屯八寨境。

清同治四年，太平军陈尚杰陷独山属牛场，逼近三洞，清粤西副将杨廷桂拒之。

清同治五年二月十三日，九阡潘新简、吴邦吉及下河高九王、潘老帽等举大军四万人，由方村分五路进攻荔波城。三月十九日，清知县吴德容之子吴江率兵援荔,战死于黄泥坡。三月二十五日,荔波城被攻破。清知县彭培垣投泮池死,游击范定邦、守备刘学武、训导赵旭等均被杀害,军民死亡者数千人。四月十六日,潘新简等以城内空虚,放弃县城,退屯旧县。清署县事胡永春进城。八月二十三日,瑶庆、水工蒙老蝶等联合九阡潘新简复陷城。覃端模等率残练入白岩洞据险以守。十月,九阡吴邦吉、潘成章等占据瑶台。十一月,清知县王子林遣兵攻水扛,溃退羊奉。十二月,吴邦吉攻甲梁,被截之,退九阡。

清同治六年二月,知县钟毓材督练复荔波,至董界战败,被杀害。三月,广西提督冯子材率师攻荔波,破黎明关,潘新简调兵退守金城关。冯子材遣副将何元凤躬率前锋,以花筒火炮猛击,进入瑶古、水扛及县之东北等处。同月,潘老帽、潘新简、吴邦吉等自翁昂退据巴灰交朝村,树立寨棚欲以拒。子材遣汪大燮为前锋,战于平桥,潘新简等退回九阡。十四日未刻,冯子材等晋县城。四月,广西副将何元凤由瑶台进攻方村。清候补道吴德容、知县谷彦贤率兵至荔波,屯营于城之西北。五月,潘新简等以同治五年城陷后,城毁之尚未彻底,终留祸根,遂率众数千人尽毁之,挖掘城根,退回水浦。八月,吴德容复援荔,屯兵旧县,解固守白岩洞之邹玉林、董用威、覃端模等之围。九月,督办独、荔军务候补道吴德容忧愤病死。十月,副将何元凤败辅德王潘新简于茂兰。

清同治七年二月,李泉源攻羊奉里板抹失利。三月,知县高荃驰赴各里招抚,贼围城,守备董用威被害于巴灰。

清同治八年四月,水洞贼被火攻投降。六月,知县高荃、游击邹玉林攻水扒,破之。八月,广西总兵孔宪隆、副将潘其泰率师攻九阡,潘新简、吴邦吉被擒。九阡里改名从善里。

清同治九年,知县钱埙鸠工重修荔波县城,阅四月而竣工。同年重修荔波县署,原设城东,同治五年城陷被毁,知县钱埙详请改移于城西原考棚旧址。始于夏,落成于冬。

清同治十年，因贼匪连续陷城，商民相率逃散，城复修而居民甚少。知县钱埙为巩固基地计，招集农民入城居住。二月，修东门大井及月城，费钱二百五十万之多，命名“永济泉”。

清同治十二年，下江贼进巴容境，总兵邓千胜率队至荔防堵。十二月，广西南丹莫荣熙起事，逼近荔境，黔、粤军合围莫于巴乃里夹马关，莫溃败被擒。

清光绪十年，思恩人莫梦弼，因与葛士相讼官引起冲突，莫受屈啸聚数千人，以抑强扶弱、劫富济贫为事，以抑葛党，势日大，称顺德王，延及荔边民。广西臬司李秉衡带省防军并调湘军会剿，不久事平。

清光绪二十七年，广西游勇以打富济贫为口号，漏夜远驰百里至拉欧劫莫兰垓大富之家，拉生掠货而去。时蒙晓东者闻警，率村众截其归路，遇于里湖，击败之，夺回人物甚多。

清光绪三十二年三月，都匀内外两套吴朝俊以灭教为名，揭竿而起，声势浩大。荔波董吊、水涯等处附和者众。知县谢锡铭、管带黄吉祥率清兵团练合击，其首领柏树人、覃老小等被杀，余遣散。

民国时代大事记

民国前一年，武昌起义，黔省光复，继而黄复卿等组织“兴汉公口”于贵阳，荔波哥老会同时响应，策划驱逐清知县石作栋、游击邓家銮等。但其派别甚多，互相倾轧，秩序紊乱。而驻荔清军，以为乱机已伏，密谋劫城，邑人巫栋臣得知，密告清管带包兴和制止，事乃寝。

民国元年，废府制，省设民政司长，荔波直隶贵州民政司。十二月，三洞里潘光森截清知县石作栋于方村之龙井坡。误期后到，石幸免。

民国二年，民政司长改为巡按使。荔波直隶贵州巡按使司。

民国三年，省之下设道，置道尹。荔波隶黔中道，仍属贵州巡按使司。同年改为县制，并划行政区域为大区。知县署改为“县知事公署”，旋又改为“县行政公署”，并划行政区域为六个区，区设区长，每区辖若干里，里设团总，团总之下设保董、甲长、牌长等。

同年，韦五、韦六系从善里姑怡村人，纠众数十，据险自固，时出劫掠，附近各里遭其蹂躏，不可胜计。复至榕江县属之定旦、都江县属之坝街一带，抢劫商船，直至民国十六年，韦五被其党徒潘老关杀毙，始告结束。

民国六年，废道制，省设省长公署，荔波直隶贵州省长公署。同年，有何方贵者，翁昂三松人，乘机煽动，人附和者众，任行抢杀，附近小村落亦多被害。洞塘板寨姚子卿，诡与之合，阴嘱其侄姚宝斋、姚竹山二人，故与亲密，乘方贵不备，杀之，众乃散。

民国八年，翁昂何岩林、何杨林等受该地士绅蹂躏忿甚，勾结思恩木论二墟韦福祥等打抱不平，焚士绅何宝臣全村数十家，宝臣飞调何玉龙率队合击，岩林中炮死。杨林率余党匿深箐中，昼夜伏路旁，谋暗杀计，并随时拦劫行人，邑之一、二、五等区边民多受其害。宝臣亦惧，许之投诚，始告一段落。

民国九年，翁昂何光星继起，大事劫掠，扰害县境。

何光星（小名何老么），翁昂拉类村人，躯干短小，机警异常，初为窃盗，颇凶悍。后被南丹莫树臣擒去，驻邕昂场之防军连长魏英臣，扣以竹枷，拘留连部，拟于场期枪决。因卫兵疏虞，光星毁枷脱逃，遁入何杨林党。遇事犀剖，矫捷如飞，众咸服之，推为首。初仅数十人，继而附和者众，势焰益张，任意抢劫，邑之巴灰、董界、瑶庆等百姓亦相率归附，为其内应。一、二、五区居民被害者指不胜屈。又常越荔境至独山、三合边地劫掠，乡人不得安宁。

民国十年七月，何光星应巴灰里覃学高（忠）邀请至周覃走亲，时荔波知事杨健佯与修好，故敢率队由城边通过。回时，杨设伏北门外，殊光星机警，至狮子口，下马步行，其党某乘其马，至北门外，伏兵指骑马者射击。光星急窜，由稻田中遁走。学忠及其党徒十余人被击毙。

民国十一年，正月二十二日，何光星亲率党徒二百余人，分头劫掠巴灰里之交朝、田洞、八烂、扳乐、结茅、寨龙、寨省等七个村。烧寨龙四五十家，交朝十五家，男女被拉去数十人，抢去牛马货物无数。对被拉生者百般侮辱，勒赎多金，无钱者枪毙。

时广东军阀陈炯明叛变，云南省军阀张开儒奉令讨逆至独山，分道荔波、榕江经桂赴粤。大军过境，粮秣伕役供应不易，本县征去、拉去民伕以万计，病死饿死、抛尸道旁者，不知凡几。至财物损耗，更难以数计。此荔波之一浩劫也。

民国十二年，时何光星势焰甚张，县知事刘焜以翁昂不靖，累及边陲，言剿则无兵，言防则无械，且有省界关系，诸多掣肘，乃派方村县丞车鸣骥至瑶兰与光星接洽，言归于好，互相往来，并约光星至城面晤。光星终不相信，至巴灰止，遣代表姚范规、林八等晋城谒刘，侦察内容。刘礼以上宾，备筵款待，光星终刘任不再扰乱荔境。

九月，县知事刘焜卸任后，何光星仍劫掠荔邑边地，县知事龙焕章调集时来、巴灰、董界、巴乃等里壮丁进攻翁昂。该地关险村锢，攻二日不克，败回。时来壮丁队长覃朝阳、玉振赓等深入内地，被何光星营长何老银率队围之，生擒被杀。

民国十三年春，滇军指挥王洁修追逼黔军旅长吴传心，战于荔波、都江交界之河东沟。三洞、阳安、恒丰等里百姓损失甚巨。

蒙华堂系阳安甲乃村人，素聚众抢劫，号蒙八万。唐继虞派李嘉勋为独山守备司令，蒙受编归李部，当时滇军在黔，视黔为征服地，以邻为壑，无恶不作。李之在独，当不例外。蒙遂狐假虎威，寻仇报复，借端磕诈，肆行无忌，莫敢谁何。至是，公然抢劫水汽、塘陇等村，货物掠空，复捆人勒索，为祸之烈，无以复加。

杨干廷系从善里人，乡兵队长，驻三洞。时有廖树培者自称黔军南路司令，以王义副之，陷榕江，附和者众，杨干廷遂聚众响应，纠合从善韦五、潘国良、潘恒武等出水庆、水尧进屯旧县。三洞钦宾谷等率队至水浦一带，逼县城。适独山李嘉勋派营长姚占清率兵到荔防堵，一战而败，姚负重伤。荔波团防局长何同海等夜遁，至二区董界里，请其叔父（二区区长）何峻峰率队增援，再战于河对岸。杨干廷等溃退，回驻水各，五日其同党杀死杨而散。

民国十四年，独山滇军守备司令李嘉勋之侄李盘团长，因杨干廷之乱，率曹、姚两营及欧阳春大队来荔，约千人，日食由地方供给，恣意勒索。奉令赴桂时，又索开拔费五千余元，沿街苛敛，受害者不知凡几。

滇军阀唐继尧自称靖国军总司令，命唐继虞为督办，率领在黔滇军吴学显、张汝骥等假道三合、榕江入桂。李嘉勋则经阳安、三洞出坝街，沿途拉伕绑役，掳家劫寨，无恶不作。时三洞居民，迁避岩洞，李部有攻板闷不克，反被击毙一卒，遂报复焚板闷村数十家及三洞场数十家。

三月，李嘉勋部营长曹子良、姚占清在滇军赴桂时抗不遵令，率队入城，姚部连长罗九、白树清亦继至，曹嗾代理县知事蓝继武闭城拒之。罗、白怒，曹出，约次日假文庙开会商讨。罗信之。曹伏兵以待。届时，罗九暨邑人覃虎臣、刘铤等果至。伏发，悉殄之。白知几先遁。曹驻荔大遂所欲。全营伙食月需六百元，全由地方筹给，并开花会，收摊捐，借端勒索，民不聊生。后黔军团长车鸣冀调防独山，散其众，枭其首，民心为之一快。

欧阳春系李部大队长，嘉勋赴桂时驻从善，捆绑勒索，民恨之入骨，遂齐团围击，全部覆没，欧阳春亦被杀。

唐继虞赴桂，被桂军阀李宗仁、白崇禧、黄绍竑等击溃，窜经巴容、瑶庆、巴灰、巴乃等里退回。黔军营长尤国才拒之于巴灰，众寡不敌，退守城中。适旱灾严重，大军沿途除搜刮米粮货物及宰杀牲畜外，地上未成熟之包谷，亦被全部抢光。

是年，自春徂夏数月无雨，全县各里一片焦土，溪水断流，不能栽插。即素称富于水源之田，其收成亦仅十之一二。

同年，巴容人戴老水、张云安、陈玉山及瑶庆人舒老六等先后起事，扰乱县境东南。

民国十五年，省长公署改为省政府，荔波直隶贵州省政府。

同年改革县制，县行政公署改为县政府，县知事改为县长。县政府之下设公安局、财政局、教育局、建设局及农业试验场等。又仿川省制，各县省款年收在万元以上者设征收局，局长由省政府派委，经征国、省各税。

同年大饥，米价每斗（老秤二十斤）已涨到广洋一百四五十毫（平时卖六毫，最贵十毫），加以邻县亦同受灾，无米可买。因之，草根、树皮叶等只要能入口者，掘剥殆尽，甚至有以白泥（俗称观音米）杂糠秕果腹者，道殣相望，目不忍睹。虽得华洋义赈会赈款施救，然杯水车薪，无济于事。统计全县人口，死亡、逃走者几占四分之一。据父老言，为数百年来未有之惨灾。

同年，桂省军阀沈鸿英部因内讧失败，残部窜扰巴容，旋又返桂。

民国十六年，黔军旅长曹天权驻防独山，以何光星屡为边患，势在必除，乃率所部督同荔波县团队大举进剿。计兵团千人，复备机枪、大炮，以为可操必胜。殊施炮者技术欠精，发多炮不中。且光星抢劫多年，拥资巨万，修碉建卡，星罗棋布，枪弹亦复不少，负嵎抗拒，胜负未分。而荔波团防局长姚志儒负伤，从善乡兵队长潘庆传阵亡，兵心动摇。正拟增援，适桂省军阀沈鸿英出亡，道经翁昂，恐发生误会，乃撤退。

民国十七年，潘富文（少章）、潘富丰（少恒）两兄弟，因父攻翁昂阵殁，富文欲继父职，区长潘崧彦（子俊）阻挠不遂，又以其父抚恤金为崧彦侵蚀，乃恨之入骨，嗾其族兄潘富华纠众行劫。富文则运筹帷幄，又遣其弟富丰勾结巴容戴老水、瑶庆舒老六等入据从善，势益猖獗。

同年荔波征出五万民工助修黔桂公路，原测经荔波，后士绅黄自明、何同海等阻挠，改由麻尾、六寨、南丹出河池。因山大路险，费工费财，造成大损失，难以数计。

民国十八年春，军团会剿三洞潘汪，烧掠四百余家，百姓损失惨重。

同年二十五军连长吴文渊乘李燊争黔，周西成阵亡，群龙无首，秩序骚然时，自称南防司令，招收溃军约三团之众踞独山，奸淫掳掠，民怨沸腾。复分兵驻荔，扩大地盘。荔人闻其残暴，拒之，坚壁清野以待。吴怒，率部全力攻荔城，屯黄泥坡，扫射城中，弹如雨下，复进河街，围城一昼夜。居民合力抵御，吴不得逞。时青黄不接，野无所掠，卒以粮绝撤退，团队追击大败之。

同年秋，潘富文、戴老水等率队攻水各亩亨村，焚毁六家，掳去牛数百头。

民国十九年三月，红军首领李明瑞、张云逸、陈豪人等率队由广西宜北、思恩进县属洞塘，宿茅兰，发散富户仓谷救济贫民。杀税吏罗上群于比鸠寨脚。捉去团总萧首卿。继经巴容出榕江，仍回广西，杀萧于广西富禄。

同年，黔军团长杨昭焯、龙青云会剿从善，龙团士兵毫无纪律，强奸妇女，诈揢民众，百姓群起袭击，杨团得知，先撤退。龙团大溃，被杀死官兵二百余人，夺去枪百余支。残部狼狈向周覃、三洞退下榕江。

同年，潘富丰投诚杨昭焯部，但不从约束，其党在西门外高寨河边关羊。知罪，驰回从善。

民国二十年二月，荔波奉令筹办自治，仍设六个区，区下设乡、闾、邻，全县划为二镇五十二乡。

同年九月，何崧龄(一名俊峰)密遣其妻弟何逢春(翁昂人)亲密光星，日侍左右，同卧起者数年。光星以逢春系翁昂人，兼足跛，信之不备。然无机可乘，仍密之。一日，光星心腹侍卫出劫，留者甚少。逢春给光星出博消遣。正热闹时，逢春出其不意，手枪击之。光星洞腹立毙。而逢春及其妻亦被光星余党杀死。时其党龙玉华、姚崇周等互相争长，入室操戈。适黔桂两军继进，一鼓而溃。何光星十年雄长一隅，至是结束。

同年十一月，黔桂两军会剿翁昂事竣，移师从善，以机枪扫射，大炮轰击，大破之。惟富文兄弟二人，仍漏网逃出，兵去复回，与崧彦互相仇杀。烧崧彦寨报复，从善至此，更加糜烂。而三合、都江、榕江之间，上下商船，亦时遭抢劫，几至路断行人。

民国二十二年，粤人陈洪标，聚其同乡流氓兵痞等数十人，假编军名义来荔。荔波人士以为彼等突如其来，无据恐不测，指定彼等驻河街，拒绝进城，一面调团壮严守城防，遣人密视之。果非善类，乃决意解决之。布置妥当，夜半破门入，首从皆就擒。检查行李，得伪师、旅、团、营关防印若干颗。鞫之，无词可对。杀陈，余党遣散。未几，附陈之龙玉华，率大队至荔波边境，闻陈耗，引退，荔城幸免于祸。

民国二十四年，军阀混战结束，中央势力达到贵州，遂划贵州为“剿匪”区域，设行政督察区，贵州省第十一区行政督察专员公署设在独山，荔波属焉。二十五年，行政督察区并为第八区。二十六年十一月，又缩并，改为第二区，均住独山。同年中央划贵州为“剿匪”区，改用联保制。县政府裁局并科，全县划为三十三个联保。又以从善宗派对立，互相仇杀，连年多事，势难消除，乃采化整为零，分其势力，以便控制。遂划第五区属一、四、六区。全县共设五个区三十三个联保。区公所设区长，联保办事处设联保主任，下设保长、甲长，实行联保联坐。

同年潘田文任第五区乡兵大队长，时攻富文不克，势不两立。侦知富文将同其继室归宁，乃密嘱板南村潘老金探确日期，设伏姑檀村脚道旁。届时富文至，伏起杀之。

民国二十六年元月，因富文被田文所杀，富文弟富丰又杀死田文，潘崧彦避居县城，与县长汪汉接近，遂决计除富丰。假庆祝元旦大会为名，诱富丰来城擒杀之。历十年，富文兄弟与崧彦之间互相残杀遂告结束。

同年七月一日，成立国民党县党部。荔波县民国二十四年九月十六日设国民党党义宣传员办事处。

民国二十八年，从善石老福、石登五等啸众数十人，肆行抢劫，经政府派队洗剿，击毙登五，复擒杀老福，事乃平。

民国二十九年，因荔波丁粮按里摊派，有田无粮，有粮无田，富者有丁，贫者纳税，百姓深受痛苦，将近百年，至是办理土地陈报，清查田亩，规定等则，按田纳赋，以百年赋税不均问题，得到具体解决，殊百弊丛生，其害有加无已。

民国三十年，从善姑农村潘子美、潘子云兄弟二人，于民国十二、三年纠众编军，失败回，各树一帜，互相对立，兄团则弟匪，弟团则兄匪，扰乱荔、都、榕边境。民国二十九年子云聚众数十人抢劫榕江河船商，县长段叔瑜密遣保警分队长兼板南联保主任覃树源虚与委蛇，暗联子美计杀子云。三十一年子美复被刺，乱事结束。

同年十二月，贵州省训练委员会督导员巩思文由省到荔。同月二十四日，由县城出发，夜宿周覃，二十五日由周覃行经三洞，前往三都县都江区署督导三都县地方行政职官训练（所在地都江）。巩在周覃起身之前，周覃联保办事处电请三洞自卫队长潘国猷派队接送，殊国猷派队接到三洞街，不予护送前往。是夜，巩宿于距三洞街数里许之板岭村。次晨行经荔波、三都交界之河沟，遂被劫杀。县长段叔瑜严饬国猷破案，国猷抓板岭村潘老爱、潘玉昆、潘桂生、潘老博等四人解县枪决，地方亦受累不小。实则此案全系潘国猷所谋，经省派田东屏到该地调查。国猷自知罪恶暴露，避不出面，田去后又重赂县政府当局，事遂寝。

民国三十一年，实行新县制。中央规定贵州全省新县制分为三期实行,荔波县属第二期,民国三十年八月成立训练所,训练乡镇保甲人员。三十一年元月,县政府增设科室,划全县为一镇二十乡,并设二区署。

民国三十二年,征工修筑黔桂铁路土方工程,自三十一年六月至三十二年六月底结束,共计十三个月。原省政府规定每日出工人数为五千一百零九人,而实际出工人数为一万零五百三十六人,超出定额一倍以上,以十三个月计,共去四千一百六十一万七千二百个工。在三十一年八、九月间,工地霍乱流行,病工数计占出工数百分之五十以上,死亡数至二百一十七人之多,有整班民工全部病倒者,有一班中同日死亡至七八人者。在此恐怖环境中,每日仍有数千民工拼命工作,甚至黑夜以火炬赶工。卒以百姓的血肉博得总成绩第一,计获奖总锦标一面及各种奖旗一百七十六面。事后发给民工伙食津贴费亦为县长刘仰方及经手人吞没。

同年二月,三都县庆阳乡发生民变,袭击三都县城。二十五日下午十时,本县闻警,县长刘仰方连夜调动壮丁一千余人,次日开赴三洞乡布防。

同年三月十八日,独荔公路开工,迄四月底止,修筑甲良至方村水利一段土方,计去工七万余,全段十九公里,粗具土坯。

十二月十二日,美国飞机一架,由桂林飞昆明,至荔、独交界高黑地方,机件损坏降落。内有炸弹爆发,机身粉碎。美籍航空员十一人,坐降落伞降落于方村、甲良及独山属基长一带,微伤一人。

同年十二月从善乡潘发生等偷种大烟,乡长潘梧仙等暗与种烟百姓提成分润。适县长刘仰方从此地经过,铲去大路两旁一部分,而未铲部分梧仙等前去分成,百姓以为烟已被铲,得收无几,抗不肯缴。潘梧仙怀恨,遂以抗兵、抗粮报政府派兵逮捕,百姓反抗,遂烧本亭村,毁发生浅葬父尸。发生痛恨,揭竿而起,附和者数百人。发生率领三百余人进驻从善乡姑农、大水叶等村,以不当兵、不纳粮口号相号召,响应者更多。是月二十九日,县长陈企崇亲率保警队及团壮千余人进剿，激战数日。三十三年元月一日，烧大水叶村，发生等撤退，不久全部解散。

广西省政府派兵进剿翁昂乡。本县亦奉令防堵截击。县长陈企崇率团队前往布防。二十二日，桂军攻三松，破之。前后击毙何文魁、何其伟等，何文炳逃脱。双方伤亡数百人，翁昂事平。

民国三十三年元月，佳荣潘明珍起事，勾结广西宜北县黄自强，率队数百人盘踞佳荣，并窜扰茂兰乡一带，与翁昂何文炳等联系，砍倒电杆数十根，企图大举。二月下旬，荔、宜派队会同围剿，激战两日，双方伤亡数十人，并击毙明珍，余溃散。

同年三月，复派民工二千余人续修独荔公路荔波段。不数日，又因黔桂铁路崩坏，奉令派工抢修，乃以全部民工移修铁路，县道工程遂告中断。

同年六月一日，县成立临时参议会。参议员由县政府征求县党部同意，照额定人数加倍提出，呈请省政府委员会决定。

六月三十日，莪蒲乡吴文华、从善乡潘文高等袭击莪蒲、从善两乡乡公所，杀死新任乡长覃丕业等七人。

七月一日，文高又率队六七百人，占据从善乡李家寨、潘家寨及姑流村等处。四日上午三时，围攻区署及乡公所。因区署驻有保警队一分队，攻不进，文高退据水董卡，自称农民区联大队长，又称青年军黔桂边区总司令，以吴文华等为中队长，与政府对抗。

同年七月三十日，美机一架失事，降落于荔、榕交界之榕属水委地方。美籍飞行员六人，降落佳荣乡，一人降落从善乡，陆续来城。八月六日，县政府将这批飞行员送赴独山。

同年八月五日，荔波与广西南丹县划翁昂归属荔波。在民国三十二年，中央内务部会同黔、桂两省政府派员勘查，民国三十三年八月五日，奉中央内务部令将南丹属之翁昂全乡及里湖乡之甲脾、更坐两屯拨归荔波，将荔波属捞村乡之岜索、八拱、翁堂、大高教、小高教等十五屯拨归南丹。荔波县政府期于九月十五日起互换管辖。后接南丹县政府函复，以交接手续尚未准备就绪，致案悬未办。

同年九月十八日，召开军粮紧急会议。日寇南犯，桂局紧张，国军调至独山、南丹、河池一带，需粮孔急，饬荔波县赶运军粮五十万斤交独山接济军食。县政府乃电令各乡、镇长来城开紧急会议，预借三十三年度军粮，限期收运。

同年十月二日，复修水利至城区一段独荔公路之土方工程，征民工四千名，石工二三百名，工作五十日，拟于本年内通车。殊开工不数日，又奉令将所有民工移修独山飞机场，县道工作又中断。而修飞机场民工直至敌寇窜入时始遣散回籍。

同年十一月十五日，荔波、榕江、三都团队围攻盘踞水董卡、水息、水迭、系大等村的潘文高。三县团队攻克系大，双方互有伤亡。旋三都、榕江团队被困于杨拱，遂撤退。荔波团队亦退守姑赏。

同年十一月，日寇侵犯桂北，黔南局势紧张。国军第九十七军五百八十七团团长周国仲率带全团官兵一千八百余人，布防县属黎明关。十一月二十五日，国军第九战区司令长官张发奎由桂撤退入黔。张率第三十七军暨七十九军一百八十八师经南丹入黔。副司令长官兼二十七集团军总司令杨森率第二十军暨二十六军由思恩来荔，抵洞塘扼守大哨坡。二十五日，日寇进犯黎明关，周团战败。二十七日，敌进关窜板寨。是夜，杨森派队增援，旋克复。

十一月二十七日，敌寇由宜北进犯佳荣，经从善、水迭时与潘文高等接触，激战数小时，敌射烧夷弹，文高等以火力不支撤退，水迭村被毁。敌至三洞，攻板黎洞，居民死三十余人，货物牲畜损失无数。

十一月三十日，杨森率第二十军军长杨汉域、副军长夏炯等退抵县城。十二月一日杨森由县城撤退。县长陈企崇弃城随逃，并席卷修筑独山飞机场民工公款千余万元及保警队枪械，随杨森逃亡。

十二月二日，国军二十六军退守永康乡之穿洞。敌分由董罕出朝阳及拉交出时来乡包围。杨森离城后二十六军抵县城。

十二月三日，上午国军由县城撤退，烧县城。杨森经三洞出坝街，与敌遭遇战。

敌分两路围攻县城，下午敌竹部市川第五中队进城。驻一夜，时居民早已疏散，所有剩余物资全被抄掳，并窜出城郊附近山地，强奸疏散妇女。四日又纵火烧县城三百余家。退驻永康、洞塘等乡，捉住疏散居民十余人拉作挑伕。

时由都匀茅草坪退回之敌，复经三洞、从善、佳荣等乡退回广西，所过村寨任意烧杀。沿途居民痛恨入骨，截其去路，杀死不少敌人，也夺得一些枪械，尤其以九阡百姓截堵要隘，出奇袭击，夺获敌寇步枪百余枝、机枪数挺，骡马、辎重、旗帜等物颇多，敌伤亡百余人。

十二月六日，二十六军军长丁治盘退至周覃乡，以县长陈企崇已逃亡，行政中断，乃派该乡周继武为荔波县临时政府县长，组织荔波县临时政府。八日，周在周覃乡板光村宣布就职。

十二月七日，荔波人士会议组织自卫委员会，维持目前治安。约定次日开会具体讨论。美机以荔波沦陷，狂炸甲良场及朝阳两场，炸毁民房一百余家。十二月八、九两日，美机继续狂炸荔波县城。八日上午十时许，美机飞至，向城西北隅狂炸。九日下午后三时又炸。计城中被炸毁三百余家，又被烧夷弹烧毁一百余家，炸死男女七人。仅中山公园内落弹三十五枚，公园周围树枝树叶全部炸烂。

十三日，国军第九十八军由广西宜北经茂兰乡抵县城，陆续赴南丹，十九日全部离城。

周继武奉派为临时政府县长后，在周覃宣布就职，十二月十六日始来城。

敌寇由县城撤退后，仍驻洞塘以下一带，十二月十八日，始全部退出县境，驻广西牛洞，拉去居民数十人。

县长陈企崇逃至榕江，闻敌已退，率保警队三十余人绕道经三都，十二月二十三日，返回县城。

敌寇退后二十余日，国军第二十九军预备十一师三十一团第三营，于二十六日抵县城。二十八日团长史振廷率第二营续到。三十一日，分驻黎明关及大哨坡一带。

十二月二十七日，自称别动军指挥官汪汉到城，继驻茂兰乡。三十四年元月三十日被收编，人枪交国军二十九军预备十一师三十一团接收。

民国三十四年一月一日，县长陈企崇复任，临时政府县长周继武畏难而退。元月八日新任县长刘琦到任。二十三日，国军第九十三军由宜北经县城开赴南丹。二十五日，卸任县长陈企崇因虚报损失，激起公愤，恐移交困难，乃于天未明时私行逃走。

敌退后月余，黔桂边区副司令兼前敌总司令及二十九军军长孙元良于元月二十五日，莅县视察防务，二十六日赴洞塘，二十八日离荔回独山。

二月六日，第二十九军预备十一师师长赵麟又莅荔波县视察防务，二十八日离荔回独山。

原修筑独山飞机场民工，因敌寇窜扰遣散。至是，复派工赶修，限期迫促，而民众疏散，居卡居洞未回。当经会议决定，先派民工三分之二，筹派伙食米菜金等费。时邑人高炯任县政府建设科长，赴独监工，得知民工有给养费，而当时铁道工人疏散，流落在独山者颇多，亦愿承包。高乃将本县工程全部包出，既省民力、民财，又收工作迅速完成之效，诚两得其便。乃县长刘琦以工程包出，所派工款当即停止，无从中饱，初大震怒，去电制止，殊高已成议，又受舆论制裁，只得隐忍接受。

同年三月十日，因日寇窜扰后，行政中断，秩序紊乱，从善乡潘文高又自称青年军黔桂边区总司令，附和者众，但毫无纪律，因之无法约束，四处抢劫。十二月二十四日劫周覃乡水便村，二十六日劫永康乡马鞍洞，三十四年元月二日烧劫水利乡水岩村，此其大略也，至拦途劫掠、拉生勒赎者，指不胜屈。而三洞乡水更村潘廷球(府珍)之子潘作卿(国犹)、潘禹如(国谟)等原与良村韦金品(丽轩)之子韦廷基(定初)互争乡长，钩心斗角，早已结成不解之仇。至是潘作卿、潘禹如乘机报复，于元月十一日纠众抢劫良村，烧全村五六十家，以泄一时之愤。事后又扩大人马以图自固，乃威胁三洞乡百姓编组壮丁，逼买枪支弹药，勒派粮款。后遣派党羽分散三都、独山边乡各市场大肆宣扬，又抢劫本县恒丰乡板奇村及周覃乡板料村，还越县抢劫独山中安及三都中寨、务朝、都江河商船、难民等。同时潘文高党徒又于元月二十七日焚抢从善乡水董，二月一日烧劫佳荣乡威岩等村。时被烧劫各寨及被抢难民等纷纷控告。县长陈企崇电报荔波全反，新任县长刘琦报荔波匪势甚张，本县无力清剿。又因杨森经过荔波县时，已知潘文高等有所组织，认为事体严重，乃商同国防军派第二十九军预备十一师副师长邹麟兼剿匪总指挥，及贵州省第三区督察专员周希濂兼剿匪副指挥，带第九军二十四师七十一团一营全营、第二十九军五百七十八团全团及五百七十七团二营全营、第二十九军预备十一师三十团一营全营、第二十一军一百三十三师一个营，暨荔波、三都、榕江等三县保警队，集中三洞，大举清剿。烧杀数十天，三百余家被焚，时为首者已化整为零，无目标可剿，大军撤退，副师长邹麟率军回独山。四月十日周希濂亦回署，设专员行辕于三洞办理善后事宜。

国军大举会剿三洞时，潘文高亦缴送一部分枪械应付。迨专员周希濂返回独山后，县长刘琦由区长欧梦伯计引文高于五月二十一日来城开会，始就擒，二十二日杀之。

自日寇退出县境后，仍盘踞广西思恩一带。国军第二百七十一团及二百六十三团陆续莅县驻防。继而敌寇退出柳庆，国军向桂境推进，至六月十八日，始全部离荔。

同年十一月二十六日，荔波县第一届参议会成立。参议员二十六人，候补参议员二十一人，选举覃冠卿（楚材）为正议长，覃福景（以介）为副议长。

同年十二月十八日，第二区行政督察专员兼保安司令公署派保安副司令万邦贞率带武装莅县查铲烟毒。结果，枪毙永康乡保长蒙煦、阳凤乡保长莫庆林、董界乡保长何开云及种烟百姓多人。

民国三十五年期间，三月一日，续修独荔县道。独荔路荔波段土方工程，在民国三十一年，由甲良修至水利一段后，三十二、三两年，正继续复工时，因奉命移调全部民工修筑黔桂铁路及独山飞机场，两次中断，迄未完成。三十五年复征集民工四千五百一十人，续修水利至县城一段土方部分。自三月一日起，至四月底止，共计工作日数为二十七万零六百个工。因农忙暂停，至石方部分，则筹派特工款国币四千三百三十万元，由大汉建筑公司王克恒承包修筑，全线已初具形式。

六月十五日半夜，大雨倾盆，直至十六日上午十时，山洪暴发，水势汹涌，吊井及大坪子两处，水已入城，沿河两岸，田地房屋，悉被淹没，损失惨重。为荔波历来所未有之水灾。

当时组织水灾救济委员会，呼吁求救。计自民国三十三年敌、匪、军、旱、涝、虫各灾起，至此次水灾止，虽先后经省政府发给赈款币国币六百二十万元，但不惟杯水车薪，无济于事，而各级克扣，百姓得沾实惠不到百之一二。

民国三十五年，因县城墙年久失修，坍塌倾圮者十余处，乃向百姓派款补修。十月三十一日起工，历时五个月，至民国三十六年二月七日工竣，共计去国币一百二十八万八千五百六十元。

民国三十五年，本县体育设备，于日寇窜扰时全部损坏。现派各乡、镇筹款征工修复，共计去国币一百三十余万元。木料、石灰则由阳安、佳荣、瑶庆、方村、水利等五乡征购。石块、沙土则由玉屏镇及时来乡派工挑运。历时数月告成。及于民国三十六年四月四日举行荔波县第五届运动大会。

民国三十六年四月，培修荔独县道。全线已于民国三十五年修筑沟通，但独山段由蓝寨坡头至本县界十余里尚未衔接及省方承认特工补助费亦未领获，故未加工整理。而去年六月十六日山洪暴涨，冲毁甚多，及派每乡镇各征民工二十名，将大水冲坏之小部分培修。

民国三十七年三月二十九日，在南京拟召开行宪国民代表大会。指定本县选出国大代表一人，结果覃冠卿当选。殊国民党省党部又指定荔波要选出青年党一人。荔波无此党员，乃以曾在荔波县政府任过秘书而已调离荔波多年的青年党员石雨苍作荔波县代表，饬令荔波改选。结果石雨苍多得几票当选。但第二次选举结束，文电往来时间已过，石不得参加。而覃则于第一次当选后，私自晋京出席，殊到南京后，覃未得承认而没份，于是只得参加在会场门外大闹的代表闹一阵回来。

卷四　营建志

古者孟春之月，修封疆，审端径术；仲春之月，修阖扇，寝庙毕备；季春之月，修利堤防，道达沟渎，开通道路；孟秋之月，完堤防，谨壅塞，修宫室，坯垣墙，补城郭；仲秋之月，筑城郭，建都邑，穿窦窖，修囷仓；孟冬之月，坯城郭，戒门闾，固封疆，备边境，完要塞，谨关梁，皆所以为民兴利或防患于未然也。荔邑县治三迁，始建城于樟江之上。清咸丰乙卯，陷于贼，公署、坛庙、寺观、园亭、坊表之类，多遭焚毁；继而历年兴废，随时变更；兼以机关学校，渐次增加；碉堡仓廒，重新建立；至交通之进步，由驿递而邮电，早已完成；由舆马而汽车、火车，则更有望于异日。前人之遗迹不可忘，后世之增修尤足录。

志营建。

城　池

明万历间知县刘邦征详请设县治于时来里之喇轸村（今之时来乡旧县村），建东西两门。清顺治十六年知县王家珍详请移县治于方村里之袄村（今之方村街），建南北两门，筑土城一百二十丈。乾隆二年贵州抚部院宪张广泗奏请移县治于蒙石里全亨村（即今县城），建石城，三年八月由知县吕瑛创始，经知县金明基继事，迄五年三月知县赵世纶落成。周围五百二十六丈，约三里二分，高一丈八尺五寸，辟四门：曰东旭、曰西成、曰南薰、曰北拱。城基田亩房屋，给价值迁居费计帑银柒佰玖拾余两，建筑费计帑银贰万壹千两（详知县赵世纶《在城塘纪事碑》及守戎万安《修筑荔波县城述略》）。同治五年毁于兵，九年知县钱埙重修（详知县钱埙《重修荔波县城记》），掘永济泉于东旭门外，因添设东门月城，以资保障。城周围五十余丈，高一丈六尺，设门二，一向东南，一向西北。民国十五年，县长李炜新以东北之交，地近场市，别开一新东门以利往来。民国三十年县长段叔瑜欲引城中水灌溉南郊，掘渠出城，因于东南隅又辟一东作门。各门上均设城楼。

附　知县赵世纶《在城塘纪事碑》（详《地理志·建置沿革》）

附　守戎万安《修筑荔波县城述略》："荔波旧属粤西，于汉唐无所考。宋时置土州羁縻。元季明初为蒙、皮、雷三土司占据。正统间，改土为流，万历间建县城于时来里之喇迻村，明末废焉。我朝顺治十六年，改建县治于方村。雍正十年，改归黔省。乾隆元年，经贵州总督部院张讳广泗题设协营，驻兵八百。增县佐、游、守、千、把等官。乾隆二年，改建县治于蒙石里全亨寨。城中田亩房屋，共给价银七百九十余两。三年八月兴工修城，至乾隆四年十一月告竣，周围五百四十六丈。计费帑银二万一千两。前后督造则八寨司马陈讳于中，知县事吕讳瑛、金讳明基、赵讳世纶，县佐方讳时宝，协办则游戎林讳焕奎、李讳勋、守戎万讳安及县尉部司等官。其全邑始末，已叙于碑记中，仅将大略泐于城壁，以便记览云。乾隆四年孟冬月勒石于北门外右侧。"◎抄自杨稿。

附　知县钱埙《重修荔波县城记》："天下无难事，有志者竟成，今始信之矣。同治七年戊辰，余奉檄护都匀府篆兼权独山州事。荔波县为部属，问其地已陷于贼，籍其民已死于乱。余按部及之，不禁喟然而叹，以为政难莫难于此也。是年，广西苏中丞奏派孔协戎阶平带兵入援，破九阡里贼巢，生擒逆首潘新简。邑地虽复，而邑民存者无几，人力既无可凭，城郭先遭贼毁。宰斯土者，与难民为群，穴居野处。凡我同僚，咸知其难治也，而视为畏途焉。同治八年九月，余卸独山篆，又奉各宪檄委来权县事。自思以凉德渺躬，膺凋残岩邑，四邻窃盗充斥，出没无常，心惴惴焉，恐治内难而捍外尤难也。十一月来任，亲历各乡，百里之内，片瓦无存，人烟稀绝，田土荒芜；间有疮痍残民，皆依草附木，居无定处，目击心伤，更忧抚字之难。及到城，阅其外，则城垣坍塌，乱石荦确。入其内，则树木蓊翳，荆棘纵横，欲求栖身之所且难。其时邹参戎昆山权荔波营篆，许守戎子贞权中军篆，张贰尹星阶权方村分县篆，许少尉瑞生权典史篆，凡在会议，群以城垣久破、根本不立为忧；及询谋以修筑之法，则佥曰难。邑绅何刺史铭三、覃明府范堂、玉参军子厚、覃少尉裕庵及庠生何长盛、覃继新、蒙毓铣等来谒，备陈年来刀兵疫疠饥馑流离之惨，及请兵募练供亿挽运之艰，娓娓千言，无非民亡财竭。余闻之，亦以为城之难修矣。且流寇一窜周覃，再窜瑶台，久据巴容，烽烟满野，警报频仍。残喘之民，复无斗志，于此而欲兴大工，动大役，不益难乎？余仰而思之，夜以继日者几旬月焉。复集同寅，召众绅议曰：今国帑空虚，经费不能请领，修城之资，必借民力。地方当残破之后，亦共知其难也。然值内乱初平，外患未靖，而此三里之城，既未坚壁，安能清野。无惑乎甫闻贼风，官民群为惊骇，先逃山洞，豕突狼奔，蹂躏不已。自同治五年城破以来，迄今六载，时时惊扰，无日获安，则畏难苟安者之终于不安也。凡事独力则难支，众擎则易举，合一县之众，修一片之城，如督事之官、董事之绅，皆推心置腹，洁己奉公，量其人，均其役，民孰无良，将踊跃而赴义矣，其何难之有？诸同寅皆曰：愿襄乃事。众绅亦曰：敬听公命。因于同治九年正月，集民鸠工，通勘旧城基址，共五百四十六丈。按阖邑十六里分为长短十六段。夫丁经费，各完所得，一县之民，忻然乐从。甫及四月，石城告竣。又议于石城之上，加修木栅，亦阅数月而成。至是群言难者之果不难也。但城中旧户，死亡逃散，十无一存。城郭如故，人民已非，其谁与守。屡招集城外之民，入城居住，但来者寥寥无几。以城中基址，经奏请给帑银七百九十余两,有碑记在城之北,彰彰可考。是则城中基址,实属公地,并非私业,故决议招人进城,以资填实。又据实禀明各宪,均批如禀办理。兹者千家烟火,街市喧阗,士读农耕,各安其业,此皆我官绅士民,不畏其难,乃有今日之一劳永逸也。惟城中无水,贼临城下,无从出汲。前次破城,以此之由。是宜鉴于已往而未雨绸缪也。余遍观城内外,惟近东门河岸,有水涓涓然自石中出,因掘寻其源,深至七丈,果及泉焉。然而此水尚距城门数武,若无以护其汲道,仍属无济。复于同治十年二月,量地鸠工,加修外郭五十余丈。斯时更无有言其难,而庶民子来矣。是役也,邹参戎、许守戎劳于堵劖,以安各工;张贰尹劳于劝捐,以资经费;许少尉劳于监修,以致速成;何刺史铭三、覃明府范堂诸绅则又分堵劖、劝捐、监修之劳也。厥后张贰尹、许少尉去,而陈贰尹蓬洲、李少尉湘泉来,亦与有力焉。余则观其成功而已。是则难在诸君而余则何难之有。荔波汉唐以前无考,宋元置土目,自有明正统间改蒙、皮、雷三土司之地,为县治于喇轸村,隶广西庆远府,而狉獉一变。乾隆二年,又改筑今城于全亨寨而教化渐臻。今百三十余年,又重修焉,而礼义翔洽,民知急公奉上,众志成城。由是观之,城郭一新,民风一振。所愿后之守斯城者,继长增高,俾崇墉仡仡,与峨山而并峙,用报我国家,固我疆宇,而保我庶民焉。是为记。同治十年辛未四月。”◎抄自杨稿。

附　知县钱埙《永济泉记》:“古者李广利拔佩刀刺山而泉飞,耿恭具衣冠拜井而泉涌,予读书窃疑之。谓至诚动物,惟能动有知,不能动无知。泉无知也,李、耿虽至诚,未必如是之有感斯应者。而今始信其言之非虚焉。荔波县城于溪岸,治平之日,民取汲于溪,不忧无水。同治五年正月,丹江、青江苗贼数万围城,不能出汲。城中又无井,居民渴甚。群就污洼者掘之,亦无水。二月仰给于雨,得免于渴。三月旱,街巷断炊,有笮牛马粪漉溷厕而饮者。于是坐困,城以陷。九年,余莅任之始,即议修坏城,坚守之。询于士民。佥曰：修易守难。询其难之由，曰：无水。予闻言亦忧焉。谋引溪入城，而溪隔城一坪，坪高溪数丈，无可引也。惟坪之下有石，石有泉，涓涓然流入于溪。意其或由坪之内而外也。爰命土工掘寻其源。掘之时，有难之者曰：此水之流，渺乎小矣，其源未必大。且掘之处，安知即其源之处乎？不易寻也。令寻而获，欲挹一杯之水，以注千家之炊，乌乎济？即济焉，惟济于春夏，将涸于秋冬，乌乎永济？余听其言，几中止。惟念舍此不掘，更无可掘之所。日虔诚拜祷，为民请命，掘之不辍。初及泉，缕缕知丝。见者笑曰，果无济。余再祷再掘，深数丈，有泉涌出，汩汩其来，非昔日之涓涓也。其色澄清，其味甘洌，亦异于入溪之水焉。城之人闻之，奔而观，惊为异，谓李广利、耿恭之盛事，再见于今日。乐为捐赀，甃以石、环以郭，计费钱二百五十万之多，亦不吝。今厥功告成矣。井之水，惟见其流而不见其涸，向恐其不济，或济而不永，至是共信其可以永济矣。此民之福也。若比之刺山泉飞，拜井泉涌，则吾岂敢。”◎抄自杨稿。

碉　楼

四门炮楼　四门炮楼于乾隆五年造，同治五年毁，后又修复。

附城碉楼　清光绪二十七年，游匪扰乱黔桂边境，知县陈介白为防患未然计，于吊井、马道两处各筑碉楼一座，委邑绅魏正顺监修。民二十三年冬，红军萧克部进入黔东一带。县长韩知重于附城扼要处筑碉楼七座：平寨一，新东门一，北门左右侧各一，因吊井炮台加修一，马道顺城二。委玉屏镇长陈捷三、黄凤书，安涛镇长张世英、蒙炯奎等董其事；城区女子小学校长覃文彬、戒烟所长黄自新、电话所长石成铭、城绅覃义祥等监修，阅六月而工竣。

护城碉　民国三年，北伐军兴，邑中治安，稍受影响，县长陈敏章及贵州南防第二营管带王鸿魁于杨家桥、大坟山、大井坎三处，各筑护城碉一座，以资保障。民国十八年伪旅长吴文渊攻城，我方以大井坎一座不利城防，恐反资敌，自动捣毁。

按　民国二十三年冬，红军入黔，奉令预防，于各区关隘修筑碉堡五十余座。惟属临时工事，均系土墙。十年来，坍塌殆尽，无足纪载。

经武碉　民国三十五年五月，县长张曜于县府后左侧修建碉楼一所。三十六年三月完成。楼三层，六方形，工作精巧，形势雄伟。颜曰“经武碉”。中下两层为碉堡设备，射界广阔。上层则窗棂轩朗，用作钟楼。既可警卫，复可报时，诚一举两得也。

公　廨

知县署　前清知县署原设城东大坪子，同治五年，苗变被毁。九年知县钱埙详请改移于文庙左侧考棚旧址，创建上房五间，过厅三间，厢房三间，书房一间，二堂五间，厢房四间，大堂五间，书办房六间，仪门三间，土地祠一间，监狱三间，头门三间，东西辕门二座，甬壁一座。光绪二十三年知县白建鋆又新建照壁一座。◎抄自李稿。

附　知县钱埙《改建荔波县治记》：“荔波有城有署，自明正统间改土归流始。国朝乾隆初改治今城。同治五年，苗匪夷城，并毁署。八年，余来任，栖破庙内。先完城工，次营及署。履署旧址，在城之东，树木已拱，荆棘高倍于人。败瓦残砖，积成丘垄。欲攘之剔之，非数百人不为功。余以民方劳于城，又劳于署，必困。困吾民以安吾居，不忍为也。有顷，邹游戎及许少尉来告余曰：得署地矣，在城之西，较旧址事半功倍。余偕观之，则先年考棚也。芦荻丛中余数楹，乃大门仪门，有椽无瓦，槎丫欲倾。惟审其形势，则果易于旧址焉。立招各工，面为规画，所需费尚无多。诚便于事而便于民也。第以官署，故重改易，乃具情牒大府。亦曰：就便民者为之。由是相其地之广狭长短，创为大堂二堂三堂，折左为内宅。堂之两旁皆为厅为厢。宅之对为轩。宅之偏为厨。厨之下为仓为厩。四周以垣。共屋若干间,费钱若干缗。经始于九年夏,落成于冬。余由庙徙署之日,士民欢舞入贺,若忘其劳也。余心恧焉。慰之且辞之。群拜手曰:自无城署以来,屈官之尊,入民之洞。衣冠杂蓑笠,印符搁岩龛。威损而令不行,地亵则人易侮。诸不逞无所畏,恣睢搏击,被吞噬者不少。不图今日复睹旧官仪。何幸如之!抑更有说焉:当改署之日,老役某白公曰:此地不利。问以故,则曰:旧署大门外聚水,故聚财。官役居之多利,不可改。公诘之曰:汝以修衙为闹市乎?夫官役多利,则民无利。署而聚财,此吾所以亟亟于改也。由是观之,公改署乃以利吾民。则今日非贺公,实自贺耳。噫!余当日与役言,亦偶然耳:且对一人言耳,而士咸志之不忘。余自今以往,果克践其言否乎!退而泐其书于石以时警目焉!"◎采自杨稿。

县政府　按　前清知县署至民国元年改为县知事公署,旋改为县行政公署,十八年国民政府成立,通令改称政府,又易为荔波县政府。旧有房舍,颓废倾斜,历任培修,已多改革。二十二年县长徐孟坚改修三堂三间为县长室。二十四年县长云軿撤去头门(原向马道),补修东西二辕门,另辟头门向西大街,建牌坊一座。二十五年县长宋植枏改修大堂五间为大礼堂,又改旧马房三间为电话所。二十六年县长汪汉继修大礼堂落成,复于仪门建牌坊一座,新修档案室一间,并将前上房改为司法处法庭。二十八年县长陈世宇塞东、西二辕门。三十年县长段叔瑜加修县长室二间共五间,又将司法处法庭改为大办公厅,移司法处于右侧前典史署。三十一年刘县长仰方于大办公厅右侧,新建五间为县政府职员寝室。三十二年县长陈企崇又于县长室前左侧,修职员寝室三间。现共计为上房五间,厢房六间,厨房三间,二堂三间,厢房四间,大礼堂五间,保安警察大队部三间,民事看守所三间,二门三间,法警室三间,保安警察队兵房三间,刑事看守所三间,大办公厅五间,职员寝室五间，电话室三间，档案室一间，头、二门牌坊各一座，照壁二座。

训导署　前清乾隆五年，训导戎辅建修训导署于城西街文昌宫右侧，道光二年训导张明星补修明伦堂三间，同治五年苗变被毁，迄未修复。◎采自李稿。

典史署　典史署原在东门旧县署右侧，同治五年苗变被毁。十二年典史梁秉钧改建于文庙左侧荔泉书院旧址，新修上房三间，大堂三间，仪门三间，差房三间，厨房两间，头门三间，甬壁一座。◎以上采自李稿。

民国十年设电报局，二十六年改设邮政局，三十年改设司法处。现房舍仅存后面三进而已。

游击署　游击署在城西大街右侧，乾隆五年游击李勋请帑建修。同治五年苗变被毁，旋复建。◎以上采自李稿。

后荔波营奉裁，屋宇年久失修，倾斜倒塌，竟拆卸一空。民国二十三年改建中山公园。

守备署　守备署在城南大街右侧，乾隆五年守备万安请帑建造，同治五年苗变被毁，尚未修复。◎采自李稿。

民国后，该地改为桑区，继改为棉作试验区。现分一半为县立中学体育场，一半为县苗圃。

千总署　千总署在文庙右侧，乾隆五年千总李正吉监修，同治五年苗变被毁，尚未修复。后为居民占住。◎采自李稿。

把总署　把总署有三，一在旧典史署对面，一在校场左侧杨公井前斜坎上，一在演武厅左侧坎上（即今县政府辕门甬壁一带地也），乾隆五年把总李正魁、张少卿、张奇杰等监修，同治五年毁于苗变，尚未修复。后为居民占住。◎采自李稿。

演武厅　演武厅在城西校场内，同治五年毁于苗乱，九年游击罗云升重修瓦屋三间。◎采自李稿。

后朽坏拆卸。现设县苗圃。

官厅　官厅设在旧蒙石场内，瓦屋三间，乃文武官镇场之所。

同治五年，毁于兵燹。◎采自李稿。

接官亭　接官亭在城北二里接官坪，知县吴德容监修。中泐太平军辛酉陷城始末诗四首，嵌石于壁。同治五年屋瓦被毁，四围墙壁犹存。◎采自李稿。

诗已轶。

火药局　火药局在城西北炮台下，瓦屋三间，外有围墙，同治五年毁于兵。◎采自李稿。

军装局　军装局在守备署内，同治五年毁。◎采自李稿。

兵马司卡房　兵马司卡房有五，东西南北及中央十字街各一，同治五年毁于兵。◎采自李稿。

养济院　养济院在文庙左侧，乾隆五年知县赵世纶请帑建修，同治五年苗乱被毁。◎采自李稿。

栖流所　栖流所在城东大坪子右侧典史署外，矮屋七八间，同治五年毁于兵。至今为居民占住。◎采自李稿。

方村县丞署　方村县丞署距县城五十里，前清顺治十六年知县王家珍创修，乾隆六年县丞方时宝补修，同治五年苗变被坏。旋修复。◎采自李稿。

民国成立，改设分县署，二十五年，分县裁废，旧有屋宇，改修方村小学校舍，即今方村乡中心学校也。

分防方村汛把总署　分防方村汛把总署在方村县丞署下首，把总吴得瑗监修，同治五年苗变被毁。◎采自李稿。

分防三洞汛千总署　分防三洞汛千总署距城九十里，乾隆六年千总陈照先监修，道光二十八年千总段兆锡补修，同治五年苗变被毁。◎采自李稿。

按　以上官廨，系县志原稿所载，除少数已变更名称，重新培补外，余均付之兵燹劫灰，姑存之以备历史沿革参考之一助耳。

方村区署　方村区署即前第三区公所，民国二十六年区长韦学霖于方村街关帝庙前建屋三间，作办公室及职员宿舍。

从善区署　民国三十一年实行新县制，设从善区署，暂借天主教经堂为临时办公地。继新建区署房舍七大间于古檀村前，区长潘梧仙监修。经费由所属七乡负担，民工由从善乡负担，材料、地址向民间购买。

乡镇公所　各乡镇公所多附设于寺庙、祠堂、学校、积谷仓及租借民房等，亦有从前另建筑之联保办公处及新起之乡公所者，兹分述于后：

(1) 玉屏镇公所　原设在过去之第一区公所，该所在城十字街北，系民国二十六年将以前之团防局改修。三十二年以该地适中，设警察所，移镇公所于忠烈宫。后因警佐兼镇长，镇公所仍附设警察所内。**(2) 时来乡公所**　在罗家寨，租借民房。**(3) 朝阳乡公所**　在朝阳场，设于过去朝阳联保办事处。民国二十七年联保办事处附设于朝阳小学校。因双方均感不便，校长潘益智及联保主任陈继先会同设法以学生及民众力量另建屋三间作联保办事处。**(4) 董界乡公所**　在洞莪场，附设何氏宗祠。**(5) 捞村乡公所**　在捞村场，附设于学校。**(6) 驾欧乡公所**　在拉奥村，租借民房。**(7) 播瑶乡公所**　在播缓场，设于过去播瑶联保办事处。民国二十六年联保主任梁国烇监修。**(8) 阳凤乡公所**　在阳凤场，设于过去阳凤联保办事处。民国二十五年联保主任莫玉轩监修。**(9) 方村乡公所**　在甲良场，租借民房。民国三十二年正筹款建设新屋，尚未落成。**(10) 水利乡公所**　在水利街，民国三十二年乡长吴文清筹措新建，继任乡长蒙志斌继事落成。**(11) 恒丰乡公所**　在恒丰场，民国三十二年乡长韦元辉就积谷仓及旧有房舍培修，并新起三小间，已落成。**(12) 阳安乡公所**　在阳安场，设于过去阳安联保办事处。民国二十五年联保主任莫如才监修。**(13) 三洞乡公所**　在三洞场，民国三十二年乡长韦廷基监修。**(14) 周覃乡公所**　在周覃场，附设于积谷仓下。**(15) 莪蒲乡公所**　原在水各大寨，租借民房。民国三十一年县行政会议决定移于水浦，取其地居该乡中心及赴独山孔道之石牌坡花钵一带，治安有关系也。现仍租借民房。**(16) 从善乡公所** 在姑赏村，附设于积谷仓下。**(17) 瑶庆乡公所** 在洞流村。附设于瑶庆乡中心学校右侧。**(18) 佳荣乡公所** 在威岩老场。租借民房。**(19) 茂兰乡公所** 在茂兰场。附设于学校。**(20) 洞塘乡公所** 在洞塘场。设于过去洞塘联保办事处。民国三十二年因洞塘中心学校房舍不敷，双方对调。该所现住房舍，起造于民国十五年。**(21) 永康乡公所** 在溪竹村，租借民房。民国三十一年县行政会议决定新建乡公所于水洋，取该处为市场且较适中。现尚未修建。

学 舍

学 宫

清乾隆二年黔督抚大宪题请设县学，奉旨依议，令建学宫。檄委知县吕瑛、儒学戎辅，度地卜基，得城之西街左侧，鸠工创建，规模略备。乾隆四十六年颓圮，知县吴基龙重修，札贡生吴璠、廪生傅国斌董其事。嘉庆中知县蔡元陵、武占熊相继培修。道光中又圮，知县蒋时淳重修，札贡生董芝茂、邱树桐、李国材、庠生林春芳、覃德辉、高凤翔等董其事。兴工于道光二十二年，告竣于咸丰元年。规模宏敞，颇壮观瞻。同治五年城陷，半毁于兵。九年知县钱埙补修。◎采自李稿。

附 知县吴基龙《重修荔波学宫记》："荔波之有学宫也，始自今上登极之二年。时因新建城于荔江之南，以苗民熏陶圣化者久，渐知诗书，习文墨，准督抚奏，奉旨令建学宫，定学额，诚千载一时之盛事也。距今不过四十年，圣天子寿考作人，振兴文教，有加无已。乃学宫竟颓坏特甚，此何以故？盖由建学之初，苗民能与考试者尚少。每学使岁科案临，半为别属童生冒入。生徒散处，学师董率维艰，而县宰之来莅斯土者，率多署事，不久任。是以日致蹉跎，不暇为修葺计。惟阳曲李君在任二年，曾纠集生童，劝输助修，立有乐输簿。未几，以运铅去，不果。余捧檄署篆来荔，目击心惭，刻不能安。因就李君之劝修簿生童写有乐助者，随其多寡而催收之。并合文、武同寅，各捐薄俸，共襄厥成。即命鸠工庀材，整旧更新。而以贡生巫播、廪生傅国斌董其事。各生童等皆以为此举是培植地方，先其所当先也，亦踊跃从事焉。爰卜吉兴工于乾隆四十六年冬月，告竣于乾隆四十七年五月。虽不敢言规模宏大，庙貌辉煌，而垣墙完固，殿庑齐全，颇足以妥先圣先贤之灵，亦聊以成李君未竟之事云尔。是为记。”◎抄自李稿。

附　知县钱埙《修孔子庙记》：“国家定鼎，将及百年，始建荔城。有城后乃立学。其有学，较诸县为最后；其有孔子庙，又在建城立学之后。历吴、蔡、杨、冯诸大令，接踵创修，规模略备。至蒋君复更而张之，栋宇之巍峨，垣墉之宏敞，穆穆皇皇，诚足以妥圣灵矣。咸丰十年流寇至，城陷毁之。同治五年苗贼至，城再陷，再毁之。九年，余莅任，恭谒之日，树木萧森，荆榛充塞，非惟拜跪无地，且举足莫由。乃命执斧斤者十人，伐之数日，始获由门及坊，历阶升殿，上下四旁，周详观之。瓦砾堆中，惟余两楹。久剥蚀于风雨，枝梧杈丫，势将倾圮。心窃伤焉。爰集诸绅耆，议捐赀修补。九年孟冬，鸠工庀材，自东西庑及礼门义路，惟墙垣依旧，高而榱题栋梁，外而窗棂门扇，内而木主座龛，皆一一朴斫而丹雘之。自大成殿上及启圣宫，则木之朽腐者易之，瓦之穿漏者覆之，壁之漫漶者圬之，石之缺裂者补之，有昔日所无而今日所有者，非任意增加，皆遵制擘画。高以崇隆，深以邃远，广以闬闳，用表彰我夫子数仞之墙，宗庙之美，以仰副我国家之立学，而成吴、蔡、杨、冯、蒋诸君之志也。十年季冬，各工告成。自时厥后，有采芹采藻者，来摩其鼎钟，观其俎豆，抚其琴瑟，徘徊不忍去。必有思所以升斯堂而入斯室者矣。而余更有说焉：上古之学宫，皆祀先贤于西学，是也，但不知所祀之人耳。唐武德间，始立孔子庙于胄监，亦以有学立庙也。今则庙中无学，仍以学宫名之，问所谓讲堂、横舍、射圃者，皆无有焉，则亦孔子庙而已。余之重修，亦修孔子庙而已。邑之入士，如因立庙之意，以追立学之意，则余之所厚望焉。”◎抄自杨稿。

附　邑先正李国材《咏壬寅修圣宫蒋星坪邑侯亲入山市木，市主感之价，外送连抱树四株，恭纪简诸同事诗》：“敬圣如敬君，求木如求贤。壬寅腊月朔，步雪入遥山。山寒石确荦，去去不辞艰。夫岂无董事，亲来致敬焉。格乃及椎鲁，报效在当前。我辈观民化，少疏殊赧然。我辈念公劳，事敢不当先。”

书　院

一、荔泉书院　原在西街圣宫之左（后改为典史署，即今司法处也，详后蔡序及钱记），清嘉庆十九年，知县蔡元陵创修，题其额曰“荔泉书院”。二十四年，知县武占熊继修。道光八年，知县杨以增复增修魁星阁五间，讲堂五间，斋房九间。同治五年毁于兵。十年，知县钱埙改建于城东县署旧基，新修上房五间，厢房十间，正中三间为文昌阁，前门三间。光绪元年，知县苏忠廷为书“荔泉书院”四字。◎采自李稿。

现设玉屏镇中心学校高级部。

二、桂花书院　原为学署，在圣宫之右（详后蔡序），后改设书院，因门前有桂树两株，故名。民国后设小学校，现属荔波初级中学。

附　知县蔡元陵《修荔泉书院序》：“圣宫为先务，杨博学□（碑上剥蚀不明者，下同）邀集邑中绅耆，白以余志，并告其为工甚巨而酌费之多寡。绅耆等欣然乐从之，且并以兴书院、迁学署同举为请。余于是叹地之灵，神之为德盛，斯地之人之可与为善，而民情之□□□□。爰迁学署于至圣庙之右，而以其地为圣宫地，并于圣宫之左得书院地。拟构讲堂学舍，俾诸生得以肄业，而颜之曰‘荔泉书院’。盖一举而三善备焉。陈副戎又与同城诸校尉议，以书院之局少隘，割营地以益之。即今定中揆日之初，规模已宏远矣。帝君之灵爽，应馨于此。人文之秀发，庶基于此也。为筹其费，计白金一千有奇，可以蒇事。荔邑虽僻壤，由他省寄籍世传者不乏，土著者亦蔚然兴起，何患志之难成，役之难兴哉。然而千金之裘，非一狐之腋。万顷之渊，非一溪之水。使邑中人果能协绅耆等共襄斯举，将见吾道可南，人文炳蔚。钧天广乐，定有奇丽之观；桂府兰宫，必蓄非常之宝。况夫精淑之气，郁久必昌，瑰异之花，寒极而发。斯地以郁久寒极之区，得神灵之呵护，将来发越之盛，定甲于黔中也。遂乐而序之。时嘉庆十有九年夏五月望后五日，署县事知都匀县知县定庵蔡元陵撰。”

附　知县杨以增《募修荔泉书院小引》：“夫事莫难于创始，而物尤贵于成终。荔邑向无书院，自前任蔡君倡议兴修，至武君乃庀材鸠工，而书院之规模略备。第讲堂、魁星阁尚未毕工，而斋房更属阙如。若不急为添葺，不惟后效难收，抑且前功尽弃，为可惜也。爰与诸同人商榷，赴各里募化。凡我邑之人，皆当量力施助。庶几众擎易举，不致半途而废。观乎人文以成化，亦将蒸蒸日上矣。”◎抄自李稿。

附　知县崇俊新《设荔泉书院生童月课膏火序》：“书院之设，原以课士子而培文风，当筹膏火以资鼓励。经前署县刘与各绅会商，易米市卖米皆为斗，按数抽收，作为膏火之费。无如相沿日久，未克遽臻成效。余莅任逾月，奉文汇考。适有文童等互攻职员黄玉墀等之子，不准与考。后伊等愿捐公项，请收考试。复有通事杨时清等援例捐助，呈请存案。更加武童申用章呈缴前届府试承认入籍银两。当即如数弹收。并将钱文移学，由斋长交商生息。此膏火有所出，而课试因以行焉。窃书院为人文荟萃之地，课试即生童砥砺之期。幸勿以考试为具文，徒拘守数篇黄卷，谓膏火为无几，不足资半盏青灯。尔生童等当知自奋，各尽所长。庶几广厦一十数间，不致虚设，捐赀二百余贯，有所实归也。是为序。”

附　“课试章程：一、每年以十课为定，自二月初一日开课，至十二月初一日封课。一、膏火照取等第，按课发给。一、课卷每本给纸张工资钱十文。一、每课给书办造册、写榜纸张钱二百文。一、每年开课应试生童各级书办报名费一百文。

“捐助公项姓名、数目：一、职员黄玉墀捐钱四十千文。一、通事杨万清、蒙学清、朱树琪、杨时清、蒙连升，武童申用章，营兵屠兴贵等各捐钱二十千文。一、职员刘咏芝、营兵陈锦云等各捐钱一十千文。

“以上捐钱二百千文，发交斋长覃瑞模交商生息，每月认利钱三千文。按月缴清，作发膏火。嗣后由斋长轮流经营，勿得擅动，以期久远。但为数无几，不过甫立始基，仍望后有作者，继长增高，以襄厥事，是所深幸。时光绪九年八月也。”◎抄自杨稿。

附　知县钱埙《改修荔泉书院记》：“天下府、州、县皆有学，学各有师。然学之师，师而官也，尊而不亲，与诸弟子不能朝稽夕考。于是州、府、县又立书院，院亦各有师。院之师，官而师也，责有专司，与诸弟子能口讲指画。当今人才由于学，实成于书院也。荔波大乱初平，正风俗，兴教化，当务为急。则书院之设，岂容或缓。旧有荔泉书院，在西街，毁于烽火，今典史署也。兹改修于斯，前后屋，东西厢，共二十间，地则县署旧址也。余岂好变更哉！自城为贼毁，荒废数年。余入城时，树木成林，残砖败瓦，集如山丘，街巷东西，不能复辨。兴工之日，先官衙，次孔子庙，次城隍庙，次书院义学，皆伐丛木，薙杂草，平大垄，铲小堆，以开基址，而逐次修造。有因地势之宜，有就人力之便，于是有仍旧址者，有易新址者，然非有意矫揉，亦非信堪舆言也。或曰：地灵人杰，君易官衙为书院，其有取于斯乎？余曰：非也。人杰则地灵耳。鲁之阙里陋巷，特生大圣贤，有圣贤而里巷传焉。若谓阙里陋巷为生圣贤之地，何以圣贤之后不复有圣贤也？人杰地灵乎？唐魏徵曰：‘大乱初平，易于教化，如饥者易食，渴者易饮。'荔波大乱之后也，余愧凉德，无以教之化之，所望为斯院之师者，皆如岳麓，如鹿洞。以上追阙里陋巷，则昌平曲阜之风，复建于斯世斯地矣。"◎抄自杨稿。

试　院

荔波试院，清同治元年知县吴德容创修。大堂、内堂各三间，宾从、厅廊、巡捕、公厅、号舍、头仪、辕门、鼓房、墙壁咸备。五年毁于燹。八年知县钱埙因其址改设县署。即今之县政府也。

附　知县吴德容《创建试院叙》："粤稽一方文物之盛衰，有气数焉。其盛也，每由人开；其衰也，可由人挽，要皆守土责也。都匀旧为黔中名郡，人文耆彦，翘然与各郡争衡。逮丙辰苗教各匪跳梁，郡治暨东北各属，类皆陷为贼窟。惟南面独山、荔波两属仅存。然土寇蜂屯，都非完壁。岁丁巳，余承乏荔邑，莅任之顷，即以安辑良善、殄诛顽梗为急务，募练编团，心力俱殚，全疆始靖。辛酉捧檄署理匀守，仍摄荔篆。值独、荔遭苗匪之变，奔驰堵剿，转危为安。嗣大宪命督办军务，节次克复郡境各要隘，贼锋稍敛。壬戌六月，以溽暑伏师旋荔。盖兹七八年间，日夜枕戈磨盾，几若为马上治。都人士从余履戎行，建肤功者，殊不乏人。惟是地经风鹤，弦歌久废。方欲承军旋余暇，兴学敷教，为移易风俗，渐摩仁义之地，非敢谓以文章饰吏治也。适是秋，奉提督催考之檄，实我心所欲为。亟转行独山，并示荔邑生童，爰于今春汇试两属童场，岁科六届兼行。选其秀者，俾业学院，延师训课，士气条畅，彬彬乎有由衰而盛之势。但学使按临，例凭府治，而荔邑向无试棚。即拟创建，择基维艰。荔营范参戎协堂为余言：营有废地，介学宫书院之左，势颇宽敞。因偕余相度，左右文峰特耸，前朝冈阜，环绕舒秀。范君慨然捐出。即日鸠工庀材，口授指画，昕夕并督，几百日而聿观厥成。竖大堂、内堂各三间，宾从、厅廊、巡捕、公厅咸备，悉全捐廉为之；其号舍、头仪、辕门暨鼓房、墙壁，为荔人绅耆等捐资襄造。计为屋数十间，拓地纵横百余步，其规模之宏且壮，工程之浩且繁，而余不敢辞厥劳费者，亦念斯邦向日文物之盛，冀于今日起其衰，竭余守土之责已耳。工甫竣，学使淡吾陆公按试于兹，得文、武生百二十人，选拔即序贡成均者十有余人。十年中磨砺以须，而濡滞不振者，一旦得脱颖而出。泮壁生辉，风云壮采，可不谓极一时之盛矣乎。虽迩者郡治犹未克复，东北各属尚隔声教，以此先导，格苗民而归雅化，不难操券焉。是举也，范参戎协力经营，勤劳称最，署尉余丞鲁斯亦时相助为理，以致云蒸霞蔚，轮奂速成。而斯地又据荔城山水之盛，为灵秀所钟，阛置市廛间，殆丰城剑气，今始焕发。行见菁莪辈出，榜花叠开，文彦之兴，骎骎日盛，则余今日创造，谓为尽守土之责也可，即谓为气数之将转也亦可。荔人士庶有以慰余望乎？余拭目俟之矣。至于有基勿坏，计垂远久，以补余所未逮，则于继踵高贤，深有仰赖焉。爰泐其事于石，以志余之惓惓云。”◎抄自杨稿。

校　舍

荔波中小学校舍，有因旧有庙宇培修者，有新建造者，有租借民房者。兹除租借民房者不载外，特将各培修及建造情形分述于后：

一、县立初级中学　民国二十九年培修文庙及桂花书院为中学校舍，礼堂一，教室四，办公室、教员憩息室、图书室、阅报室、储藏室等各一，职教员寝室、学生寝室各若干，体育场、劳作场、学校园各一幅。至桂花书院原为城区小学校址。民国二十七年曾建牌坊门一座。

二、玉屏镇中心学校　系将荔泉书院培修为校本部。武庙及昭忠祠、节烈祠、万寿宫右侧之观音堂等培修为分校。校本部原为城区男小学，创修于清宣统二年。分校原为城区女小学，创修于民国十七年。共计礼堂一，教室十二，图书室、阅报室各一，寝室等若干，体育场二、牌坊门二，俱于民国二十七年补修。

三、朝阳乡中心学校 民国二十四年，第一区区长覃冠卿呈请县长云轩核准创修。先由朝阳、花堤两联保筹款一千二百元，推当地绅耆覃庶哉、覃名臣、覃集哉、覃哲之等组织校董会办理。计画起前后两进各七大间。殊仅立前进，款已罄。适云县长瓜代，宋县长植枬莅任数月，未暇顾及。后进柱料，几至朽坏。幸汪县长汉继任，另饬当地筹款二千四百元。除三百元修花堤联保初级小学外，余二千一百元继续完成该校工程。校董会推覃卓超负收支责任。继因民工无人监视，计费工近万而成绩甚差。乃由校长潘益智，教员董朝斌、石怀德、覃卓超等每日课外率带学生搬泥运瓦，挖土筑墙，入山砍木，涉水挑沙；并迁原有之龙王庙六间，补修两边厢房各三间。又由历年职员捐俸，并向乡外各热心教育人士化募，共计收入肆百捌拾陆元补助。学生劳力约占总工程三分之二，至二十八年夏季始告大体落成。计礼堂一，办公室一，教室八，会客室、储藏室及图书阅报室等各一，职教员及学生寝室各若干。

四、董界乡中心学校 民国三十二年成立，培修何氏宗祠及积谷仓作校舍。

五、阳凤乡中心学校 民国三十二年成立。乡长玉炯勋、校长柏干崇积极筹备新建校舍十一间，尚未落成。

六、方村乡中心学校 民国二十一年杨家骏、莫伯丹等呈准抽纸塘捐创立校舍五间。二十五年校长覃福景将分县废署旧屋改作校舍，并建牌坊门。计礼堂一，教室六，接待室、办公室、膳堂各一，职教员及学生寝室等各若干，体育场一幅。

附 邑人杨家鑫《方村分县长徐笑渔兴学纪念碑记》:“古者为政立教尚矣，家有序，党有庠，乡有校，国有学。故治民莫先于化民，化民莫先于立教。立教无他，在得人而已。吾黔地处边隅，文化落伍；而吾方鸟道蚕丛，开化尤难。在昔科举取士，虽有一二先达，崛起棘闱，论者谓山环水抱、灵气所钟。改革以还，政治未入轨道，文风中坠，识者咸隐忧焉。虽邦人君子，一再提倡，惜乎得其道而未得其人也。时辛未，孙前分县长去任，以地方罚款三百余元作学校基金。又得地方热心人士乐捐千元，斯校遂能开始创办。然在王分县长若公任内，新修校舍，功未半而经费告竭，若公又复于斯时升调他去。斯校命运，几于不可希望。所幸今分县长笑渔徐公下车伊始，即以兴学为急务，于是继续努力，惨淡经营，于万难中擘画精详，卒使斯校得有今日，谓非得人之道欤！乃弦诵繁兴，菁莪蔚起，成绩之熳然，固如是矣。其如经费问题，根本未固，设一旦风雨飘摇，而笑公又荣升以去，吾人借寇无术，感想之忱，宁有涯耶！鑫地方分子，曩虽谬膺发起，然于役日多，未克与斯校之百折艰难于终始，良足愧矣。今乐观斯校之成，又顾虑将来，则艰难缔造，可无述耶！爰不揣谫陋，略举梗概，用志笑公之嘉惠吾民，并以风来者。”

七、恒丰乡中心学校　民国二十二年第四区区长韦学霖呈准创修校舍，计正房五大间，楼下中三间设礼堂，左右两间为办公室、图书室。楼上为寝室。两边厢房各六间，上下共设教室八，牌坊门一座，体育场、学校园各一幅。为本县乡间两级小学成立之嚆矢。其规模之大，亦甲于全县各校。

八、阳安乡中心学校　民国三十二年成立，附设于积谷仓下。

九、三洞乡中心学校　民国二十六年校长韦廷楠及地方热心教育人士潘世忠、潘毓明、韦荣任、韦廷盛等创修。又得钦顺寅乐捐校址。先将天后宫及黑神庙、关帝庙等迁作校舍，继又新建七大间。计礼堂一，教室六，图书室、办公室各一，职教员及学生寝室各若干。

十、周覃乡中心学校　民国三十二年成立，校舍由原有之初级小学校舍培修。

十一、从善乡中心学校　校舍六间，民国二十五年修。

十二、瑶庆乡第一中心学校　民国二十五年校长欧树培、区长蒙学钧创修校舍，由第五区捐款四千余元，计四进，前为校门，二三进为图书室、阅报室、办公室及寝室等，第四进为礼堂，左右为教室，共计二十间。此外又有食堂、厨房等。地址宽阔，屋宇布置颇适教学，惟高大宏敞则逊于恒丰校舍。

十三、瑶庆乡第二中心学校　该校原为“省立荔波小学”。民国二十七年三月，县长汪汉领得胡文虎、胡文豹两先生捐款三千五百元，组织校舍建筑委员会，推覃质成、覃以介、白正邦等董其事。四月经始，八月落成。计礼堂三间，办公室、接待室各一间，教室十二间，教员寝室二间，图书室三间，楼上为学生寝室，厨房二间，牌坊门一座，体育场、学校园各一幅。

十四、洞塘乡第二中心学校　校舍三间两厦，民国三十年修造，原为联保办事处。三十二年成立中心学校，遂将原有之初级小学校舍与乡公所对调。

十五、永康乡中心学校　校舍五间，民国三十年新建，尚未落成。

十六、时来国民学校　将覃氏宗祠培修。

十七、福村国民学校　校舍三间，民国二十七年新建，未落成，已毁。

十八、花堤国民学校　校舍三间，系于民国二十五年拨朝阳小学建筑费三百元培修。

十九、捞村国民学校　校舍三间，民国二十四年别动队策动地方人士创修，工款由全乡担负。

二十、拿圭国民学校　校舍三间，民国十五年团总莫汝明创修，工款由六林一村担负。

按　莫汝明对于教育颇具热忱。二十四年创办两级小学，黎希贤任校长。是为荔波第四两级小学。正筹划新建校舍于拉圭场，后因该乡人士意见不合，以为该地不适中，迁至拉奥村，即今之驾欧乡中心学校也。校址迁后，提倡无人，校舍迄今未建。以驾欧乡富户，甲于各乡，而学校为一乡文化所关，竟无急公好义者起而谋之，殊为憾事。《春秋》责备贤者，该乡知识分子应难辞其责焉。

二十一、播缓乡国民学校　校舍三间，在播缓场，系将过去乡公所旧屋培修。

二十二、地维国民学校　校舍三间，在地莪场，系将过去乡公所旧屋培修。

二十三、甲良国民学校　校舍三间，民国二十五年修造。

二十四、甲站国民学校　利用积谷仓培修。

二十五、茂兰国民学校　校舍七大间，民国二十四年，别动队策动地方人士修造，后改为第五区公所。规模颇大，可办中心学校。

二十六、水洋国民学校　校舍五间，民国二十五年新建。

仓　廒

本县仓廒，除县仓为旧义谷仓，在县政府左侧，清时由天驷宫地址改建外，其余积谷仓均于民国二十六年奉令修建，军粮仓均于民国三十二年奉令修建。兹分别列表于后。

荔波县仓廒一览表

乡镇别	仓　别	所在地	容　量	备　考
玉屏镇	县积谷仓	县政府左侧	2 500 石	
玉屏镇	区积谷仓	三民路	2 000 石	
玉屏镇	军粮仓	湖广庙	5 000 石	
时来乡	乡积谷仓	旧　县	1 000 石	
朝阳乡	乡积谷仓	田洞村一 花堤村一	1 000 石	

续　表

乡镇别	仓　别	所在地	容　量	备　考
董界乡	区积谷仓	洞莪场	3 000 石	
董界乡	军粮仓	洞莪场	5 000 石	
捞村乡	乡积谷仓	捞村场	1 000 石	
驾欧乡	乡积谷仓	拉奥村	1 000 石	
播瑶乡	乡积谷仓	播缓场一 脚拱村一	1 000 石	
阳凤乡	乡积谷仓	阳凤场一 尧并村一	1 000 石	
方村乡	区积谷仓	方村街	2 000 石	
方村乡	乡积谷仓	甲站场	1 000 石	
方村乡	军粮仓	方村街	5 000 石	
恒丰乡	区积谷仓	恒丰场	2 000 石	
恒丰乡	军粮仓	恒丰场	5 000 石	
阳安乡	乡积谷仓	阳安场	1 000 石	
周覃乡	乡积谷仓	周覃场	1 000 石	
周覃乡	军粮仓	周覃场	5 000 石	
莪蒲乡	乡积谷仓	水各村	1 000 石	
从善乡	乡积谷仓	姑赏村	1 000 石	
从善乡	军粮仓	古檀村	5 000 石	
瑶庆乡	乡积谷仓	洞流村	1 000 石	
佳荣乡	乡积谷仓	威岩村	1 000 石	
茂兰乡	区积谷仓	茂兰场	2 000 石	
茂兰乡	军粮仓	茂兰场	5 000 石	

续　表

乡镇别	仓　别	所在地	容　量	备　考
洞塘乡	乡积谷仓	洞塘场	1 000 石	
永康乡	乡积谷仓	水洋场	1 000 石	

按　水利乡积谷仓未修。三洞乡积谷仓因当时三洞系分为上维下东两联保，由两联保筹款建仓于三洞场。当时联保主任韦有伦、韦万福已将建仓款收齐，尚未修建。继而主任交卸，经潘少克、周承武、周兹臣等新旧交接，手续不清，互相推委，致由人民血汗捐出之建仓化为乌有。而三洞积谷散在各保，究竟实有若干，不惟政府无法考查，即负责保管人潘作卿亦模糊含混。再迁延时日，人事变更，难保不无损失。影响救荒要政，经手人难辞其责也。近闻县政府分别款谷，严厉追究，以重储政，而昭炯戒。

交　通

道　路

一、陆路

高寨渡官道　前后九百三十九丈，自西门外荔泉井上起至稗子坪止。清道光二十七年邑增生姜凤翱、居民李国安、蒙定元、陶仲春、梁孝生倡首捐修。每丈价钱一百零十文。◎采自李稿。

水浪路　旧由董猛村后，清道光十七年邑贡生邓而亨、董芝茂倡首募捐，改修至维寨前。◎采自李稿。

方便路　在巴乃里拉皓坡，清道光二十二年何安献等捐修。◎采自李稿。

望城坡官道　距南门官渡场数武。清光绪十七年知县梁宗辉捐廉重修。◎采自李稿。

县城至方村官道　清光绪三十三年知县黄凤祥发起捐修。计程六十里。邑绅魏焕章董其事。

◎邑先正覃金锡《修路记》云："粤稽合方氏掌达津梁，野庐氏掌达国路，至于四畿。窃尝读经而羡之。欧美涂轨，整洁绝伦。我国输入欧风，凡热心公益，咸以建铁轨，筑马路为亟务，不禁延颈而仰之。夫岂不惮烦哉？盖自治始于道路，能平其道，即征能平其政，古今中外无异也。我邑林岑纡谲，嵬垒冯隆，自城至方村，为往来孔道，虽克抖擞，未免行路难之叹。而熙熙攘攘，咸怀希望者久之。丁未夏五，邑侯黄公采九，下车伊始，缘督以为经。公余，款段巡于路，慨然有化险为夷之志。乃捐若廉，鸠若工，命魏君焕章司其事。是役也，起点东郭，蒇事方村，计程六十里，平洼踦也。丁未孟冬始，戊申季春止，计时阅六月，乘农隙也。或分鹤俸，或助蝇头，计费六百金有奇，且泐以石，昭乐施也。书云：王道平年，邑侯有焉。佥曰：是不可不记。金锡息厂面墙，辞无诠次。而纪事征实，俾后之君子，或乘车，或戴笠，一举踵，一曳履，毋忘所自。且借以兴起公益之心，而扩张公益之事。蒙尤馨香而祝之。"◎采自覃著之《赘赘编》。

按　本县各乡所有石板路颇多。惟以创修年代及乐施人士多已失考，无从详载。兹将各干路近状略述于后：

西北路　由县城经本属水利、方村、甲良，出独山之漂洞至独山。两县相距一百五十华里，至荔、独交界之甲良卡八十华里。县城至方村，原系石板路。民国二十六年以后，因计划改修公路，故由花钵至方村段，多已撤坏。

东南路　由县城经本属时来乡、永康乡、洞塘乡出广西之大造坡至思恩。两县相距二百四十华里。至荔、思交界之雄关一百华里。路虽崎岖，惟全砌石板，行人甚便。

正东路　由县城经本属时来、瑶庆、佳荣，出广西之驯乐乡至广西宜北。两县相距一百九十华里。至荔、宜交界之坤地卡一百二十华里，均砌石板路。

正北路　由县城经本属莪蒲、周覃、三洞，出三都属之已乃场至三都县。两县相距一百七十华里。至荔、三交界之已乃场一百华里，坡坎不多，泥路及石板路参半；惟乡路尚未修好，久雨时颇苦泞滑。又由三洞出河东沟至三都属之坝街，沿河下至榕江。两县相距三百二十华里。至荔、三交界之箐口坡脚一百二十华里。箐口坡脚有溪，溪东南属荔波，溪东北属旧三合，东下至河西属旧都江。路沿溪而下，俗所谓“九十九道脚不干”是也。原属独、榕孔道。后因该地为荔波、三合、都江三县交界，崇山峻岭，数十里无人烟（东南越重山二十余里至荔波属之古桃村，东北亦越重山十余里至三都属之水等、的生等村，东越河西数里至三都属之燕寨、瑶平等村，西越箐口坡十余里至荔波属之板岭、定成等村），随时发生抢劫，现已荆棘满途矣。

西南路　由县城经本属时来、朝阳、董界出白蜡坳至广西南丹，两县相距一百四十华里。至荔、南交界之白蜡坳六十五华里。过去亦砌石板路。近年改修乡道，多未铺沙，行人每苦泞滑。惟道路平坦，往来便利。由董界乡之王蒙场分走捞村乡亦出南丹。路虽砌石，惟山势崎岖岃崱，跋履维艰。由县城至交界地一百华里。

二、水路

县属之峨江，有小船由城至董界乡之王蒙场，载重二千斤左右。此水系通广西柳州，因在董界、捞村间伏流岩隙十余里；捞村以下，又多急滩，致成死河，殊可惜也。

三、公路

按　总理《建国方略·第十六图》载由贵阳至柳州公路，系经独山至思恩，当以荔波为必经之路。民国十七年，贵州前省主席周西成氏创修黔桂公路。采路者未经博访，竟以由独山经荔波至思恩之原路石山巉岩，兴工不易，乃改道河池、南丹。盖不知经荔波可以改道，且远不过二三十里；而经河池、南丹，则绕道一百余里。黔桂铁路修筑，因运输关系，又不能不沿着公路，损耗人力、物力，难以数计。一错铸成，影响甚巨，殊深浩叹。自公路通后，荔波人士，极力倡修支路。民国二十四年，马路基金，业已筹派。因剿共军兴，黔局改变，遂中止。后虽屡次提倡，无如抗战以来，人力财力，均感困难，未能实现。民国三十一年刘县长仰方到任，努力建设，请独山西南公路工程处朱主任莅县踏勘，继又请工程师吴海清、曾焕生莅县测量，曾于是年冬及三十二年春修筑水利至甲良段。因抗战期间民力有限，故不得不分期分段举办，以求两得其全也。继虽于三十三年两次兴工，又因奉令派工抢修黔桂铁道及独山飞机场，工致中断。洎三十五年，于兵匪水旱灾害频仍之余，忍痛筹款派工，修至县城，全线业已沟通，又因农忙暂停。三十六年，原拟整理完竣，而独山应负责修筑由蓝寨坡至本县界十余华里段尚未衔接；省方承认补助之特工费亦未领获，致功亏一篑。而自荔波至思恩之荔波段，特工更多，经费难筹，深望上级政府予以补助，能早日完成。则黔桂公路交通，缩短一百余里，建国大业，有利赖焉。

本县各乡桥梁，修建颇多，已详地理志，兹不赘。

驿　递

塘汛程途及兵额（无驿设塘）

在城塘北至花钵塘二十里，额兵四名；花钵塘至水利塘十五里，额兵四名；水利塘西至方村汛塘二十里、方村汛塘至扁家梁塘二十里、水利塘北至瑶埲塘十五里，额兵四名；瑶埲塘至甲站塘二十里，额兵四名；甲站塘至高黑塘二十里，额兵二名；出独山。

在城塘东至瑶排塘二十里，额兵四名；瑶排塘至水堡塘十五里，额兵四名，马兵一名；水堡塘至水错塘二十里，额兵四名；水错塘至拉宛塘十五里，额兵四名，马兵一名；拉宛塘至水叉塘十五里，额兵四名；水叉塘至三洞汛塘十五里，额兵四名；三洞汛塘至坎牛塘二十里，额兵四名；坎牛塘至河东塘二十里，额兵四名；河东塘至小河塘，额兵四名；距二十里出上江。

在城塘南至水瑶塘二十里，额兵二名；水瑶塘至毛兰塘三十里，额兵二名；毛兰塘至中索塘二十里，额兵二名；中索塘至坡洞塘三十里，额兵二名；坡洞塘至布禄塘二十里，额兵二名；出广西。思恩。

在城塘西至巴灰塘三十里，额兵二名；巴灰塘至白蜡坳塘四十里，额兵二名；出广西南丹。

以上塘兵连马兵共六十四名。◎采自李稿。

无驿设铺，归知县管理。县前铺，喇皆铺，水岩铺，水浪铺，巴灰铺，董界铺。◎采自杨稿。

邮　政

荔波邮政代办所成立于宣统年间，办理人杨敬三。民国十年设局，局长李心之、罗□□、傅□□。十六年又改设代办所，办理人黄斗元、杨树屏。二十三年八月，邮电合并，属电局，局长杜天禄。二十六年升三等局，附设邮政代办处，局长陈静先、孙毓宽、彭云龙、傅伯钊、李世仁等。方村街设代办所，水洋场、洞塘场设信箱。邮局除办邮政业务外，兼办汇兑储蓄、储金、简易人寿保险及代售特种有奖储蓄暨甲种节约蓄卷等业务。

按　本县邮局省内汇款，汇率为百分之六点三。十五年经县参议会电请省管理局准核减为百分之二。

电　讯

电报　荔波电报局成立于民国十年，局长丁一鹤、卢□□、杜天禄。二十六年并邮局，设报话代办处。

电话　民国二十年县长王公威饬财务局将十六年至十八年各区乡兵捐尾欠名册交石成铭往各区催收，作办理电话基金。迄二十年底共收得三千九百余元。二十一年县长何干群召开县政会议，推石成铭、徐泉舫赴粤采办电料，计买获十门总机一部，瑞典挂机五部及电线、珠钉等回荔。二十二年元月县长徐孟坚委石成铭任电话所长，开始架设各区电线。四月，方村、董界、茂兰、恒丰等四区通话。二十四年、二十五年石成铭又两次赴粤，代各联保买获电机四部，增设从善、三洞、阳凤、朝阳等区处。二十七年石成铭、黄品镤又赴粤港，买获电机五部，又代各联保买获电机十二部及电线等回荔，始增架各乡电线。截三十二年止，荔波电话网共计十门总机一部、五门总机四部、分机二十七部，路线共长四百五十六公里。各区乡普遍设置，并可与独山及广西之思恩、宜北通话。民国二十七年县长汪汉买获收音电机一架，后因损坏，无人修理，存电话室。三十三年冬，敌寇陷城，全县电讯设备破坏无余，收音机亦被人盗卖。三十四年县长张曜复积极筹购电线电机及收音机。并令各乡镇准备电杆，自烧瓷珠，以县城为枢纽，分五大干线架设；并于方村、莪蒲、董界等处置五门总机，其余乡镇均设分机。三十五年三月架设完成。外县则可与独山通话，脉络贯通，通讯灵敏。

水　利

荔波河流，大底都低下，水低田高，少能利用，往往演成严重旱灾。所有水利，除民间利用形势，筑塘开渠及修水车外（详《食货志·农事编》），尚无大规模建设。民国三十一年县长刘仰方呈请省农田水利委员会派员莅县勘测，经测定县城南郊及旧县、朝阳、董界、茂兰等五坝堰堤，预计可受益田亩一万五千亩。惟须待珠江水利局第五测量队到县复勘，始可动工。此项建设，为本县所急切需要而渴望实现者也。

坛　庙(专祠附)

社稷坛　有二：一在城北在城塘右，今祀之。一在城东河对面五谷庙左，系旧县老社稷。方整端好，四旁土阜环列，若生成焉。前人砌以石脚，今犹存。◎抄自李稿。

先农坛　在城北二里，每岁仲春，莅斯土者，率士民敬祀先农，躬耕于此，示崇本也。◎抄自李稿。

厉坛　在北门外右手空地，俗名"祭孤坛"。祭时迎城隍行像于坛上，用纸书无祀鬼神等众牌位列于坛下两旁。◎抄自李稿。

文庙　在城西捕署右侧，同治十年补修。◎抄自李稿(详前《学宫》编)。

庆祝宫　积年未建，每遇庆祝等事，悉于文昌宫举行。◎抄自李稿。

文昌宫　在城西文庙右侧，同治五年苗变被毁，只存后殿三间，至今未建。光绪初年，改移于城东，建奎阁于其上。◎抄自李稿(详前《荔泉书院》编)。

魁星阁　向在荔泉书院内屋楼上，后移于文昌宫内桂香楼之上层，同治五年毁。◎抄自李稿。

武庙　有三：一在东北城内隅，乾隆五年游击李勋捐廉重修。嘉庆十年游击庆喜补修。咸丰辛酉毁于兵，知县吴德容重修，增立天子台、四配、两庑、泮池、黉墙等制，与孔庙同。始改像设主。同治丙寅苗变复毁，今已建。一在旧县旧街，明万历知县刘邦征捐廉创建，今犹存，然已有坍颓待葺处矣。一在方村县署左侧，顺治十六年知县王家珍捐廉创修，毁于同治初年之乱。◎抄自李稿。

按　三洞场原有关帝庙一座，起自何时失考。民国十五年滇军过境被毁。二十六年三洞小学成立，由庙款修屋三间假作校舍。

又按　方村武庙已建，今之区署后进，即关帝庙也。惟修复情形未详。

城隍庙　有三：一在城内北隅，乾隆六十年士民捐修。咸丰辛酉毁。知县吴德容葺为课士之处，分俸延师，时复亲临面试。同治五年毁于兵，九年知县钱埙重修。一在旧县，明万历间知县刘邦征创建，同治中毁。一在方村，顺治间知县王家珍捐修，毁于同治初年之乱。◎抄自李稿。

按　城北城隍庙戏台早已坍塌，两庑亦朽烂不堪。民国三十年县长段叔瑜改设地方行政干部训练所。

附　知县钱埙《重修城隍庙记》："尝考之礼，天子大蜡八，水庸居七。水则隍，庸则城也。三代以上，城隍之祀，已与城池并立，由来久矣。同治五年，县城毁于苗贼，城隍庙亦毁。九年，余来任，甫下车，以城池为一邑根本，汲汲谋修之。九年夏举工，砖瓦石木，皆余倡议劝募以足之；栋宇之长短广狭，皆余口讲指画以成之。虽非崇闳，亦免湫隘矣。神于吴赤乌时，祷者免水旱灾；南北朝慕容俨及武陵王之祭，皆大著威灵。唐以来，群县皆立城隍，宋入祀典。至我朝灵异尤盛焉。故荔波以岩疆亦存庙貌。而今而后，城池巩固，黎庶恬熙，则永沐神庥于无暨矣。"◎抄自杨稿。

附　邑先正覃金锡《城隍庙碑记》："洋洋丕昭感应，使古今天下贵贱贤愚，听晨钟，聆暮鼓，猛省求其放心，而不敢泄沓自肆者，其鬼神乎！欲正心，须敬神，而敬神须自城隍始，敬城隍须自葺庙始。考庙在邑城北，历有年所。前之修葺，实繁有徒。惟无存储，无岁修，物换星移，坍圮不一。欲葺庙须自捐赀始。光绪庚子，邑侯黄公锦章，廉而慎，乃葺斯庙。属金锡倡之，并刘君梅亭、魏君焕章经理之。我邑绅若民，咸解囊有差。庙内向有颓墙也，因之则革其故；庙后向无两厢也，创之则鼎而新。泥者塓之，黝者垩之，缺者完之，狭者展之。醵数百金以为费，阅十一月以为工。而咸仰黄公为更始。虽然，后之视今，亦犹今之视昔。嗣而葺之，终之始之，始之终之，循环无间。是所望于随时猛省之君子。”◎抄自杨稿。

龙王庙　有二：一在东门外樟江岸上，附郭临江。同治五年毁于兵，后已复建。一在巴灰里砦龙岸上，亦毁于同治初年，皆未详其建始。◎抄自李稿。

按　巴灰里龙王庙两进，前进五间，后进三间，两边厢房各三间。在河岸荒坡上，距村寨里许，每为匪类藏身之窟。民国二十五年，益智创办朝阳小学。因校舍新建之初，材料颇感缺乏，乃商之地方绅耆，并呈准政府，以学生力量，迁至对岸培补校舍，所得砖瓦木石颇多。现该地仅遗荒址耳。

五谷庙　有二：一在旧县田坝。一在巴乃里棣瑎村前。◎采自李稿。

按　朝阳乡花堤村有五谷庙一座，今尚存。

天驷宫　俗名“马王庙”，今其地改作县置粮仓。◎抄自李稿。

名宦祠　在学宫内，知县杨以增有惠政，人思慕之，作长生禄位祀于其中。苗变毁之，迄今未设祭主。◎抄自李稿。

乡贤祠　在学宫内，向未设祭主。按荔波之有乡贤祠，由来久矣。而未闻详题奉祀者，岂斯乡之无贤哉？贤不自贤，人又不知其贤，而贤遂湮没不彰耳。夫前代之不可考者无论也，第以晚近言之，亦自有生平事实脍炙人口而不愧乡贤之目，如孝廉方正邱君树桐者，非其人欤？邑人士心向往之，然显扬题达，是所望上于上官。姑志之以待合词请命焉。◎抄自李稿。

昭忠祠　咸丰八年，知县吴德容始建于城隍庙左侧，十一年毁。同治二年吴又改建于武庙墙外，五年城陷又毁。◎抄自李稿。

光绪二十五年，知县张济辉捐修。题联云：“当年两次陷城，百战健儿飞刃血；此日重新祠宇，一龛香火慰忠魂。”◎抄自杨稿。

节烈祠　在东北炮台内，昭忠祠后数十步。祀失城死节妇女一千有奇。同治二年，知县吴德容捐修。题联：“节殉危城，垂名不朽；烈昭彤管，视死如归。”又云：“城市山林，一尘不染；须眉巾帼，万古犹香。”额云：“女中丈夫。”五年苗变毁。◎抄自李稿。

光绪十三年，知县宋泽春捐修。题联云：“于干戈扰攘城郭沦亡时，尚能骂贼捐躯，奇男子未若一朝慷慨；从士女流离老幼转徙后，想见清风古井，惟淑人庶几永世馨香。”◎抄自杨稿。

蒋公祠　在城隍庙后，同治元年知县吴德容捐修，五年城陷被毁。◎抄自李稿。

光绪二十五年八月知县张济辉改建于桂花书院后进。并书上谕一道悬于龛上。其文曰：礼部为移咨事：祠祭司案呈内阁抄出光绪十五年十二月十五日奉上谕：“都察院奏贵州京官修撰赵以炯等呈称：知县守城阵亡，请捐建专祠，并宣付史馆一折。已故署贵州荔波知县蒋嘉谷，因于咸丰年间，贼匪窜境时，该员力保危城，阵亡惨烈，业经追赠知府衔给予世职。兹据该修撰等胪陈战功政绩，着照所请于该故员死地方及原籍捐建专祠，并宣付国史馆立传，以彰忠荩。该衙门知道，钦此，领遵到部。相应移咨贵州巡抚转行原籍，一体遵照办理可也。”

并题堂联云：“是名将乎，是名儒乎，特地振孤军难忘碧血丹心苦；真大才也，真大节也，崇祠环古木恍听金戈铁马声。”“忠义重莪山，当年马革言旋，公为生灵拼血战；勋名垂竹帛，今日豹皮无恙，我来凭吊爇心香。”又题祠外一联云：“问令尹之贤曰忠，看懔懔如生，自古艰难惟一死；有大勋于国则祀，叹滔滔皆是，几人梦想到千秋。”侧门一联云：“与百姓有缘，已死都教门近市；只一墙之隔，先生何幸圣为邻。”（祠后为市场，祠左邻圣宫）并在学署空地筑一客厅，为邑人士聚会之所。中悬一联云：“四座酒香拼客醉，半楼山色耐人看。”◎采自杨稿。

寺　观

西峰阁　在回龙山上，祀文昌帝君，同治初年毁。◎抄自李稿。

观音阁　有三：一在城中北门右，高耸三丈余；一在董界里下庙村后；一在巴乃里棣堦村，俱毁于同治初年。◎抄自李稿。

按　董界板麦村后有观音寺一座，今犹存，惟何时修建已失考。

寿佛寺　在东大街，即两湖会馆也，同治五年毁。◎采自李稿。

按　后已修复。现设军粮仓于前进楼上。

万寿宫　在城北大街，即江西庙，祀许真君，同治五年毁。◎采自李稿。

按　后已修复。现设县党部。三洞场下街有万寿宫一座，系钦语扬创修。民国二十六年迁至场坝起三洞小学校舍。

玉虚宫　在城东大坪子，即两广会馆也。同治五年毁于兵。◎抄自李稿。

按　后已修复，现设卫生院。

附　邑先正杨树荃《培修玉虚宫序》：窃闻莫为之前，虽美弗彰；莫为之后，虽盛弗传。如我两广会馆玉虚宫，始建于乾隆十三年。栋宇辉煌，规模壮丽。自两次城陷被毁，瓦砾成堆。行者过之，不胜今昔之感。光绪乙酉，署荔波县事廉泉刘公，管带上江协营军荣轩王公，管带荔波营练军文山邱公，各捐鹤俸，并力鸠工。惜规模粗定，三公相继卸篆。自时厥后，乡人屡欲继起，咸以力小任重中止焉。因陋就简，乏术补苴，继长增高，功亏一篑，都人士太息久之。今幸统领南路各营练军采山李公者，吾粤之梅县人也，保障边城，辱临敝邑，叹桑梓之明神，差同冷社，抚宫室为禾黍，未免伤怀，慨然乐助多金，创议培修前后。爰属余董成其事。但一木难支大厦，而人乐先赖神安。所望同乡诸君子，随缘结善，集腋成裘。祖师在天之灵爽，其式凭焉。废兴坠举，将于我统帅聿观厥成也。夫何美之弗彰，盛之弗传哉？是为序。◎抄自杨稿。

天后宫　在城西大街，即福建会馆。军兴以来，各庙皆被毁。惟此庙及圣后规模尚存。◎抄自李稿。

按　现设征兵事务所。

忠烈宫　在城北大街，祀唐将军南霁云，俗呼黑神庙。同治五年毁。◎抄自李稿。

光绪二十三年，知县白建鋆修复。民国初年前进戏楼又失慎被毁，仅存正殿与后殿。三十年改为忠烈祠，正殿设抗战阵亡将士牌位，移南将军等牌位于后殿。现设镇公所。

按　三洞场有黑神庙一座，建始已失考。民国二十六年移设三洞小学校舍。

附　邑先正覃金锡《重修忠烈宫记》：大观在上，岿然于城北之衢者，新忠烈宫也。邑人僮僮然眩转以游，伛偻以敬。佥曰：自丙寅苗叛，宫火于贼，仅存白棵一株，萧然在目。而重修为任，闻其无人，不图后胜于前，得睹轮奂为快。是役也，权兴丁酉，访落戊戌，殆匪夷所思乎？抑别有道以致之乎？曰：有。初庀材，楹缺其一，溪涨，浮大木，其坚多心。工度之，若合符节，盖承天宠也。邑城乡捐二千金有奇，制度数，不伤财。盖民忘其劳也。独是民之涣也互观望，天之高也迄无言。果何以上栋下宇而征大壮哉。邑侯白公，上感天心而下孚民志也。督工则乾之健，收功则咸之速。既验鼎之心新，允卜恒之久。微邑侯自强不息，孰能与于斯。官绅士庶乐捐，芳名刊于后。时魏、巫、梁、刘诸君，分任重修，贞固足以干事，是亦昌黎所云，得牵连书者。◎抄自杨稿。

火神庙　在忠烈宫内，已毁。◎抄自李稿。

三界庙　在游击署址箭道中，同治十一年知县钱埙创建。◎抄自李稿。

按　光绪十年知县刘树培、统领王恩贵捐廉勸募重修。年久剥落坍圮，民国二十七年县长汪汉迁前楼于公园，建大众俱乐部，又将正殿改向东（原向西），现设民众教育馆。

附　邑先正覃金锡《重修三界庙记》：三界神之为灵昭昭也，楚、粤、黔咸敬之。邑向未有庙，有之自刺史公铭三先师始。惟创之之艰，奠两楹，妥庙貌而已。光绪甲申刘邑侯廉泉、王统带荣轩，粤籍也，爰咨爰诹，捐廉劝募，改湫隘而增爽垲。灿然而耸峙者为门，巍然而宏敞者为楼，翼然而左右者为厢。维时族叔范堂裕庵，亲家何君少白，鸠其功而司其事。派何逵九、蒙绍桢、覃晓册、蒙冰臣等承领捐簿，往捐各里，金锡分捐瑶庆、巴容。向使告厥成功，有始有终，岂不懿欤！乃轮奂甫彰，而刘若王相继瓜代。自时厥后，或以仕而北上，或以讼而赴郡，或以疾而物化。工未竣而各里分捐者均未缴薄，收数多寡，无从核算，岁修款尤未遑议及，而庙亦隊剥屡矣。虽然，乐捐者不可泯也，收捐者不可忽也。各里经手，犹可说也；金锡经手不可说也。谨将瑶庆、巴容捐数，纪之贞珉，俾有所考云。◎抄自覃著《赘赘编》。

惠民宫　即四川会馆，在城东北隅。

萧曹祠　在县署内。◎抄自李稿。

会神祠　在县署内。◎抄自李稿。

花婆庙　在城隍庙内，同治九年邑宰钱埙建修。◎抄自李稿。

土地祠　城中有五：中央一，四门各一，毁于乱，重修未齐。◎抄自李稿。

按　各乡原有土地祠颇多，近年破除迷信，随被拆毁，现存者无几矣。

其　他

字　藏

字藏有二：一在城东大坪子，清光绪十九年修；一在三洞场，建修年月未详。

附　邑先正梁占魁《捐修字藏序》：字藏，一名字库，以惜字名，实非名也。邑城自咸同两陷后，字藏无名久矣。往予有劝修字藏序名。时以捐签不多，且经始乏赀，名卒不立。顷偶为同学覃君二如谈及。二如年未四十，家仅中赀，因素有轻财好义名者，遽慨承焉。即日召匠庀材，合需砂灰、砖石、工资，悉先垫发。他人捐赀后，获多寡，一切不问，予滋愧矣。或曰：二如现以乏嗣而好名，固应尔尔。予曰：不然。二如日者曾有捐田施棺独修南门衢路诸善举，名类也。语云：三代下惟恐不好名。世不乏乏嗣，而好名者何仅见也。物以好聚，名不虚立。且二如自昔诞降，尊君年垂六十，今犹健在。蚌珠有种，何难于二如，拭目视之。至众捐后获若干，序应泐石嵌藏，尚难悬拟，惟此藏得名一旦，有志竟成，故序以志予愧；并以风世之殖财而不好名者。光绪十九年三月　日◎抄自杨稿。

培补玉屏山

山半为雨水冲裂两道，宽深五六丈，长者三十余丈，短者十余丈。清道光二十五年知县谢人龙劝捐培补。

附　邑先正邱树桐《培补玉屏山记》："捧莪皆山也，挺然特出一玉屏，方正阔大。前朝天马，后峡石龙。左列将军，右环武库。岩岩气象，令人肃然有敬焉。溯自乾隆初年，经略张公来定此邦，因喜此山之毓秀钟灵，包孕万有，旋请设治于其间。相其阴阳，则一河玉带，劈分新、旧两城，浑如太极图也。观其形势，则万顷良田，锁住龙、狮二口，宛如殽函关也。其他儿孙罗列，波水潆洄，成形成文，固不待言。以故合境人民，享太平无事之福者数十载。未几，玉屏崩裂，山岳不灵，是以有嘉庆十七年之变。善堪舆者，不曰文庙宜修，即曰玉屏宜补。慨然有补玉屏之愿。道光十三年，邑侯长沙鲁公，惜事未举，以解组去。若修文庙，嘉庆末年，则有若邑侯蔡、武二公；道光初年，则有若杨、蒋二公；且添建文昌，创书院，立义学，宜乎人文蔚起，祸乱不生。何以道光二十三年合城又为之一变。此皆未补修玉屏之故也。天心仁爱，复起岩疆。特简汉阳刘公来篆峨山县尉。下车伊始，览山川，商富教，汲汲以办考费补玉屏为急务。适逢漕帅朱公省墓游止，更适邑宰谢公捧檄来兹，情深桑梓，望切菁莪，爰捐廉俸，出告示以为一邑倡。俾县尉公得成己志，以成鲁公志。历巡四境，化功德不惜齿牙；劝谕四民，捐赀财以运土壤。躬督挑云担月，出入披星；手数玉粒青蚨，单寒沾露。子来济济，公至纷纷。约费四百余金，补完千古缺憾。是举也，起于端午，成于中秋。佥曰：非县尉之力不至此，县尉功不肯居，而归之邑侯谢公；谢公不受，归之漕帅朱公；朱公屡来函不自任。山既倾于数十年以前，山忽成于数十年以后，殆有天意存乎其中，则亦归之天而已矣。桐不敏，赞襄厥事。爰计其颠末于右，以俟后之应运兴者，知所由来欤！是为记。”◎抄自杨稿。

卷五　政教志

孔子曰"道之以政，齐之以刑"，政也；"道之以德，齐之以礼"，教也。盖政者为治之具，刑者辅治之法，德礼则所以出治之本，而德又礼之本，此其相为终始而不可偏废也。

孔子相鲁会夹谷，齐侯以孔子知礼而无勇，使莱人以兵劫鲁侯。孔子以公退，曰：士兵之。孔子又曰："善人教民七年，亦可以即戎矣。"盖有文事必有武备，是武备又为德礼政刑之辅也。

荔波古称荒服蛮夷，视为化外。宋置羁縻州以后，恩德未施，礼教未及，政刑有所不逮，则继之以师旅，是以干戈扰攘，历年不息。清中叶以还，读书明礼者，虽不乏人，然而凤毛麟角，寥若晨星。民国肇造，政教兼施。三十年来，虽以才财两乏，政绩未征咸熙，然而纲举目张，已纳民于轨物；教育未能普及，然而识字者已占百分七八以上。此后仁渐义摩，礼陶乐淑，将见大化成而礼让兴，德教治而民气乐，征保合于太和，发馨香于郅治也，岂不懿欤！

志政教。

县制沿革

荔波在元季、明初，为皮、蒙、雷三土司割据。其建立原起，分域世次，改革缘由，组织系统，已无可考。明正统间改土归流。嘉靖间设县，属广西庆远府。设知县一，典史一，住时来。清顺治十六年，移县治于方村。乾隆二年移今治，增设儒学训导一员。方村县署改为桂花分县，设县丞一人；雍正间改为理苗县，同治间改为理民县，光绪间改为方村县，设县丞一人；民国初年改为方村分县，设县佐，俱承知县之命，掌理当地巡徼、弹压、勘灾、催科等事务，二十五年裁。至正县除典史掌巡捕，训导掌训迪，另设署外，县署内设刑名师爷一员，管理财政出纳事项；吏、户、礼、兵、刑、工六房等各设经承一人或二人及办事员若干人。至地方组织，分十六里。里设乡正，乡正之下设保正、团长、牌长等。又每里设通事一人，俗名管里，负通译语言及催收丁粮等事项。

民国成立，县署改为县公署，设县知事一员。县知事以下设科长，综核前之吏、户、礼、兵、刑、工六房文稿；设承审员，秉承县知事之命审讯民刑案件；设管狱员，管理监狱及民刑看守所人犯；设经征员，征收地丁钱粮。其隶属者有经费局，后改为财务局，管理地方经费；劝学所办理全县学务；劝业所桑区管理员，主办实业。至于地方组织，设国防总局辅助县官办理全县政务；下设六区，区设区长，每区辖若干里；里设团总，团总之下，设保董、甲长、牌长等。

民国十五年，县公署改为县政府，县知事改为县长。县政府之下设公安局，管理县城及附郭盗匪防卫事宜；财政局管理地方经费；教育局管理教育行政及教育经费；建设局管理实业及建设事项。此外又设农业试验场，研究改良农业事项。又仿川省制，各县省款年收在一万元以上者，设征收局，局长由省政府派委，经征国、省各税。

民国二十年二月筹办自治，区之下设乡镇闾邻。民国二十四年，裁局并科，征收局及公安、财政、教育、建设等四局职务均统一于县政府。县长之下设秘书一员，一、二、三科各设科长一员。各科设科员二员、事务员一员至二员，及录事等若干员。第一科职掌内务、典礼、警团、户籍、卫生；第二科职掌税款、经费收支；第三科职掌教育、建设。又分设督学视察教育，技士办理建设；设会计主任办理经费审核；设兵役主任办理兵役事务；设区务督导员办理保甲事务；设肃清烟土办事处办理禁烟；设合作室办理农村合作事业。至地方组织，因贵州划为“剿匪区”，改联保制，区之下设联保主任、保长、甲长等。又有附设于县政府内，或不设于县政府而以县长为主官者，如司法处以县长兼理司法行政及检查事务；国民自卫总队部设总队长一人，以县长兼任，另设督练员二人，书记事务员、司书各一人，办理队部事务，又设训练员若干人，派赴各区训练壮丁；保安警察大队设大队长一人，以县长兼任，另设大队附、分队长等，率领队兵分驻城乡，负缉捕匪类保卫治安之责；地方财务委员会，以委员九人组织之，设主任委员及出纳股、稽核股主任各一人，由委员中选任，管理地方经费出入事宜；教育委员会，由县政府聘任委员七人组织之，规划促进全县教育为宗旨；义务教育委员会，县长兼主任委员，聘任委员十人组织之，办理改进义务教育事项；动员委员会，以县长、党部书记长、军训教官、驻军长官等为委员，县长兼主任委员，办理精神总动员事宜；国民经济建设运动委员会支会，县长兼会长，聘任设计委员、专门委员若干人，办理各种经济建设事务；优待出征家属委员会，以县长、党部书记长、县政府主管科长、地方财务委员会、县商会、慈善团体、法定团体等负责人组织之，办理优待出征军人家属事宜；农田水利整理委员会，县长兼主席委员，另聘委员八人组织之，办理水利事项；教育经费稽核委员会，以委员九人组织之，稽核教育经费收支是否确实、预算已否遵行；禁烟委员会，设委员五人，除县长及第一科长为当然委员外，余由县政府聘任，办理禁烟事务；赈济会，由县政府聘任委员五人或七人组织之，办理灾害救济事项。

民国三十一年元月，实施新县制，县政府设县长一员，县长以下分民政、财政、教育、建设、军事、社会、粮政等七科，各设科长一员。又分设秘书、会计、统计、警佐、合作等五室及征收处，除秘书室设主任秘书一员、助理秘书二员、警佐室设警佐及督察、训练员、办事员、书记等各一员外，余均设主任一员；关于军法及司法、检查事务，另设军法承审员一员处理。至三十二年二月，裁社会科，业务分由民政、教育两科办理；裁粮政科，业务并田赋管理处办理；并取消统计、警佐、合作三室名义，统计业务并秘书室办理，警佐业务仍设警佐兼城区警务所长一员办理，合作业务仍设合作股主任一员办理。此外又设县指导员五、督学三、技士二、科员二十六、军法书记员一、合作指导员四、督察训谏员一、事务员十八、录事十四。此外设卫生院办理卫生，设保安警察队及警察所维持治安，设地方财务委员会及县金库经理地方财务，电话室办理城乡电话。至司法处仍照旧组织。国民自卫总队部于民国二十九年改为国民兵团，县长兼团长，另设副团长一员，团附一员及督练员、书记事务员、司书等。三十年秋，国民兵团裁撤，并军事科办理，三十一年五月又恢复国民兵团名义，以军事科长兼副团长。又于民国二十九年设土地陈报处，县长兼处长，另设副处长一员及编查员等若干员，办理土地陈报，结束后，改设田赋征收处，继又改为田赋管理处，仍以县长兼处长，另设副处长一、科长二，粮政股长一、会计二、技士一、科员七、办事员三、雇员五，此外设征收处七，各设主任及收储股长各一、稽征员二，仓库十四，各设管理员、助理员各一，办理田赋及军粮等事项。至卫生行政，原属县政府民政科办理，民国三十年成立卫生所，设所长、医佐、事务员等各一；三十一年改设卫生院，设院长、护士、助产士各一，护产助理员四、事务员一，办理卫生业务。此外又设动员会议、兵役协会、教育委员会、文献委员会、赈济会、战时教育推行委员会等，推进各项业务。县以下各级组织，区署设区长一员，指导员、雇员各五员，辅助县政府推行政令；乡镇公所设乡镇长一员，民政、经济、警卫、户籍、文化等干事及书记各一员；保办公处设保长、副保长各一员；甲长办公处设甲长一员。规定县为自治单位，区为县政府辅助机关，乡(镇)为县以下基本单位，保甲为乡(镇)以内构成分子。三十五年春，奉令试行民选乡镇长。

党　务

荔波县党部成立沿革

民国二十四年九月十六日成立“中国国民党贵州省荔波县党义宣传员办事处”，由省党部委宣传员舒明永莅县办理，设办事处于城北街万寿宫。二十六年七月一日，奉令改为“中国国民党贵州省荔波县党部”，同年十月十六日，县党部负责人改为特派员制，仍委舒明永为特派员。二十七年二月底舒离职，由省党部调派叶光明继任。二十八年一月，县党部负责人改为书记长制，仍委叶光明为书记长。荔波县党务，在叶任颇有进展。二十九年二月，党政不调，省党部调派周开运继任，党务无形停顿。三十年四月周开运辞职，吴德垲继任。三十一年十月，吴又辞职，周继光继任。三十三年九月，选举执监委员。周继光、覃福景、周源泉、覃思永、陈企崇当选执行委员，杨文书、王惠尧当选候补执行委员，周继光为执行委员会书记长；潘益智、黄兴华、韦廷泽当选监察委员，石怀德当选候补监察委员。潘益智为监察委员会常务监察。至是党务始恢复旧状。是年冬，敌寇陷城后，周调任独山县党部书记长，潘辞职外出。三十四年春，委本籍人黄印寿继任书记长，黄兴华继任常务监察。

此其沿革大概情形也。

荔波党务推进情形

荔波在党义宣传员办事处未成立以前，党员寥寥无几。在二十七、八年时期，虽有党员数十人，然多属预备党员。三十年以后，策动各级公务员入党，截至三十二年九月止，计全县党员为七百一十八，区党部一，区分部十四，直属区分部十，小组七十四。

司　法

荔波司法事务，原由县长一人总理。清代设刑名师爷一员，辅助知县办理刑事案件。民国成立以后，设承审员秉承县知事之命，审讯民刑案件；设管狱员管理监狱及民刑看守所人犯。二十五年司法独立，成立司法处，专设审判官一员审理民刑案件，下设书记官及录事等。县长仍兼军法审理及司法行政检察事务。历任审判官为夏域春、夏念祖、张衍杰、唐颂尧等，而夏域春在职七年，案积如山，有讼累三五年不决者。三十二年，夏念祖到职，始清理积案。三十四年，张衍杰到职，不数月奉调。三十五年，唐颂尧继任，司法业务，始渐上轨道云。

武　备

兵　制

绿营　荔波县营，原系广西河池营分防旧治汛地。乾隆二年建城，增设在城游击一员，月薪六十两；存城守备一员，月薪三十二两；千总二员，一存城，一分防三洞汛，各月薪二十四两；把总四员，一分防方村汛，余存城，后又分一员驻九阡，各月薪一十八两；外委六员，一分防三洞汛，余存城，各月薪八两；额外三员，俱存城，各月薪五两；马、步兵丁原额八百名，随后递有增减，分防三洞汛一百二十名，方村汛六十六名，余存城，各月饷一两九钱九分，每月加米折五钱。

以上员额，如系署理者，只领半俸。

练营　荔波练营设管带一，月薪五十两；中、左、右哨官各一，各月薪一十八两；副哨官三，各月薪八两；练兵三百名，由绿营兵额拨充，各月饷一两九钱二分，清光绪三十一年，加至二两四钱。

兵　役

民国二十二年，中央政府废除募兵制度，改行征兵。公布兵役法二十一条，自二十五年三月一日起实施。二十六年六月，贵州成立军管区筹备处，设贵兴、镇遵二师管区，下设团管区六。荔波属镇遵师管区独山团管区，承其命令指挥、办理全县兵役事务。按荔波县政府三十一年工作报告，全县壮丁为一万五千零五十五人，内计甲级壮丁(二十岁至三十岁)为八千八百九十三人，乙级壮丁(三十岁至四十岁)为六千一百六十二人；其中应免役者为五千八百二十六人，内计甲级壮丁为二千五百五十八人，乙级壮丁为三千二百六十八人；应缓役者为五千七百八十人，内计甲级壮丁为二千二百三十四人，乙级壮丁为三千五百四十六人。至三十二年十月截止，共征去新兵为四千二百九十六人，内计二十七年征去二百四十人，二十八年征去四百八十人，二十九年征去六百六十人，三十年征去八百四十人，三十一年征去一千二百人，三十二年十月以前征去八百七十六名。

按　本县兵役，原来配额过重；复以连年灾害频仍，人口由十万减至八万，担负原额，更感困难。三十五年县长张曜及参议会议长覃冠卿一再电恳层峰，三十六年春奉军管区令准予核减。

保安警察队及警察所　民国初年，绿营、练营撤裁后，维持地方治安者，除各区团兵外，县城有警备队之设置。十八年改设公安局。二十四年又改设保安队，不久，又代以警佐办事处。二十七年又更名为保安警察队，县长兼大队长，另设大队附一员，四分队、一特务队各设分队长一员，各分队每队士兵三十七名，特务队二十名。三十一年又设警察所三，城区及从善、方村两区署各一。除城区警察所长由警佐兼外，余各设所长、所员、巡官等各一员，警士三十名，维持市街警务事项。三十四年，保安警察大队长由省保安处委派专任。城区警察所改设局。县长张曜又举办一保一枪运动，计得精良步枪百余枝，由县府烙印登记，配发各乡镇领用，自卫武力，颇形健全。

教 育

荔波设学，始于乾隆二年。第规模草创，因陋就简。一切制度典章，阙如也。迨后贤明府次第莅任，改建学宫以培文风，创立书院以陶士类，一时人文蔚起。虽未能巍科，登俊选，而经明行修，代不乏人。自欧风东渐，我国之百日维新，而教育亦因之易辙，废科举，兴学校，科学提倡，风靡一时。民国肇造，追欧步美，择善而从，学制随时改革。兹将本县历年教育情形及各学校沿革概况分述于后：

一、学额

乾隆二年，题设荔波县学额，进八名，廪生四名，三年一贡。令止廪生二名，生员四名。不知何时裁减，姑存之以俟考。◎抄自李稿。

乾隆二年，黔大吏题请设荔波县学，岁试取进文生八名，武生八名；科试文生八名，廪生四名，三年一贡。后只取进岁、科试文生各四名，武生四名，廪生二名，四年一贡。不知何时减裁，姑存之以俟考。◎抄自杨稿。

按 李稿、杨稿所载学额稍有出入，并抄之以俟考。

二、义学

养正义学 在西门大街。清道光中邑贡生邓而亨、邓莲峰、董之茂，耆民邱崇光、唐文光等十八家捐修，延师教城中贫家子弟。同治庚午年复城后，学馆被毁。◎采自李稿。

荔营义学 在游击署头门右侧，系游击捐廉延师教营中兵丁子弟。◎采自李稿。

养正义塾　在城中十字北街。

移风义塾　在从善里杨拱村。

崇儒义塾　在莪蒲里水调村。

扶文义塾　在周覃里周奉村。

尊经义塾　在瑶庆里板寨村。

以上义塾五所，乃光绪元年知县苏忠廷建设。◎采自李稿。

同仁义塾　在本城东街荔泉书院左厢。

扬清义塾　在巴乃里播远场。

善成义塾　在瑶庆里水扛村。

以上义塾三所，俱知县苏忠廷增建。◎采自李稿。详《食货志·公产编》。

三、教育机关之沿革

清光绪三十一年，教育制度变更，奉令成立荔波县劝学所。设所长，视学员一，劝学员八，主持各小学政权，并征收屠斗等捐。宣统间，又改所长称劝学员长。至原有之学款（文庙田谷黉仪款、义塾田谷等），仍旧属于斋长。及经费局、财务局、财政局等成立，屠斗捐及学款并归经费局、财务局、财政局等统一收支。民国十五年，改劝学所为教育局，设局长、督学、事务员、书记等各一。当时学款又独立，故学政学款悉归教育局统制。二十四年裁局并科，教育行政并入县政府第三科办理；教育经费又并入地方财务委员会负责收支。卅一年，设教育科。

四、师资之培成

学制变更，新章骤改，办学教学者均茫无头绪，师资培植，极感需要。清光绪三十一年，诏各县派员留学国外。知县陈介白乃拨存款（款存玉昆山宅）五百两，选送附生高煌留学日本宏文学校。

宣统元年，都匀府设师范研究所，札仰各县送学员入所肄业。知县石作栋提款选送邑附生覃建中、潘廷儒、覃文彬、胡含章等赴都匀入所研究管理、教授各科。是年冬毕业旋里。乃委覃文彬假文庙为师范讲习所，招各里教员入所讲习，以储师资，此为教员受训之始也。洎民国五、六年以后，进中学者，陆续毕业回梓，委充各校职教员。至各乡初级小学教员仍感缺乏，则随时举办简易师范或师资训练班等以资补充。三十五年春，县长张曜感小学师资缺乏，在经费万分困难中，竭力筹措，于县立中学附设简易师范一班，名额四十，选拔本籍小学毕业之优秀青年，施以三年师范教育，造就小学师资。在学期间，所有膳宿书籍费用，由政府津贴，规定毕业后须在本县教育界服务三年，中途不得改业。以后如能每年继续增设一班，则各乡镇小学师资，当不致缺乏云。

五、城乡学校之沿革

自欧风东渐，我国教育缺点暴露无遗。清光绪二十四年，诏令各省筹设学堂，自是教育制度逐渐更张。三十一年，又诏停科举，裁学官，设学堂。知县陈介白委王国骏为劝学所长，覃金锡为堂长，在城中筹办两等学堂。三十二年，清廷正以兴学为要务，迭令筹款推广教育。惟以邑中原有文庙田黉仪谷息，仅足供城校之用，乃加委劝学员蒙式谷、何同海、梁自成、蒙玉衡、何丙龄、莫培元、李家盛、蒙绍先等八人，分行十六里开收屠斗捐，并议每里坐扣半数作开办各里小学经费。由是甲良、播缓、拉圭、巴灰、洞塘、毛兰、从善、董界八处，各成立初等小学一所。此为城乡各学校成立之始也。厥后城乡学校，历年更变。

兹就目前所有者，缕列于后，并追溯沿革，以备考查。

一、荔波县立初级中学

荔波交通阻塞，出外升学，诸多不便；中产之家，其子弟在小学毕业后，每多失学。故中学之成立，早为邑中关心教育者所切望。

惟以地方经费支绌，各种设备，颇感困难，尚未实现。民国二十九年，县长陈世宇假文庙及桂花书院为中学校址，拨款培修。三十年，县长段叔瑜继续筹措，卒于九月一日正式开学。惟以基金尚未确定，基础不无动摇。三十二年，县长陈企崇每以为念，极力筹措基金。是年十月四日，县政会议，覃思永、潘益智、李伯纯、梁一民、何同海、韦金品等三十余人提议，以三十年度清理所得之公产收谷九百余挑为中学基金；并将以后继续清查所得之公产全部划作中学基金。后经决议："以三十年度清理所得公产三分之二及以后继续清得公产全部为中学基金。"此后基金巩固，我邑中等教育之发展，可望与日俱增也。

二、玉屏镇中心学校

玉屏镇中心学校，系于民国三十一年实施新县制时由县立城区小学校改设，而县立城区小学校又于民国三十年秋季合并县立城区女子小学而成，其历史较长。兹为便于追述起见，特分为县立城区小学（即三十春季以前之城区小学）及县立城区女子小学两部分详叙于后：

（一）县立城区小学　清光绪三十一年奉令设立学堂，知县陈介白委覃金锡为堂长，黄自明为教员兼管理员，又聘武备学堂毕业军官冯乃斌为体操教员，成立学生一班于桂花书院（又名双桂堂，一名老书院，一名荔泉书院），名为"荔波公立两等小学堂"，以修身、国文、讲经、历史、地理、天文、格致为科目，此荔波设立学校之权舆也。自学校成立至宣统元年，历时三载。虽高煌已由日本回籍，从事教育，无如办学人员多系守旧宿儒，兼以地处偏隅，交通阻塞，教科书及标本仪器等，皆付阙如，问修身则学《中庸》《论语》也，问历史则《鉴略妥注》也，问地理则《幼学琼林》也。卒之上峰有敷衍之斥，学生无毕业之望。邑增生蒙式谷、贡生李家盛、附生覃文彬、简师生高树楠等联名呈请县署另设学堂于文昌宫。知县石作栋乃委覃金锡为名誉堂长，蒙式谷为管理员兼教员，李家盛、覃文彬、高树楠为教员，亦名为“荔波公立两等小学堂”。照章购置部定图书完备，按期教授。自是学生始得依限毕业升学，而各乡小学亦有所矜式矣。自是老书院一堂，无形解散。民国元年改称“模范两等小学校”。三年，班数增加，移高级部于老书院。四年，初级部改称“国民学校”。十二年改称“荔波县立第一初高两级小学校”。十三年，文昌宫为滇军占据。十四年春，移初级部与高级部合一，假文庙为教室。二十四年，复移初级部于文昌宫。二十五年，改称“荔波县立安涛小学”，二十六年，改为“荔波县立城区小学”，三十一年改为“玉屏镇中心学校”。

（二）县立城区女子小学　民国四年时，男校已相当发达。邑附生蒙绍先假刘氏宅创设女学，授以修身、国文、算术、音乐各科。邑中女子，一时奋然向化。次年春，邑贡生覃金锡捐廉为开办费。又得知事傅良弼之提倡，委覃金锡为校长，华有恒、蒙玉衡为教员，成立初级两班于城北街之万寿宫，名曰“以德女学”。八年，拟扩充班级，移于游击废署。十年，军事旁午，移于梁氏宅。十二年，奉令改称“荔波县立第一初级女子小学校”。十五年，移回万寿宫。十七年，成立高级一班，班数增加，校舍湫隘难容，乃移于关岳庙。二十五年，改称“荔波县立玉屏两级女子小学”。二十六年，又改称“荔波县立城区女子小学”。二十七年，修牌坊门及体育场，又将附近之昭忠祠、节烈祠及万寿宫右侧之观音堂培修作教室。三十年秋季，男女合校，并入“荔波县立城区小学”。三十一年，改为“玉屏镇中心学校”。毕业学生前后共计八百五十余人。

三、恒丰乡中心学校

恒丰学校，民国初年开设，仅有初级两班。民国二十二年，区长韦学霖、校长高炯等，极力扩充，添招高级一班，名为“荔波县立第二两级小学”。一面呈请县府拨款补助，一面劝本区捐款千余元新建校舍，是为各乡两级小学校之嚆矢。二十五年，改名“荔波县立恒丰小学”。三十一年，改名“恒丰乡中心学校”。毕业学生共计九十余人。

四、方村乡中心学校

方村学校,在清宣统年间成立初级一班于寿福寺。民国二十一年杨家骏、莫伯丹等为扩充计,呈请县政府核准,征收纸塘捐,创立校舍五间。二十二年,分县长徐笑渔招收初级学生四班。二十三年,地方绅耆呈请徐分县长转咨荔波教育局增设高级一班,名为“荔波第三两级小学”。二十四年,又增设高级一班,改名“荔波县立方村小学”。在草创之初,全得校长覃福景极力筹划,根基已克巩固。二十五年,又将分县废署改为教室,设备始臻完善。三十一年,改为“方村乡中心学校”。

五、驾欧乡中心学校

驾欧学校在民国初年,原设有一班于拉圭场,后已停办。十五年,团首莫汝明极力提倡,新起校舍于六林村,成立私塾。潘益智到校地视学,将各情呈报县政府。十六年,仍改为初级小学,设拉圭场。二十四年,莫汝明及校长黎希贤悉心筹划,呈请县政府准收第二区各场摊捐作开办费,增设初级二班、高级一班,名为“荔波第四两级小学校”。莫汝明正筹措新建校舍,殊当地人士,意见分歧,以为拉圭场不适中,二十六年移于拉奥村,借民房为教室,又增设高级一班,改名“荔波县立驾欧小学”。莫汝明以创办苦心,极端反对,缠讼不休。后经政府解决,另成立短期小学于拉圭。然莫汝明心终不甘,放弃责任。该乡人士,多系自私自利,不顾公益,致富甲全县之驾欧乡,校舍迄今未建。而随后成立之育英、朝阳、三洞各小学校舍,早已建筑完成,可胜浩叹。急起直追,后来居上,是所厚望于驾欧乡之知识阶级者。三十一年,又更名为“驾欧乡中心学校”,毕业学生共计七十六人。

六、瑶庆乡中心学校

瑶庆学校,民国二十年校长欧树培创办,成立初级一班,名“县立第一初级小学”,旋增设初级一班,二十四年改名“茂兰初级小学”。二十五年，又增设初、高级各一班，是年又得区长蒙平山协助，由第五区筹款四千余元经营新校舍，又改名为“荔波县立育英小学”。二十六年，又增设高级一班。三十一年，改名“瑶庆乡中心学校”，毕业学生共计九十余人。

七、朝阳乡中心学校

朝阳乡原名巴灰里，清末假三圣宫（俗名龙王庙）设立初级两班。民国二十四年，第一区区长覃冠卿极力改进，呈准暂抽城区、巴灰两场货摊捐作购置图书、校具基金。又鼓吹当地人士捐款三千元作建筑费，新建校舍。二十五年春成立高级一班、初级两班，共计学生一百二十余人，名为“荔波县立朝阳小学”。二十六年春季增设初级两班，秋季增设高级一班，学生已达三百余人。三十一年改名“朝阳乡中心学校”，三十二年秋季又增设初级两班。毕业学生共计一百四十余人。

八、三洞乡中心学校

清宣统年间成立初等小学一所，仅设初级一班。直至民国二十六年，筹建新校舍。民国二十七年，分设初级一二年级。民国二十九年设高级一班，名为“荔波县立三洞小学”。民国三十一年，又改为“三洞乡中心学校”。

九、瑶庆乡第二中心学校

自中央政治统一之后，注重边疆教育。民国二十五年，省政府委校长吴光华来荔，设学校于水庆之拉豆村，成立初级一班，借民房为教室，名为“苗民学校”。是年冬，省督学到此视察，以该地非瑶民适中地点，另勘定校址于瑶麓大寨，将大寨原有之短期小学改设，更名“省立荔波水庆乡初级小学”，以该村公共之茅屋为教室。二十七年春，新任校长白正邦乃收罗短期小学学生并添招新生共计七十名，成立复式制初级一班。又改名为“省立荔波初级小学”。并呈准保留水庆村原有之初级一班，名为分校。是年得胡文虎、胡文豹两先生捐款三千五百元新建校舍。二十八年，增设成初级四班。二十九年校长韦德峻继任,又成立高级一班,改称“省立荔波小学”。自二十五年至三十一年,经费完全由省开支,三十二年由县接办,改为“瑶庆乡第二中心学校”,经费由县政府统筹。毕业学生一班计十九人。

按 以上多采自覃文彬《质成纪事》大作。

十、永康乡中心学校

永康乡中心学校,系覃进安一人创办。民国二十四年由私塾改为区立初级小学;二十五年改为县立初级小学,各项校具,全由覃进安私人购置,迄三十年,由初级一班扩充至四班;三十二年,增设高级一班,改为“永康乡中心学校”。

十一、洞塘乡中心学校

洞塘乡中心学校,系姚显忠创办。民国二十一年,成立初级小学一班,随后陆续增加成立初级三班,三十一年增设高级一班,改为“洞塘乡中心学校”。

十二、董界乡中心学校

董界学校,清末成立一所于寨马村。民国十四年,又成立初级一所于寨峨村,后均停办。三十一年春,董界乡乡长何烈及地方绅耆何同海等,自动成立国民学校一所于何氏宗祠,计初级三班。三十二年增设高级一班,改为“董界乡中心学校”。

十三、阳凤乡中心学校

阳凤学校,民国初年成立初级小学一所,十六年停办。二十四年成立短期小学。二十七年移短期小学于尧并阳凤场,仍设县立初级小学。三十一年改为国民学校,成立初级三班。三十二年,增设高级一班,改为“阳凤乡中心学校”。

十四、周覃乡中心学校

周覃学校,民国初年成立初级一班。三十一年,增设初级四班,名为“周覃国民学校”。三十二年,又增设高级一班,名为“周覃乡中心学校”。

十五、阳安乡中心学校

阳安初级小学成立于民国二十六年，三十一年改为“阳安国民学校”，设初级三班。三十二年增设高级一班，改为“阳安乡中心学校”。

十六、洞塘乡第二中心学校

洞塘场原于清末成立初级小学一班，不久停办。继于民国六年又转成立。三十一年改为国民学校，成立初级二班。三十二年，增设高级一班，改为“洞塘乡第二中心学校”。

十七、从善乡中心学校

从善初等小学原成立于清光绪三十二年，不久停办。民国初年又转成立，十七年以后，匪势猖獗，又停办数年。二十四年成立短期小学，继又改为县立初级小学。三十一年改为“从善国民学校”，成立初级两班。三十二年增设初级、高级各一班，改为“从善乡中心学校”。

十八、佳荣乡中心学校

佳荣威岩初级小学成立于民国二十七年秋。创办人欧正荣。三十一年，改为“威岩国民学校”。设初级三班，三十二年增设高级一班，改为“佳荣乡中心学校”。

十九、时来国民学校

成立于民国初年，原名初级小学。二十四年改为短期小学，后又改为初级小学。三十一年，改为国民学校。

二十、水春国民学校

成立于民国二十五年，原名短期小学。三十一年，改为国民学校。

二十一、福村国民学校

成立于民国初年，原名初级小学。三十一年，改为国民学校。

二十二、甲埲国民学校

成立于民国十八年，原为初级小学。三十一年，改为国民学校。

二十三、花堤国民学校

成立于民国初年，原为初级小学。三十一年，改为国民学校。

二十四、玄穹国民学校

民国二十六年，第二区区长覃冠卿及联保主任彭明韬等，为开化瑶胞子弟而设，原在猺保玄穹村，名初级小学，后移海利村。三十一年，改为国民学校。猺民子弟，进者甚少。

二十五、捞村国民学校

民国二十五年何金镛、何庆熙等创办，原名初级小学。三十一年改为国民学校。

二十六、巴弓国民学校

民国三十二年乡长蒙达尊、副乡长何应熙等创办。

二十七、拉圭国民学校

拉圭初级小学原成立于清光绪末年，后停办。民国十六年始恢复。二十四年又成立“荔波县立第四两级小学”。二十六年移于拉奥村，乃于该处成立短期小学，继又改为初级小学。三十一年又改为国民学校。

二十八、播尧国民学校

民国二十五年成立初级小学，设初级一班。三十一年增设初级一班，改为国民学校。

二十九、尧花国民学校

民国十七年黎希贤创办，名为初级小学。三十一年改为国民学校。

三十、地维国民学校

民国二十五年别动队江邦国策动地方人士，创立中山民众学校。二十七年改为短期小学。三十年改为初级小学。三十一年改为国民学校。

按　地莪场地势适中，附近村落，人烟稠密，该乡国民学校四所，经成立有年，亟应于当地设立中心学校。深望该乡人士，意志集中,积极筹备。文化启迪,实利赖之。

三十一、播缓国民学校

播缓初级小学,原成立于光绪末年,后停办。至民国三十二年始成立国民学校。

三十二、尧并国民学校

民国二十七年,由阳凤短期小学移设。三十年,短期小学又移于拉强,始成立国民学校。

三十三、拉强国民学校

民国三十年,由尧并短期小学移设,三十一年改为国民学校。

三十四、甲良国民学校

甲良学校原成立于清光绪末年,后停办。至民国二十四年,又成立初级小学,三十一年改为国民学校。

三十五、瑶台国民学校

民国二十五年成立短期小学,三十一年改为国民学校。

三十六、甲站国民学校

民国二十五年成立短期小学,三十一年改为国民学校。

三十七、金兑国民学校

民国三十一年成立。

三十八、交界国民学校

民国三十二年成立。

三十九、水利国民学校

民国二十五年成立初级小学,三十一年改为国民学校。

四十、水丰国民学校

民国二十八年成立短期小学,三十一年改为国民学校。

四十一、廷牌国民学校

民国三十一年成立。

四十二、水器国民学校

民国三十一年成立。

四十三、板料国民学校

民国三十一年成立。

四十四、塘党国民学校

原为恒丰小学分设之初级一班，民国三十二年改为国民学校。

四十五、含养国民学校

民国三十二年成立，创办人韦德基。

四十六、杨柳国民学校

民国二十四年成立短期小学，三十一年改为国民学校。

四十七、水东国民学校

民国三十二年成立。

四十八、安旭国民学校

民国三十二年成立。

四十九、彩崇国民学校

民国三十二年成立。

五十、板告国民学校

民国三十二年成立。

五十一、水调国民学校

民国初年成立初级小学于水各村，三十一年改为国民学校。

五十二、水息国民学校

民国三十一年成立。

五十三、水董国民学校

民国二十七年成立初级小学，三十一年改为国民学校。

五十四、水昂国民学校

民国二十五年成立短期小学，二十六年改为初级小学，三十一年改为国民学校。

五十五、鸾董国民学校

民国二十四年成立初级小学，三十一年改为国民学校。

五十六、坤地国民学校

民国二十四年覃树荣创办，名为初级小学，三十一年改为国民学校。

五十七、拉祥国民学校

民国二十九年卢光华创办，成立初级小学，三十一年改为国民学校。

五十八、拉茅国民学校

民国三十二年潘银发创办。

五十九、拉先国民学校

民国三十二年潘玉光创办。

六十、茂兰国民学校

清光绪末年成立初等小学一班于茂兰场。民国初年移于常寨。二十四年改修短期小学于茂兰场，而以欧树培创办于坡等村之县立第一初级小学改名“茂兰初级小学”。二十五年坡等村之学校新建校舍于洞流村，改名“育英小学”。而茂兰场又成立初级小学。三十一年改为国民学校。

按 茂兰场地势开阔，附近村落，人烟稠密，早应成立两级小学，乃以坐失时机，殊堪惋惜。现各乡中心学校，已成立过半矣。茂兰乡应如何积极筹备，是所深望于该乡之知识阶级者。

六十一、洞英国民学校

民国三十二年成立。

六十二、寄才国民学校

民国二十七年成立初级小学，三十一年改为国民学校。

六十三、水洋国民学校

民国八年成立初级小学，三十一年改为国民学校。

按 水洋场与述尧、拉交等国民学校区域毗连，学童尚多。如水洋国民学校负责人热心筹划，积极进行，则中心学校可望成立也。

六十四、述尧国民学校

民国十年成立初级小学，三十一年改为国民学校。

六十五、拉交国民学校

民国二十六年成立初级小学，三十一年改为国民学校。

六、县立民众教育馆

本县民众教育馆于民国二十六年十一月将本县过去通俗讲演所及书报阅览所、大众俱乐部等经费合并筹设。以三界庙培修为馆址，中山公园为民众体育场。二十七年十月正式成立，内设馆长及教导主任、生计主任、艺术主任等各一。

附 荔波县三十二年度各级学校一览表

校　名	所在地	校长姓名	教职员数	班数	学生数	月支经费数
县立初级中学	城　区	覃思永	11	4	155	2 345
玉屏镇中心学校	城　区	蒙明成	18	12	575	1 217
朝阳乡中心学校	朝阳场	石怀德	12	8	278	802
董界乡中心学校	洞莪场	何同海	6	4	132	399
驾欧乡中心学校	拉奥村	莫绍祥	9	6	110	593
阳凤乡中心学校	阳凤场	柏干崇	6	4	80	399
方村乡中心学校	方村街	莫淑文	9	6	168	593
恒丰乡中心学校	恒丰场	韦国衡	9	6	177	593
阳安乡中心学校	阳安场	杨秀英	6	4	129	399
三洞乡中心学校	三洞场	韦廷楠	9	6	214	593
周覃乡中心学校	周覃场	周兴和	8	5	114	526
从善乡中心学校	姑赏村	潘家寿	6	4	122	399
瑶庆乡中心学校	洞流村	欧崇龙	9	6	116	593

续 表

校　　名	所在地	校长姓名	教职员数	班数	学生数	月支经费数
瑶庆乡第二中心学校	瑶麓村	蒙绍熙	9	6	233	593
佳荣乡中心学校	威岩村	欧正荣	6	4	85	399
洞塘乡中心学校	久安村	姚显忠	6	4	138	399
洞塘乡第二中心学校	洞塘场	彭玉麟	5	3	127	338
永康乡中心学校	溪竹村	覃福景	8	5	132	526
时来国民学校	时来乡旧县村	覃冠群	1	1	35	61
水春国民学校	时来乡水春村	覃运淮	1	1	31	61
福村国民学校	时来乡福村村	覃庆连	1	1	52	61
甲埲国民学校	时来乡甲埲村	罗与贞	1	1	32	61
花堤国民学校	朝阳乡花堤村	覃有能	1	1	45	61
玄穹国民学校	董界乡海利场	韦　克	1	1	34	61
捞村国民学校	捞村乡捞村场	何则荣	1	1	116	61
巴弓国民学校	捞村乡巴弓村	蒙育梁	1	1	32	61
拿圭国民学校	驾欧乡拉圭村	莫仁甫	1	1	41	61
播瑶国民学校	播瑶乡板岜村	王云龙	2	2	113	119
尧花国民学校	播瑶乡尧花村	黎世桢	1	1	41	61
地维国民学校	播瑶乡地莪场	吴家修	1	1	42	61
播缓国民学校	播瑶乡播缓场	吴造刚	1	1	42	61
拉强国民学校	阳凤乡拉强村	莫心友	1	1	56	61
尧并国民学校	阳凤乡尧并村	莫如仁	1	1	50	61
甲良国民学校	方村乡甲良场	曹培英	1	1	39	61
瑶台国民学校	方村乡平寨	覃炳祥	1	1	60	61

续　表

校　　名	所在地	校长姓名	教职员数	班数	学生数	月支经费数
金兑国民学校	方村乡金兑村	莫芝伦	1	1	46	61
甲站国民学校	方村乡甲站村	覃汉光	1	1	45	61
交界国民学校	方村乡交界村	蒙圣忠	1	1	60	61
水利国民学校	水利乡水利街	吴学樟	1	1	27	61
水丰国民学校	水利乡水丰村	吴德恩	1	1	31	61
廷牌国民学校	恒丰乡廷牌街	韦鉴辉	1	1	40	61
水器国民学校	恒丰乡水器村	吴廷科	1	1	38	61
板料国民学校	恒丰乡板料村	韦邦杰	1	1	42	61
塘党国民学校	恒丰乡塘党村	韦阜山	1	1	41	61
含养国民学校	阳安乡梅仰村	杨秀超	1	1	34	61
杨柳国民学校	三洞乡板楠村	潘时杰	1	1	31	61
水东国民学校	三洞乡水东村	韦玉华	1	1	40	61
安旭国民学校	三洞乡安旭村		1	1	34	61
彩崇国民学校	三洞乡彩崇村		1	1	42	61
板告国民学校	三洞乡板告村	韦治英	1	1	40	61
水调国民学校	莪蒲乡水各村	潘炳高	1	1	38	61
水息国民学校	莪蒲乡水息村	潘家齐	1	1	46	61
水董国民学校	从善乡水董村	潘运鸿	1	1	31	61
水昂国民学校	从善乡杨拱村	石昌元	1	1	21	61
鸾董国民学校	从善乡鸾董村	潘永康	1	1	39	61
拉茅国民学校	佳荣乡拉茅村	欧志新	1	1	40	61
拉先国民学校	佳荣乡拉先村	潘玉光	1	1	60	61

续　表

校　　名	所在地	校长姓名	教职员数	班数	学生数	月支经费数
坤地国民学校	佳荣乡坤地村	陈荣辉	1	1	46	61
拉祥国民学校	佳荣乡拉祥村	陈树新	1	1	46	61
茂兰国民学校	茂兰乡茂兰场	莫茂春	1	1	52	61
洞英国民学校	茂兰乡洞英村	欧　烈	1	1	38	61
寄才国民学校	洞塘乡寄才村	姚源修	1	1	71	61
水洋国民学校	永康乡水洋场	蒙　俊	2	2	129	119
述尧国民学校	永康乡水尧村	姚恩凤	1	1	73	61
拉交国民学校	永康乡拉交村	黄珍铭	1	1	32	61
备　考　生活津贴及实物补助系随时变更不列入经费内。						

按　民国三十二年以后，敌匪蹂躏，水旱频仍。教育概况各年不同，兹查三十六年全县教育概况为：县立初级中学一所，附设简师一班共计七班，学生总数一百七十五人，每月经费总数五万六千零八百八十元；中心国民学校二十六所（每乡镇一所，玉屏、洞塘、瑶庆、播摇、永康各增设一所），共一百零五班，学生总数三千二百六十二人，每月经费总数三百一十五万五千四百四十元；国民学校四十一所，共四十四班，学生总数一千八百零三人，每月经费总数一百三十四万零四百八十元；民众教育馆一所，每月经费总数三十八万八千一百六十元。附录以见一斑。

典　礼

古者历代制礼，各有损益，盖因时制宜也。胜清所定会典诸礼，民国成立，已先后改革，悉与维新。至婚嫁丧祭，立法院尚未规定，民间多半新旧参用。兹将本县过去及现在所通行之各项重大典礼，撮要列述如次。其有新旧制颁各项礼节，而本邑未经举行者，坊刻有专书，一概从略，以省篇幅。

祀　礼

祀孔圣典礼

我邑圣庙，在胜清时遵照奉颁祀典，每岁春、秋二仲月上丁日祭（君主时代，春秋祀典，逢甲祭天，乙祭地，丙祭宗庙，丁祭文庙，戊祭武庙，故祀孔曰丁祭）。祭之日，以德高望重者为纠仪官，如与祭各官有失仪时，即当场指摘。祭毕，失仪者自行检举，请长官罚俸。礼仪极为隆重。惟乐器乐舞，向未设备，祭时只歌乐章。各陪祭官、与祭官及执事人等均由各官绅及学中文武生分任。在祭之前二日，由县官派定，将姓名列榜，由陈设官恭捧祝版及榜陈列一大棹上。先升三炮，用鼓吹送至圣庙，奉安于祝案正中。即诣先师孔子神位前上香，行一跪三叩礼毕，将榜悬于亭内，谓之迎榜。派定执事人等即于次日齐集圣庙演习。是日宰牛一头，羊、豕各八头，并备各种祭品。日晡时，县官偕陈设官诣圣庙省牲及祭品毕，即陈设于各神位前。至四鼓时，各官齐集庙外，俱朝服步行由棂星门左右入（文左武右），分次序坐。用茶一巡毕，纠仪官及唱赞者先入就位，各执事生以次俱入，序坐于阶下。少顷通唱："行（春、秋）祭礼，执事生各司其事。起鼓，初严金，初扎鼓，再严金，再扎鼓，三严金，三扎鼓，金鼓齐鸣。奏大乐，鸣炮。乐止奏清音。启门，瘗毛血，迎神。主祭官就位，陪祭官就位，与祭官各就位。乐奏昭平之章。行迎神礼，跪（众官皆跪，行三跪九叩礼，民国初年改行三鞠躬礼），兴。引礼者引主祭官、陪祭官（民国初年称承祭官、分献官）诣盥洗所。"引唱（引主祭官、陪祭官诣盥洗所）："诣盥洗所濯水进巾，复位。"通唱："引主祭官行上香礼。"引唱（引主祭官由东阶升进殿左门诣香案前)："诣至圣先师孔子之香案前(行三上香一跪三叩礼)，兴，复位。"通唱："引陪祭官行上香礼。"(各引礼生引各陪祭官分向东西配东西庑乡贤名宦等各香案前行礼如上)复位。通唱："乐奏宣平之章，行初献礼。"引唱(各引礼生引唱如前)："诣酒尊所，司尊者举皿酌酒，诣至圣先师孔子神位前，献爵，献馔，献帛(行一跪三叩礼)，复位。"(各引礼生引各陪祭官分祭行礼如上)通唱："诣读祝文位，跪(众官皆跪)，读祝生跪，乐止，宣读祝文(行一跪三叩礼)。兴，复位。行分献礼(如前)，复位。乐奏秩平之章。行亚献礼、分献礼(俱如前)，复位，乐奏叙平之章。行三献礼、分献礼(俱如前)，复位。彻馔。乐奏懿平之章。引礼者引主祭官诣饮福受胙位，跪，众官皆跪，饮福酒，受福胙，谢福酒，谢福胙，跪(行一跪三叩礼)，兴，复位。乐奏德平之章。行送神礼。跪(三跪九叩)，送神，读祝者捧祝，司帛者捧帛，恭诣燎所，焚祝帛，望燎。回向。礼毕，乐止，鸣炮，彻班。"祭毕后，将牛羊豖肉分送名颁胙，受之者以为荣。

附 祝文：

乾隆元年颁◎维某年 月 日，某官，谨以大牢、刚鬣、柔毛、肴馔、香帛不腆之仪，致祭于至圣先师孔子前，曰：惟先师德隆千古，道冠百王。揭日月以常昭，自生民所未有。属文教昌明之会，正礼节乐和之时，辟雍钟鼓，咸恪荐以馨香；泮水胶庠，益致严于笾豆。当兹仲春(秋)，只率彝章，肃展微忱，聿修祀典。以复圣颜子、宗圣曾子、述圣子思子、亚圣孟子配。尚飨。

祀崇圣祠仪节

以训导为主祭官，丁祭日四鼓前，主祭官及分献官先至崇圣祠，引赞生引入崇圣祠阶下。通唱："行春(秋)祭礼，执事者各司其事；起鼓，鸣金，奏乐，鸣炮，乐止奏清音。瘗毛血，迎神。主祭官就位，跪(行三跪九叩礼)，引礼者引主祭官诣盥洗所(礼如祀孔)，行上香礼。”引唱:“诣五圣王神位前,跪(行三上香一跪三叩礼),复位。”通唱:“行初献礼(礼如祀孔),诣读祝文位(礼如祀孔),行分献礼。”引唱:“诣先贤颜氏神位前,跪,上香,献爵、献帛(行一跪三叩礼),兴。诣先贤曾氏神位,诣先贤孔氏神位,诣先贤孟氏神位(俱如前仪)。”复位。通唱:“行亚献礼,行三献礼(俱如前仪)。”复位。通唱:“彻馔,行送神礼,跪(行三跪九叩礼),兴。读祝者捧祝,司帛者捧帛,恭诣燎所,焚祝帛,望燎,回向,礼毕,乐止,鸣炮,彻班。”

附　祝文:

维某年　月　日,某官,谨以羊一、豕一、肴馔、香帛不腆之仪,致祭于肇圣王、裕圣王、诒圣王、昌圣王、启圣王神位前,曰:惟王奕叶钟祥,光开圣绪,盛德之后,积久弥昌。凡教泽所覃敷,悉寻源而溯本。宜肃明禋之典,用申守土之忱。兹届仲春(秋),聿修祀事。配以先贤颜氏、先贤曾氏、先贤孔氏、先贤孟氏。尚飨。

祭器

爵、铏、笾、豆、簠、簋、樽、筐、毛血楪、香炉、烛台、盘、祝版、幂、杓、高灯、提灯、庭燎、盥盆、盥巾。清乾隆二年开学,原置竹版一、竹笾二百二十、木豆二百二十、锡爵二百二十、锡灯一、锡铏十二、锡簠六十、铁燎二,盛木柜藏于学署。咸丰十二年城陷尽毁。

祭品

牛一、羊八、豕八、太羹、和羹、黍、稷、稻、粱、形盐、槁鱼、芹、蕨、白饼、黑饼、榛、菱、芡、枣、脾析、豚胉。乐器、乐舞积年未设。

乐章

迎神奏昭平之章　大哉孔子,先觉先知。与天地参,万世之师。祥征麟绂,韵答金丝。日月既揭,乾坤清夷。

初献奏宣平之章　予怀明德,玉振金声。生民未有,展也大成。俎豆千古,春秋上丁。清酒既载,其香始升。

亚献奏秩平之章 式礼莫愆,升堂再献。响协鼗镛,诚孚罍甗。肃肃雍雍,誉髦斯彦。礼陶乐淑,相观而善。

终献奏叙平之章 自古在昔,先民有作。皮弁祭菜,于论思乐。惟天牖民,惟圣时若,彝伦攸叙,自今木铎。

彻馔奏懿平之章 先师有言,祭则受福。四海黉宫,畴敢不肃。礼成告彻,毋疏毋渎。乐所自生,中原有菽。

送神奏德平之章 凫峄峨峨,洙泗洋洋。景行行止,流泽无疆。聿昭祀事,祀事孔明。化我蒸民,育我胶庠。

四配

东配: 复圣颜子、宗圣曾子。**西配:** 述圣子思子、亚圣孟子。

十二哲

东序: 闵子损、冉子雍、端木子赐、仲子由、卜子商、有子若。
西序: 冉子耕、宰子予、冉子求、言子偃、颛孙子师、朱子熹。

先贤

东庑: 蘧瑗、澹台灭明、原宪、南宫适、商瞿、漆雕开、司马耕、梁鳣、冉孺、伯虔、冉季、漆雕徒文、漆雕哆、公西赤、任不齐、公良孺、公肩定、鄡单、罕文里、荣旗、左人郢、郑国、原亢、廉洁、叔仲会、公西舆如、邽巽、陈元、琴牢、步叔乘、秦非、颜哙、颜何、县亶、乐正克、万章、周敦颐、程颢、邵雍。

西庑: 林放、密不齐、公冶长、公皙哀、高柴、樊须、商泽、巫马施、颜辛、曹恤、公孙龙、秦商、颜高、壤驷赤、石作蜀、公夏首、后处、奚容蒧、句井疆、秦祖、县成、公祖句兹、颜祖、燕伋、乐欬、狄黑、孔忠、公西蒧、颜之仆、施之常、申振、左邱明、秦冉、牧皮、公都子、公孙丑、张载、程颐。

先儒

东庑：公羊高、伏胜、董仲舒、后苍、杜子春、诸葛亮、王通、陆贽、范仲淹、欧阳修、游酢、杨时、罗从彦、李侗、吕祖谦、蔡沈、陈淳、魏了翁、王柏、赵复、许谦、吴澄、明居仁、王守仁、罗钦顺、黄道周、汤斌、陆秀夫、辅广、韩琦、文天祥、方孝孺、吕枬、李纲、谢良佐、周辅成、程珦、蔡元定。

西庑：谷梁赤、高堂生、孔安国、毛苌、郑元、范宁、韩愈、胡瑗、司马光、王安石、尹焞、胡安国、张栻、陆九渊、黄干、真德秀、何基、陈澔、金履祥、许衡、薛瑄、陈献章、蔡清、吕坤、刘宗周、孙奇逢，陆陇其、张迪、朱松、毛亨、许慎、张伯行、刘德、袁燮、曹端、陆世仪。

崇圣祠

五王：肇圣王、裕圣王、诒圣王、昌圣王、启圣王。

东位配先贤颜氏、先贤孔氏；西位配先贤曾氏、先贤孟氏。

◎以上李稿、杨稿均采。

孔子诞辰

胜清及民国初年除丁祭外，每年以八月二十七日为圣诞节，书院及学校亦以太牢致祭。民国二十年废丁祭，乃于圣诞日在文庙举行纪念会。以县长为主席，各公务员及绅耆、父老、学生、军警等均应参加，并由官绅讲述孔子遗教，依纪念会仪式举行。亦有时新旧参用，惟跪叩礼改行鞠躬礼。二十八年，国府通令以孔子诞辰为教师节。于是孔子诞辰纪念会及教师节同时在文庙举行。

祀关圣典礼

清顺治元年，定每年五月十三日祭关圣庙。九年敕封忠义神武关圣大帝。雍正三年封关帝三代公爵，造神牌，供奉后殿。除五月致祭外，定于春、秋二仲月上戊日致祭。五年颁行武庙祀典。乾隆二十三年加封灵祐二字，嘉庆二十年加封仁勇二字，复加封宣德二字。春、秋二祭期，陈设帛一、爵三、镫一、铏二、簠二、簋二、笾十、豆十，牛一、羊一、豕一，俎二、炉一、尊一、香盘一。行礼仪注与祀孔同。民国三年，兼祀岳飞。并以张飞、王濬、韩擒虎、李靖、苏定方、郭子仪、李光弼、曹彬、韩世忠、旭烈兀、徐达、冯胜、戚继光、赵云、谢玄、贺若弼、尉迟敬德、王彦章、狄青、刘锜、郭侃、常遇春、蓝玉、周遇吉等配享。

民国二十年与丁祭同废。

附　祀关圣祝文：

维某年　月　日，主祭官某、陪祭官某，谨以牛一、羊一、豕一、肴馔、香帛不腆之仪，致祭于忠义神武灵祐仁勇关圣大帝神位前，曰：惟帝浩气凌霄，忠心贯日；扶正统而彰信义，威镇九州；完大节以笃忠贞，名高三国。神明如在，遍祠宇于寰区；灵应丕昭，荐馨香于历代。屡征异绩，显祐群生。恭值佳辰，遵行祀典。只陈笾豆，致奠牲醪。尚飨。

附　大总统祭关岳庙祝文：

维某年　月　日，主祭官某、陪祭官某，谨致祭于关壮缪侯、岳忠武王，曰：惟神河岳英灵，乾坤正气，忠诚出于金石，武烈炳于旂常，高谊薄云，动寰区之景慕，精忠报国，垂后进之楷模。信大节之相符，宜有功而必祀。奠千秋之俎豆，庙貌长留。靖八表之戈铤，民生受福。震今铄古，元精争日月之光，异代同符，壮采肃风云之气。永虔肸蠁，勿替明禋。尚飨。

关岳合祀乐章

迎神奏建和之章　尚武兮新邦，景前徽兮烈光，缅翊汉兮神武，启精忠兮靖康。明祀事兮惟诚，庶居歆兮苾芳。

初献奏安和之章　飒爽兮英姿，肃灵风兮两旗。椒馨兮始升，荐嘉币兮明粢。来格兮洋洋，神凭依兮在兹。

亚献奏靖和之章　振万舞兮宫县，申式觞兮告虔。赫濯兮声灵，仰神功兮亿年。

终献奏康和之章　河岳兮降神，佑启我兮后人。清酒兮三申，通精诚兮明禋。

彻馔奏蹈和之章　备物兮吉蠲，将告彻兮琼筵。神享兮克诚，垂英灵兮后先。

送神奏扬和之章　瞻祠庙兮神归，翩云驾兮骖骓。灵盼兮昭回，承嘉休兮德威。

附　各地方祭关岳庙祝文：

维某年　月　日，某地方官某，敬祭于关壮缪侯、岳忠武王，曰：惟神武功彪炳，伟烈照垂，建大节于千秋，振英风于六合，忠诚正直，丽河岳而长留，智仁勇功，与日星而并耀。洁馨香而合祀，德量同符，肃俎豆以明禋，心源如接。惟祈歆享，克鉴精诚。尚飨。

关岳合祀乐章

迎神奏建和之章　神来兮格思，风马下兮灵旆。量备兮初陈，荐芳馨兮玉卮。仰瞻兮明威，俨如在兮轩墀。

亚献奏靖和之章　万舞兮洋洋，礼再举兮陈觞。灵昭昭兮既留，庶鉴诚兮降康。

终献奏康和之章　名世兮钟灵，炳河岳兮日星。祀事兮三成，肃骏奔兮庙庭。

彻馔奏蹈和之章　告彻兮礼成，神其受兮苾芬，明德兮惟馨，播声威兮八纮。

送神奏扬和之章　云驾兮高翔，神将归兮九阊。受福兮蒸民，导我武兮维扬。

◎采自杨稿。

祝文昌庙仪节

清嘉庆六年,奉谕旨致祭于文昌帝君,照关帝例办理。后殿祀文昌先代。七年,颁行祀典。神牌书"文昌帝君神位"。每岁以二月初三日诞辰为祭期。秋祭由钦天监选吉预知。致祭礼节与武庙同。

清末已不举行。

附 祭文昌庙祝文:

维某年　月　日,主祭官某、陪祭官某,致祭于文昌帝君神位前,曰:惟神绩著西垣,枢环北极。六匡丽曜,协昌运之光华。累代垂灵,为文人之主宰。扶正久昭夫感召,荐馨宜致其尊崇。兹届仲春(秋),周昭特祀。尚其歆格,鉴此精虔。尚飨。◎采自杨稿。

祀社稷坛典礼

清顺治初定府、州、县社稷,每年以春、秋二仲月上戊日祭。雍正二年议准建社稷坛,府称府社神、府稷神,州称州社神、州稷神,县称县社神、县稷神。其坛制东西二丈五尺,南北如之;高三尺,一成,四围出升,各三尺。缭以周垣,四门朱色。神牌二,以木为之,朱漆青字,高二尺四寸,广六寸,座高五寸,广九寸五分。临祭设于坛上。陈设共一祝版,各位前帛一(黑色),爵三、铏一(和羹)、簠(黍稷)、簋二(稻粱)、笾四(形盐槁鱼枣栗)、豆四(韭菹醓菁菹醢)、羊一、豕一(同俎)、镫一、樽一(有勺疏布幂)。行礼仪注同前。

民国初年废。

附 祭社稷坛祝文:

维某年　月　日,主祭官某、陪祭官某,致祭于社神、稷神位前,曰:惟神奠安九土,粒食万方,分五色以表封圻,育三农而蕃稼穑。恭膺守土,肃展明禋,兹届仲春(秋),敬修祀事。丸丸松柏,巩盘石于无疆。翼翼黍苗,佐神食于不匮。尚飨。◎采自杨稿。

祀先农坛典礼

雍正四年准令直、省、府、厅、州、县各择洁净之处，照九卿所耕籍田亩数为田四亩九分，设立先农坛。每岁季春亥日，各官率属员、耆老、农夫恭祭先农之神。照九卿推之礼。坛制高二尺一寸，宽二尺五寸。后建正房三间，左右配各二间，正房中间供神牌，东间祭器农具，西间收贮籍田谷，右配房东间置办祭品，西间看守农夫居住。坛之外，周围筑土为大门一座。其神号曰先农之神（用木牌，高二尺四寸，宽五寸，座高五寸，宽九寸五分，红地金字，临祭迎设，祭毕贮庙）。每年以季春亥日致祭。仪注与社稷坛同，祭毕，即日行耕籍礼（行礼以朝服，祭毕，耕籍改换蟒袍）。

耕籍仪

祭先农毕，各官易蟒袍，司旗八人分东西负墙立，司鼓八人载田鼓分东西立，与司旗相间；司钮八人引铜钮分东西立于旗鼓之前；乐工八人立于东区之中，尽南（耕则随推往来作乐为节），唱赞及引赞生二人，立东西二区之中，尽北。唱赞生唱："行耕籍礼（引赞生前引正印官以下等官各就耕籍所），行九推礼，进鞭，秉耒，初推（司钮者鸣钮一声，司旗者扬旗，司鼓者擂鼓。不疾不徐，均节为礼。乐工歌诗，农官、牧夫以中行，播种官执青箱随后播种，各官如之。一进一及为一推。司钮者鸣钮一声）。初推竟（二推至九推唱如前）。九推礼毕，停犁，释鞭，升观台（序立台下，庶人终亩毕），谢恩（引赞生引各官就位，望阙序立），跪（行三跪九叩礼），兴，礼毕。"

民国初年废。

附　祭先农坛祝文：

维某年　月　日，主祭官某致祭于先农之神位前，曰：惟神肇兴稼穑，粒我蒸民。颂思文之德，克配彼天；念率育之功，陈尝时夏。当兹东作，咸服先畴。恭维九五之尊，定举三推之典。忝膺守土，敢忘劳民。谨奉彝章，聿修祀事。惟愿五风十雨，嘉祥咸沐夫神庥；庶几九穗双歧，上瑞频书于大有。尚飨。◎采自杨稿。

祀城隍庙典礼

城隍庙于春、秋仲月上戊日祭，祭用祝版一、帛一（白色）、爵一、三羹、五器、羊一、豕一、镫一、炉一、香盘一；另设无祀鬼神牌位，置向西，祭用爵一、三菜、三器、羊一、豕一（无羊、豕即作肴一席），镫一、炉一，饭米纸果等随用。

民国初年废。

附 祭城隍庙祝文：

维某年月日，主祭官某、陪祭官某，致祭于县城隍暨阖境无祀鬼神等众，曰：幽冥异路，治理惟均，名位殊途，职权自别。惟神聪明正直，有以作之鉴观；而焄蒿凄怆，无不极其情状。爰遵定制，聿举明禋。凡斯无嗣之魂，俱为有生之类。为男为女，性莫举于宫商；是故是新，代可稽于子丑。号风啸雨，断子姓而畴依；附草栖烟，绝姻亲以何托。谨设坛于城北，仰主祭于尊神。兹届仲春（秋）及上（中下）元之节，敬备牲醴，肃具羹饭。统境内之幽魂，率群灵而大享。鬼言归也，庶几离坛壝以知归；神之格思，尚其荐馨香以来格。尚飨。◎采自杨稿。

祭龙王庙典礼

清乾隆二十四年，议准致祭龙王，用春、秋二仲月辰日祭。祭品悉照城隍庙。主祭官先期斋戒一日，不理刑名。祭之日遵照祀典行三跪九叩礼，亦有行三跪六叩者。

民国初年废。

附 祭龙王庙祝文：

维某年　月　日，主祭官某致祭于龙王之神，曰：惟神德扬寰海，泽润苍生。允襄水土之平，经流顺轨；广济泉源之用，膏雨及时。绩著安澜，占大川之利涉；功资育物，欣庶类之蕃昌。仰借神庥，宜隆报享。谨遵祀典，用协良辰。敬布几筵，肃陈牲帛。尚飨。◎采自杨稿。

清时除以上各祀典外，若遇旱潦天灾，祈雨祈晴，或闭南北门，或禁屠设醮，地方官有时亲临祈祷。又有朔望赴各庙上香，立春行迎春礼等。民国成立均废。

庆贺礼

清时遇万寿节，文武大小各官，俱遵会典，设香案，朝服望阙行三跪九叩礼。荔波向无皇殿，每逢庆贺，俱在文昌宫或万寿宫内行礼。◎采自李稿。

开读礼

清时凡遇颁到诏书，地方官员遵照会典，具龙亭彩舆仪仗鼓乐，出郊迎接，至文昌宫开读。◎采自李稿。

迎春礼

清时每岁立春日，有司遵依会典，迎春东郊，出土牛。◎采自李稿。

救护礼

清时凡遇日、月食，文武各官遵照会典，依部颁钦天监推算时刻，在本衙救护。◎采自李稿。

宣讲礼

清时每逢朔望日，文武教职各官，咸集明伦堂，遵照会典，宣读圣谕十六条晓谕士民。◎采自李稿。

乡饮酒礼

清时每岁正月十五日、十月初一日，遵照会典，择乡里之年高德劭者在学署举觯献酬，谓之乡饮酒礼。◎采自李稿。

宾兴礼

清时凡遇乡试，县官于诸生赴考之前七日，延集赴科贡、监生员行宾兴礼。◎采自李稿。

送学礼

清时凡督学、岁科两试取进文、武新生，于黉案发到之日，县官送新生入学肄业，行送学礼。◎采自李稿。

按　提学取定新生之后，将黉案送达县署，县官乃择定日期，悬牌招集文武新生（共十二名）。各新生于未迎学前共制备银杯十二个、银盘一个及酒肴一席，于迎学日送县知事致敬。时近午，新生各戴纬帽，著蓝衫（月蓝色加青绿边，亦有无蓝衫而着长袍大褂者），赴署，由礼房司仪，合向县官行谒见礼（一跪四叩），县官亲为各新生簪花挂红。礼毕，县官乘四轿，新生骑马，同入孔圣庙，由东阶升大成殿，行谒圣礼（三跪九叩），旋由西阶降。至泮池，旋绕三次，名曰游泮。毕，县官送新生交学师（即训导），至学正堂（学师衙门），堂上设孔子牌位与圣谕牌位。县官与新生列左，学师在右，县官率新生行送学交代礼（一跪四叩）。礼毕，新生行过右方，与学师排为一列，学师复率新生回向县官行接管礼（一跪四叩）。礼毕，县官回署。廪保二在侧，宣读圣谕广训一段，讲四书一章，乃退出解散。此后各生名学士弟子员，归学师管教。◎覃文彬补述。

上任礼

清时新官到任，本衙门预备仪仗先期出城迎接。至之日，新官具公服，首领官率各房吏典并合属官人等导引新官先至城隍庙，陈牲醴，行香致告。行一跪三叩礼。献爵读祝毕，又行一跪三叩。礼毕，导引至县署仪门前祭告。行礼毕，又导引至大堂，设香案，朝服望阙，行三跪九叩礼。易服拜印，行一跪三叩礼。然后坐公座启印。皂隶排衙，吏房呈押。公座毕，参见吏役属官。三日内行上香、讲书。

附　行香仪：

前一日定期，至日穿礼服视各庙，至跪叩仪节，须分别举行。如文、武庙三跪九叩，城隍土地祠一跪三叩等。

附　讲书仪：

先于明伦堂设公座及讲案，文、武诸生拱候于儒学门。新官至，一揖，导引至明伦堂公座，诸生行参见礼，新官拱答。如儒学官同座，叙话毕讲书。值讲生向上三揖，端立抗声讲说书义。毕，三揖而退。又轮值讲知前仪。讲毕，新官申训词，分给纸笔奖值讲者。新官起别，诸生仍趋儒学门，拱候揖送。

附　开、封印信礼：

每年正月开印，十二月封印，皆遵照部行钦天监择定日时行礼。仪注：开印仪与上任礼同；封印跪拜与开印同。惟标记卦印不呈押公座。

开会仪式

民国成立，礼制时有更改。各种集会，有规定举行者，有临时奉令举行者。其仪式或遵上级机关命令办理，或临时规定。兹列举各纪念日及举行“国父纪念周”、“国民月会”等仪式于后：

纪念日

一月一日：中华民国开国纪念。

三月八日：国际妇女节。

三月十二日：植树节。

三月二十九日：革命先烈纪念。

四月四日：儿童节。

四月十二日：清党纪念。

五月一日：国际劳动节。

五月四日：青年节。

五月五日：革命政府纪念。

六月十六日：总理广州蒙难纪念。

七月七日：抗战建国纪念(并于是日公祭抗敌殉难烈士)。

七月九日：国民革命军誓师纪念。

八月十三日：航空节。

八月二十七日：孔子诞辰。

九月九日：总理第一次起义纪念。

十月十日：国庆纪念。

十一月四日：贵州光复纪念。

十一月十二日：国父诞辰。

十二月五日：肇和兵舰举义纪念。

十二月二十五日：云南起义纪念。

国父纪念周仪式

县属各机关、学校、团体于每周星期一上午九时，举行纪念周。在扩大纪念周则以某所在地最高长官为主席；如分别举行，则以其主管长官为主席。其仪式秩序为：

一、纪念周开始。二、主席就位。三、全体肃立。四、唱国歌。五、向党、国旗及国父遗像行三鞠躬礼。六、主席恭读国父遗嘱，全体同时循声宣读。七、向国父遗像俯首默念三分钟。八、讲读国父遗教或工作报告。九、宣读党员守则(由主席先读前文，然后领导全体循声宣读守则十二条)。十、礼成。

附　国歌

三民主义，吾党所宗。以建民国，以进大同。咨尔多士，为民前锋。夙夜匪懈，主义是从。矢勤矢勇，必信必忠。一心一意，贯彻始终。

附　国父遗嘱

余致力国民革命，凡四十年，其目的在求中国之自由平等。积四十年之经验，深知欲达到此目的，必须唤起民众，及联合世界上以平等待我之民族，共同奋斗。现在革命尚未成功，凡我同志，务须依照余所著建国方略、建国大纲、三民主义及第一次全国代表大会宣言，继续努力，以求贯彻。最近主张开国民会议，及废除不平等条约，尤须于最短期间促其实现。是所至嘱。

附　中国国民党党员守则及前文（民国二十四年十一月十八日第五次全国代表大会通过）

总理立承先启后救国救民之大志，创造三民主义五权宪法之宏规，领导国民革命，兴中华，建民国。于今全国同胞，皆能一德一心，共承遗教者，斯乃我总理大智大仁大勇之所化；亦即中国列祖列宗所遗天下为公大道大德之所感。今革命基础大立，革命主义大行，而内忧外患与革命之进展，同时加重。凡我同志，应知吾党上对亿万世之祖宗，下对亿万世之后代，中对全国国民与世界人类所负之责任，更千百倍于往昔。我总理深知国者人之积，人者心之器，国家之治乱，系于社会之隆污，社会之隆污，系于人心之振靡；又知往古圣人诚正修齐治平之一贯大道，与修身为本之唯一至德，为救国救民救济全世界人类之无上要义，故不惮于遗教中，再四谆谆告诫。本大会懔于遗教之伟大深切，与国难之严重；更鉴于世界人类祸患之方兴未已，确信自立为立人之基，自救为救人之始，特制为全党党员守则十二条，通令全党同志，一致遵行。务期父以教子，师以教弟，长官以教属僚，将帅以教士兵，共信共行，互切互磋，亲爱精诚。人人能为世界上顶天立地之人，使中华民国成为世界上富强康乐之国。然后三民主义能实行于全国，弘扬于世界，千年万世，永垂无疆之休。惟我负革命建国大责重任之全党同志共守之。

一、忠勇为爱国之本；二、孝顺为齐家之本；三、仁爱为接物之本；四、信义为立业之本；五、和平为处世之本；六、礼节为治事之本；七、服从为负责之本；八、勤俭为服务之本；九、整洁为强身之本；十、助人为快乐之本；十一、学问为济世之本；十二、有恒为成功之本。

国民月会仪式

民国二十七年动员委员会规定自是年五月一日起，各地每月一日或十五日举行月会一次。其仪式秩序为：一、大会开始。二、主席就位。三、全体肃立。四、唱党歌。五、向党、国旗及国父遗像行三鞠躬礼。六、主席恭读国父遗嘱。七、主席报告。八、讲解精神总动员纲领之第五章纲目及国民公约。九、报告时事及其他有关本地生产消费风俗等。十、主席宣读誓词及国民公约，全体循声宣读。十一、礼成。

附　誓词

我们各本良心宣誓，遵守国民公约，绝对拥护国民政府，服从蒋委员长的领导，尽心竭力，报效国家。倘有背誓行为，愿受政府的处分。谨誓。

附　国民公约：

一、不违背三民主义。二、不违背政府法令。三、不违背国家民族的利益。四、不做汉奸和敌国的顺民。五、不参加汉奸组织。六、不做敌人和汉奸的官兵。七、不替敌人和汉奸带路。八、不替敌人和汉奸探听消息。九、不替敌人和汉奸做工。十、不用敌人和汉奸银行的钞票。十一、不买敌人的货物。十二、不卖粮食和一切物品给敌人和汉奸。

附　共同目标：

（甲）国家至上，民族至上。（乙）军事第一，胜利第一。（丙）意志集中，力量集中。

附　精神改造（即第五章纲目）：

（甲）醉生梦死之生活必须改正。（乙）奋发蓬勃之朝气必须养成。（丙）苟且偷生之习惯必须革除。（丁）自私自利之企图必须打破。（戊）纷歧错杂之思想必须纠正。

升（降）旗仪式

各机关、各学校每日应举行升降旗礼。其仪式秩序为：一、全体肃立。二、主席就位。三、唱国歌。四、升（降）旗（敬礼、礼毕）。五、呼口号（口号随时更改，由上级政府制定颁行）。

祭抗敌殉难烈士仪式

民国三十年奉令修忠烈祠，安抗敌殉难烈士牌位（本县以忠烈宫改修），每年七月七日以县长为主祭官率各机关团体暨民众公祭。其仪式秩序为：一、主祭官就位。二、各机关团体暨民众就位。三、奏哀乐。四、向抗敌殉难烈士灵位行三鞠躬礼。五、默哀三分钟。六、献花。七、恭读祭文。八、奏哀乐。九、礼成。鸣炮。

附　公祭祭文：

维中华民国某年七月七日，荔波县县长某率各机关暨团体民众代表等谨以香花、鲜果致祭于抗敌殉难烈士之灵位前，而奠曰：惟灵抗敌效命，为国捐躯，武功彪炳，丽河岳而常新；大节昭垂，与日星而并耀。宜肃岁时之祀，用申崇报之诚。呜呼！黄封三锡，厉六师忠义之心；碧血千年，立百世懦顽之志。载陈尊簋，来格几筵！尚飨。

附　安位祭文：

词曰：国步多艰，蛮夷滑夏。卫我山河，实为健者。风云惨淡，龙战玄黄，杀敌致果，允为国殇。日月焜耀，天地寥廓，设位招魂，灵兮是托，报功崇德，生荣死哀，馨香俎豆，万古昭回。

按　未入祠烈士，须先行安位礼，仪式与公祭同。

婚　礼

荔波婚礼，在清季及民初，多采用古六礼制。男家访知某家有相当女子，先请亲戚中之年长者向女家求婚。即古之“纳采”也。（**按**　《仪礼·士昏礼》纳采，注：“使人纳其采择之礼。”疏：“纳采言纳者，以其始相采择，恐女家不许，故言纳。”）得女家许婚后，男家择吉日请媒人宴饮，开列男造年庚送往女家，并问取女造年庚。富裕之家，有送金戒指、耳环等。俗称“吃开口饭”。（**按**　以前男女年庚，原于此时互送，俾得推算男女两造八字是否相生，以定婚事之进行。后因要八字，以便择吉亲迎，遂改于走媒之后。）即古之“问名”也。（**按**　《仪礼·士昏礼》问名，注：“问名者，将归卜其吉凶。”疏：“问名者，问女之姓氏。”）既而男家准备衣面、金戒指、手镯、糕粑等，择吉请媒人送女家。女家则报之以针黹等件，婚姻之事始定，俗名“走媒”，即古之“纳吉”也。（**按**　《仪礼·士昏礼》纳吉，注：“归卜于庙，得吉兆，复使使者往告，昏姻之事于是定矣。”）走媒之后，又由男家择吉备酒一壶，肉一方，五色缎各二尺，丝线一二两等，并开列男造年庚，请媒人送女家。女家则报以鞋袜针黹之类，并开送女造年庚。因年庚系用干支八字开列，故俗名“要八字”。婚姻至此乃成，即古之“纳征”也。（**按**　《仪礼·士昏礼》纳征，注：“征，成也，使使纳币以成昏礼也。”）俟婚期择定，男家仍备酒一壶，肉一方，请媒人送女家报亲迎之期。谓之“送报书”，又称“报日子”。即古之“请期”也。（**按**　《仪礼·士昏礼》请期，疏：“婿之父使使纳征讫，乃卜婚日。得吉日，又使使往女家告日，是期由男家来。今以男家执谦，故遣使者请女家，若云期由女氏，故云请期。”）至期又由男家备鸡、酒、茶果、衣服（富家则添猪、羊、鹅等成双）等送女家，女家又报以被盖、蚊帐、皮箱、瓷器等，俗谓之“过礼”。即日男家备花轿一乘(为新妇乘坐),红彩轿一乘(为新郎乘坐,如新郎骑马,则省一乘),小轿五乘(为媒人二、送亲二、小舅一乘坐。如小舅骑马,则省一乘),鼓吹四人,彩旗四面及彩灯全红帖等,送至女家亲迎。行奠雁礼,礼毕,女家簪花披红后,新郎先归,俟于门外。新妇至,导之入。先拜天地(面向门外朝天行三拜礼),次拜祖宗(向神龛行三拜),夫妻交拜,遂入洞房。新郎立席左,新妇立席右,夫妇交拜四拜成礼,坐床片刻,礼毕,新郎出。次晨行庙见礼。至此夫妇成矣。

民国二年,颁行脱帽鞠躬礼,改从新制。近年来以文明结婚之仪节较古礼为简,故多从时尚。六礼旧习,已渐为陈迹矣。

附　婚礼红帖款式:

纳采帖式(男家用)

敬求

台命

忝姻眷弟某某某偕荆某氏顿首端肃拜

复男家纳采帖式(女家用)

敬遵

台命

忝姻愚弟某某某偕室某氏顿首端肃拜

以上二帖,用红纸折作五篇,计十页。内分四开,名为全帖。帖外面当中略上书一“正”字。外用红封套,贴红笺一条,书“全福”二字。◎以后红帖及封套式均同。此帖早已不用。

年庚帖式

乾造　年　月　日　时大吉

坤造　年　月　日　时大吉

帖外面书"天作之合"四字。帖内坤造下留空,俟女家填写女造年庚。封套红笺书"鸾书"二字。

报书帖式(男家用)

谨詹　年　月　日　时亲迎

大吉

姻愚弟某某某偕室某氏顿首端肃拜

复男家报书帖式(女家用)

敬迓

彩舆

姻愚弟某某某偕室某氏顿首端肃拜

帖外面书一"正"字。封套红笺书"全福"二字。

亲迎拜书式(男家用)

正(书于帖之外面)

右启(二字书于浮笺之旁)

上

德望　公阁

大　尊亲　下恕修(用浮笺书,粘于帖内第一开阳面正中)

懿范　奶莲

(书于第一开阴面之末)

姻晚某某某偕室某氏顿首正容拜

右启(书于第二开,书式同上)

上

时望　爷足

大 尊亲 下恕修
阃范 妈妆
姻弟某某某偕室某氏顿首敛衽拜

右启（书于第三开，书式同上）
上
英畏 兄足下
大 某舅 恕修
淑媛 嫂粧次
姻侍生某某某偕室某氏顿首端肃拜

复男家合卺帖式（女家用）

敬侍
花烛
姻愚弟某某某偕室某氏顿首端肃拜

帖外面画一“正”字，封套红笺书“全福”二字。此外男家于亲迎时备红封套若干个，上贴红笺，分书：请亲公、亲奶一、请某舅二，请送亲二、掌判二、启盒、祝神、梳妆、扶鸾、司笺、司厨、司烟、司茶、司酒、团书、乳金等各一，送往女家。其余从宜从俗，略有增减，不及备载。

附 文明结婚仪式：

文明结婚礼场图

男族全体人席
音乐部席
男介绍人席 男宾席
男主婚人席 男傧相席
礼 新郎

证婚人席

案　　　　　　　　　　新娘

女主婚人席　　　　女傧相席

女介绍人席　　　　　　　　女宾席

司仪员席

女族全体人席

仪式秩序

一、奏乐。二、男宾入席。三、女宾入席。四、证婚人入席(外向立)。五、介绍人入席(东、西两面对立)。六、主婚人入席(外向立)。七、新郎、新娘入席(男右、女左内向并立)。八、行结婚礼(新郎、新娘相向三鞠躬)。九、证婚人为新郎、新娘交换饰品(戒指等)并宣读证婚书。十、新郎、新娘署印。十一、证婚人署印。十二、介绍人署印。十三、两姓主婚人署印。十四、证婚人致训词。十五、来宾颂词。十六、新郎、新娘答词。十七、新郎、新娘谢证婚人、介绍人(一鞠躬)。十八、证婚人、介绍人退席。十九、行见尊长礼(三鞠躬)。二十、行平辈相见礼(一鞠躬)。二十一、行小辈相见礼(答一鞠躬)。二十二、来宾致贺(一鞠躬)。二十三、主婚人答谢来宾(一鞠躬)。二十四、奏乐。二十五、礼毕。

此外证书、颂词、训词、谢词等,散见各交际文字及礼书类中,兹不复赘。至荔波之本地、水家、莫家各族多系同姓联婚。盖因各该族聚族而居,欲与异姓联婚,必出数十里以外。家计贫苦者,限于经济力,故不能不与同姓中之远支者联婚。但其通婚支派界限甚严,与现行民法旁系血亲亲等之规定并无抵触,尚无关系。惟关于法律禁婚之外亲姻亲亲等以内者,仍依旧习惯联婚,以及早婚、重婚等陋习,无论客籍、土籍,往往有之。是有改革之必要。

丧　礼

荔波举行丧礼，仍沿守旧法。惟近年物价高涨，昔时之繁重礼节，已多从略，亦即孔子所谓“丧与其易也，宁戚”及丧具称家之有无之意也。兹略述于后。

一、小敛：人临终时，家中男女，哭泣尽哀。即以香水（用艾叶汤等）沐浴灵身，具冠服衣履，安座中堂，扶灵正坐，各孝子女，依次奠酒毕，旋设灵床于堂中，移上正寝，以衾覆敛，奠以香茗。

二、大敛：小敛之后，升棺于堂中（棺中先用洁净柴灰筛末，铺指厚一层，或用七星板；再用布单或绸单一大幅长七尺宽五尺铺棺内。幅四边垂于棺外四旁），奉灵入棺（将幅单四垂提起，再将上下两头牵覆于棺内灵胸及足股间讫，又将左右边幅对合卷至棺内。用灰包或绸帛卷子于灵肩项际及腰股间傍棺墙插下支稳实。须两旁对称，方无偏侧左右之虞。支毕，将幅单打开，用线牵直于棺上下较定端正。再将幅单四方各向外卷至棺内四旁墙处，顺棺交界际插下。复线较端正，敛以衾，覆胸齐足）。子孙审视毕，始盖棺，设灵于堂上。

三、成服：大敛毕设奠，子孙宗族内外各以尊卑远近之亲，按制成服。

四、家祭：成服之后，择定葬期。于出丧之前夕设祭。祭前一二日，先请亲友中之知礼者派定执事：通赞、引赞、执献、司樽、读哀章、歌诗、讲书、扶孝子等各一人。祭之夕，丧家备祭一桌陈于灵前，门外分左羊右豕，中设香案为读哀章及讲书之位，并设盥洗、薰沐、酒樽三所，有铭旌者于对面设铭旌所。陈设毕，通赞者通唱云：“孝堂肃静，行家奠礼，执事者各司其事，起鼓，鸣金，奏乐，鸣炮，奏清音，引礼者引领孝士执杖出帏，诣东阶，西向立，整麻冠，束麻带，纳草履（引礼者引孝子出帏至香案前，孝子依通赞所唱，动作毕），就位，行迎灵礼，跪（行三跪九伏礼），兴，跪，诗歌迎灵之章，兴，引孝士行上香礼。”引云:“诣盥洗所漱水净巾,诣薰香所三薰三沐,上香于(照灵牌上字唱)之灵位前,就位,跪(行三上香三伏礼),兴。”通唱:“诣铭旌所行上香礼(无铭旌者省)。”引云:“诣(照铭旌上字唱)铭旌位前就位,跪(行三上香三伏礼),兴。”通唱:“复位。行初献礼。”引云:“诣酒樽所,司樽者举皿酌酒,致祭于(同上)之灵位前,就位,跪。”通唱:“歌诗蓼莪之首章,书讲养生章。”引云:“初献爵(行三伏礼),兴。”通唱:“诣铭旌所,初祭铭旌。”引云:“(同上)献爵(行三伏礼),兴。”通唱:“复位。行亚献礼。”引云(同上)。通唱:“歌诗蓼莪之次章,书讲丧致章。”引云(同上)。通唱:“再祭铭旌。”引云(同上)。通唱:“复位。行三献礼。”引云(同上)。通唱:“歌诗蓼莪之三章,书讲丧亲章。”引云:“三献爵,献帛,献馔,献食,献冥钱,撤馔(行三伏礼),兴。”通唱:“三祭铭旌。”引云(同上)。通唱:“引孝士诣读哀章位,跪,俯伏,宣读哀章(行三伏礼),兴。复位,跪,歌诗送灵之章(行三伏礼),兴,行辞灵礼,跪(行三跪九伏礼),兴,礼毕。引孝士执杖入帏,举哀,哀止,奏乐,鸣炮。”家祭终止后,移时,各亲戚致祭。

附　歌诗及讲书篇什:

蓼莪诗:蓼蓼者莪,匪莪伊蒿;哀哀我父(母),生我劬劳。蓼蓼者莪,匪莪伊蔚;哀哀我父(母),生我劳瘁。父(母)兮生我,父(母)兮鞠我;拊我畜我,长我育我;顾我复我,出入腹我。欲报之德,昊天罔极。

迎灵诗:痛念我父(母),奄弃世尘;神之格思,陟降在庭;清酒既载,其香始升;嘉肴毕具,来格来歆。

送灵诗:哀念我父(母),舍我仙游;奈何生死兮,风惨云愁;礼成告撤兮,神明莫留;而今而后兮,再见无由。

养生章:孟子曰:养生者,不足以当大事,惟送死可以当大事。(孟子示事亲者当知所重也。曰:人子事亲,养生送死,固当无所不用其力。然养生者人道之常,从容暇豫,子职可以自尽。即有不尽，犹或可追也，不足以当大事。惟是送死，则人道之大变。孝子之事亲，舍是无以用其力矣。况时当仓卒，易于不及。一有不及，将为无穷之悔。此可以当大事也。知其为大事，则为人子者，当知所以自尽矣。）

丧致章：子游曰：丧致乎哀而止。（子游崇本，意曰世人多趋于末。以吾观之，于居丧者，但于其哀痛之心，推之以至其极而止，何以文饰为哉。不然，哀有未至，吾恐其余不足观矣。为人子者，其知所重乎。）

丧亲章：孔子曰：孝子之丧亲也，哭不偯，礼无容，言不文，服美不安，闻乐不乐，食旨不甘，此哀戚之情也。三日而食，教民无以死伤生，毁不灭性，此圣人之政也。丧不过三年，示民有终也。为之棺椁衣衾而举之；陈其簠簋而哀戚之；擗踊哭泣，哀以送之；卜其宅兆而安厝之；为之宗庙，以鬼享之；春秋祭祀，以时思之；生事爱敬，死事哀戚，生民之本尽矣，死生之义备矣，孝子之事亲终矣。

五、题主。

按　文公《家礼》，题主系在山上安葬之日，下圹坌土之后，在坟前左右空地行之。礼毕，孝子捧主而归，行虞祭礼以安其神。

又按　《吾学录》以清《通礼》题主仍仪礼《家礼》之旧，于墓前题主。近日官绅丧礼，皆于出殡前一二日行题主礼于丧次。盖以墓地逼仄，难以迎宾，或道里稍远，供张不易之故。荔波题主，多于安葬之前一二日举行。在题主前一二日，由孝家请亲友中之知礼者分配执事，列榜于孝家门前。并备木主一具（木主分为前后两片，合而为一），先请书主大宾于前一日或是日早晨书主（书主时设位于灵前，孝子在位前跪伏，待书毕始兴。木主之“主”字上一点及“神”字一直不写，留俟题主大宾、陪宾点题）。又先一日具东恭请乡中负有声望者为大宾、陪宾（并预备上席二，于宴宾时陈设，点主毕，席送大宾、陪宾，由大宾、陪宾分请各执事人员）。届时备肩舆仪仗先接陪宾，次接大宾，孝子外出迎接，行一跪四叩礼。引礼者引大宾、陪宾入客厅休息，进茶点。诸务设置停当，即开始举行宴宾礼。通唱："孝堂肃静，行宴宾礼。执事者各司其事。起鼓，鸣金，奏乐，鸣炮，奏清音。引礼者引领孝士执杖出帏，诣大宾、陪宾座前叩请大宾、陪宾（行一跪四叩礼）。引礼者引领孝士执杖入帏，请大宾、陪宾出阁，安大宾、陪宾席，请大宾、陪宾升座，请大宾、陪宾叙话，歌诗鹿鸣之首章。请大宾、陪宾举杯，举箸，动肴。请大宾、陪宾答诗，歌诗既醉之首、次章。歌诗鹿鸣之次章。请大宾、陪宾举杯，举箸，动肴。请大宾、陪宾答诗，歌诗既醉之三、四章。歌诗鹿鸣之卒章。请大宾，陪宾畅饮，举箸，遍肴。请大宾、陪宾答诗，歌诗既醉之五、六、七、八章。宴宾已毕，请大宾、陪宾入阁更衣（宴用行装，点主用礼服）。礼成，撤席，奏乐，鸣炮。"宴宾礼毕，即行题主礼。通唱："孝堂肃静，行题主礼，执事者各司其事。起鼓，鸣金，奏乐，鸣炮，奏清音。引礼者引领孝士执杖出帏，诣大宾、陪宾座前叩请大宾、陪宾（行一跪四叩礼）。引领孝士入帏，请大宾、陪宾出阁，请大宾、陪宾升座。引领孝士捧主出帏，恭诣大宾座前，跪，升主于座（正面向大宾），撤主，启主出椟，分主（分外主送陪宾位），进主，卧主，刺血，研朱，进朱笔，呵笔凝神，请大宾点内主，请陪宾题外神；请陪宾点外主，请大宾题内神。点天堂。"引唱："天宽。"通唱："点地库。"引唱："地阔。"通唱："贯左耳。"引唱："左辅。"通唱："贯右耳。"引唱："右弼。"通唱："点主前。"引唱："前程远大。"通唱："点主后。"引唱："后裔昌隆。"通唱："点主已毕，掷笔向后。"引唱："必发后人。"通唱："合主，请主入椟。竖主（正面向大宾），请大宾赞主，孝士叩谢大宾（四叩），兴。引礼者引领孝士捧主恭诣陪宾座前，跪，升主于座（正面向陪宾），请陪宾赞主。孝士叩谢陪宾（四叩），兴。引孝士捧主诣安神所，跪，宣读祝文（行四伏礼）。引孝士执杖出帏，恭诣大宾、陪宾座前叩请大宾、陪宾安神，跪（四叩），兴，引领孝士执杖入帏。请大宾、陪宾安神。"引唱："诣安神所，就位，行安神礼（行三上香三鞠躬礼）。"通唱："请大宾、陪宾复位。引领孝士捧帖出帏，诣大宾座前叩请大宾书全福，孝子叩谢大宾（一跪四叩），引领孝士捧帖诣陪宾书全福，孝子叩谢陪宾（一跪四叩），引孝士捧帖入帏。点主已毕，请大宾、陪宾入阁。礼成，撤堂，奏乐，鸣炮。”

附　书外主粉面式：

考　公讳某某　府　君
故显　某　乡评某某　祖王
妣　母某氏　老太君

背面书大宾、陪宾赞词

书内主陷中式：

生
于某年某月某日某时享寿若干岁
卒

官　公讳某某字某某　府君
中华民国新故某　某　乡评某某　祖王
封　母某氏　老孺人
某年某月某日某时葬于某山某向

附　请大/陪宾帖式：

谨詹某日肃治菲酌仰攀

台从借重

鸿题

（襄）

荣光宗祏仗冀

责临曷胜哀感

　右　　启

　上

尊大
　陪宾某翁某某老先生阁下

　　　　　　　　　　从吉

　　　　　　　　　　　棘人某某泣血稽颡叩

　　　　　　　　　　从吉

　　　　　　　　　　　某宅司书某某某谨代告

附　安神祝文：

维

某年　月　日（孝子）某某等敢昭告于

考　　公讳某某　　大人

故显　　某　　　　　　老　　神主位前祝曰：昊天不吊，

妣　　母某氏　　　太君

降此鞠凶，存者且偷生，死者长已矣！既乏铸金之力，难睹音容，爰兴刻木之思，永栖魂魄。今者，行将发殡，神留室堂。

神主既成。伏维

尊灵，舍旧从新。是凭是依，敢告，尚享。

附　诗章

鹿鸣之首章　（孝士用）

呦呦鹿鸣，食野之苹。我有嘉宾，鼓瑟吹笙。吹笙鼓簧，承筐是将。人之好我，示我周行。

鹿鸣之次章　呦呦鹿鸣，食野之蒿。我有嘉宾，德音孔昭。视民不恌，君子是则是效。我有旨酒，嘉宾式燕以敖。

鹿鸣之卒章　呦呦鹿鸣，食野之芩。我有嘉宾，鼓瑟鼓琴。鼓瑟鼓琴，和乐且耽。我有旨酒，以宴乐嘉宾之心。

既醉之首章　（大宾用）

既醉以酒，既饱以德。君子万年，介尔景福。

既醉之三章　昭明有融，高朗令终。令终有俶，公尸嘉告。

五　威仪孔时，君子有孝子。孝子不匮，永锡尔类。

既醉之　章

六　其类维何，室家之壶。君子万年，永锡祚胤。

既醉之次章　（陪宾用）

既醉以酒，尔肴既将。君子万年，介尔昭明。

既醉之四章　其告维何，笾豆静嘉。朋友攸摄，摄以威仪。

七　其胤维何，天被尔禄。君子万年，景命有仆。

既醉之　章

八　其仆维何，釐尔女士，釐尔女士，从以孙子。

六、安葬：丧家出柩时，各亲友皆来送丧。孝子哭泣扶榇至葬所。开圹，窆棺。审视端正后，筑土平棺，垒土封墓，中略高，成脊形。葬毕，家堂设祭于灵座以妥亲心，朝夕上食如生时。

次日亲眷坟祭，谓之“复山”。

七、守制：父母之丧，应守“三年丧”之制度。自临终之日起，阅十二个月至忌辰为小祥，小祥后又十二个月至忌辰为大祥，大祥后又阅两个月为禫，凡二十七个月，服阕。

宗　教

本县信奉宗教者甚少，兹就佛教、道教、基督教及同善社等分述于次：

佛　教

本县信奉宗教者，以女性较多，男性甚少。惟城北街三教堂为供佛之地。至女性之信佛者，并不削发，亦不入寺庵，仅于家间设一佛堂，念经礼拜而已。

道　教

本县信奉道教者更少，只有以诵经祈祷为业之道士宗之。女冠则尚未之见。

基督教

本县无耶稣教，惟清末民初信奉天主教者较多。尤以清末教势日张，有时恃其权威，干涉行政。故一般狡黠者，为虎作伥，借势凌人。从善乡板南村右侧建筑教堂一大院，颇为壮丽。城中北街则购获民房若干间，尚未改造。民国以后，逐渐衰歇。司铎亦少到，经常仅一二人照管而已。

同善社

本县同善社创始于民国十一年，惟信奉者亦寥寥无几。城北街忠烈宫正殿右侧一小屋为社友集会场所。十八年经中央政府明令查禁，早已停闭矣。

卷六　食货志

清　代

地　丁

按　地丁即地赋与丁赋之总名称。以前封建时，分地赋与丁赋两种。地赋为夏税秋粮等，丁赋为富民、佃民、客民、市民、乡民等。明、清时，摊并丁赋于地赋，又叫“摊丁入亩”，总称“地丁”。

荔波地丁正额　按　清乾隆年间开办，每两征收纹银一两外有平余（平余谓平色之羡余也。清制，各省凡解京饷、协饷及本省动支正额，皆每千两扣报平余银十二两五钱，由耗羡内划出，存藩库备用），火耗（火耗银：旧时以碎银纳税者，于正税之外，每两例须加征二三分，以补镕铸时之耗损，谓之火耗银）加收二钱三。自咸、同年间民军攻克县城，焚去廒册，嗣后地丁按里摊派，不随田。既派之后，由人民指定某田为上地丁之田，取名粮田，其余均属私田，故买田者契上必书明“并无丁粮在内”等语，而粮田多系安佃耕种，收租纳粮，设粮头管理。兵燹之后，有逃亡者，有故绝者，有因天灾流行而荒芜未垦者。年代既久，人事变迁，丘号无从查考，而狡黠粮头，遂将粮田作为私田变卖，私相授受无从追究，遂演成有田无粮、有粮无田、富者有丁、贫者纳税种种怪现象。至征税，则由历任知县任意增加，籍图中饱。每两正丁，历年递增，由一两二钱至五两四钱，而各里通事（**按**　一里设通事一人，原任语言翻译，后兼催丁粮，俗称“管里”，作威作福，鱼肉乡里，人民畏之如虎）有向人民增收至八两八钱不等，人民不胜其苦，怒不敢言。清光绪二十八年，巴乃里人民联合各里人民晋省控告，竟无结果。清宣统年间，通省调查局饬令各县将赋制切实呈报，清知县石作栋，以为荔波丁粮历年上纳已成惯例，不顾人民死活，竟以己意规定每两正实征收三两八钱，另加规费七钱，共四两五钱呈覆，人民痛苦，无法呼吁。

又按　荔波旧志稿载荔波地丁银两散数表所载总额为一千五百三十六两一钱九分七厘。附录备考。

荔波县地丁银两散数表(以两为单位)

里　别	银　两		备　　考
蒙　石	64	740	
董　界	63	796	
巴　乃	226	666	内无耗银七两一钱
巴　容	26	000	
三　洞	95	000	
从　善	42	500	
羊　安	31	000	
巴　灰	74	700	
时　来	17	000	内无耗银四两
瑶　庆	202	540	
瑶　台	176	470	内无耗银九两九钱
莪　蒲	21	000	
恒　丰	61	000	
方　村	125	395	

续　表

里　别	银　两		备　　考
周　覃	113	800	内无耗银十两零八钱
羊　奉	194	590	
共　计	1 536	197	

契　税

清初规定，凡买田地、房屋，增用契尾，每两输银三分。（清《通志·食货考》："顺治四年规定凡买田地、房屋，增契尾，每两输银三分。"）契尾由布政司印颁，通饬各州、县官粘贴。荔波多未实行，系依照地方习惯，于原契上加盖县印于年服价目之上，称红契，否称白契。凡价银百两以上者为大契，收印红银三两；百两以下者小契，收二两或一两。每值知县交卸时，契价减少，每两仅收银一分或数厘不等，故人民亦多于此时投税。相传当时官吏对于此项收入，并不解省，官署内司役婢仆，均沾利润。清宣统三年，曾拟定贵州税章，买契税征百分之九，典契税征收百分三，嗣因革命，尚未实行。

杂　捐

斗息捐　清时县典吏所收之陋规，以巴灰里场斗息补助津贴，年收市平银五十两。其详已不可考。

土产捐　清时县署规定，各里每年呈缴各该里的土产，供给县署使用。其详已多失考。

屠行捐　清官吏于每一屠案，每日收其油、肉若干，谓之"打肉案"。清光绪末年，改名屠行捐，为官吏所私有。

义　谷

清代义谷，倡捐于道光年间，计存仓谷三千七百余石。后因战事发生,此谷概为清政府提充军粮。清同治五年,仓亦毁于兵燹。清光绪十三年又捐第二次,全县共计稻谷九千三百二十八挑,多为经手人及贪官污吏勾结侵蚀。

民国时期

国省税

田　赋　本县田粮赋,在民国初年,仍照清代上纳,每年科征银元数为七千五百六十三元四角四分九厘。二十年,贵州省政府举办清查田亩,荔波土地,丈量几半,继因黔局政变中止。二十二、三年黔政日非,干戈扰攘,库藏支绌,勒令百姓抬垫丁粮。至是正课收入,多为墨吏中饱。员役下乡,墨挥收粮,隐匿不报。督催员及财政科员,由此致富者大有人焉。二十七、八年,县长汪汉办理问田查粮,改收新粮,结果新粮收入不足原额,又收旧粮抵补。新旧两项,令并征收,于是国库收入骤尔增多,汪老爷得到嘉奖,而人民负担更不堪闻问矣。二十九年办理土地陈报,县成立土地陈报分处,编查全县田亩,计得耕地总面积为二十一万六千二百三十市亩(水田面积五万四千三百市亩,旱田面积一十三万八千三百六十市亩,旱地面积二万三千六百七十市亩),照三等九则定赋,每年共计赋额为三万二千八百七十七元二角一分,以十分之四解省,十分之六留县。设田赋征收处征收。三十年,改为田赋管理处,后又改为田赋粮食管理处。

在办理土地陈报之初,莫不以为百余年来田赋不均问题,可得到相当解决,殊一般贪官污吏土豪劣绅上下其手狼狈为奸,百弊丛生,其害有加无已。在办理土地陈报时,贫者既无情面,又无贿赂,不惟按实计赋,而且亩份增大,等则提高,无处申诉;富者情能枉法,钱可通神,既可少更改,或借灾荒而免赋,或借分居而降率,买田不拨册,仍是有田无粮。而贫者卖田,无贿不拨册,仍是田卖粮存，有粮无田，不数年间其负担不平，较前尤甚。况全县赋额较清代增加四倍以上，惟因货币贬值，折收实物，斗秤作弊，成色刁难，各年情况紊乱不堪。灾荒歉收，仍勒令先行完纳，以呈报核准后再退为词，继而报或不准，准亦不退，致贫者终岁勤劳，不够纳赋，一年生计，更不遑顾恤矣。

附 荔波县田赋管理处各粮区乡镇字段赋额一览表。

民国三十二年荔波县田赋管理处各粮区乡镇字段赋额一览表

项别 区别	乡（镇）	字段数	赋额数(元)	备考
城区粮区	玉屏	四	735.81	
	时来	七	1 056.80	
	朝阳	九	1 166.62	
	永康	二	2 483.45	
方村粮区	方村	一二	2 159.02	
	水利	六	1 231.09	
	阳凤	一二	2 167.39	
周覃粮区	周覃	六	1 332.17	
	恒丰	一〇	2 227.59	
	阳安	六	1 271.37	
	三洞	一五	2 765.74	
从善粮区	从善	一三	3 038.12	
	莪蒲	七	1 622.84	
茂兰粮区	洞塘	八	857.88	
	茂兰	九	943.37	
	瑶庆	八	858.40	
	佳荣	十一	1 759.28	

续　表

区别＼项别	乡　(镇)	字段数	赋额数(元)	备　考
洞莪粮区	捞　村	五	510.11	
	董　界	一二	1 737.37	
	驾　欧	七	746.88	
	播　尧	十一	2 245.21	
共　计		一八九	32 877.21	

契税　民国二年，贵州省国税厅筹备处改定契税章程，凡契约粘有清布政司契尾者免税，盖有县印之红契曰已税契，须补税，其价百元者，买契二角，典契一角。其无印之白契曰未税契，其税率价值百元者，买契五角，典契二角。黏贵州省财政司契尾，另征纸费，每张买契一角，典契五分。三年，财政部呈准颁行契税条例，在该条例公布前成立者曰旧契，后成立者曰新契，旧契收呈验费一元，注册费一角；价不及三十元者，只收注册费。其新契买者缴百分之九，典者征百分之六。贵州地瘠民贫，情况特殊，经贵州省财政厅呈准减征为买六典二，银两则一五折合银圆。七年七月通令停止验契，惟未税契仍须投税。

屠宰税　民国元年以后，规定为正供收入。三年省署通令，每宰一只猪，征收四百文解省。四年财政部制定屠宰税章程，宰猪一只，征洋三角，牛一头，征洋一元，于四年七月实行。六年复改定猪一只征四角，不久，又加至六角。三十一年新县制实施，屠宰税拨归地方经费，税率从价百分之五。三十二年九月，每猪一只征一百元，牛一头征一百五十元。嗣后，货币贬值，以实物计征至百分之十五者。

印花税　印花税在民国初年举办，惟收数甚微。十六年征收局成立，主办人为求得提成起见，按区向百姓摊派，按月缴款。而印花税票，多不发给百姓，经手者折价转售以牟利。二十六年，改由邮局经售。

所得税　所得税自民国二十六年举办。惟仅向月薪在三十元以上之公务员照章征收，此系薪俸酬报所得之课税。至证券存款利息所得，为本县所无。而营利事业所得，因本县商业萧条，所得额未达课税标准，尚未实行。

烟酒税　烟酒税自民国五年举办。因本县烟类仅出叶烟一种，不敷内销。至酒之出产虽有黏米酒、糯米酒、包谷酒、高粱酒数种，然仅供内销，并系零沽，无正式槽坊经营。招标困难，乃仍与印花税同向百姓摊派。嗣分为公卖费及营业牌照税二种。公卖费照旧摊派，牌照税招商承包。至二十七年停止摊派。照章改由商人照额投标承包。三十年三月，财政部贵州区税务局独山分局荔波办事处成立后，此项税收由该处直接办理。

普通营业税　普通营业税自民国二十六年七月举办，分季征收，先由商店照章申报后，派员往查。惟以地方偏僻，交通阻塞，商业凋敝，收入甚微。

地方捐

屠宰附加捐　屠宰一项，除省税外，又加收附加捐作地方经费。至民国三十一年实施新县制，全数拨归地方开支。

牲牙捐　牲牙捐即市场买卖之牲畜捐及牙税两项。民国三十二年时，税率从价百分之五。

公秤捐　公秤捐系在各市场征收糖、麻、清油、桐油、棉花等项捐款。民国三十二年税率：糖六十斤收二十元，麻十斤收三元，清油六十斤收十五元，桐油六十斤收六元，籽花十斤收三元，皮花十斤收十二元。嗣后货币贬值，又按当时物价比例增加税率。

斗息捐　本县斗息捐，民国三年由地方提出，解缴厅库，后又拨归地方经费。十五年教育经费独立，各地斗息捐纯为教育经费，税率白米一斗（老秤）二十斤收二合，稻谷一挑（老秤六十四斤）收一斤半。

水碾捐 水碾捐原收货币，分甲、乙、丙三等。民国三十二年，改征实物。荔波县征收处标征全县水碾捐实物为白米九十斗一升，按水碾三等分摊征收。

油榨捐 油榨捐亦按甲、乙、丙三等征收。原收货币，嗣因货币贬值，又按当时物价比例增加。

场棚捐 场棚捐亦按甲、乙、丙三等征收，后无棚亦征收，竟成一种落地税；并无一定税率，征收手续非常紊乱。

户　捐 户捐系民国二十五年起开始征收。除赤贫者外，每户每月捐洋一角五分，作区、保、甲经费，故又名“区保经费”。二十六年民政厅改订征收办法，分为特、甲、乙、丙、丁五等征收。计三十一年全县户捐数为九千三百八十八元。三十二年，加倍征收，按各乡镇情况摊派，至是年七月份停征。

房　捐 房捐自民国三十一年举办，惟因调查登记尚未完竣，迄未实施。按当时县政府预算数为五万元。

公　产

公产系包括学田及粮田在内。

按 学田即清代之义塾田及賨仪田两种。共计稻谷一千三百九十七挑（每挑重老秤六十斤净谷），均系半花。粮田即清代各里人士指定为上丁之田。民国二十九年，办理土地陈报后，田赋按照田亩征收，此项粮田竟为经手人隐匿侵占。三十一年六月，县长刘仰方组织清理公产委员会，并设清理公产工作队，赴各重点乡清查，共计清获每年收益稻谷九百零六挑，尚有一部分乡未经清理。刘仰方卸任后，遂全部搁置。

附　民国三十一年度荔波县地方经费概算提要：

按　荔波县政府民国三十一年度岁入概算经临时总计数为六十五万一千三百八十四元，除中央补助款为十四万元外，其余五十一万一千三百八十四元，系由地方税课规费财产等项收入，如附图一。

至岁出概算，经临时总计数与岁入平衡，分行政、教育、建设、保育、公安、财务、其他预备金等项支出，如附图二。

图一

税课收入
482 624
74%
补助收入
140 000
21%
财产收入
27 000
4%
规费收入
1 764
1%
651 384
%

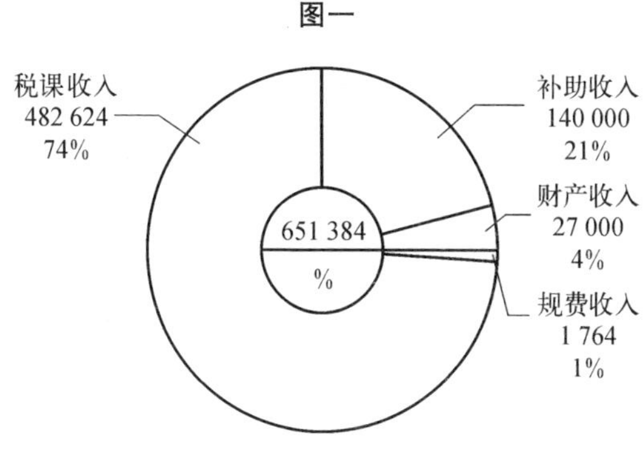

图二

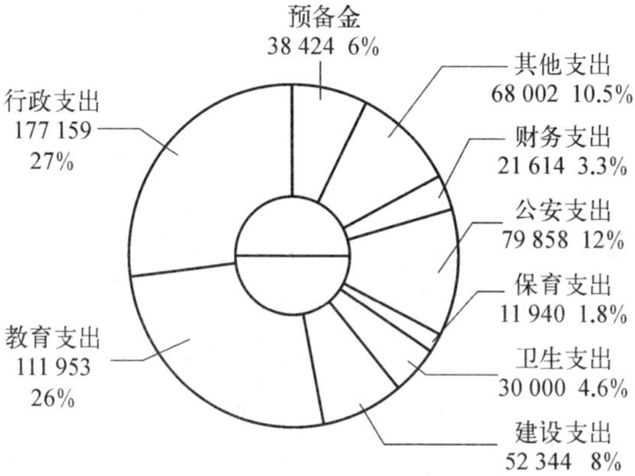

预备金
38 424 6%
其他支出
68 002 10.5%
行政支出
177 159
27%
财务支出
21 614 3.3%
公安支出
79 858 12%
保育支出
11 940 1.8%
教育支出
111 953
26%
卫生支出
30 000 4.6%
建设支出
52 344 8%

上图系民国三十一年岁入、岁出概算数，而自三十一年以后货币逐日贬值，地方预算数也就逐年增加。三十六年岁入、岁出总预算数为三万万五千一百九十七万二千四百三十元，已近百万倍。以后货币日益低落，更无计算矣。

积　谷

荔波积谷倡于民国二十五年，规定每年积稻谷二千五百五十二石，共积五年，稻谷一万二千七百六十石。按荔波县政府历年储积数计，二十五年积二千五百六十石零九斗，二十六年积二千五百七十四石八斗，二十七年积二千三百九十一石九斗三升，二十八年积二千三百四十九石五斗，二十九年积二百四十三石五斗，五年共计已积数为一万零一百二十石零六斗三升，尚欠积二千六百三十九石三斗七升。惟历年推陈出新时，经手人每多侵蚀，或放弃责任，留谷陈腐或假公济私，贷出后催收不足，而贷出之谷多系囤积居奇。据三十二年荔波县田赋管理处案存已收积谷数仅为七千二百五十石零七斗四升一合，已耗失去二千八百五十九石八斗八升九合矣。三十二年以后，日寇窜扰，大半损失于兵燹，即有存者，经手人亦假报损失，迄未清理。

捐　派

民国时代，除以上税捐外又有临时捐派，名目繁多，指不胜屈，略举其较大者如下：

禁烟罚金　禁烟罚金，是贵州省长（后改省主席）周西成于民国十七年创办的，原取寓禁于征的意思。但表面上是说谁种鸦片，就要科以罚金，而实际上则按贫富等级摊派，种也罚，不种也罚，无一幸免。这一笔数目是很大的。

抬垫丁粮　抬垫丁粮，是本年度上清本年度丁粮之外，又预先抬垫下年度一年或两年以上的丁粮。在民国二十九年办理土地陈报以前,历年都有丁粮抬垫,并已抬垫到民国三十五年。

马路基金　马路基金,是本县筹修独荔和荔思公路的基金。民国二十三年冬摊派。二十四年春已收一部分,后因中央军入黔,公路停修,此款也就停收。而已收之一部分,当然就为贪官们设法报销了事。

筑路民工食米菜金　荔波县关于修筑公路、铁路及独山飞机场等,除派民工外,无一次不向民间摊派食米菜金。计民国十七、八年修黔桂公路,三十二、三、四年修黔桂铁路及独山飞机场,二十四年、三十一年、三十五年、三十六年、三十七年几次兴修独荔公路,所派民工及食米菜金,不计其数。

开拔费　军阀部队,无论驻省境内或县境内各地,每次调往他处,即向百姓派要开拔费,不计其数。

军　米　凡部队过境,均向百姓摊派军米供应。除供应军队外,各级经手人亦大发其财。

各项建修费　各项建修费,如区、乡公所、联保办事处、学校校舍、粮仓、积谷仓、碉堡、道路、桥、船以及县政府各机关房舍等等修建,无一不向百姓摊派。

电杆费　凡电报、电话所需之电杆,均征发自民间。所需经费,亦向百姓摊派。

电话费　民国二十年,荔波筹办电话,先将民国十六年至十八年各区的乡兵捐尾欠款三千九百余元作基金,随后凡关于电话架设以及各种电料器材所需的各项经费,均由百姓负担。

乡兵捐　各区成立乡兵队,所有枪弹、伙食、服装等一切费用,均出自各乡百姓。

保警公粮　县政府保警队经费不敷,另向百姓摊派保警官兵的食米。

教师食米 货币贬值，教师所得薪资几等于无。至于教师所需食米，另向百姓摊派。

自卫班食米 各区乡成立自卫班，所需食米菜金，均由百姓负担。

枪弹费 保警队及各区乡自卫班枪弹，均由民间筹款购买。

缓役金和免役金 办理兵役时，中签壮丁，如缴纳缓役金或免役金，即可以缓期征集或免其应役义务。这是政府规定对应缓或免征者公开收的缓役金或免役金。至区、乡、保以及各级办理兵役人员另外受贿而缓免者，不在此例。

清乡费 凡遇有清匪、剿匪等事件发生，即事先向当地民众筹缴清乡费若干，始派队清剿。成事补摊派，缴清然后撤走。

招安费、投诚费、自新费、赔偿子弹及医药、烧埋抚恤等费 凡清乡剿匪后，认为是匪者，准其自新，除由其本人缴纳自新费外，所有当地居民，须筹缴招安费或投诚或赔偿子弹费，否则以窝匪通匪论，全村或若干村一概焚毁。如有伤亡，又派医药、烧埋、抚恤等费。

伕马伙食费 凡政府人员因公下乡，即由所至区、乡筹派伕马伙食费。如因特别案件者，则其需索又不在此例。

捐献 抗战时期，各种“爱国捐献”名目甚多，其最大者，如蒋介石五秩“寿诞”“一县一机祝寿”捐献。至于欢送出征军人捐献、春节慰问烈士军属捐献、慰问前方战士捐献等不胜枚举。

救国公债 政府发行的“救国公债”，是一种并不用来救国而是用来肥私或危害国家利益的资本。

兑换券 在国币狂跌时期，发行“有利兑换券”、“有期兑换券”等，欺骗百姓，榨取民膏。

公司股金 抗战末期，专员张策安征集“黔南企业公司股金”；黔南事变后，县长刘琦征集的“民生公司股金”；结果实物全进了贪官腰包，退出一部分不值钱的废币。

社会租金

地　租

物品地租　物品地租，是普遍一般佃租关系的租金。大多数是活的半分花租，亦有四六或三七分租者，如田好而近，则地主收六成或七成（方村坝上的田有这种分租），田坏而远者则相反；也有少数定租的（多系旱地租），至预租则更少。

劳役地租　劳役地租是一般大地主除物品地租之外，先议定佃户每年给地主尽“义务”劳役若干天。至于非常时期，如营建、婚丧等事，则额外征发。

货币地租　货币地租，多半是距佃户近、距离地主远的土地，并且出产不是主要物品，地主因折收货币。这是很少有的情况。

饲养牲畜分租　富人出资买母牛、马或猪，交穷人（无资金者）喂养，繁殖小牛、马、猪，或平半分或分几成，母归原主，双方事先议定。

高利借贷　高利贷一般是年息三分至五分，由利起利，亦有以月计者，利上加利者，利息高至一倍或几倍者。又有以九作十，或八作十借出而另加议定利息者。在民国货币贬值时，有从实物计算本利者。高利借贷方式苛刻。

合作社

荔波合作社事业，自民国二十七年开始推行，截至三十年底止，计共组织成信用合作社一百五十一社，社员三千八百七十人，社股三千八百七十股，股金七千七百四十元，贷款三十四万九千七百一十三元八角六分。生产合作社九社，社员二百三十八人，社股二百三十八股，股金四百七十六元。至三十一年，计划每乡镇设一乡社，各保组织保社，计共组成乡社二社，社员一百三十人，社股一百三十股，股金一千三百一十元；镇社一社，社员二百零七人，社股二百零七股，股金二千零七十元；保社八社，社员六百九十一人，社股六百九十一股，股金六千九百一十元；贷款二万七千元。以上各社，共计一百七十一社，社员五千一百三十七人，社股五千一百三十七股，股金一万八千五百零六元，贷款三十七万六千七百一十三元八角六分。

银　行

民国三十年初，中央政府由中央、中国、交通、农民四银行联合办事处划分农贷区域，本县划归中国银行办理。因于同年七月成立中国银行荔波县农贷工作站。三十一年九月，农贷业务悉由中国农民银行负责办理，更名为中国农民银行荔波县工作站。三十二年六月，又更名为中国农民银行荔波县农贷通讯处。

物　价

民国二十八年，中央为统制价买各县所产钾硝及托巴（硝酸钙）等起见，于是年七月在荔波成立财政部贵州盐务办事处荔波硝磺处，办理黔南十县钾硝、托巴统制价买业务。二十九年一月一日更名为财政部贵州省硝磺处第三分处。

货　币

荔波货币在明洪武以前无考。

兹将明、清、民国历代使用各种货币列表于后：

明、清、民国历代使用各种货币列表

货币名称	使用时期	兑换比价	备　考
铜钱	明代有洪武、弘治、万历等年号制钱。清季各代，均有制钱通行。到民国初年废止，十六年绝迹	清光绪以前，以银为本位，每两约换制钱六百文至一千二百文。光绪中期改用九八成色纹银制钱，亦有青钱、毛钱之别。银一两约换青钱一千文左右，毛钱可换三千文以上	毛钱为奸商盗铸，细如鱼眼，又称鱼眼钱。有以硬纸壳涂猪血混淆其中。每百文以大钱置中，两端渐小穿以索，形如尖担，故名尖担钱。 银币始自汉代，惟无据可考。明、清以后，有重五十两左右马蹄形之银锭，称元宝，亦称马蹄银。重十两左右秤锤形之银锭，亦有马蹄形者，称中锭。重三两至五两左右馒头形之银块，称小锞。重一两至三两之圆锭，称福珠，又称滴珠。此外又有银条、碎银等。清末改用九、八成色纹银。银锭多由民间销熔，银两混杂镰砂，成色极低，有所谓干九成者。民国初年有降低至八成或七成者
银锭	锭银自明清迄民国初年均行使，至民国二十二年实行废两改元，锭银始废不用		
银圆	清末行使银圆，至民国二十五年始废	每银圆一元换制钱一千四五百文，换银毫十二枚	清末发行龙洋。民国以后，发行人头洋，有大（袁世凯）小（孙中山）两种，使用较多。至滇币半元龙洋及法兰西、墨西哥和民国十八年周西成铸造之贵州银圆等，偶有发现，使用最少

续　表

货币名称	使用时期	兑换比价	备　　考
银毫	清末行使银毫，至民国二十五年始废	每银毫一角换制钱一百文至二百文，换铜圆（当制钱十文）十枚至十四枚	清末发行龙毫，每枚二角谓之双毫，一角谓之单毫。又有香港之人头毫，民国初期发行双毫，背铸阿拉伯字20。民国十八年，又发行人头双毫，谓之中山毫（有孙中山头像），多在广东铸造，又谓之广毫
铜币	清末行使铜币，至民国二十五年始废	每银毫一角换制钱一百文至二百文，换铜圆（当制钱十文）十枚至十四枚	有清末铸造之龙币。民国以后有各省铸造之铜币多种，有当制钱十文、二十文、五十文等三种
镍币	民国二十八年使用	镍币一角换纸币一角	镍币种类有一分、二分、五分、一角、二角等，使用不久
纸币	民国二十四年以后	初使用时，纸币一元换银币一元。民国二十七年以后，价值逐渐低落，至三十六年，等于废纸	民国二十四年以后，以中央、中国、交通、农民等四银行发行之流通券为法币，通行使用。银圆一律归蒋、宋、孔、陈私有。二十八、九年，各省过去发行之流通券亦一律使用，种类甚多。三十七、八年以后，使用金圆券（关金），不数月，已一文不值，复使用银币

纸币(法币)贬值跌价以米价计,民国二十四年一元至三十七年涨至四万八千万倍。兹附纸币物价比较表于后:

纸币(法币)物价比较表

年别 / 月别及质别 / 月份及单价 / 类别	二十四年		三十三年				三十四年			
	平均价		月份	最低价	月份	最高价	月份	最低价	月份	最高价
米(老斗老秤二十斤)	法币元	0.50	一	200	七	800	二	1 300	八	3 800
肉(老秤一斤)	法币元	0.15	一	36	九	160	一	360	八	1 600
盐(老秤一斤)	法币元	0.2	一	52	十二	300	四	260	九	400
备考	法币一元换大洋一元、小洋十二毫。米为肉三倍强,盐三倍弱		米为肉五倍强,盐四倍弱		米为肉五倍,盐三倍弱		米为肉四倍弱,盐五倍		米为肉二倍强,盐九倍强	

续 表

年别 / 月别及质别 / 月份及单价 / 类别	三十五年				三十六年				三十七年				三十八年			
	月份	最低价	月份	最高价	月份	最低价	月份	最高价	月份	最低价	月份	最高价	月份	最低价	月份	最高价
米(老斗老秤二十斤)	一	2 200	六	5 000	一	4 000	五	8 000	一	50 000	九	240 000 000	一	金圆券 50	七	小洋 10 毫
肉(老秤一斤)	一	600	十二	1 000	一	1 200	五	2 800	一	16 000	九	60 000 000	一	金圆券 12	七	小洋 2.5 毫
盐(老秤一斤)	一	350	十二	650	一	700	五	3 200	一	16 000	九	90 000 000	一	金圆券 15	七	小洋 3 毫
备考	米为肉四倍弱，盐六倍强		米为肉五倍强,盐八倍强		米为肉三倍强，盐六倍弱		米为肉三倍弱，盐三倍弱		米为肉三倍弱,盐三倍弱		金圆券一元等于法币三千万元，米一斗为金圆券八元,肉一斤二元,盐一斤三元。米为肉四倍,盐三倍弱		一毫等于金圆券五元,米一斗六毫,肉一斤二毫五仙,盐一斤三毫。米为肉三倍弱，盐三倍		金圆券已不使用。米为肉四倍，盐三倍强	

农　业

本县僻处边陲，交通梗塞，文化低落，工商业未具雏形，故整个农业尚停滞在刀耕火种的时代，农民约占全县人口百分之九十八以上，惟以万山丛错，土地瘠硗，加以过去受帝国主义的经济侵略和封建的统治，造成了荔波农业落后的状态。保守性强，迷信神鬼，听天由命，以致农事不知改良。天灾无抵抗，一遇旱涝束手无策，故农民虽终岁勤劳而食不饱，穿不暖，甚至如瑶麓之瑶胞，有为生活贫困所威胁，而造成溺婴之惨。姑类瑶胞，每年每人食不上一百斤包谷，终岁以野菜参杂粮煮粥果腹。这是落后农业的结果。兹将过去的农业历史情况分为农产、农事、农具等三项略述如下：

农　产

本县农产，以水稻为最多，其次麦、包谷、高粱、小米、稗、荞等皆为主要粮食作物。又如棉、麻、豆、花生、叶烟、菜油、桐油、甘薯、辣子、芝麻、甘蔗等，皆为农业经济上之极有价值者。又撮要分述如下：

稻　稻之种类甚多，约分为秈稻、糯稻、粳稻三种。秈稻俗称黏米，种植极普遍，为本县民食所关。糯稻各乡皆有，多种于水田，而以捞村、水庆两地出产最多，水尧、水叶、板闷、杨拱等处次之。粳稻则种者很少。

麦　麦分大麦和小麦两种，各乡皆有种，占杂粮中主要成分。惟过去农民不习惯食面食，种小麦者较少。

包谷　包谷一名玉米，一名玉蜀黍。有黏、糯两种，各乡产量颇多，而以洞塘为最，播尧次之。稻谷青黄不接时，各乡农民全赖包谷接济。

高粱　高粱亦分黏、糯，山民多种，作主要粮食。以全县计则产量不多。

小米　小米系砍火焰播种(即在杂木丛生之地,砍伐后烧之,趁热播种,俗称“砍火焰”。须隔若干年,俟丛木长成始能轮种一次),各乡皆有,而以姑类栽种为最多(该地无稻田,全系杂木丛生之石山),为年中食粮主要品。

稗　稗适宜于旱地,每年春夏之交,雨水失时,则种之以备荒。

荞　荞有苦荞、甘荞两种,一年可种两季,上季二月下种,五月收获;下季七月下种,十月收获,为救荒主要粮食。

棉　棉分木棉、草棉两种,出产颇多,各乡均种,而以城关、时来、福利、朝阳、拉花、洞莪、王蒙、捞村、茂兰、立化、威岩、拉祥、岜鲜、水为、水碰、板闷、水叶、板甲、杨拱、水各、新阳、达便、方村、甲良、板考、拉近等地为较多。阳安、板仰、乾坤、廷牌、和勇、恒丰等处地势高,气候寒,不宜栽种,出产最少。

麻　麻则以城关、时来、福利、朝阳、拉花、洞莪、地莪、方村等地出产为多。

豆　豆之种类甚多,而以大豆为最普遍。大豆各乡都出产,而以播尧、觉巩、地莪、阳凤、拉磨、梅桃、拉平、甲良、董平、甲站、方村、恒丰、和勇、廷牌、乾坤等地为最多。

花生　花生各乡皆出产,而以茂兰、瑶麓为最多。

叶烟　叶烟各乡皆产,而以城关、时来、福利、朝阳等地出产为多,色味均佳。至水利之歪村黄泥坡产之烟叶,脉中之支脉相对,俗称“封筋烟”或“歪村烟”,色金黄而味纯香,称为上品,惟产量不多。附近各地出产亦较他处为佳,惟逊于黄泥坡产品。其余各乡种者仅为农家副业,以供自吸。在二十年前,本县出产较多,除自给外,尚有少数外销。近十余年来,除卷烟、丝烟等外来不计外,烟草亦多给于独山之基场一带。

油菜　油菜各乡皆有,惟产量不多,本县所用菜油多仰给于外县。

桐油　油桐以城关、时来、福利、朝阳、拉花、洞莪、王蒙等地适栽种，油质亦佳。其他各乡亦有少量出产。故桐油为本县出产较多，除自给外，尚有少数外销。近十余年来除卷烟外，此为大宗。惟抗战时期，桐油价跌，经营桐林往往折本，砍伐者多。而出产最多之董界地区，桐林编入田亩，每年又须纳赋，故众人砍伐殆尽。此亦本县农业经济之一大损失也。

甘薯　甘薯俗称红薯，各乡产量均多，除作蔬菜外，亦可备荒。

辣子　辣子各乡皆产，而以播尧、觉巩、地莪等地为最多，甲良、方村、甲站、董平、和勇、廷牌、乾坤、恒丰、新场、达便等地次之，除供本县食用外，输出外省、外县亦不少。

芝麻　芝麻多为棉花地边之副产物，产量亦多，除直接作食品外，亦有以之榨油，称芝麻油。

甘蔗　甘蔗以城关及时来、朝阳、拉花、洞莪、王蒙、捞村、翁昂、吉腊、洞塘、尧所等地出产较多，每年亦有少数外销。

此外各种农作物产量不多，附列物产表于后，不另详述。

荔波县全县各种农作物产量面积表

种　类	面积(市亩)	每亩产量(市斤)	总产量(担)	备　考
稻　谷	160 943.5	416.1	66 968.6	
小　麦	7 167	90	6 450	
大　豆	3 573.6	94.4	3 373	
杂　粮	1 662	128.5	21 345	
棉　花	2 230	10	223	
麻	1 780	200	3 560	
油　菜	5 971	39	2 090	
其　他	739			
附注：一、每担以百市斤计；二、全县水田面积为 162 513 市亩；三、全县旱地面积为 46 003 市亩				

农　事

农事分为农时、积肥、留种、播种、栽插、中耕、水利、收藏等八项，分述于后：

农　时

本县对于农事工作时间，相传有某月某日忌晴、忌雨、忌风或要晴、要雨等等谚语（如清明要明，谷雨要雨。立夏不下，犁耙高挂。五月十三磨刀水，十八洗马水，二十三洗街水。六月六龙晒骨。中秋月暗棉花桃子烂。又如，水族认为水东过的九月节下雨，明年好撒秧水。水维的九月节下雨，明年好栽秧水。三洞过的九月节下雨，明年收湿谷。杨柳过的九月节下雨，明年烂稻草），非经科学测验，均不足信。又有忌雷（每年从打第一次雷——俗“新雷”之日起，即忌讳不动土。有的打新雷后三个月内，只要闻雷即停止工作。有的以地支计，如子日打新雷，第一次忌七天，即从子日忌到午日；第二次五日，即从子日忌到辰日；第三次忌三天，即从子日忌到寅日；以后逢子忌一日，满三个月才不忌），开秧门（即某地区须等某家——当权的财主家某块田栽秧之后其他才能栽）等封建迷信。

兹将本县过去农家在习惯上各个月所做的工作略述于后，为便于农民习惯常用起见，仍依农历记载并附以节气，供对照。

正月立春雨水　正月整理犁耙等农具，注意家畜饲养，砌田坎、打土、理沟、耖干田，植树、接木，小季继续中耕施肥。

二月惊蛰春分　二月添冬水，整水车、水沟、水坝，抬粪、犁水田，继续植树接木，小季作最后中耕及培土施肥，种荞子。

三月清明谷雨　三月粪秧田、下秧种（荔波四乡普遍撒清明秧，迟则谷雨秧，惟城区一带气候较热，一般撒谷雨秧，如雨水缺乏亦可延至立夏）、晒秧田、收油菜，继续耖田，棉花、包谷、高粱、黄豆等开始下种。

四月立夏小满　四月车水，扫秧虫，刮头麻，收胡豆，获麦，浪田，栽秧，赶种棉花、包谷、高粱、黄豆等。

五月芒种夏至　五月栽秧毕，割荞，薅头道或二道秧，旱烂田，包谷、黄豆可继续种，红薯扦插，各种夏作开始，中耕除草施肥。

六月小暑大暑　车水，薅二道或三道秧，刮二道麻，各种夏作中耕除草施肥，棉花剪枝摘芽，红薯翻蔓，清洁畜舍，撒石灰灭虫菌。

七月立秋处暑　七月薅三道、四道(糯谷)秧，防虫害打毛稗，放田水，点秋荞，拦稻谷防倒伏，摘高粱，收黄豆，整镰刀、预备谷桶、晒席等收获农具，修整禾仓，红薯翻蔓，松土，棉花摘巅、顶岔芽，中耕除草，注意畜舍卫生，始荐新谷。

八月白露秋分　八月收谷、晒谷、藏谷，选藏稻种，棉花、包谷、黄豆、高粱等收毕，油菜开始播种，犁板田。

九月寒露霜降　九月抢收晚谷，摘糯谷，收稻草，犁板田，点小春，刮三道麻，红薯、花生采收，棉花继续抢收，种蔬菜，修理畜舍。

十月立冬小雪　十月收秋荞，整园蔬，砍柴，开山田，继续种小春，消灭板田，种蔬菜，中耕施肥淋浇。

十一月大雪冬至　十一月小春中耕施肥，畜舍防寒，注意牲畜饲料的储存，积肥，开展家庭副业。

十二月小寒大寒　十二月兴修房屋，盖墙，小春继续中耕、施肥，筑田埂、道路，开垦荒地，积肥，修缮农具。

积　肥

圈粪　粪为农家主要肥料，一般以屋掘坑，周围砌以石，勿使渗漏，作牲畜圈；关牛、马、猪于内，铺以草，使牲畜排泄之粪尿沃之作圈粪。须随时铺干草，勿使烂湿，以免妨害牲畜健康，并可多积肥料。惟住楼房者，以下层掘坑作圈，虽属便利，但对于人之卫生影响极大，宜加改善。

大粪　一般掘一深坑，或置木缸、瓦缸或搭三合土，以防渗漏，储积人之大、小便用作肥料。

草木灰　一般储积家庭所烧之柴草灰，以及扫除之渣滓和糠秕、牛猪骨等烧为灰，沃以溺水，覆以草土，勿令风雨飘淋，致散性力。或到山上割草烧灰或铲地皮烧灰，这是主要肥料。

拾肥　随时捡拾在外面之狗、牛、马等大粪，储于干处，勿使风飘雨淋，或沃在粪坑里以作肥料。

秧青　在三、四月间，割山上嫩草或木叶（最好是嫩蕨叶），堆于坑内沃烂或直接泡在水田里作肥料。

此外，尚有菜、桐、茶等油枯是最好肥料，但数量甚少，用者不多。

选种及浸种

凡谷种必须选择肥大者，稻取穗末，麦取穗本，包谷取穗中，晒干，盛以器，翻检必轻，勿伤其胚。将播时，簸去其扬而浮者，浸以水。种经泡后，视将晴，以起鱼眼之热水滤之：

甲、浸后即烘之晒之，名曰“火芽”；

乙、浸后三日滤之，盛以竹器，覆以草，日喷水三次，俟芽甫生即晒之，名曰“屋芽”，又名“明芽”；

丙、浸后滤之，不俟发芽即撒者名曰“哑谷”。

以上三种，以明芽法为佳，亦最普遍，必早秧不足或田暖气催者始用哑谷法。晒芽忌酒气，沾酒必烂。

撒　种

本县撒种，大多在清明、谷雨之间，阳安、恒丰、三洞、方村等地区地高气寒，多撒清明秧，如秧水缺乏，亦可以撒谷雨秧。过谷雨则秧苗不好。城区及时来、朝阳、董界、捞村等地区气候较热，多撒谷雨秧，如撒早则秧长过长，不宜栽插。如缺乏秧水，在城区一带可撒立夏秧，亦可撒干秧，但不如在谷雨时撒水秧为好。秧田须择好肥田，向阳而泥脚浅并有水源者为佳。灌水施肥，犁揉三次，俟水澄清后始下种。撒后二日，晴则放水使干，细理其微浮者，使芽得入土，则根定不浮。晒一日后，微灌以水，使露芽尖，则秧易长。天气暖则浅其水，寒则稍深，芽喜晴暖，如水深则入泥，入泥深则不生，故秧田必须有水源，始便利取水排水。晒水后二旬，如生虫，必早晚扫之，扫须轻及匀。如迟则虫落水中，附秧根，致秧枯死。除虫之法，一般以阳尘（一名百草霜），或以马桑叶晒干碾末，择晴露日撒上，虫即死。

栽　秧

本县栽秧，多在小满、芒种之间。将栽时必先把田耙疏细平，秧始易转蔸，而畅茂。一般习惯栽肥田行距稀，瘠田密。栽干秧多是城区大坝上缺雨水，没法耙田，栽时栽干秧，待后有雨，水泡溶泥即薅平。但只限于城区始用此法。

薅　秧

秧栽后，三旬以内必薅，随后二旬可薅一次，以三次至四次为宜，糯稻必薅四次，以其晚熟也。

灌　溉

本县田高水低，河水不易取灌，一遇旱灾则遍地焦土，政府不理，农民无力，只有靠天吃饭或循古法提灌。

水车　溪大岸高，不易拦水，则就堤之近岸砌一隘港，港内水急，置以水车，系以竹筒，上置枧槽，车转竹筒舀水倒入槽内，复修小沟，接枧槽之水引以灌田。以驾欧、播尧、阳凤等地区之方村河两岸为最多。

筑塘　择地在诸田之上，为山洪所注灌者，掘深为塘，设水闸，雨水至，则关闸注水，遇天旱则开闸灌溉。此法各乡皆有，然大都依天然形势而利用之。

戽桶　溪岸或塘埂稍高，水势平缓，不能安水车，则用戽桶，控以双绠，用人掣之，抒水上岸以灌田亩。此法普遍及每个角落，以轻而易举也。但费力多而所得之水量不大，灌溉面积亦太有限。

收　藏

本县收稻时间多不一致，盖因气候不同也。如城区、时来、朝阳、董界、捞村等地区，虽栽秧在芒种以后，而收获仍在秋分以前。阳安、恒丰、三洞等地区栽秧多在芒种以前，而收获反而在寒露前后。

至收藏之法，约分三种，曰仓，曰篓，曰瓮。仓之小者容谷四五十挑，大者容谷一二百挑。竹篓大者容谷十二三挑，小者容谷五六挑。此外亦有用大瓮盛储者，惟瓮容量小，只可盛米或种籽、麦子等类。

农　具

牛　牛有水牛、黄牛两种。秋冬时，放出野外吃草。若干户之牛集为一群，每日用一人或二人看守，轮班值务，周而复始，谓之牛班。早饭后，由轮值者吹牛角为号，各家放牛出圈；至晚赶牛归圈，复吹牛角，各家自行检点。但严寒之日，不宜放之野，须折草饲之，并须用米煮料喂之，以免因冷影响其健康。春夏时，各自管理，割草饲养，以免损害农作物。在工作紧张时，亦须用米煮料喂之。

犁　犁之主要部分为铁制之犁口（或称“犁镵”，亦称“铧口”）及木制之犁梢、犁檠等。驾牛于犁檠，人持犁梢，而使牛前行，则犁口受牛之挽力而能起土。

耙　耙分为牛耕具和人耕具两种：**牛耕具**　牛耕之耙，有单耙、双耙之分。齿有七或九，有前后两层者为双耙，本县用者甚少；

只一层者为单耙，一般皆用之。上皆有阑，人推阑逐牛而行，则齿破土块，使之细而平实。齿有铁木两种。又有称“捷耙”、“浪耙”、“水耙”等。**人耕具**　人耕具之耙，有齿五，以铁制之，度以木柄，用以平土、挖烂水田及挖粪者。平土及挖烂水田者齿宽，俗称“淌耙”；挖粪者齿尖，俗称“钉耙”。

翻锹　翻锹即古之耒耜。

按　耜以起土，耒为其柄。上古斫木为耜，揉木为耒，皆以木为之，后以铁制耜，名曰锹。

锄　锄俗称“锄头”，以铁制锄口，木制锄柄。用以挖石块者，嘴尖而厚，名“鹰嘴锄”。用以挖土者，口窄而厚，名“挖锄”。用以铲草者，口宽而薄，名“铲锄”。

镰　镰用以割草、割稻者。有宽镰、锯镰之分。惟锯镰割草不便，近十年来已不见用(在清末民初，茂兰乡锯镰出产最多，不仅供本县而且大销出桂省)。

斧　用以伐树劈柴者。

柴刀　柴刀用以砍柴者。

禾剪　禾剪用以折糯稻及高粱、小米者。

谷桶　谷桶用以打黏谷及麦子、高粱等。

晒席　晒席，以竹编成，用以晒谷及其他作物等。

箩　箩有米箩、粪箩之别。米箩用以抬米，粪箩用以抬粪。

扁担　扁担用以抬箩筐等。又有抬柴草用者，名“尖担”。

工业(手工业)

本县原无机器工业，即手工业亦不发达。大都墨守故制，不知改良，因之出品陋劣价值低贱，以致原有亦多停顿不振。

陶　业

水尧、板尧、恒丰等处碗厂制造之各种碗、缸、坛、罐等，产量尚多，惟泥质粗而釉色不佳，三洞碗厂出品泥质白而细嫩，如再加改良，可成瓷器，惟交通不便，销路日减，原有规模渐形退步，殊为可惜；茂兰出产之沙罐、沙锅等亦多。砖瓦厂则视需要而设，专设者甚少。因交通不便专设一处，运输困难，销路不广难以维持也。

冶　业

铁矿厂　阳凤及九阡铁矿厂，早年开设，惟因交通不便，销路不广，时停时开，现仍开办中。

铁工业　铁工业以茂兰、恒丰为多，所产铁器有少数销出邻县。其他地区，亦普遍皆有，惟零星一二人，制日常用具而已。

银、铜、锡等工业　银匠各地皆有，但为数不多。铜匠、锡匠则更少。

木工业

本县木工业，除城区有木匠数人专业外，各乡木匠多于农暇时与人造屋及锯木等工作，而以阳安地区木匠为最多，技术亦较优良。

石工业

本县石匠，各乡皆有，但为数甚少，现在除城区有少数专业者外，各乡都作副业经营，亦以阳安地区为较多，技术亦颇佳。

篾工业

篾工匠各乡皆有，然亦作副业经营，以洞塘地区竹席为出产大宗。阳凤地区出产斗笠及各种竹器亦多。

按　洞塘地区出产之竹席，有粗细两种：粗者供一般人夏夜睡眠之用，细者有“大四六”（以宽四尺长六尺也）、“中四六”（较大四六窄）及“半床席”等之分。中四六及半床席亦供睡眠之用。大四六则以篾之粗细区分，有八百匹至一千二百匹篾者（篾细则匹数多）。一千二百匹之大四六席颇精致美观，又可编出文字及各种花样，故多作陈设品。荔波竹席早日已驰名省内外，惟竹之产量不多，系在岩山上自然野生且多在桂境。故出产之竹席，数量亦不多。

缝纫业

本县民国初年以前所有缝纫，纯系手工，并均以妇女充任，除极少数富有人家雇工缝纫外，其余多由家庭妇女自裁自缝。男子学缝纫者甚少。自成衣机器出后，此业手工者更少。近年来，城区及有市场地区多用机器成衣，其余乡村仍多由妇女自裁自缝。

纺织业

本县土布，均由各家妇女自种棉花自纺自织。其种类有平布、斜纹布、花椒布、格子布、笆折布等，亦有用青、蓝、白线互织而成各种花布者。又有用五色丝线或棉线织成花纹作被面用者。平布产量最多。几乎家家都有织布床，而以城区及佳荣、茂兰、九阡、周覃、三洞等各乡场贸易为大宗。

造纸厂

本县方村、阳凤地区纸塘较多。以竹浸没塘中，加以石灰，数月后竹腐成浆，用木捣烂，制成草纸及迷信用之钱纸，产量颇多。恒丰白纸厂于民国二十九年开业，城区白纸厂于民国三十年开业，所产品质颇佳。惟内部组织不健全，兼以交通不便销路不广，均早年先后停业。

染工业

本县染工业，染匠各乡皆有。其用蓝靛染出之深浅各色蓝布为业者，谓之“大染缸”。此外，各家妇女有蓝靛染出蓝布、青布者，谓之“小染缸”，最为普遍。小缸青布，以九阡为最佳，三洞次之，此布愈洗愈青，终不变色。

油榨业

本县出产桐油，故油榨业亦较发达。油榨房各乡皆有，而以拉花、拉乡村为最多，朝阳、福利、时来等地次之。

碾米业

本县河流错综，人们多利用水力建筑水碾。沿江及较大溪水两岸，随地皆有水碾房。无水碾地区，则用碓舂。

此外阳安出产马尾帽，其精致耐用，最宜热天。惟式样守旧，不合时宜，倘加以改良，投合时好，则其价值当出草帽之上。

渔　业

本县沿莪江、淇江、溶江一带居民，往往自结网罟或养鸬鹚（俗称“水老鸦”）、獭猫等，于秋冬农隙时，乘渔艇，三五成群，巡行江面，捕鱼以为副业。沿江各地以捞村出大鱼为多。此外，各乡均有田鱼，每年谷雨季节将内塘中养之鲤鱼放水田中，鱼即产卵，经十余日后鱼仔渐大，浪田时，以捞绞取之，分放各田或塘中，至收获时，放水取鱼，鱼肥者一尾约重一斤左右。而阳安、恒丰等地区多养草鱼及鮥鱼等，草鱼每年可长三斤或五斤，有养多年重至四五十斤者。鮥鱼大者四斤或五斤。发展渔业亦属改善生活必需条件，应予提倡。

牧　业

本县无专门经营牧业。养牛者，全系农户用作帮助耕种；养马亦不多，养羊则更少，故牧业不发达。然以本县荒山、荒地纵横数百亩或数千亩者，各乡皆有，牧业大可提倡，以供畜力及肉食之需要。尤以姑类瑶胞及水为苗胞所居之地，田土极少，农业不易发展，更应提倡畜牧以发展其经济而改善其生活。

商　业

本县商业，因位于黔桂之间，在昔为交通要道，惟以山路崎岖，行旅不便，故商务不甚发达。自黔桂公路由独山绕道南丹、河池南下，商场冷落，较昔为甚。县城虽有商铺数间，然资本微薄，货物不多，各乡场更属微小，每逢场期，所交易者仅日常用品。至外销品虽有桐油、棉花、麻、竹席、水草、香菌等，因交通不便，货价低落，产量日减，人民生活贫困，购买力极端弱小。

市　场

荔波县市场表

名　称	所在乡(镇)	赶场日期	赶场人数	交易情况	距城里数	备　　考
荔波场	玉屏镇	亥卯未	五千人至八千人左右	以棉、麻、土布、桐油等为大宗	城东门外	原称蒙石场，初赶城外里许之老场，后赶城内麻园，现赶东门河街
朝阳场	朝阳乡	子午	二三千人	以麻、桐油为大宗	二十华里	原称巴灰场
寨马场	董界乡	丑未	二三百人	以桐籽为大宗	三十华里	原在河东岸，现赶寨马村侧，又称洞我场
王蒙场	董界乡	辰戌	二三千人	以桐籽为大宗	四十华里	

续　表

名　称	所在乡(镇)	赶场日期	赶场人数	交易情况	距城里数	备　考
捞村场	捞村乡	丑未	二三百人	日食用品，无大宗贸易	九十华里	原赶岜昂场。民国十年以后，因翁昂何星光起事，移赶捞村大寨
拉圭场	驾欧乡	己亥	二三千人	以黄豆为大宗	八十华里	
播缓场	播尧乡	卯酉	二三 千人	以包谷、黄豆、辣子为大宗	六十华里	
地莪场	播尧乡	丑未	一二千人	以黄豆为大宗	三十五华里	
阳凤场	阳凤乡	己亥	四五千人	以竹器(笠、篓、箩、篮)为大宗	九十华里	原赶老场
甲良场	方村乡	申子辰	四五千人	以牛、马、猪、草纸、土布、麻、黄豆等为大宗	八十华里	原赶老场
方村场	方村乡	己亥	一二百人	日食用品、米等	六十华里	
恒丰场	恒丰乡	子午	四五千人	以牛、马、铁器、草席、豆腐干、石灰等为大宗	七十华里	
廷牌场	恒丰乡	己亥	二百人	日食用品、米为大宗	八十华里	
阳安场	阳安乡	卯酉	二三百人	日食用品	一百华里	
三洞场	三洞乡	辰戌	四五千人	以牛、马、猪、棉花、土布等为大宗	九十华里	
周覃场	周覃乡	辰戌	三四千人	以土布为大宗	七十华里	

续　表

名　称	所在乡(镇)	赶场日期	赶场人数	交易情况	距城里数	备　考
九阡场	从善乡	亥辰	三四千人	以棉花、青布、水草等为大宗	八十华里	原称猪场，即亥日赶猪场，辰日赶龙场。因从善乡内宗派矛盾互相残杀，龙场不能赶。民国十八年以后辰日改赶猪场
威岩场	佳荣乡	戌	二三千人	以土布、香菌为大宗	一百华里	又称狗场
坤地场	佳荣乡	辰	七八百人	以土布、香菌为大宗	一百华里	又称龙场
茂兰场	茂兰乡	子午	四五千人	以土布、牛、水草、花生、陶器等为大宗	五十华里	
岜昂场	翁昂乡	辰戌	一二千人	日食用品	七十华里	民国十年后因何星光起事，秩序紊乱，捞村赶捞村大寨，翁昂赶更仑村，此场停赶
洞塘场	洞塘乡	卯酉	四五千人	以竹席、蓝靛等为大宗	六十华里	
水洋场	永康乡	辰戌	二三百人	日食用品	三十华里	
瑶庆场	瑶庆乡	辰戌	二三百人	日食用品	四十华里	
此外，还有过去赶过的小场，但已停赶多年，附录备考：旧县场、福利场、播苑(拉欧)场、甲站场、河坝场(董干)、水利场、水东场、龙场(杨拱)、水各场、杨柳场、尧所场、拱伞场(水尧)						

物　产

动物、植物、矿物，除饲畜、种植或已开采者外，未经调查，尚难尽悉其种类。兹仅就其习见述之。至各种分类，系偏重于习惯称呼及使用方面，与科学分类多有出入，取其通俗也。

动　物

家兽类

牛　牛有水牛、黄牛两种，为帮助农业生产上的主要劳动力，多由外县买进。因每年秋、冬、春屠宰耕牛上场出售者约三千头左右，因过节日或办丧事及用鬼而杀牛者亦不少。加以兽疫流行，牛死亡更多，影响农业生产甚大。

马　各乡皆有。一般都喂来骑代步，从未用之耕田。至于驮运物件，亦很少见。而恒丰、三洞两地区因九月过“多”（水族节日）年坡赛马，喂者较多。至少数民族风俗，办男人丧事，多敲马送死者，故过去喂马虽多，非为生产之用。

羊　本县因气候热，不适宜于喂绵羊，而习惯上亦不喜吃羊肉。过去之羊，仅供作丧事祭品。养羊户也很少有。

猪　喂者最普遍。在贫苦农家多作副业经济收入，作买粮、买衣被的经济来源。还作婚丧嫁娶请客的主要肉食。本县小猪特别肥嫩，制风猪、烧猪更是驰名省内外。

此外，**犬**、**猫**等喂的也较普遍，**骡**、**兔**喂者少。

野兽类

豹、**獐**、**狐**、**狸**（俗称“野猫”）、**獭**、**麂**（俗称“山羊”）等兽皮，常有出售。**虎**皮、虎骨、**麝**香、**熊**掌、熊胆等亦间有卖。此外、**狼**、**豺**、**猴**、**兔**、**野猪**、**箭猪**、**聋猪**、**竹鼬**、**短狗**、**飞鼠**等猎获亦多。

禽　类

家禽类

鸡、**鸭**喂者最普遍，出产亦多，每年有卖出外县。**鹅**、**鸽**喂者颇少，**旱鸭**（亦称“洋鸭”、“木鸭”）喂者更少。

野禽类

鸬鹚，俗称“水老鸦”。渔人有喂之捕鱼者。**鹌鹑**、**鸠雉**（俗称“野鸡”）、**凫**（俗称“野鸭”）、**竹鸡**、**瓦雀**（俗称“麻雀”）、**斑鸠**、**野鸽**等系一般经常猎食者。**画眉**、**鸲鹆**（俗称“八哥”）、**黄雀**等有饲之以供玩赏者。此外，**鹊**、**鸦**、**鹰**、**燕**、**鹳**、**鸥**、**鹭**、**鹤**、**杜鹃**、**鹧鸪**、**秧鸡**、**金鸡**、**黄莺**、**翠雀**、**猫头鹰**、**鸳鸯**、**白头鸟**、**啄木鸟**、**信天翁**、**阳雀**、**山鸪**等，亦常见之鸟类。

鱼　类

塘　鱼

鲤　鱼　喂者最普遍，每年春季，将鱼秧或小鱼放田中或在村外水塘中，如养料充足至秋可长至一斤以上，大的可供食料，小的移入内塘（村内活水小塘，防獭猫捕吃），次年春再放入田中或外塘，使易长大。种类大约分为三种：背苍黑腹淡黄者最多，名青鲤；体红者名火鲤或红鲤；体黑者名墨鲤。

草　鱼　各地皆有，而以恒丰、阳安、从善、三洞等地区喂者为多。本县无鱼秧，均来自湖南。春季买小鱼秧放之外塘，养料充足可长三四斤，秋后入内塘，次年春又放之外塘，五六年可长至三十、五十斤。

鲶　鱼　喂者仅阳安、恒丰等地区，鱼秧亦来自湖南。喂法与草鱼同，但大者不过数斤，肉较草鱼鲜嫩。

河　鱼

青鱼、**鲫鱼**、**鱿鱼**、**鲢鱼**、**鲇鱼**、**蛇鱼**、**鳛鱼**、**狗鱼**、**白飘鱼**、**麻鱼**、

白甲鱼、**马鼻钩鱼**、**黄鳒鱼**、**七星鱼**、**花腰鱼**、**杆条鱼**、**短头鱼**等是经常在河里捕获者。又有**万年鱼**、**角鱼**、**鳝**等是经常在田里捕获者。

介虫类

兹为分类简便起见，除兽、禽和鱼之外一律并入介虫，不另详细分类。

蜡虫、**蚕虫**、**蜜蜂**等间有饲养，但不多。鳖（俗称"脚鱼"或"团鱼"，又名"甲鱼"），以城区、时来、朝阳、董界、驾欧等处为多。**螃蟹**、**螺**、**虾**（以阳安、恒丰、三洞、从善为多）、**青蛙**（俗名"田鸡"，以城区好吃者多）等，系经常捕食者。**蚌**、**穿山甲**、**蛤蚧**、**龟**、**蜗牛**、**胡蜂**（俗名"马蜂"）、**土蜂**、**没食子蜂**、**蛇**（种类甚多，有蟒蛇、蝮蛇、黄领蛇、赤练蛇、响尾蛇、菜花蛇、四脚蛇、乌梢蛇……）、**五棓子虫**、**蚊**、**蝇**、**蚁**、**蝶**、**萤**（俗名"火亮虫"）、**蝉**（俗名"催米虫"）、**虱**、**蚤**、**蜈蚣**、**蚂蟥**、**蝗虫**、**螟虫**、**瓦蜡**、**蜘蛛**、**蟋蟀**、**螳螂**、**蜻蜓**、**蚯蚓**、**臭虫**、**蠹虫**、**飞蛾**、**蚱蜢**、**尺蠖**、**千脚虫**、**鼻涕虫**、**皂荚虫**、**长须虫**、**打屁虫**、**铁练虫**、**偷油婆**、**金龟子**、**草鞋虫**、**锯木虫**、**猪崽虫**、**螟蛉虫**、**壁虎**等，系经常看见者。

植　物

谷　类

稻有籼稻（俗称"黏米"）、糯稻、粳稻三种。籼稻、糯稻均有早熟、晚熟及红白各种。粳稻亦有早粳、晚粳、香粳、白玉粳之分。**麦**有大麦、小麦等。**高粱**有红、白两种。**荞**有苦、甜两种。**包谷**（玉蜀黍）有黏、糯两种。**小米**有黏、糯两种。

各种谷类，另详《农业篇》，不重述。

豆　类

黄豆、**青豆**、**花生**等，种者最普遍，出产亦多。**饭豆**、**豌豆**、**胡豆**、**豇豆**、**刀豆**、**四季豆**、**篱笆豆**等，种者亦多。**扁豆**、**绿豆**、**黑豆**、**蚕**

豆、**朱砂豆**、**荷包豆**、**红豆**、**猫豆**、**角豆**等，种者较少。

瓜　类

南瓜、**黄瓜**等，种者最多。**西瓜**、**冬瓜**、**花瓜**、**苦瓜**、**丝瓜**等，种者亦普遍。**瓢瓜**、**葫芦瓜**、**瓠**、**绞瓜**、**佛手瓜**等，种者较少。

蔬　菜

青菜、**萝卜**（有红、白、黄三种，以恒丰之白萝卜为好）、**韭菜**（有大叶、小叶两种）、**苋菜**（有红、白两种）、**红米菜**、**广菜**、**油菜**（过去种者很少）、**辣椒**、**番茄**（俗名“毛秀才”，又名“毛辣果”）、**红薯**、**蒜**等种者很多。**白菜**、**菠菜**、**芹菜**、**茄菜**、**冬苋菜**（一名“旗菜”或“滑滑菜”）、**牛皮菜**、**蒿菜**、**蒿笋**、**包生菜**、**葱**（有荤葱、火葱两种）、**姜**、**蘼萋**、**白薯**、**芋**（有白、紫两种）、**蘑芋**、**茴香**等种者亦普遍。**瓮菜**、**茭笋**（一名“茭白”，即菇米之茎也）、**芥蓝菜**、**大头菜**、**薄荷**、**姨妈菜**、**地蚕**（地下茎，白色，状似蚕，取之腌酸）、**茨菇**（自生在田里）、**白花菜**、**马蹄香**、**狗肉香**（自生在地里）等食者亦多。

木　类

果木类

桃、**李**（以从善乡所产之栽秧李，俗名“九阡李”为最佳）、**橘**、**柚**（俗名“朴柚”。**按**　闫人呼柚为泡子，“朴”音或系“泡”音之转。以城关区一带出产者为佳）、**橙**（俗名“黄果”，以城区及时来、朝阳等地区出产者为佳。）、**杨梅**（野生）、**榛栗**（俗名“毛栗”，野生）、**板栗**（野生）、**茨藜**（野生）、**枇杷**、**梨**（青梨、黄梨、麻梨数种为多。又有香水梨，实小而味甘、气香，霜降后始收，俗名“冬梨”，产于茂兰、佳荣一带。又传说有以香椿树接梨枝，结实为乌黑，味清香肥美，可治热痢。有以地瓜藤接梨枝，结实有地瓜香气等，但不多见）、**花椒**等，产出甚多。

柿花、**胡桃**（俗名“核桃”）、**柑**、**花红**、**石榴**、**香橼**、**佛手柑**、**枣**（有大枣、红枣、拐枣等）、**凉粉果**（野生）、**木姜**（野生）、**葡萄**（野生）等，产者次之。**杏**、**梅**、**林檎**、**山荔枝**（出佳荣山中，野生，味酸）、**珍珠李**、**花木瓜**等，亦有出产。

经济木类

油桐（油桐各地皆产，以城区、时来、朝阳、董界、方村等地区为多，而且油量富，为本县出产品大宗）、**樟**（野生最多，可制樟脑）、**漆树**（出产亦佳，惟栽种者少）、**桑**（野生者多，蚕业不发达，无人经营）、**白蜡树**（有水白蜡、旱白蜡，即女贞木，茂兰地区产白蜡甚佳，民国初年，曾在南洋赛会获奖）、**构皮树**（野生尚多）、**孟花树**（有野生、家生两种）、**油茶**（亦适宜出产，惟经营者少，出产不多）、**乌臼**（野生甚多，惜未经营）、**五棓子**（即盐肤木，野生，产五棓子甚多）、**皂角树**等。

建筑木类

松（俗名"枞木"，又名"马尾松"）各地甚多。**杉**（有油杉、岩杉，数量少，质坚，价贵；红杉次之；黄杉、白杉质泡，各地多有。又相传有窨杉者，杉木埋在土中多年，偶值土崩发现，以作用具，盛夏盛物不易腐，作棺耐朽，价贵，又名"阴沈木"，最不易得）、**格木**（高数丈，叶狭而短，经百年后，使可合抱，质坚重，耐水，作棺木耐朽，价颇贵，不多见）、**梓**（出产少）、**枫**（俗名"枫香树"）、**白杨**、**脱皮龙**（质最硬）、**柏**、**椿**、**檀**、**紫檀**、**梧**、**楠**、**槐**、**乌木**等。

杂木类

枸杞、**杨**、**柳**、**槲**（俗名"青桐"，质坚硬，烧炭最好）、**粽**、**黄杨**（俗名"千年矮"，据说其根捣水，服鸦毒者，灌之即吐）、**榕**（全县仅城内北门有一株，系百年前古木）、**化香树**、**栀**等。

竹　类

白竹（产生最多，用途最广，凡竹器及篾条等皆用之，二区各地用之制草纸)、**泡竹**(编竹席用,多出洞塘和广西交界地区)、**钓丝竹**(制篾条最好)、**若竹**(俗名"粽粑竹",因其叶包粽粑也。又可用制粽粑叶斗篷)、**金竹**、**紫竹**、**墨竹**、**斑竹**、**罗汉竹**、**苦竹**、**刺竹**、**粽竹**、**南竹**、**水竹**、**慈竹**、**实心竹**、**四方竹**、**笋竹**等。

菌　类

香菌(佳荣地区出产尚多)、**木耳**(有毛耳、脆耳两种,出产不多)等为外销产品。**松茅菌**(出产亦多,但非外销品)、**冻菌**、**雷公菌**、**伞菌**、**米汤菌**、**排队菌**等,各处皆有。

竹荪　亦于老竹林中有之,但不多见。

花　类

桂花、**榴花**(有单石榴、双石榴之别,以其花瓣有单层或双层也)、**紫荆花**、**樱花**、**栀子花**(有单、双两种)、**桃花**、**李花**、**杏花**、**黄饭花**、**夜合花**、**茶花**、**玫瑰花**、**腊梅花**、**茉莉花**、**紫薇花**、**满山红**(一名"燕山红花")、**耐冬花**、**牡丹花**、**芍药花**(有赤白两种)、**蝴蝶花**、**绣球花**、**凤仙花**(一名"指甲花",有单双两种)、**兰花**、**玉簪花**、**莲**(有红莲、白莲、金莲、鸳鸯莲数种)、**万年青**、**仙人掌**、**洋芹**、**状元红**、**十三太保**、**菊花**(有黄菊、白菊、金钱菊数种)、**西洋菊**、**美人蕉**等。

草　类

棉(为本县出产大宗)、**麻**(有大麻、苎麻两种,苎麻最多)、**蓝**(制蓝靛原料,以永康、佳荣、从善、三洞、恒丰等地出产较多)、**甘蔗**(以城关、时来、董界等地区出产较多,有少数售出外县)、**叶烟**(以城关、时来、朝阳、方村、水利等地区出产较多,而朝阳出产为大宗,水利乡歪村之黄泥坡出产味纯而香,惟数量不多,二十年前运售外县,近十来年,又仰给于外)、**水草**(分黄草、耳环草等,从善之姑农、姑成一带,每年出产千余斤,茂兰、佳荣等地区较少,其他地区亦有，但数量不多）、**紫草**（根肥硕，色紫。从善、佳荣等地区出产颇多，为外销产品大宗）、**蓖麻**（本县蓖麻繁殖最易，惟销路不大，无人经营）、**蕨**（野生，有甜蕨、苦蕨两种，除供菜食及秧青肥料外，取其根淀粉制成蕨粑，荒年为度荒粮）、**芸香草**、**巴茅草**、**茅草**、**节骨草**（可入药）、**火草**（可制印绒）、**毛蜡烛**（可治刀伤）、**荨麻**（古名"荨草"，俗名"虾蛤草"、亦名"荷麻草"，有红、白两种，红者其根治鼓胀病甚效，并治风气。皮可制纸，叶可喂猪。）、**粘人草**、**芭蕉**、**狗尾草**、**狼萁草**、**含羞草**、**蒲公英**等。

蔓　类

清风藤（俗名"三角枫"，叶三角形，面青背红，煮汁可治风湿病）、**血藤**（有大、小两种，生新血，去瘀血，治血症极效）、**青刚藤**（可编用具）、**葛藤**（可制葛麻，三洞、从善、恒丰、阳安等地，妇女采之制葛麻编捞绞，捞取鱼虾）等。

矿　物

铁（本县铁矿颇富，阳凤拉平之抹约、从善板甲之水往等处铁矿，早年开采，产量颇佳，现仍开办中。至恒丰之塘党，三洞之地如、水假，周覃拉苑等处，矿苗甚旺，每逢大雨流露甚多，据称富矿，未经开采）、**朱砂**（周覃之下寨、拉浩、拱仲等处矿苗甚旺，每逢大雨，山洪冲积，雨后经常在路上捡得朱砂。恒丰板力之水涧村左侧土坡，农民种地亦常捡得朱砂，惜未开采）、**煤**（本县煤矿各地皆有，如城区附近之萝卜木、浪凤，阳凤之尧更，播瑶之播缓，恒丰之塘党、从善之弄力，茂兰之洞湖、立化等处，有因烧石灰而开采者，惟本县柴炭颇多，尚未注意及此。据称播缓、立化两处之煤，可供黔桂铁路百年以上）、**银**（据称三洞之水假一带有银矿）、**锑**（三洞、从善一带锑矿甚富）、**石棉**（据称佳荣有此矿）、**铜**（从善、莪蒲、瑶庆等处均有）、**硝**（各地山洞出产甚富）、**盐**（据称莪蒲之水息、播瑶等处均有盐井)、**石油**(据称王蒙之界牌一带有石油流出,以灯草蘸之着火即燃,但现在已不知在何处)、**铅**(佳荣出产,早年开采,现尚有炼铅厂址)、**硫磺**(阳安、永康等处均发现温泉)、**花岗石**、**石灰石**(各地皆有)、**陶土**(各地皆有,以三洞土碗厂之土质为佳)等。

此外,本县之捞村与广西南丹交界地区,有一种矿石,质坚硬异常。民国二十七年政府曾送一颗到省政府,化验不出,认为为废物。又据称是陨石,在世界历史上算是第三次发现等语。惟据当地居民传说,在该附近,经常捡得同类小矿石,查该地系黔桂交界,山深林密,数里内无人居住,而前往勘查者仅二人,恐未能深入了解,疑难待后人查明。

药　物

山药(各地皆有,产量颇富)、**杜仲**(栽后五六年,可砍伐一次,从善、杨拱、姑农一带,每次砍伐,可得数千斤)、**茯苓**(从善、杨拱一带,每年采得数百斤)、**水草**、**樟脑**(城区、时来、朝阳、董界一带樟树甚多,各乡亦有。民国初年,曾有人提炼樟脑,惟所有樟脑树均系野生,无人经营,产量不多)、**黄柏**(三洞、从善一带产生)、**前胡**、**柴胡**、**小茴香**、**石菖蒲**、**茯神**、**天门冬**、**黄精**(俗名山姜)、**麦门冬**、**通草**、**山栀**、**紫苏**、**车前**、**薄荷**、**血藤**、**大麻仁**、**桃仁**、**杏仁**、**陈皮**、**蓖麻**、**沙参**、**何首乌**、**益母草**、**金银花**、**天花粉**、**万年青**、**牛滕**、**桔梗**、**牵牛**(俗称"黑丑")、**厚朴**、**仙茅**、**山漆**、**马鞭草**、**金钗**、**山楂**、**松香**、**香附子**、**乌梅**、**枣**、**芍药**、**牡丹**、**皮硝**、**麝香**、**牛黄**、**熊胆**、**穿山甲**、**文蛤**、**琥珀**、**钟乳石**、**朱砂**、**硫砂**、**硫磺**等。

按　物产种类繁多,难于备载。上列各项或取其数量多,或取质量佳,或取产品珍贵者,其余品种一概从略。

卷七　职官志

荔波在元季明初，为蒙、皮、雷三土司所据。代远年湮，无文字纪录，征之耆老，亦无能道其详者。

明正统间，改土归流，而规模狭隘，未能画一。

清季设官分职，重牧守之权，慎边阃之寄，较为完善。

民元以后，官制迭更，以期尽善。

数百年来，官斯土者，名贤辈出，或以惠政显，或以武功著，或以清操见，或以文学名，或杀身以成仁，或临危而赴义。古云"有德则祀之，有功则纪之"，所以崇其功而报其德也。

惟采访或有未周，记载不无脱落。姑就耳闻目见者列之于篇，以俟后之知者补焉。

志职官。

土　司

蒙土司建自元季，今玉屏镇（从前蒙石里）蒙姓极繁，相传即其后裔，间有用石为姓者。

皮土司建自元季，今其族湮矣。父老相传谓今之白姓即皮姓后裔，盖以土音相沿，积久而差也。

雷土司建自元季，今邑中尚有雷姓，是否即土司后裔，代远年湮，无从查考。

◎以上采自李稿。

按　李编初稿载九阡土司雷天堡叛，知县王家珍讨平之（详《大事志》）。至蒙、皮、雷三家建立原起，及分域世次，改革缘由，皆无确据，姑载其崖略，以存夏五郭公之例而已。

流　官

列　表

荔波县历代文官姓名一览表

职别	姓　名	别　号	籍　贯	出　身	到任年月	备　考
知县	刘邦征				明万历中	
知县	王家珍		江西	进士	清顺治中	
知县	胡苍睿				清康熙二年	
知县	吕　瑛		云南昆明	监生	清雍正末年	
知县	金明基				清乾隆三年	
知县	陈于中				清乾隆四年	
知县	赵世纶				清乾隆四年	
知县	李怀春				清乾隆中	
知县	吴明馨				清乾隆中	
知县	吴基龙				清乾隆四十六年	
知县	鲁寿松	念莪			清乾隆末年	
知县	杨　约				清乾隆末年	
知县	蔡元陵				清嘉庆十七年	
知县	武占熊				清嘉庆二十二年	二十四年复任
知县	杨以增		山东	进士	清道光七年	

续　表

职别	姓　名	别　号	籍　贯	出　　身	到任年月	备　　考
知县	于成保		浙江	太医院吏目	清道光初年	
知县	刘树棠		四川	进士	清道光初年	
知县	冯绍彭				清道光初年	
知县	覃武保		广西容县	举人	清道光中	
知县	稀松龄		旗人		清道光中	
知县	周　虞				清道光中	
知县	舒　文		旗人		清道光中	
知县	蒋时淳		湖南		清道光中	署两任
知县	何　珽				清道光十九年	
知县	谢人龙		四川		清道光末年	
知县	潘渭春		福建		清道光末年	
知县	叶华春		福建		清道光末年	
知县	吉尔通阿		旗人		清道光末年	
知县	严　铁	伯牙	浙江		清道光三十年	
知县	毕楚珍		江南		清咸丰元年	
知县	魏承柷	将侯	湖南衡阳	大挑知县	清咸丰三年	
知县	李　珍		直隶		清咸丰四年	
知县	蒋嘉谷	晓云	浙江绍兴	幕僚	清咸丰五年	
知县	赵　煦				清咸丰六年	
知县	吴德容	乃安	湖南宜章		清咸丰七年	
知县	彭培垣		湖南		清同治四年	
知县	胡永春				清同治五年	

续　表

职别	姓　名	别　号	籍　贯	出　　身	到任年月	备　　考
知县	王子林		云南		清同治五年	
知县	钟毓材		广西		清同治六年	
知县	谷应贤				清同治六年	
知县	高　荃		广西		清同治六年	
知县	钱　埙	伯雅	云南昆明		清同治八年	在任五年
知县	苏忠廷	福臣	四川纳溪	拔贡	清同治十三年六月	◎以上采自李稿
知县	刘树勋		四川	举人	清光绪初年	
知县	罗卿云		云南		清光绪初年	
知县	张学渠		四川		清光绪初年	
知县	万舞庭	云臣	四川		清光绪初年	
知县	方人钰	式如	四川		清光绪初年	
知县	刘树培	廉泉	广西临桂	军功	清光绪八年	二十七年复任
知县	崇　俊	志斋	旗人	进士	清光绪九年	实任
知县	郑寅亮	晓宇	河南	解元	清光绪十一年	
知县	唐则璲	佩长	广西临桂	进士	清光绪十三年	实任，在任三年，卒于任
知县	曾世隆	陔林	四川江安	拔贡	清光绪十四年	
知县	宋泽春	鹤琴	湖南湘潭	监生	清光绪十五年	
知县	梁宗辉	华堂	广西玉林	举人	清光绪十七年	
知县	汤柄巩	啸庵	湖南长沙	监生	清光绪二十年	实任
知县	白建鋆	泽芳	四川	军功	清光绪二十二年	在任三年
知县	张济辉	华庭	四川綦江	优贡	清光绪二十四年	

续　表

职别	姓　名	别　号	籍　贯	出　身	到任年月	备　考
知县	黄增益	锦章	浙江	监生	清光绪二十五年	
知县	杨　煜	升舟	四川酉阳	监生	清光绪二十八年	
知县	陈介白	芗荪	四川巴县	举人	清光绪三十年	
知县	谢锡铭	又新	福建诏安	拔贡	清光绪三十二年	
知县	黄凤祥	采九	云南昆明	举人	清光绪三十三年	
知县	石作栋	郑卿	甘肃兰州	进士	清光绪三十四年八月	在任四年
知县	陈敏章	宪周	遵义	副榜	民国元年九月	在任四年
知事	喻　竹	善成	贵定	附生	民国五年	
知事	廖葆真	信初	黎平	附生	民国六年	
知事	傅良弼	佐卿	贞丰	附生，留学日本	民国七年	
知事	杨　健	节之	四川酉阳	讲武生	民国八年	
知事	蒋　峻	佩之	三穗	警察毕业	民国十年	
知事	刘　琅	睛崖	郎岱	附生	民国十一年	
知事	龙焕章	斗墟	独山	附生	民国十二年	
知事	景士清		云南	附生	民国十二年	
知事	马秉升		云南	附生	民国十三年	
知事	蓝继武		贵阳	廪生	民国十四年	
知事	李退谷		贵阳	廪生	民国十四年	
县长	李炜新	炯初	独山	廪生	民国十五年	民国十八年复任，在廖任后
县长	徐致和		铜仁	崇武生	民国十六年	
县长	罗运钧	伯鸿	德江	讲武生	民国十七年	

续 表

职别	姓 名	别 号	籍 贯	出 身	到任年月	备 考
县长	廖家谟		贵定	附生	民国十八年	在任未满一月
县长	韩知重		四川	中学毕业生	民国十九年	民国二十三年复任
县长	拓泽忠	寿珊	贵阳	日本留学生	民国十九年	
县长	王公威		贵定	中学毕业生	民国二十年	
县长	何干群		兴义	中学毕业生	民国二十一年	
县长	徐孟坚		绥阳	中学毕业生	民国二十二年	
县长	云 锐	佛斋	湖北	讲武生	民国二十四年七月	
县长	宋植枬	梓丞	安徽	附生	民国二十五年四月	
县长	汪 汉	锦波	安徽	江淮法政大学毕业生	民国二十五年十月	◎以上采自杨稿
县长	陈世宇		正安	厦门大学肄业生	民国二十八年四月	
县长	段叔瑜		贵阳	日本留学生	民国三十年四月	
县长	刘仰方	范矩	江苏	大夏大学毕业生	民国三十一年四月	
县长	陈企崇	达佛	山西临县	山西省立法学院政经系毕业生	民国三十二年七月	
县长	刘 琦	介民	黎平	曾任上校军职、台江县长	民国三十四年元月	
县长	张 曜	冠军	榕江	贵州法政专门学校、中央军校军官高等教育班及中央训练团毕业，任少将军职	民国三十四年九月	

续　表

职别	姓　名	别　号	籍　贯	出　身	到任年月	备　考
县长	周绍伊		四川兴文	私立大夏大学文学士，中央军校高等教育班毕业，陆军第一六四师副师长兼政治部少将主任	民国三十七年三月	
训导	戎　辅				清乾隆二年	始立学规
训导	李同楷					
训导	封建福					
训导	洪					
训导	冯					
训导	黄　锟					
训导	胡					
训导	张星明	春堂	遵义	举人	清道光末年	
训导	梅汝舟	瀛舫		经魁	清咸丰初年	
训导	郑　珍	子尹	遵义	举人	清咸丰五年	
训导	白　珩	楚臣			清咸丰末年	
训导	刘洁矩				清咸丰末年	
训导	赵　旭	晓峰	桐梓	优贡	清同治初年	清同治五年殉难
训导	张友卜				清同治九年	
训导	陈培垣	晓珊	贵阳	副榜	清同治十年	
训导	李学延	希年	开州	岁贡	清同治十二年	◎以上采自李稿

续　表

职别	姓　名	别　号	籍　贯	出　身	到任年月	备　考
训导	阮夑奎				清光绪三年	
训导	傅维棻				清光绪七年	
训导	黄土清	希伯	贵阳	举人	清光绪八年	
训导	萧义烈			廪生	清光绪十一年	
训导	廖师闽	泗源	印江	优贡	清光绪十三年	
训导	廖如玥	印江	黎平	贡生	清光绪十六年	
训导	王书同	子文	遵义	副榜	清光绪十七年	
训导	李国霖	雨亭	开州	举人	清光绪二十二年	
训导	郭中广	竹居	贵阳	举人	清光绪二十二年	
训导	刘国栋	梓卿	贵筑	举人	清光绪二十三年	
训导	罗会恩		贵阳	副榜	清光绪二十四年	◎以上采自杨稿
典史	赵贞吉			谕德		明世宗二十九年八月谪谕德为荔波典史。见《纲鉴》
典史	鲁志仪				清乾隆五年	
典史	高其墉					
典史	王　淇					
典史	王觐光					
典史	庄文光					
典史	易嘉言					
典史	万　某					
典史	刘锡绅	笏亭	湖南		清道光末年	
典史	娄　奎				清道光末年	

续 表

职别	姓 名	别 号	籍 贯	出 身	到任年月	备 考
典史	王尧章		四川		清咸丰初年	
典史	宣 德		直隶		清咸丰初年	
典史	林正春					
典史	王仲仁					
典史	俞成怿					
典史	齐荫曾				清同治三年	清同治五年殉难
典史	寿其仁				清同治五年	
典史	许钧鸿	瑞生			清同治七年	
典史	李安澜	湘泉			清同治九年	
典史	覃炳文				清同治十年	
典史	梁秉钧				清同治十二年	◎以上采自李稿
典史	唐 栋		湖南	吏员	清光绪二十年	
典史	谢作旼				清光绪二十年	
典史	彭世安					
典史	鲁学周				清光绪二十二年	
典史	杨文龙				清光绪二十四年	◎以上采自杨稿
典史	彭德基		四川	附生	清光绪三十年	在任七年
方村分县县丞	刘 礼	子厚	四川		清光绪二十五年	在任七年卒，于任以前无考
方村分县县丞	赵鸿勋		广西	优贡	清宣统元年	
方村分县县丞	杨 沅	显之	四川		清宣统三年	

续 表

职别	姓 名	别 号	籍 贯	出 身	到任年月	备 考
方村分县县丞	杨景芳		省溪		民国元年	
方村分县县丞	朱 峋	介眉	贵筑		民国五年	
方村分县县丞	廖治平					
方村分县县丞	孙 华					
方村分县县丞	车鸣骥					
方村分县县丞	王守智					
方村分县县丞	徐文华					
方村分县县丞	何增荣	灿章	鳛水	湖北武昌大学商科毕业生		
方村分县县丞	安缉斋					
方村分县县丞	邓云亭					
司法处审判官	夏域春	云峰	贵阳		民国二十五年到任	本年司法独立
司法处审判官	夏念祖		山西		民国三十二年到任	
司法处审判官	张衍杰		广东		民国三十四年到任	
司法处审判官	唐颂尧		湖南		民国三十五年到任	

荔波县历代武官姓名一览表

职别	姓　名	别　号	籍　贯	出　身	到任年月	备　考
荔波营游击	李　勋				清乾隆四年	至巴乃、鹿林一带会勘分界,颇著辛劳
荔波营游击	庆　喜					
荔波营游击	张　锐					
荔波营游击	保					
荔波营游击	夏					
荔波营游击	陆　奎					
荔波营游击	卢　达				清道光末年	
荔波营游击	彭　寿					
荔波营游击	杨廷柱				清咸丰元年	
荔波营游击	兴　瑞				清咸丰三年	
荔波营游击	马清杰		山东		清咸丰五年	
荔波营游击	王敦伦				清咸丰七年	
荔波营游击	汪文钧				清咸丰八年	
荔波营游击	范定邦		水城	武举	清咸丰九年	

续　表

职别	姓　名	别　号	籍　贯	出　身	到任年月	备　考
荔波营游击	邹玉林	昆山	麻哈	武举	清同治五年	
荔波营游击	罗云升		广东		清同治十年	
荔波营游击	徐占光				清同治十一年	
荔波营游击	张　椿				清同治十二年	
荔波营游击	尚步瀛	杰州	四川崇宁		清同治十三年	◎以上采自李稿
荔波营游击	杨开泰		云南		清光绪二年	
荔波营游击	俞士瀛	仙洲	云南		清光绪初年	
荔波营游击	王恩贵	荣轩	广西容县		清光绪初年	
荔波营游击	刘德彰	金城	湖南		清光绪年间	
荔波营游击	景春林	杏村	四川		清光绪年间	
荔波营游击	金继祖		四川		清光绪年间	
荔波营游击	田兴和	怡庭	都匀		清光绪年间	
荔波营游击	刘长庚				清光绪年间	
荔波营游击	黄戴才		湖南		清光绪年间	

续　表

职别	姓　名	别　号	籍　贯	出　身	到任年月	备　考
荔波营游击	刘明远				清光绪年间	
荔波营游击	邓嘉銮		丹江		清光绪年间	
荔波营游击	邱俊书				清光绪年间	
荔波营游击	江汉清		遵义	武侍卫	清光绪年间	◎以上采自杨稿
荔波营游击	邓嘉銮	金波			民国初年	
荔波营游击	刘增益	寿仙			民国初年	
荔波营守备	万　安				清乾隆五年	
荔波营守备	唐　卓		湖南		清嘉庆年间	
荔波营守备	雷毓英		安顺		清道光年间	
荔波营守备	宋位元		山东	武进士	清道光二十一年	
荔波营守备	张福震				清道光末年	
荔波营守备	曾玉麟		贵阳		清咸丰十年	
荔波营守备	王邦学				清同治十二年	
荔波营守备	陈化熊				清同治十三年	

续　表

职别	姓　名	别　号	籍　贯	出　身	到任年月	备　考
荔波营守备	王龙祥				清光绪年间	
荔波营守备	雷　石	镛声	定番		清光绪年间	
存城千总	李正吉				清乾隆五年	
存城千总	王遇春				清咸丰初年	
存城千总	王化龙				清咸丰七年	
存城千总	范凤山				清同治四年	
存城千总	许占标				清同治九年	旋署守备◎以上采自李稿
存城千总	吉昶元		贵阳		清光绪中年	
存城千总	王文彬		榕江		清光绪中年	
分防三洞汛千总	舒河清	丽泉	江苏		清光绪中年	
存城把总	张奇杰				清乾隆五年	
存城把总	吴德瑗				清乾隆五年	
存城把总	张玉德					
存城把总	谢金武					
存城把总	吴廷儒					
存城把总	黄德明					
存城把总	玉奉璋	昆山	荔波		清光绪末年	
存城把总	邱永吉					
存城把总	张文选					

续 表

职别	姓 名	别 号	籍 贯	出 身	到任年月	备 考
存城把总	杨万春					
存城把总	李定邦					
存城把总	高玉升					
存城把总	璩加润					
存城把总	宋廷福					
存城把总	张友林					◎以上采自李稿
存城把总	汪逢春					
存城把总	高永耀					
存城把总	曹玉声					
存城把总	汪汝洋					
存城把总	刁文锦					
存城把总	古景春					
存城把总	刘星照					
存城把总	龙祚元					
存城把总	宋占元					
存城把总	古卓才					
分防方村汛把总	刘卿材	干臣			清光绪年间	◎以上采自杨稿
存城外委	陈照光				清乾隆五年	
存城外委	李正魁				清乾隆五年	
存城外委	张少卿				清乾隆五年	
存城外委	李正邦					

续　表

职别	姓　名	别　号	籍　贯	出　　身	到任年月	备　　考
存城外委	吴邦瑞					
存城外委	萧必清					
存城外委	康世富					
存城外委	刘胜先					
存城外委	唐友发					
存城外委	徐　顺					
存城外委	黄应相					
存城外委	蓝世英					
存城外委	巫廷襄					
存城外委	郑世芳					
存城外委	官绍基					
存城外委	谢文炳					
存城外委	李琼林					◎以上采自李稿
存城外委	王茂兰					
存城外委	张元勋					
存城外委	彭元庆					
存城外委	玉奉廷					
存城外委	蔡时杰					
存城外委	厉荣光					
分防三洞汛外委	曹运先				清咸丰初年	
存城外委	姚光佑				清光绪年间	

续 表

职别	姓　名	别　号	籍　贯	出　身	到任年月	备　考
存城外委	龙在田				清光绪年间	◎以上采自杨稿
额外	周益发					
额外	黄坤泰					
额外	宣学孔					◎以上采自李稿

按　本邑在咸、同间两次陷城暨历年匪患，阵亡及殉难之外来官兵颇多。兹仅据旧志所载及采访所得，除事实较详者，另为列传外，并列总表纪载，以俟后补。至本籍阵亡及殉难人士，则另载《人物志》以清眉目。

历代变乱阵亡殉难职官表

姓　名	籍　贯	职　别	年　代	事　略	备　考
胡苍睿		知县	清康熙二年	未到任，行抵水岩，宿于野，贼围阵亡	
蒋嘉谷	浙江绍兴	知县	清咸丰五年	剿九阡匪阵亡	
刘　山	湖南溆浦	六品蓝翎，留黔补用从九品	清咸丰五年	守城阵亡	
吴邦瑞		外委	清咸丰五年	阵亡	
吴邦雪		未详	清咸丰五年	阵亡	随兄邦瑞出征阵亡
周益发		额外	清咸丰七年	阵亡	
黄坤泰		额外	清咸丰八年	阵亡	
曹运先		外委	清咸丰九年	阵亡	

续　表

姓　名	籍　贯	职　别	年　代	事　略	备　考
汪逢春		把总	清咸丰十年	阵亡	
娄　奎		典史	清咸丰十一年	城破殉难	
曾玉麟	贵阳	守备	清咸丰十一年	阵亡	
王化龙		千总	清咸丰十一年	阵亡	
张文选		把总	清咸丰十一年	阵亡	
李定邦		把总	清咸丰十一年	阵亡	
康世富		外委	清咸丰十一年	阵亡	
萧必清		外委	清咸丰十一年	阵亡	
李正邦		外委	清咸丰十一年	阵亡	
官绍基		外委	清咸丰十一年	阵亡	
官绍徽		未详	清咸丰十一年	阵亡	外委官绍基之兄
彭培垣		知县	清同治五年	城陷殉难	
吴　江		未详	清同治五年	率兵援解城围，被困阵亡	署都匀府事独山知州吴德容长子
钟毓材		知县	清同治五年	剿匪宿营董界寨马后山被围阵亡	
赵　旭	桐梓	训导	清同治五年	殉难	
寿其仁		典史	清同治五年	殉难	
齐荫曾		卸任典史	清同治五年	殉难	
范定邦	水城	游击	清同治五年	殉难	
范凤山		千总	清同治五年	殉难	
李琼林		尽先外委	清同治五年	殉难	◎以上采自李稿

续 表

姓　名	籍　贯	职　别	年　代	事　略	备　考
赵德高	桐梓	排长	民国十一年	翁昂匪首何光星抢劫巴灰时阵亡	
何逢春	南丹翁昂		民国二十年	区长何峻峰密派逢春刺死何光星，逢春亦同时被害	
邓少华			民国二十年	剿从善匪首潘少章阵亡	

列　传

知　县

刘邦征

籍贯未详，明万历中知县事。时荔波隶属广西庆远府，各里居民，互相为患，凡莅斯土者，皆借寓府城，不敢身历其地，习以为常。邦征至，檄诸民于前，推诚导谕，凡有规画，悉听命。因详请置县治于喇𡎴村，历任数载，恩威并著。至今父老相传，犹能道其德政云。◎采自李稿。

王家珍

江南人，进士，清顺治中到任。时九阡寇贼不法，陷县城。家珍莅任，调请官兵剿洗，躬临前敌，削平巨寇。以旧城残废，复请移县治于方村之祆村。在任二十余载，开辟文教，尊养耆老，民皆颂之。◎采自李稿。

胡苍睿

籍贯未详，清康熙二年到任，至蒙石里水岩村，止宿于野，是夜莠民纠众劫之，与随行俱遇害。后经官兵剿洗，附近皆族诛。◎采自李稿。

邑先正李国材《水岩村吊胡官苍睿》诗云："萧萧车马一官来，雨晦风盲大木摧。红袖有人还盼接，白骸和伴已成堆。为愁魂魄归无路，不信苗蛮胆是雷。樽酒奠君君寤否？斜阳满地冷苍苔。"

吕　瑛

云南昆明人，监生，清雍正末年到任，公正廉明，为民所颂。当时以方村县治偏在一隅，创始改建县城于蒙石里。一切经画，井井有条。◎采自李稿。

金明基

籍贯未详，清乾隆三年到任。时城工未竣，继事督修，颇能尽职。◎采自李稿。

陈于中

籍贯未详，清乾隆四年权知县事。继修城垣，旦夕督工，颇著勤劳。◎采自李稿。

赵世纶

籍贯未详，清乾隆四年七月到任。办理城工善后各事宜，措置裕如。曾至巴乃六林一带，与清江通判邵自励、都匀协右营守备王焯、荔波营游击李勋、河池州知州孙造、南丹土州莫我谦、庆远协右营守备刘有梅等，会勘各处分界处所，勒石为记，区划得宜，士民怀之。◎采自李稿。

李怀春

籍贯未详，清乾隆中任县事，吏治勤慎，爱民如子。公暇，即微行郊外，常与农夫野老谈，询民间疾苦事。见田畴易者奖之，芜者饬之。又或亲入街市塾中，面试诸童功课，奖劝汲引。随身只一小仆，未识面者几不知其为官长云。◎采自李稿。

吴基龙

籍贯未详，清乾隆四十六年到任。见学宫颓圮，捐廉劝募，鸠工重修，阅六月而事竣，规模宏敞，庙貌一新。◎采自杨稿。

杨　约

籍贯未详，清乾隆末年到任。砥砺廉隅，爱民重士，政简刑清，民称颂之。◎采自李稿。

蔡元陵　字　经武

籍贯未详，清嘉庆十七年到任。重修圣宫、文昌宫、书院、学署，才识明达，办事敏捷。时教匪林疤颈等谋叛，元陵密捕其渠，置之法，事旋平。◎采自李稿。

武占熊

籍贯未详，清嘉庆二十二年到任。二十四年复任。礼士爱民，安良除暴，人民爱戴。率绅耆补修荔泉书院，亲主讲席，每月诣院中为诸生讲解，历久不倦，荔邑文化由此振兴。◎采自李稿。

杨以增　字　致堂

山东人，清道光初到任。下车之始，增修荔泉书院，培植人才。居官数年，有惠政。去后，邑人思之，立位祀于文庙之名宦祠。后官至河工总督。◎采自李稿。

于成保

浙江人，清道光初到任。太医院吏目出身，精岐黄术，常施医济民，全活甚众。◎采自李稿。

冯绍彭

籍贯未详，清道光初年到任。尊崇学校，保爱人民。每值岁饥，发仓廪，施赈济，民乐生存，咸颂其德。性戆直，凡有建言，不避权贵，以卓异任贵筑首县。◎采自李稿。

蒋时淳

湖南人，清道光中两任县事。首重学校，见学宫凋敝，捐廉倡首，董率邑绅捐赀万金，重修学宫、文昌宫，规模宏敞，足为一邑壮观瞻。明礼让，劝农桑，恤茕独，省徭役诸善政，至今士民咸颂贤牧云。◎采自李稿。

覃武保

广西梧州容县人，清道光中到任。崇儒重道，廉慎自持，多善政。民至今犹颂之。◎采自李稿。

严　铁　字　伯牙

浙江人，工诗能书，有干济才，清道光三十年到任。值粤匪乱，建议防堵，阖邑人心，赖以镇定。后因公被议，改组归，舆论惜之。既而佐郡江南，以守城功擢郡守，加道衔花翎。◎采自李稿。

魏承柷　字　将侯

湖南衡阳人，清咸丰三年到任。值粤匪朱亚狗逼近边境，四野震动。建议立军需局，修碉卡、造军器、编保甲，全境恃以无恐。思恩失守，躬亲督练，越境赴援。号令严明，有取民间一盆，斩以徇。亚狗败遁，乃还。惜在任未久，奉湖南江中丞奏，调回籍统军，旋阵殁。至于精书法、攻诗文，乃其余事。◎采自李稿。

乡先达何振新撰《荔波县知县魏将侯公志略》云："公姓魏讳承柷，字将侯，湖南衡阳县人，以举人大挑得为县，分发贵州。历权开泰、天柱二县，有政声。补荔波知县，咸丰三年四月到任。邑人唐某犯邪教，前任毕公楚珍方捕获，极刑考掠，株连数十人，皆城乡之朴厚信善好持佛经咒者也。公鞫之，言戒杀生以避劫难，出其书验之，信然。公怜其好善不明，为奸人所惑，具情牒大府，尽宥之，罹极刑者皆活。时广西思恩县已为流贼朱亚狗所据，党羽万人，势甚张，渐逼邑境。公练团丁，募义勇，备甲兵，分地防堵，短衣策马，阅沿边要害。以瑶庆里大造坡为四达之冲，克日鸠工，修石关三重，危城高楼，踞山之巅，俯瞰百仞。贼至，乘高压下，一夫当万。他如洞壶、栗门各关，巴容、董界二里隘口，皆得地利。朱贼不敢相侵，然久不出思恩城。我师老饷糜，公忧之，议战。召群工多造枪炮，其刀矛弓弩，皆出自精意为之，尤合时用。团丁、义勇各五千，各分五营，旌旗亦各分五色；所到之处，中营既定，前后左右方位，有越次者斩，一军肃然。四年正月元宵，我师入思恩境，公先命各营制锦龙花灯。是夜笙箫之声，与笳鼓竞作，试叩各营门，则执戈者环立待旦。公喜曰：'可用矣。'朱贼临阵多用骁骑冲突，畏其蹄龁者辄奔溃。公檄思恩村民多编猪鸡笼，疏其目，联以麻索，出阵日遍置田野，错落牵连，以绊马足。复于要路作陷马坑，四面伏火器以待。朱贼闻之，不敢抗敌，宵遁。有贡生覃大庆者，先与贼通，诱贼逼胁乡邻。贼退，自知无所容，逃入石洞。公率五营围洞外，领健壮者十余人，空拳徒步入洞，渐深渐黑，至举手不自见，则傍石壁行，以足试高下。至是从公者惟数人，齿相击作声，坐不敢前。公独匍匐进，忽有物拦胸，扪之马也，知距人不远矣。从容唤覃大庆曰：'我魏某也，单身至此，为救汝来，汝将为九幽之鬼乎？抑思睹青天乎？'不应，惟闻人声啧啧，顷见火如萤飞来，至前则大庆手烛也。拜曰：'公真神人，大庆万死。'公曰：'且出此中，勿多言。'大庆命举火，数十人束藁齐发，刀光掩映如闪电，足音轰轰然，拥公以出。前坐候数人，惧且颤，不能起。公叱之曰：'若等何必接应，吾来矣。若后行，吾先之。'及出洞，见从大庆者，尚有五十人，皆年壮有力。公慰之曰：'大乱初平，各思父母妻子，汝盍归乎？'各叩头散去。独引大庆入营，责以大逆，囚之。传檄四乡，胁从者免。思恩平，公凯旋，献俘贵州。有忌公功者，谓公妄动，扰邻封，诬良善以邀军功，更有示大庆以意，令极鸣其冤。诸大府皆怒，公祸几不测。会江公忠源总督两江，为公同乡，知公可大用，奏调江苏，公奉旨解任。欲排挤者，始无可如何。公之为政也，猛以济宽，治盗尤严。杀某甲以窃一马，杀某役以窃钱五百。然窃马者惯贼，而窃钱者则窃兵饷。一邑夜不闭户，虽摴蒱叶戏，亦无敢为。听讼则坐堂，片言折狱，无或欺。由威信素著，心悦诚服之故，即犷悍者见之，必背汗股栗，时有魏老虎之名。

"论曰：'大乱初平，守土者各清其境，驱贼于邻；甚有贿贼以去，而报战胜克服，邀功赏，贼所以蔓延天下，孰则念唇齿，不分畛域，相援相救如公者乎！然必有公之才略，有公之勇敢，而后能卫人以卫己也。不然卫己且不暇，安能卫人。夫三代以上文武不分，汉时犹然，公其古之良吏也。使江公不死，公到金陵，必得展其抱负；乃方至洞庭，而江公凶耗至。湖南抚军奏留公在籍团练，援郴州城围，陷贼阵，左右冲突，被重创，为贼缚，支解之。噫！公之志烈矣！公之节全矣！吾每见衡阳人，必询及公，皆能言其慷慨果敢焉。公其仲夫子之流亚欤。'"◎抄自杨稿。

又按　魏知县有留别荔波士民诗三律云："岂必全无去后思，终惭小惠未能施。嗷鸿遍野惊初定，害马环郊蔓恐滋。幸有丰年遗父老，仍将大木付工师。春风细雨江南路，回首黔黎送我时。"

“难负平生一片心，殷勤学制度金针。民为邦本千秋鉴，政在人和两字箴。关塞总须严锁钥，羽书遮莫付浮沉。郊原已遍桑麻种，犹有烽烟动远岑。”“八仙山下坏云屯，十万貔貅猛气吞。狡兔搜残三窟尽，喘牛摧败五花奔。本知好杀非天意，幸有涓埃达圣明。敢诩禽渠春盎盎，扫平昏雾涌朝暾。”◎抄自李稿。

谢人龙

四川人，清道光末年到任。节己爱民，有古循吏之风。◎采自李稿。

蒋嘉谷 字 晓云

清咸丰五年到任。恂恂有儒者气象，而胆略过人。莅任初，九阡土匪攻城，屡击却之。亲率兵勇讨贼，师溃阵殁。邑人建祠祀之。知县吴德容题额曰“重于泰山”。◎采自李稿。

乡先达何振新撰《荔波县知县蒋公晓云志略》云：“公字晓云，讳嘉谷，姓蒋氏，浙江绍兴人。游幕来黔，由府经历以军功保举知县。咸丰四年，广西南丹州抹挂山民余光裕信邪教，谋不轨。独山州三埲司奸民杨元保聚众应之，遂大乱，扰及邑边。官兵进剿，半由我邑，运粮运饷，襁属不绝，繇役烦剧。署知县李公宝琛禀请委员相助为理，抚军檄公来到荔，所事皆办。大军凯旋，李公免任，公接署县事。咸丰五年六月，清平苗叛，至九月蔓及邑之九阡里，煽惑者众，相率攻城，势盛燎原，不可扑灭。援兵革于府城，不能下。公议团乡兵，而太平日久，民不习战，团之不聚；由粤募勇千人，粮饷巨费，取给于富民，邑少素封，又不济。公忧有贼困，无兵援。议战，民弱而不强；议捐，民贫而少富。如衣败絮入丛棘，浑身挂碍。有劝公以病请免。公曰：‘治则贪谋爵禄，乱则苟全性命，非义也。’日延绅衿耆老问方略。谕贫者出力，富者出财。晓以艰难利害，絮絮千言，语至痛切处，泪交于睫，听者亦鼻为酸而不觉涕之陨也。

一日，公奋身曰：‘古圣有言，信及豚鱼。九阡叛民，岂顽于禽兽乎！感以至诚，当无不动。如有不测，官于斯，死于斯，亦分也。’因率所募勇进屯九阡各村，欲示之以威而招之以德。勇目刘某不体公意，纵勇抄掠，村民大噪，倒戈相向。公知事不谐，撤勇归。至水错，伏寇突出截路。公大骂，拔刀陷阵，身被重创，遂遇害。时咸丰五年十月七日也。公出城时，命典史宣德曰：‘吾此行，冒险耳。叨天幸，事成。如败，我必死。我死贼必攻城。尔代知县事，当与马游戎和衷共济，捍卫孤城，以保百姓。’语毕，更立示宣典史以守城数策，两手捧印篋授之曰：‘以累汝！’遂挥手去，无一语及妻子。公遇害，次日贼果攻城。见旗帜森严，部伍整肃，知有备，不战而退。然栋折榱崩，一邑震骇。公二子幼，与母齐声号哭，数日不绝。士民亦万家洒泪。瑶台里板茅村民覃朝相痛公死事，暴尸于野，身领壮健者夜半出，负公尸归村，殓以棺，间道送城。是日，黑雾昏沉，不见天地，惨烈之气，郁结凝聚，至遮迷两曜。公内刚毅，外温和，接人无疾言遽色，恂恂儒雅。然不避豪强，遇犷悍者，必力为搏击。时国帑渐空，军饷屡缺，有事议遣卒，则武官以无饷辞。荔波营战守卒八百名，父死子继，受国家豢养二百有余年，至是竟成虚设。又复骄纵，陵轹平民。有一卒游寨莪市，入屠肆肉，多取不遂，刃贯屠人腿，市人共执之，送诣县，未入城，一营尽甲，鼓而噪。公闻报，见游击马公曰：‘民被刃而卒怒，何也？贼满九阡，卒不杀贼而杀民乎？’马公大惭，谓其中军某曰：‘尔出戒卒，勿妄动。’复面公曰：‘刃民者某卒也，吾除其籍，请公法治。’公归，坐堂，鞫卒曰：‘若贯腿之刃何在？我仍将若刃贯若腿，复暴若于市三日，然后言法，如何？’卒俯首无词，愿受杖。公重惩之。其果决多类此。

“论曰：‘九阡民已叛为贼，相率攻城，而公乃欲感之以诚信，是对虎狼讲仁义，鲜不以为迂也。然以外无援，内无食，孤城悬一隅，其能长保乎？不若乘有饷有勇之日，前往招之，万一就抚，诚幸也！如招之不来，陷阵而死，犹愈于后日饷绝勇散束手待贼城陷而死耳。公计之熟矣，岂迂也哉？况公之进也，原有周密计画。苟非刘某之纵勇抄掠，安知公之计不得售耶？惟公已置死生于度外，成败利钝，在所不计。观其捧印与典史诀，早已具必死之心矣。又岂贪生畏死者所能望其项背耶？噫！惟公有如是之迂，乃有如是之烈乎！”◎抄自杨稿。

又 乡先达李国材《乙卯仲冬吊蒋明府殉难》诗云：“蛮云肆溃乱，星落九阡营，得所君能死，无功我愧生。山川黯失色，天地阴难晴。驱马陟高岭，猿啼哀惨声。”

又 乡先达董成烈论曰：“自烽烟告警，居民震动，公莅任三月，带疾视事，抚凋敝之民，提新集之众，外抗强虏，背城血战，屡挫其锋，即古之儒将，何以过焉。虽征兵调饷，筹画多艰，此应彼攻，进退失据，此亦时势之无可如何者也，及乎风霜矢节，戎马殁身，辉辉乎与日月争光矣！”

又 《清国史·蒋嘉谷传》云：嘉谷，顺天大兴人。原籍浙江山阴。初以府经历分发贵州，旋保知县。咸丰三年，署荔波县知县。粤氛近逼，土匪乘之。嘉谷内守外御，境内安堵，治狱尤明允。师疲粮匮，或以劝捐进，嘉谷不忍朘其生而激之变，寝其议不行。五年，水民与粤匪合，聚众五六千人。嘉谷募勇五百人拒守。时都匀、八寨等各有苗匪，而近省之龙里、贵定，土匪遍地，驿道不通，饷需缺乏。嘉谷毁家募勇，妻陆氏以钗钏佐军。民感奋，守益坚，以故近府县皆不保，荔波独存。后贼诇知空虚，麾众并进，嘉谷誓死鏖战，不与俱生。久之，伤亡略尽。嘉谷冲突跳荡，犹裹创刃贼。俄被执，怒不屈。贼束薪渍油遍体灼之，死而复苏，苏则骂，骂则复灼，如是者数次，乃绝。巡抚蒋霨远以嘉谷善政得民，力捍疆宇，被害尤惨，奏入从优议恤。光绪十五年，贵州绅民请于死事地方及原籍建立专祠。允之。◎余详《营建志·蒋公祠》篇。

赵 煦

籍贯未详，清咸丰六年到任，适瑶庆贼蒙阿林作乱，檄调五里团兵分三路进剿，斩该贼于水工及从贼数百人。秋九月，九阡土匪谋叛，檄调巴乃、董界、巴灰、蒙石、时来等里团练，会合进攻。因军无统帅，溃归。冬十一月，水婆贼起事，檄委邑绅邱树桐督练围之。团首韦国兴擒贼党以献，事平。改水婆里为恒丰里。◎采自杨稿。

吴德容　字　乃安

湖南宜章县人，清咸丰七年到任。强干精明，娴于戎事。在任八年，合官民为一体，内守孤城，外挡巨寇。兴学校、建考棚以培植人才，修昭忠、节烈等祠以维风化。延聘名儒，尊养耆老，颁婚丧礼，蠲田赋。公余，与诸生雅歌投壶，有古名士风。惜其带疾从戎，赍志以殁。迄今士民思其德，辄为之流涕云。◎采自李稿。

乡先达何振新撰《荔波县知县吴公乃安志略》云："吴公乃安讳德容，湖南郴州宜章县人也。性俶傥，多知慧。少读书，观大意，不屑章句之学。甫弱冠，游京师，循例入资，以末入流，分发贵州。人有笑其负大志，多大言，而压百僚底者，公曰：'以资入官，吾已愧，以资入大官，吾尤愧。权借此区区以为阶梯，能自极卑登极高，方见为异者。'及上谒，大府见公广颡丰颐，周旋中规矩，已喜之；而应对明晰，声音清宛，尤异之。咸惜居末职，难超擢。未几，越级署布政司经历，罗斛州判，能理，升署水城通判，更治。抚军如贺公耦耕、罗公苏溪，皆一时之杰，而于群吏中独器公。咸丰五年，贵州大乱，下游诸苗披猖甚。瓮安县当其冲，势岌岌。抚州知公才，委署瓮安。公至，积庤廪，备器械，增陴浚隍，团练壮丁，内防外剿，贼不敢侵者二年。时我邑之九阡、三洞、水婆、羊安、莪蒲、巴容胥叛，瑶庆半里亦叛，周覃尽陷于贼，瑶台、方村多遭蹂躏。署知县蒋公殉难，赵公接署，贼愈张。抚军患之，调公由瓮安署县事。下车日，开阁延宾，于绅耆外，见有志能士，即布衣徒步，必折节下之。故以人争献图策，地利、贼情皆洞悉。公决定先固藩篱，再议克复。仍如在瓮安时，修补城池、关隘，储粮备器，练丁募勇。檄蒙庆湘先团歪村，后进周覃，屯隆卓山。又檄白朝贵由方村进瑶台，屯高赫寨。而瑶庆之水尧，则檄蒙锡芬驻防，独当东面。至是，流民渐归，吾圉渐广。水婆、羊安、三洞、瑶庆以次反正，惟巴容最后降。而九阡潘新简、莪蒲吴邦吉，则抗拒横肆，聚亡命以自卫。公分兵两路，一由水息攻九阡之羊杳，一由板沟攻莪蒲之水阁。团勇皆无宿幕，无炊釜，晨出山巅望贼燃炮，暮归宿村民家，如是者五年，无寸进，富疲挽输，贫疲戍役。然剿虽不足，堵则有余。贼不能出，卤民得安农，故亦无怨。时咸丰八九年矣。先有旧县覃大士，黠而猾，素知公急图九阡，迎合公意，创立新法，张言募勇，誓死战，平贼巢。公喜之，命开局主其事。九年六月，大士倚局跋扈，公怒，斥逐之。怀怨望，往通九阡贼酋，结朱砂厂教匪，密合城中无赖。一日往谒方村县丞石某，蹙额叹曰：'公衙冷于僧舍，而吴公之门若市，同官斯地，一饱欲死，一饥欲死，下怀窃为不平。'石某曰：'吾家世为官，久餍膏粱，今虽断炊，齿犹余肉，即饥而死，不屑乞怜。初离糠核，甫弃菜根，一得肥甘，无怪其放饭流啜。但恐膨亨如牛，泻利死耳。'大士闻石言，知其有恨于公也。移几促膝，屏人，互语良久。石命侍者往延方村汛把总李某入。三人附耳语，呫嗫至三更，不知何计。至十二月二十八日，东城楼更卒昧旦起，见贼临城下，击鼙鼓。闻者皆惊，不知所以。有滕某之妻猝谓其邻妇曰：'无怪夫昨夜戒吾勿卧，诚知有事也。'邻妇之夫为县役，具其言白公。公立召滕某入内宅，和容婉言讯之，许以实告，赏百金。滕某曰：'大士先邀营兵若而人、衙役若而人、街民若而人，作内应。期是夜，起火烧房内乱，外贼乘隙梯城。城破，官民畜物货财，任贼囊括去。更迎方村石县丞、李把总率团兵入城，申报克复。收知县、游击两印，保大士战功。大士即诣省谒抚军，禀留石、李署知县、游击。此其逆谋也。彼以夜临除夕，城防或疏。讵料环城刁斗彻夜，内应不见举火，在外者未敢薄城而天已明，是爷爷福庇也。'公问尔何由知其秘计，滕以得之某甲对。公戒之曰：'尔勿出，出恐有害。'因闭之内舍。二十九日，召心腹团长率团丁乘城。密将滕某所指渠魁十二人名，分授诸团长，属以凌晨一炮为号，同时力擒。至期，公出坐堂。十二人擒至，命斩决。幕中宾有劝稍缓者。公曰：‘十二家子弟亲朋不少，倘同邀篡取，奈何？不如立斩，以绝其望。且其逆籍，团长亲得之某魁怀中。吾按籍而诛，何冤也。惟滕某虽名在籍中，属首逆，无可逭。原其直言，令自尽。’时大士不知内应骈首戮，图再举，引贼据我阳山，与城对垒。连日战，互有死伤。公募矫捷者，扪藤越崖入水春，抄其后路，断其资粮。十年正月，贼大溃，逃回九阡。大士蓄发，入贼酋潘新简伍，会流寇石达开扰广西泗城府。十年七月，分股寇贵州地，同时破定番、独山两州。我邑震惊。公忧不保，加练团丁，召勇士，戴笠著屣，履羊奉、方村西北要隘，有宜筑凿者，躬操畚掮，不日成；手布铁蒺藜椓、梅花杙；更以意匠造火箭、火弹、火筒，工监以法，物物利用而省费；饷银粮米，开军需局主之，转运不绝。咸丰十一年正月，据定番、独山之贼，先后退窜广西，方撤西北防务。而贼反由西南闯入白蜡关，直趋城下。出敌，兵勇皆败散，不能归城，城空。夜半，贼潜入东城外民家，穴墙燃火筒喷退守障者，架板作梁，鱼贯虎吼入，城遂破。大士率九阡贼为虎伥，被噬者不少。公先出免难，上方村，图克复。募勇发团，分营花钵、板尧，檄瑶庆里清野坚壁，贼无所略。城粮尽，大士引由九阡下古州。路久茅塞，且绝险，贼怒，杀之而去。公入城，招流民，瘗死骨，察户口，十亡一二。虽损伤，幸未零落。公又多方略，能使衰者立兴。时府城陷贼中，公以保举道员署都匀府，仍摄县事。念岁科试久停，文教废弛，同治二年四月，就县城修考棚，共百余间，阅三月蒇事。更肃边防，禁贼出。乃请学政按临。诸生诸童，久跃跃欲试，得补考前届，连发四榜，欢腾一郡。其尤为特创者，县、府、院三试，均不出县城。街市喧阗，百货充塞者数月。民之寓宾客，鬻盐米，下及卖酱、卖蔗、担樵刍者，莫不探囊而笑，拊髀而跃，群忘其为破城之难民也。三年夏，公解任。四年冬，贼蹂躏遍四乡。五年春，城再破，官吏兵民死者众。赖公知都匀府事，摄独山州，力图克复。贼散后，公由独山舁棺椁，备衣衾，亲身入城，收各官尸，殡殓皆如礼。见流民归，无粟米，茹草木叶，出赀招米商懋迁，设淖糜厂资蒙袂者。农民无牛种，散给之，勉及时耕。忽疫疠大作，死者枕藉，公备药置通衢，令知医者如病与之。是役也，公所费甚巨，全活尤不少。旋解府任去。邑有蒙某者，性贪婪，鱼肉愚民，激成变。桀骜子弟揭竿回应，赤眉黄巾生肘腋，互杀残。叠易胡、王、谷三令，不理。大府以我县事非公不办，六年夏，奉调由安顺府领一军来援。公至，恶少敛迹，十五里归命，独九阡仍不顺。议剿之。遣员入粤，募勇五营入屯旧县。饷银粮米，供应已不支，而军械之旗帜、枪炮、刀矛，器用之锹锄、斧镰、盆盎，与什伍所共之帐幕、炊釜、汲桶，下至一竹一木之细，胥在所急需。邑一望焦土，无由取给，物物征之境外。公殚心擘画，口讲手书，印牒印符，昼夜纷飞下，几废寝食，如是者一月而病，痁泄交作。就医独山，诊脉者谓年老思焦精竭，暴热烦渴，恐难治。秋八月，果不起，年六十有四。抚军悯其鞠躬尽瘁，老卒于军，具情奏，奏旨以道员祭葬。荫一子入监三月，以知县铨用。公由微员，历保记名道。所知府县，非垂危将殆，必残破荒芜、干戈满野者。及任事数月，四民鼓舞，旌旗变色。内而城郭，外而斥堠，无不整饬，盗贼亦消归何有。好宴客，座上常满，尽欢乃罢。尤好赏赉，善激劝。有出力者，靴帽翎顶，年一赐，必遍。献馘献俘者，予以金钱，多出望外。某临阵，刃伤手，和药裹创流泪。某陷阵死，酹醊大哭，涕泗滂沱。又好为难事，凡人望而却步、无所措手者，敢创之任之。在荔波、独山任，境内军事旁午，警报频仍，自捍自卫之余，分兵荡府地，援贵定，解省围，犹有余力。具供帐，延学政，武略戒严，而文事振起，诸多类此。由聪明强毅，应变随机，遇事犀剖，镜照难当，杂遝纷更，指挥而定。惟用人杂，邪正兼收，各取所长，有得其死力者，亦有优容生祸，若覃大士之属者。其筹军饷公费，则劝富民输，罚罪民锾，有不应，威以刑。议者以此少之。然所得咸归实用。公去后，继之者愈降愈下，邑人亦愈久愈思之。长老偶追述其轶事，泣数行下，其古之遗爱哉！

“论曰：公治罗斛、水城，解任不旋踵大乱。治瓮安二年，去未几破。治荔波八年，去年余，城乡塞荆棘。其保障之才之功，难为其继。拔乎其萃，有如此者，公殆救时之能吏乎！岂拘侅迂阔者所能为，而绳趋尺步者所得讥乎。”◎抄自杨稿。

又按　吴知县有《寄别荔泉士民诗三律》云：“荔泉三载叹无功，负咎时形寤寐中。政绩敢称贤父母，痴聋空号阿家翁。宦游久已如流寓，士气于今见古风。多感诸君留我意，此心早似欲归鸿。”“蜚语无端远近传，黄堂犹仗镜高悬。青蝇止棘能交乱，苍狗为衣岂信然。事变竟成难了局，心违忍策急归鞭。会垣不远聊陈诉，大府心情或未遍。”“一声去也倍心惊，数载相依忍远行。芳草渐迷前日路，落花更怆别时情。妻孥多累真无奈，囊橐无余笑太轻。料得城乡诸父老，定应忆我计归程。”◎抄自李稿。

彭培垣　字　啸皋

湖南人，清同治四年到任，修城上竹棚。春三月，苗匪由都江窜至三洞，与粤西副将杨廷柱、黄仲庆等退之。十月苗匪攻城，招练保全。五年春二月，贼复围城四十五昼夜，粮尽援绝，城陷，投泮殉难，可谓勇矣。惜其重优轻士，玩寇折粮，致城中罗雀掘鼠之惨，而城因之以陷，不无遗憾云。◎采自李稿。

按　当时烽烟四起，警报频来，而城中仍粉饰太平，歌舞寻乐。此其重优玩寇也。至今父老犹能言之。

胡永春　字　烺山

清同治五年到任，时城新复，饿殍盈道，疮痍满目。董率邑绅，设团练总局于书院，移县署于考棚，救敝扶衰，稍有起色。是年八月，瑶庆里等从贼，屡次攻城，值城毁坏，势不能守，不得已去之。

◎采自李稿。

王子林　字　槐堂

云南人，清同治五年十月署县事，统练由羊奉进屯旧县，恢复县城，粮尽引还。◎采自李稿。

钟毓材　字　小江

广西人，清同治六年署县事，统练由巴乃直抵董界，营于寨马村后山，贼众围之，战死。◎采自李稿。

谷应贤

清同治六年到任，率楚勇三百至县城，击败贼党，因势孤粮尽，引还。◎采自李稿。

高　荃　字　佩庵

云南人，清同治五年任方村县丞，旋署县事。与游击邹玉林剿伪黔粤王姚其登，大破之。后任八寨司马。◎采自李稿。

钱　埙　字　伯雅

云南昆明人，清同治八年到任，补城垣，辑难民。辛未春，苗匪据瑶台，民将奔溃，遣兵击退。在任数年，建公署，修书院，添设月城，凿永济泉，民咸赖之。◎采自李稿。

乡先达何振新撰《荔波知县钱公伯雅志略》云："我邑防外寇，始道光三十年。内贼起，乱大作，始咸丰五年。至同治五年正月，镇远、都匀各苗出巢，焚掠邑境。三月城破，夷之而去，嗣大饥大疫，死者枕藉。诸恶少群起为贼，自相残杀，白骨蔽野。百里之内，田土荒废，鸡犬无声，已四年之久。而钱公始来，奉檄时，大路梗，贼氛正恶，僚友祖饯，皆噤龂。公间道行，冒雪数百里，所乘马四蹄皲瘃欲脱。同治八年十一月到任，无廨舍，无居民，栖息无所。树木丛中，寓破庙数椽，上穿下湿。檐前豺狼昼行，鼯鼪竞窜。从者色沮，公则泰然。日延绅耆，问民所苦，招逃山洞者归村，流亡者回籍。农劝开垦，商劝懋迁。以修城郭，建衙署。孔子庙、城隍庙，咸就其旧址，新其殿宇。书院、义学，则更张而拓大之。城中无井，寇临城下，千家困饥渴。公有鉴于前，急欲得井，掘城中污洼者几遍，不及泉。一日，游城东溪岸，见有水一线涓出。喜曰：'岸之外有流泉，岸之内必有源，可掘井矣。'异日谋之父老，佥曰：'此泉夏滋冬涸，掘之无济，况所掘者一线，汲者千家，即不涸亦无济。'公曰：'吾屡于无泉之地求泉，今已见泉，不掘何待？即惟夏滋，惟一线，犹愈于无也。'洁斋三日，祷祝而掘之。清泉喷涌，汩汩其来，甘洌异常，见者惊为神奇。群拊掌曰：'泉济矣，永济矣。'公因名之曰'永济泉'。城东南北三面，皆要隘可守。苗匪夷城日，更铲隘。公于城工之暇，复修筑之。至是，凡坏者无不完固。计公任内，大兴土木，不费公家一钱，惟用民财民力。沟壑余生，残喘未息，能百废兴，百坠举，人人乐从，不闻怨谤。公之为政，于此可睹矣。邑无人才，而公善因材。在内者则以某劝输将，某司出纳；在外者则以某主剿抚，某编保甲；五工齐集之所，则属何者构众材，何者立程式；下至庖厨之夫，洒扫之役，无不各如其能而用。又不耻下问，每举一事，必会众议，择善而从。初甃永济泉井，工作方形。有担粪老视而蹙额，公知其不慊于工者，曰：'尔意何为？'对曰：'小人以为井方甃不如圆甃也。'公悟，颔之，谓甃工曰：'方则石方，四方不相衔接，久雨，土发易崩。圆则石合为一回环钳，土即发，如箍桶然，愈箍愈坚，彼言可师也。'回顾老者曰：'吾承教多矣！'其从善多类此。自军兴以来，治狱亦以军法。公听讼，平心研讯，不刑求。尤宽于窃盗。谓人孰无耻，为饥寒迫，觍面为此，乃为上者不能富教之过，何忍酷刑。且大乱后，幸有孑遗，存什一于千百，抚之字之，犹恐不蕃，可复摧折之乎！其时闻公言者，多感泣愧悔。当时城空大半，苗贼万人，窜据歪村，距城四十余里，一发即至。城中团丁官勇，不及二千。又分防罗卜木、撞钟石各隘，城守惟八百余人。而公意不在城，发外里团丁，皆令进守洞览、甲本二村，戒其坚壁勿战。城中居民及工匠诸人，不知公计，皇皇思散，夜数惊。公安卧不起。鸡二更即鸣，群怪之，公亦不为意。日出慰民劝工曰：'吾卜筮皆吉，不日贼当遁，勿惧。'人见公无忧色，又见群公子踘蹴、弹琴、吹笛，故亦安之。无何，贼果他适。有问故者，公曰：'贼欲下城，必取洞览、甲本二村，以免我军抄袭其后。彼于二村不能取，即知其不能来城也。'至是，咸服公之胆识。贼去，公念城中空虚，议招城外农民填实。有入城之家，听其择便造屋。以城中基址属官地也，有存私心者，因私生忌，嫉城外人入城，遂憾公而毁公，然无损于公也。公躯干修伟，广颡丰颐，仪容整洁，靴尘不沾，衣圭袍褶，必如式。衙署内外，一器一物，各得其所，亦牧令中仅见者。公为云南昆明人，名埙字伯雅。

"论曰：'公以候补知县，历权普安县普安同知、独山州，皆以廉能称。署县事五年，保同知直隶州。今去任未数年，又以知府用。公之功名，隆隆日上，公之年齿，方当服官，犹未艾也。将来树立，岂可限量。吾急为之传，似非例及。考古人文集，亦有为贤者生传。吾固不及古人毫毛，而公则可几古贤者也。今公既有可传，则为公传耳。然非急为公传，为邑传耳。邑之善后事，独详于公，欲为邑传，则必为公传也。"◎抄自杨稿。

刘树培　字　廉泉

广西临桂人，清光绪八年到任，勤理民情，严治盗匪，邑赖以安。◎采自杨稿。

郑寅亮　字　晓宇

河南人，清光绪十一年到任。办事敏捷，听讼精明，案无冤抑。

视劣绅如仇，而遇公正者则以礼貌待之。◎采自杨稿。

唐则璲　字　佩长

广西临桂人，清光绪十三年到任。崇儒重道，敬老尊贤，勤敏政事，洞悉民情。惟到任仅两年余，因公赴郡，途中受暑，遂一病不起，卒于任。迄今士民思之，犹为惋惜云。◎采自杨稿。

曾世隆　字　陔林

四川江安人，清光绪十四年到任。亲贤爱士，建宾兴，开课堂。合邑俊秀咸德之。◎采自杨稿。

梁宗辉　字　华堂

广西玉林人，清光绪十七年到任。捐廉重修贬结河官渡及望城坡官道，减行人跋涉之苦。人民至今犹称颂之。◎采自杨稿。

汤柄玑　字　啸庵

湖南长沙人，清光绪二十年到任。亲贤下士，创办賨仪，提倡县志，惜精神欠振作耳。◎采自杨稿。

白建鋆　字　泽芳

四川人，清光绪二十二年到任。时地方多盗，粤匪又逼近边境。乃办团防，集乡兵，堵隘口，以为声援，邑赖以安。又复定賨仪，葺书院，建考棚，储息谷，修城楼，建忠烈宫等善政。将卸篆，挽之不留。邑人思之，立去思亭以作永久纪念。

乡先达覃金锡撰《邑侯白公泽芳去思亭记》云："尝思漆园吏有言：'善养马者，去其害马者而已；善治民者，去其害民者而已。'邑侯白公泽芳，蜀人也，丙申夏莅任，已亥春及瓜。邦人士闻之，愕然惊，怃然叹，延颈企踵接于衢。乃相东郭河干，鸠工勒石，翼之亭而以‘去思’颜之，盖志能去害也。曩者，岁祲米珠，饿殍载道，民害于饥，则思平粜以赈之，而瘵者苏矣。邑某里为盗薮，势张甚，长蛇封豕者数年，民害于劫，则创团防以弭之，歼厥渠魁，而乱者治矣。初，粤贼踞闷村，踞下干，踞木论，邻封蹂躏，我邑戒严，民害于外匪，则思练乡兵以御之，欸假按部，妙计溃贼，而危者安矣。夫治民犹治疔也，弭盗灾犹起沉疴也。民害既捐，公无憾也。况复定黉仪，葺书院，创考棚，储息谷，修城楼，造忠烈宫，其惠我邑也至矣。一亭一石，乌足以昭纪之哉。虽然，履斯亭者，窃冀思公也而反思诸己：士思所以为士，农思所以为农，工思所以为工，商思所以为商，驯致乎思不出其位，而安于无灾无害之天。否或见思迁，虽骢骢然以思公，抑未也。且非公去后意也。无征不信，请质之亭。”◎抄自覃著之《赘赘编》。

陈介白　字　芗荪

四川巴县人，清光绪三十年到任。防游匪，惩强暴，减丁粮，兴新学，勤政爱民，劝农励士，常微行问俗，侦求民隐。士民德之，立德政碑以作永久纪念。◎采自杨稿。

《荔波县知县陈介白德政碑碑文》云：“明公遗爱，花县风清，下邑衔恩，荔泉泽沛。躬亲防堵，威退游氛，一也；严惩强暴，安抚闾阎，二也；丁粮除弊，子惠无疆，三也；创立学堂，开通民智，四也；克慎克勤，速讯速结，五也；微行问俗，励士劝农，六也。政平讼理，累牍难书；廉洁慈祥，编氓感德。噫！天上无常圆夜月，又届瓜期；人间盼回转阳春，重依棠荫。阖邑绅耆士庶公颂。光绪三十一年闰四月立。”（碑存中山公园）

杨　煜　字　升舟

四川酉阳人，清光绪二十八年到任。时广西游匪猖獗，边境震动，饬团派丁，堵截防范，极为严密，游匪不敢越雷池一步，邑赖以安。并除积弊，减丁粮，瑶民尤感其德，为建专祠立长生碑作永久纪念云。◎采自杨稿。

谢锡铭　字　又新

福建诏安人，清光绪三十二年到任。办事持平，不贪赃，不枉法，依然书生本色。◎采自杨稿。

石作栋　字　郑卿

甘肃兰州人，清光绪二十四年八月到任。为人刚正廉明，作事尤有把握，不畏强御。反正时，调团入城，维持秩序，民赖以安。洵良吏也。◎采自杨稿。

乡先达覃金锡《祭石邑侯郑卿文》云："呜乎！列宿奇光，天边几座，令尹清刚，黔南几个。郑卿先生，循声夙播，一别十年，花飞影过。安奉板舆，载欣载贺，不图楚些，天外飞来，茫茫人事，戚戚予怀，溯回遗爱，触绪含哀。曩者听讼，民教诪张，怀抱春露，面挟秋霜，判尾书谳，咸服平章；曩者兴学，改葺文昌，衡分鹤俸，玉润鳣堂，保存国粹，讲经琅琅；曩者劝业，赛会南洋，蜡光雪白，牌奖金黄。嘘风滴露，秀麦柔桑，曩者公口，揭橥自由，惊风骇浪，载沈载浮，谬膺委任，协济危舟，岦岦鹿角，公竟能游，狞狞虎目，公竟能柔，谁拨云雾，正气横秋。昔也民乐，今也民思，凫虽化舃，豹自留皮。节坚铁汉，心印冰壶，不墨墨以徇俗，不棱棱以谲觚。岂无清者，逊公之真，岂无刚者，逊公之醇。宣统纪元，诏举孝廉，蹉跎时日，公曰不然，大廷谘议，推毂拳拳。譬彼碱砆，虽辜追琢，毕竟驽骀，难忘伯乐。呜乎！公已如斯，鲰生可料，雪飘满头，心惊镜照。旦耶夕耶，听巫阳召。达观彭殇，何处何吊！感公奠公，馨香致告，陇树苍苍，寒云深黝，洮水汤汤，热肠转九。宋子招魂，吴公知否？"（祭文采自覃著之《赘赘编》）

按　石邑侯郑卿善政，常得之故老口述，兹整理县志，读乡先达覃金锡先生《赘赘编》，得《祭石邑侯郑卿文》。虽系私祭，惟述其在邑善政颇多，特录之以作文献之征云。

廖葆真　字　信初

黎平人，民国六年到任。重道德，爱人民，政简刑清，不事苛核。惜在任不久，卧治之隆，尚未实现。

按　益智当年在外求学，每于乡信中获悉廖邑侯道德之高尚。回里，闻故老谈，佥称廖县长为民国以后仅见之循吏，其人格已可概见。惜在任仅数月，政绩未表现。然不能因事废人，谨补志数语，以表去思云。

杨　健　字　节之

四川酉阳人，民国八年到任。居官清勤，免除各里应缴柴、油、炭、布等项，并呈准永远禁止。布告勒石，以昭信守。民咸德之。◎采自杨稿。

云　辩　字　佛斋

湖北襄阳人，民国二十四年到任。减讼费，裁冗役，除陋规，修衙署，推广教育，振兴实业，创筑市街马路，整饬自卫力量。荔波新兴事业，自云县长始。◎采自杨稿。

《县长云辩佛斋德政碑文》云："县长云公佛斋，襄阳人也。宦游湘、鄂、陕、川、粤、桂等省三十余年，以廉勤著，有政声。民廿四年奉调摄荔篆，下车伊始，减讼费，裁冗役，陋规悉去；洁身自好，有循吏风。谚曰'文官不要钱'，云公足以当之矣。然云公仅廉吏而已乎，且勇于任事。以吾荔波文化闭塞也，则谋筑马路；实业废弛也，则激劝工商；预防匪患也，则督修碉堡；从善里素称贼薮也，则招之使来，闾阎安枕。孔子云：'期月而已，可也；三年有成。'计云公到荔，仅七阅月，百废俱举；使假之以时日，其造福于吾荔，可胜

言哉！兹值瓜代之期，用缀数语，勒之贞珉，以作纪念云。中华民国二十五年四月立。”（碑存中山公园）

汪　汉　字　锦波

安徽人，民国二十五年到任。机警果断，办事勤劳。振兴教育，统一财政，剔除积弊，肃清盗匪，重视兵役，加紧社训，普遍造林，修筑乡道，增设电话，续修县志，培补衙署，整饬市容；各项要政，均有成绩。尤其对于乡村农民及文化最落后瑶胞，加以体恤。故乡农瑶民，至今犹思念不置云。◎采自杨稿。

训　导

张星铭　字　春堂

遵义人，荔波县训导，清道光末年到任。学识优长，性情潇洒，至今士林思之。后以卓异升江西临江府。◎采自李稿。

梅汝舟　字　瀛航

清咸丰初年任县训导，工诗文，慎廉隅，勤课士。◎采自李稿。

郑　珍　字　子尹

遵义人，清咸丰五年任县训导，品纯学粹，词令优长，邑中学士咸宗之。◎采自李稿。

按　《咸同贵州军事史》载：咸丰五年冬十月，罗天明等入三洞相煽，九阡水家遂起应，屡薄县城。代理知县候补府经历蒋嘉谷病莫能兴，训导郑珍代筹守具，复募广西练御之，水家覃朝纲等祈降，已复变去。

又按　黎庶昌《郑征君墓表节》云：“先生补荔波县训导，适水夷作乱，大举攻城。县令蒋嘉谷病不能视事，先生募南丹厂工三百人，署以军政，缒城出击，斩馘甚众，城赖以完。”

又按　郑珍《巢经巢诗》：七月初二日，往莪蒲相隘设关一首，云：“苗患起且兰，焚掠日向烈。兵饷两不继，疆臣任横轶。所恃毛葫芦，保就目固结。咫尺三脚屯，失自前廿七。守土往当边，微躯敢辞拙。侵晨入山谷，连阴气骚屑。处处胡麻花，缘坡白如雪。草深径微茫，历历踏岩缺。人烟固稀少，众志尚勇决。为语下乡生，急去堑险绝。芒鞋奉鸡酒，气振受指挈。一笑谈经牙，化为论兵舌。”

赵　旭　字　晓峰

桐梓人，清同治初年任县训导。学问渊博，工篆隶，精卜易，循循善诱，与门下士谈，终日不倦，获益者多。城陷殉难，士人哀之，如丧考妣云。◎采自李稿。

廖师闽　字　泗源

印江人，光绪十三年任县训导。学问宏富，文法精密，勤讲解，从学者众。◎采自杨稿。

王书同　字　子文

遵义人，清光绪十七年任县训导。工书，文章纯正，勤训士，不惮烦言。凡入其门者皆爱之。◎采自杨稿。

典　史

刘锡绅　字　笏亭

湖南人，县典史，清道光末年到任。为人谨慎慷慨。嘉庆中，玉屏山崩，日久，缺洼尤甚。协同知县谢人龙、邑绅邱树同等倡捐修补。经费不敷，竭力捐助，亲督各工，不避暑雨。阅三月而工竣。

至今邑人谈及,尤念其辛勤云。◎采自李稿。

宣　德

直隶人,县典史,清咸丰初年到任。时九阡民叛,知县蒋嘉谷战败殉难,全城惶恐奔逃。宣典史权县事,独力支撑,捐廉四百余金以助军饷。备历辛劳,城赖以安,真能宏齐艰难者也。◎采自李稿。

鲁学周

籍贯未详,县典史,清光绪二十二年到任。作事称职,医理精明。是年疫疾流行,民间无论贫富,有求必应;无官僚气习,活人甚多。◎采自杨稿。

武　职

兴　瑞

籍贯未详,清咸丰三年任荔波营游击。与知县魏承柷督兵援思恩,败朱亚狗。后调任定旦游击。旋阵亡。◎采自李稿。

汪文钧

籍贯未详,清咸丰八年任荔波营游击。善用兵,好谋能断。贼攻大坳、白岩等处,率营兵出屯旧县,兵势联络,调度有方,贼不敢逼;夜以火箭击贼营,劲兵继之,大破贼众,追击,俘馘而还。◎采自李稿。

范定邦

水城人,荔波县游击,清咸丰九年到任。同治五年,苗匪扰荔,城陷殉难。◎采自李稿。

邹玉林　字　昆山

麻哈人，荔波县游击，清同治五年到任。剿办各里土匪，颇著勤劳。◎采自李稿。

宋位元

山东人，荔波营守备。精射法，膂力过人。清道光二十一年到任。越明年，营兵范友奎作乱，诸将无敢前者，位元直趋擒之，如缚鸡然，人服其勇。◎采自李稿。

曾玉麟

贵阳人，清咸丰十年任荔波营守备。十一年正月二十一日，粤匪陷荔，与千总王化龙率营弁血战，死之。◎采自李稿。

王化龙

籍贯未详，荔波营存城千总，清咸丰七年到任。有勇知方，而尤长于谋略。在任数载，历次剿匪，冲锋陷阵，未尝败北。辛酉春，粤匪陷城，率兵巷战，力竭自刎。◎采自李稿。

范凤山

籍贯未详，清同治四年任荔波营存城千总。五年城陷，力战殉难。◎采自李稿。

汪逢春

籍贯未详，荔波营存城把总。清咸丰十年冬十月，九阡水泰等处土匪作乱，知县吴德容檄与三洞汛千总莫之茂会剿之。逢春夺帜先登，劲兵继之，据其要隘，贼乃降。逢春中伤，殁于阵。◎采自杨稿。

周益发

籍贯未详，荔波营额外。清咸丰七年春二月，随邑绅邱树桐率师击贼于独山，贼退走，乘胜直捣滥土贼巢。贼设伏以待，我军深入，被贼重围，困山谷中三昼夜。突围不出，力竭，与邱树桐殁于阵。◎采自杨稿。

刘　山

湖南溆浦人，六品蓝翎留黔补用从九品，勇敢善战。清咸丰五年七月，知县蒋嘉谷招刘山率南丹练助平内乱。九月，九阡贼首覃朝纲勾引下河贼首潘阿六、上江贼首徐多福等数千人围攻县城，刘山率带义勇卢成龙等迎击于城外杨家桥，大败之，追至瑶排而还。十月，知县蒋嘉谷乘胜率刘山等进攻贼巢，战于水浦，刘山手斩骁贼以骂于阵。贼甚惧，聚众数万合围十余里，势甚锐。刘山奋力抵敌，卒以众寡不敌，溃退，知县蒋嘉谷殁于阵。刘山率残兵退守城垣。贼继至，围城三匝，矢炮如雨。刘山率马兵朱元龙等登城击贼，被贼铳伤顶心及股，死之。◎采自李稿。

按　《咸同贵州军事史》载《刘山事略》云：“刘芝山，湖南志作刘山。据志刘山本名伯龙，湖南溆浦人。兄弟皆业冶于广西河池州。伯龙朴诚骁勇，冶人皆服之。咸丰初，宗人士哲，剿贼南丹。伯龙率冶徒八十余人佐之，殄其魁。既士哲以知县去，而伯龙仍留冶河池。会贵州独山贼杨元保窜广西，伯龙率冶徒迎击之，遂擒元保。元保者，黔贼之尤悍也。当事者喜其就擒，然莫得擒贼者主名。有言首克贼者溆浦刘山也，遂以刘山名入奏，请从九品后补。时贵州群贼蜂起，荔波尤苦贼。知县蒋嘉谷闻刘山名，数使往聘。伯龙率冶徒八十余名至荔波，始知已得叙为官，自是遂居刘山名。明日，即率八十余名至嘉谷所，并乡兵数百，击贼境内，尽殄之。由是县境战守事悉委于山。已而贼窜悬壁山。山为县要隘。山闻警，疾率数百人，驰六十余里，争先扼其巅，贼不得上。而他贼窥山远出，遂率党犯城。夜三鼓，嘉谷飞檄至，请回援。山乃命营中张灯火，严鼓角如故，而潜率健卒数十人，穿贼垒而出，抵城下。天未明，即列炬攻贼，贼仓卒为所乘，自相辚藉，死者无算，遂大溃，城围立解。乃使弟叔龙率众追北，而己仍督饬所部回悬壁山。山下贼亦迁延遁去。当是时，贵州善用兵者，推韩超、徐河清两人。及山数出奇计败贼，嘉谷上书巡抚，言山用兵，不在韩、徐下。巡抚调山赴省城。而山重去嘉谷，力辞之。已又败八寨苗于城下。时贵州下游州县，均为贼残毁，而荔波倚山独完固。然以此益致贼恨，不时反击。山益修守备，日夜不休息。久之，贼稍疲。山令叔龙去南门草山为阵。而己于西门外背水诱贼。贼众薄山，山力战，不能败。而叔龙自后与击贼，乘势追剿，至水错乃止。山方追贼时，嘉谷率数十人随后观战，忽为贼酋覃朝纲所戕。山哭之如丧所亲。自是遂以死战为志矣。既率所部及冶徒居守荔波。久之，贼复来攻，山方跃马，忽为官营飞炮所中，创甚。山知事不济，急呼叔龙授以御贼方略，言讫而卒，年三十余。山为人朴拙如村农，然临阵指挥，辄与古今名将。膂力过人，常持百余斤巨炮与贼角。其灭诸贼，亦多得炮力。初不识字，及来荔，师事嘉谷，军事之暇，辄求讲说。其他宿儒亦然。有功不自伐。营弁某妒其能，数面辱之，山不与较。既卒，荔波老幼男妇皆流涕。巡抚以闻，诏从优议恤。叔龙与冶徒数十人奉丧河池，遂不复出。叔龙勇与兄埒而知不及云。”

卷八　人物志

十步之泽，必有芳草；十室之邑，必有忠信。何代无才，何地无才。

按　汉桓帝时毋敛人尹珍实开南域文学之始。**又按**　万大章先生《汉尹珍学历考》谓毋敛即自独山、荔波至广西南丹等县之地。

是则汉桓之世，已挺生杰出之才。则知明以前之贤豪英俊，以无史籍之传而湮没不彰者不知凡几。

清季以来，距今未远，然此三百年间，或掇魏科；或膺华选；或武功彪炳，勋名增梓里之光；或治绩循良，遗爱播棠阴之誉；或才华富而驰骋于词章；或进修深而磨砻于德业；或洁身不辱，遇难全忠；或乐善好施，轻财重义；或励冰霜于闺阃；或敦孝友于家庭；或作升平人瑞，而齿列三尊；或抱磊落奇才，而名成一艺者；指不胜屈也。

爰叙其事略，俾嘉名之永彰，抑亦可为后来者劝。

志人物。

列　表

科甲表

姓　名	别号	朝　　代	科　　目	备　　考
陈克谦		清乾隆四十五年	庚子科举人	◎采自李稿
何金龄	少白	清光绪五年	己卯科举人	

续 表

姓　名	别号	朝　代	科　目	备　考
朱　芳		清光绪五年	己卯科举人	
杨元麟		清光绪	乙酉科举人	
朱　华		清光绪	甲午科举人	◎以上采自杨稿
朱光斗		清嘉庆	武举	
黎仲山		清嘉庆	癸酉科拔贡	
刘起凤	丹山	清道光	乙酉科拔贡	
罗新楷	式堂	清道光	丁酉科拔贡	
王　锦	蜀江	清道光	己酉科拔贡	
邓瑞麟	辑五	清咸丰	辛酉科拔贡	
曹之翰	次屏	清同治	癸酉科拔贡	◎以上采自李稿
覃培菁	莪浦	清光绪	乙酉科拔贡	
王国骏	遹之	清光绪	丁酉科拔贡	
高　煌	冬心	清宣统	己酉科拔贡	
黄泽沛	云从	清宣统	己酉科拔贡	◎以上采自杨稿
巫　璠		清嘉庆	恩贡	
曹正秀		清嘉庆	恩贡	
岑大鹏		清嘉庆	恩贡	
黄佑儒		清嘉庆	恩贡	
董芝茂	香圃	清道光	辛巳科恩贡	
李国材	似村	清道光	乙未科恩贡	
韦缉熙	敬堂	清道光	恩贡	

续　表

姓　名	别号	朝　　代	科　　目	备　　考
蒙锡林	东海	清道光	恩贡	
邓南铣	荆三	清道光	恩贡	
罗　彬	仪廷	清咸丰	恩贡	
杨愈培		清咸丰	恩贡	
胡之粹	纯庵	清咸丰	丙辰科恩贡	
曹之杰	卓卿	清咸丰	恩贡	
邓懋修	梅生	清咸丰	恩贡	
曹　逵	仪吉	清咸丰	恩贡	
邱树桐	乙峰	清咸丰	辛亥年举孝廉方正	
邓懋官	汤臣	清同治	癸亥科恩贡	殉同治五年之难
梁占魁	梅村	清同治	甲子科恩贡	
韦廷珍	聘三	清同治	恩贡	
潘文彬	子儒	清同治	恩贡	
周育才	德庵	清同治	恩贡	◎以上采自李稿
覃金锡	二如	清光绪	乙亥科恩贡	
曹之冕		清光绪	己丑科恩贡	
玉琼枝		清光绪	乙酉科副拔癸巳科恩贡	
覃金锡	二如	清宣统	庚戌年举孝廉方正	◎以上采自杨稿
巫　瑞		清嘉庆	岁贡	
蒙天锡		清嘉庆	岁贡	

续 表

姓　名	别号	朝　　代	科　　目	备　　考
邓尔亨	天衢	清嘉庆	岁贡	
邓莲峰		清嘉庆	岁贡	
曾日省		清嘉庆	岁贡	
覃登相		清嘉庆	岁贡	
宣学成	裕堂	清道光	岁贡	
邱树桐	乙峰	清道光	岁贡	
何之纪	肇修	清道光	岁贡	
张书铭	西轩	清道光	岁贡	
王　夔	理堂	清道光	己酉科岁贡	
董成烈	少文	清咸丰	丁巳科岁贡	
李肇同	小村	清咸丰	辛酉科岁贡	
玉琼林		清同治	乙丑科岁贡	
覃兆清	镜心	清同治	己巳科岁贡	
何长达	逵九	清光绪	丁丑科岁贡	
孙熙扬	心藿	清光绪	庚辰科岁贡	
杨　鹏	叔香	清光绪	乙酉科岁贡	
胡大章	乘轩	清光绪	庚寅科岁贡	◎以上采自李稿
韦永清		清光绪	癸巳科岁贡	
白廷先	进之	清光绪	丁酉科岁贡	
何星辉		清光绪	辛丑科岁贡	
覃贵廉	明卿	清光绪	壬寅科岁贡	

续　表

姓　名	别号	朝　　代	科　　目	备　　考
李家盛	少卿	清光绪	乙巳科岁贡	
莫让先	愈卿	清光绪	己酉科岁贡	

封荫表

姓　名	别号	出身	官　职	案　由	阵亡地点	恤　典	备考
邱树桐	乙峰	岁贡	同知 直隶州	攻独山、三脚大股苗匪	三脚坉深山中	赠知府衔,给予云骑尉世职,袭次完后仍给恩骑尉罔替,赐祭葬如律	
朱射斗		行伍	川北镇 总兵	未详	四川	赐谥勇烈	
黄金贵		行伍	八寨千总	未详	八寨	给恩骑尉世职	
潘起凤				清咸丰十一年太平军陷荔波城	本城	给恩骑尉世职	
蒙卿荣	锦堂			清同治五年苗匪陷荔波城	本城	给荫监世职	
蒙锡芬			荔波营 把总	清同治五年苗匪陷荔波城	本城	给恩骑尉世职	
蒙盛林				在籍办团有功	本城	保五品顶戴	
梁自成	裕堂	附生	五品军功	在籍办团有功	本城	候选巡检	
全之扬				在籍办团有功	本城	候选巡检	
姚思廷				在籍办团有功	本城	候选巡检	
韦文华	子美			在籍办团有功	本城	保六品顶戴	
陈玉全				在籍办团有功	本城	保六品顶戴	
莫金才				在籍办团有功	本城	保四品顶戴	

保举表

姓　名	别号	出身	官　阶	案　由	保准官职	备　考
何振新	铭三	附生	广州候补州同	在籍办团有功	保升花翎知州	
覃端模	范堂	附生		在籍办团有功	保知州衔候选知县	
董成杰	子万	军功		从征越南窜匪	保以从九品选用	
蒙庆湘		军功		六品军功	候选从九品	
曹之杰	卓卿	恩贡		在籍办团有功	保以直隶州州判选用加五品衔	
全其心	灵犀	军功		在籍办团有功	保以府经历指分湖南补用	
蒙玉相	辅堂	附生		在籍办团有功	保以州同署广西隆州八达分州	
张步云	夏峰	附生		在籍办团有功	保候选训导	
高凤翔	仪轩	附生		在籍办团有功	保候选训导	
孙培兰	香畹	廪生		在籍办团有功	保候选训导	
覃建勋	少杜	附生		在籍办团有功	保候选训导	
张书绅	月秋	附生		在籍办团有功	保候选训导	
蒙卿荣	锦堂	附生		在籍办团有功	保以知县分发广东补用	
邓瑞麟	辑五	拔贡		在古州镇张军营办文案有功	保候选训导	
梁占魁	梅村	恩贡		在苏军门军营办文案有功	保以知县分发广西选用	

续 表

姓名	别号	出身	官阶	案由	保准官职	备考
李肇同	小村	岁贡		从广西冯军门征越南窜匪襄办文案有功	保以训导选用加中书衔赏戴蓝翎	
潘元琳	次球	附生		历年办团有功	保从九品职衔	◎以上采自李稿
杨自杰		军功		随广西冯军门征越南	保五品蓝翎先补用守备	
王国骏	遹之	拔贡		办理贵州边防	保选用直隶州州判	
杨树荃	芗浦	恩贡尽先选用教谕		民国护法之役	保县知事分发福建任用	

毕业表(大学以上毕业者)

姓名	性别	别号	毕业学校	备考
高 煌	男	冬心	日本宏文学院高等理化速成科暨速成师范速成警务等科	清宣统年间
覃思永	男		国立中央大学 学士	民国三十二年九月
韦永和	男		私立大夏大学 学士	民国三十二年九月
黄品钫	男		上海圣约翰大学	民国三十三年
蒙 昭	男	鉴初	国立贵阳师范学院	民国三十四年七月
白正民	男		国立贵州大学	民国三十四年九月

续 表

姓　名	性　别	别　号	毕业学校	备　考
黄槐萱	女		私立正则学院	民国三十四年九月
覃　杰	男		国立贵州大学	民国三十五年九月
覃启贤	男		边疆学校边政专修科及中央文化研究班日语系毕业	民国三十三年七月
韦永培	男		国立贵州大学	民国三十七年七月

仕宦表(文职)

姓　名	别　号	出　身	朝　代	职　衔	备　考
黎仲山		拔贡	清嘉庆	考取八旗觉罗教习,官授山东知县	开荔波外职仕路
巫　瑞		岁贡	清嘉庆	普安厅教谕	开荔波教职仕路
覃登相		岁贡	清道光	石阡府训导	
邓尔亨	天衢	岁贡	清道光	松桃、贵阳训导	
刘起凤	丹山	岁贡	清道光	普安厅教谕、大足府教授	
姜凤翱	竹溪	增生	清道光	广西宜山、马平典史,思隆驿丞,柳州、庆远经历,南丹州、那地州州判	
王　锦	蜀江	拔贡	清咸丰	广西雒客、修仁知县,象州知州	
李华林	书吏		清咸丰	吏员	

续　表

姓　名	别　号	出　身	朝　代	职　　衔	备　考
莫逢春	华圃	军功	清同治	广西马江巡检	
白朝贵	岂堂	军功	清同治	广西东兰州典史，凤山、那地州同，河池州知州	
蒙玉相	辅堂	附生	清同治	广西西隆州州同	
邱育泉	寿田	附生、世袭云骑尉	清同治	湖南安化县知县	
萧承勋	克斋	附生	清同治	广西平南县典史，作登司巡检，南丹州州同，天峨分县、泗城府经历	
何振新	铭三		清同治	广西候补州同，曾主管抚军文案	◎以上采自李稿
杨自明	镜心	贡生	清同治	广西奉议州掌印、州判，怀远县知县，广东陵水、广宁、琼东知县	
何金龄	少白	举人	清光绪	山东大挑知县署文登、蒲台、德州、东阿等县知县	
李肇同	小村	贡生	清光绪	特授贵州黔西州教谕	
杨元麟		举人	清光绪	江苏候补道	
杨　鹏	叔香	贡生	清光绪	湖南候补同知	
杨　毅	一名懿藻	监生	清光绪	广东候补知县，署龙门县知县	

续　表

姓　名	别　号	出　身	朝　代	职　衔	备　考
何星辉		岁贡	清光绪	署黎平府训导，改四川候补分县	
叶寿禄	盛之	监生	民国	直隶高阳县县长	
黄泽沛	云从	拔贡	清宣统	署山东益都、青城、沂水、淄州等县知县，暨特任胶县知县	
高　煌	冬心	拔贡	清宣统	分发四川补用直隶州州判	
梁开榜	一民	附生	民国	黎平县县长	
梁　杓	斗堂	广西高等巡警学校修业	民国	广西思恩、融水、罗城等县县长	◎以上采自杨稿
黄自明	镜洲	举人	民国	广西义宁、中渡、左、上思、来宾等县知事	
潘宪文	绍丰	贵州陆军小学及讲武堂毕业	民国	黄平县县长	
黄品镁		广西官办法政讲习所毕业	民国	广西靖西、贵州三都等县县长	
胡树堂			民国	黄平、旧州县丞	
杨家鑫	铸鼎	贵州陆军模范营毕业	民国	独山县征收局长	
吴中钦	佩竹	中学毕业	民国	荔波县田赋管理处副处长	

续 表

姓 名	别 号	出 身	朝 代	职 衔	备 考
龙宠锡			民国	荔波县田赋管理处副处长	
潘一志	原名益智	中学毕业	民国	贵州省第二及第四区行政督察专员兼保安司令公署科长	
李镇一			民国	大定县田赋管理处副处长	

仕宦表(武职)

姓 名	别 号	出 身	朝 代	职 衔	备 考
朱光斗		武举	清嘉庆	贵州平远营千总	
朱射斗		行伍	清嘉庆	四川川北镇总兵	阵亡赐谥勇烈
刘永福		行伍	清嘉庆	广西副将	官都司后升广西副将
陈 官		行伍	清嘉庆	都司	
宣 勋		行伍	清嘉庆	九门都司	
莫芝茂	春圃	行伍	清咸丰	贵州古州右营游击	
刘学武		行伍	清咸丰	荔波营守备	
黄金贵		世袭恩骑尉	清咸丰	八寨千总	
雷新霆		行伍	清咸丰	荔波营三洞汛千总	
邓廷赞		行伍	清咸丰	荔波营方村汛把总	

续　表

姓　名	别　号	出　身	朝　代	职　　衔	备　考
蒙锡芬		行伍	清咸丰	荔波营把总	
蒙锡芳		行伍	清咸丰	荔波营把总	
覃文福		行伍	清咸丰	荔波营把总	
蒙玉琏		行伍	清同治	荔波营三洞汛千总	
李正扬		行伍	清同治	贵州独山岜开汛把总	
覃开明		行伍	清同治	贵州独山岜开汛把总	
郑士芳		行伍	清同治	贵州独山下思把总	
蒙玉荣		行伍	清同治	尽先把总	
覃锡忠		行伍	清同治	尽先外委	
巫廷襄		行伍	清同治	贵州上江外委	
宣　明		行伍	清同治	贵州独山基长外委	
唐有发		行伍	清同治	贵州上江协右营外委	
彭发贵		行伍	清同治	荔波营存城外委	
资龙位		行伍	清光绪	贵州独山外委	◎以上采自李稿
陈玉山	海屏	军功	清光绪	贵州都匀协花翎游击借补麻哈汛千总	
蒙培兰		行伍	清光绪	荔波营存城外委	
杨茂兰		行伍	清光绪	荔波营存城外委	历署本营两司把总

续　表

姓　名	别　号	出　身	朝　代	职　　衔	备　考
玉奉璋	昆山	行武	清光绪	荔波营存城外委	
陈锦云	光廷	行武	清光绪	荔波营额外	曾署本营外委
张元勋		行武	清光绪	荔波营额外	曾署本营外委
彭元庆		行武	清光绪	荔波营额外	曾署本营外委
蒙玉明	晓东	行武	清光绪	东路前营左哨哨官	
全之显	子儒	行武	清光绪	正哨哨官，保五品蓝翎	◎以上采自杨稿
杨家骝		黄埔军校毕业	民国	上校团长，追赠陆军少将	
梁　杓	斗堂	广西高等巡警学校修业	民国	少将参谋长	
魏时敏	英臣		民国	少将兵工厂长	
梁一民		云南讲武学校毕业	民国	靖国军四川第五游击司令，讨贼军四川总司令部上校参谋，警卫司令部参谋长	
李治熙	伯纯	贵州陆军小学暨广东军官讲习所毕业	民国	上校团长，少将副官长	
蒙建一		贵州陆军模范营毕业	民国	上校团长	

续　表

姓　名	别　号	出　身	朝　代	职　衔	备　考
潘宪文	绍丰	贵州陆军小学暨讲武堂毕业	民国	上校参谋长	
朱　鹏	翊根	中央军事政治学校第一分校毕业	民国	上校课长	
彭铁生			民国	上校大队长	
陈武煌	与参	广西军官学校毕业	民国	中校营长	
杨家鑫	铸鼎	贵州陆军模范营毕业	民国	中校副官长	
李孙万	汝候	广西讲武堂毕业	民国	中校	
梁开先			民国	中校	
李镇一			民国	中校参谋	
邓大松		中央军事政治学校第一分校毕业	民国	中校副团长	
黎启贤			民国	中校军需	
古以炯		贵州陆军模范营毕业	民国	中校参谋	
尹天麟			民国	中校参谋	
李家仁			民国	中校课长	
饶心源			民国	中校	
覃豹文			民国	中校	

续　表

姓　名	别　号	出　身	朝　代	职　衔	备　考
陆治平	道真		民国	中校副官长	
黄槐荣	觉民	中央军事政治学校武汉分校毕业	民国	中校营长	
朱　瑛	建森	贵州崇武学校毕业	民国	中校课长	
蒙锡章		广西讲武堂毕业	民国	少校	
龙学曾	德斌	贵州军官政治训练团毕业	民国	少校	
欧大权	伯瑶	贵州陆军模范营毕业	民国	少校	
覃德操		中央军事政治学校武汉分校毕业	民国	少校	
王迪光	惠尧	广西讲武堂毕业	民国	少校	
莫树芬		中央军校毕业	民国	少校	
莫桂馨	伯丹	贵州陆军模范营毕业	民国	少校军械官	
潘汝凰	梧仙	贵州崇武学校毕业	民国	少校营长	
莫仪九		贵州崇武学校毕业	民国	少校连长	
覃　刚	柱三	贵州崇武学校毕业	民国	少校	

续 表

姓　名	别　号	出　身	朝　代	职　衔	备　考
蒙　喧	煦民	中央军校特别训练班毕业	民国	少校队副	
姚成龙		中央军校毕业	民国	少校参谋	

选举表

姓　名	性别	别号	选任职务	资　历	备　考
李家盛	男	少卿	贵州省议会议员	清贡生历任地方公务	民国二年
蒙式谷	男	旦初	贵州省议会议员	清廪生历任地方公务	民国二年
韦金品	男	丽轩	贵州省议会议员	历任地方公务	民国十年
蒙学仁	男	静山	荔波县自治会正议长	清廪生历任地方公务	清宣统元年
何熙龄	男	应南	荔波县自治会副议长	清附生历任地方公务	清宣统元年
莫培之	男	宝书	荔波县自治会常驻议员	清附生历任地方公务	清宣统元年
覃文彬	男	质成	荔波县自治会常驻议员	清附生历任地方公务	清宣统元年
覃肇安	男	子静	荔波县自治会常驻议员	清附生历任地方公务	清宣统元年
韦金品	男	丽轩	荔波县自治会常驻议员	历任地方公务	清宣统元年
覃灿廉	男	子然	荔波县自治会散议员	清附生历任地方公务	清宣统元年

续　表

姓　名	性别	别号	选任职务	资　历	备　考
蒙继贤	男	竹轩	荔波县自治会散议员	清附生历任地方公务	清宣统元年
姚绍唐	男	尧阶	荔波县自治会散议员	清附生历任地方公务	清宣统元年
胡竹村	男		荔波县自治会散议员	清附生历任地方公务	清宣统元年
蒙式谷	男	旦初	荔波县自治会董事会议董	清廪生历任地方公务	民国二年
覃金锡	男	二如	荔波县自治会董事会议董	清贡生历任地方公务	民国二年
何同海	男	星山	荔波县自治会议员	清附生历任地方公务	民国二年
梁自成	男	裕堂	荔波县自治会议员	清附生历任地方公务	民国二年
蒙绍先	男	庚三	荔波县自治会议员	清附生历任地方公务	民国二年
李振铨	男	仲长	荔波县自治会议员	历任地方公务	民国二年
覃金锡	男	二如	荔波县参议会正议长	清贡生历任地方公务	民国十年
蒙式谷	男	旦初	荔波县参议会副议长	清廪生历任地方公务	民国十年
韦德峻	男	克明	荔波县参议会议员	中学毕业	民国十年
高　炯	男	重光	荔波县参议会议员	中学毕业	民国十年
韦学霖	男	雨臣	荔波县议会正议长	中学毕业	民国十年

续 表

姓名	性别	别号	选任职务	资历	备考
蒙锡癸	男	珍如	荔波县议会副议长	农林学校毕业	民国十年
李振铨	男	仲长	荔波县议会议员	历任地方公务	民国十年
黄济	男	用舟	荔波县议会议员	历任地方公务	民国十年
姚绍唐	男	尧阶	荔波县议会议员	清附生历任地方公务	民国十年
覃福景	男	以介	荔波县临时参议会议长	中学毕业历任地方公务	民国三十三年
李治熙	男	伯纯	荔波县临时参议会副议长	陆军小学毕业历任将校军职及地方公务	民国三十三年
梁一民	男		荔波县临时参议会参议员	清附生历任县局长、上校军职及地方公务	民国三十三年
李振庚	男	西长	荔波县临时参议会参议员	清附生历任地方公务	民国三十三年
覃文彬	男	质成	荔波县临时参议会参议员	清附生历任地方公务	民国三十三年
何同海	男	星山	荔波县临时参议会参议员	清附生历任地方公务	民国三十三年
覃肇安	男	子静	荔波县临时参议会参议员	清附生历任地方公务	民国三十三年
韦学霖	男	雨臣	荔波县临时参议会参议员	中学毕业	民国三十三年
莫伯丹	男		荔波县临时参议会参议员	历任校官及地方公务	民国三十三年
潘子俊	男		荔波县临时参议会参议员	历任地方公务	民国三十三年

续　表

姓　名	性别	别号	选任职务	资　历	备　考
覃水心	男		荔波县临时参议会参议员	历任地方公务	民国三十三年
欧华轩	男		荔波县临时参议会参议员	历任地方公务	民国三十三年
莫自贤	男		荔波县临时参议会参议员	历任地方公务	民国三十三年
何庆熙	男		荔波县临时参议会参议员	历任地方公务	民国三十三年
莫让才	男		荔波县临时参议会参议员	历任地方公务	民国三十三年
韦金品	男	丽轩	荔波县临时参议会候补参议员	历任地方公务	民国三十三年
莫玉轩	男		荔波县临时参议会候补参议员	历任地方公务	民国三十三年
韦德华	男	润身	荔波县临时参议会候补参议员	中学毕业历任地方公务	民国三十三年
何炳均	男	麟书	荔波县临时参议会候补参议员	中学毕业历任地方公务	民国三十三年
蒙绍羲	男		荔波县临时参议会候补参议员	中学毕业历任地方公务	民国三十三年
蒙　昭	男	鉴初	贵州省参议会参议员	国立贵阳师范学院毕业任私立导文中学教导主任	民国三十五年
覃冠卿	男	楚材	荔波县参议会议长	中学毕业历任地方公务	民国三十五年
覃福景	男	以介	荔波县参议会副议长	中学毕业历任地方公务	民国三十五年

续 表

姓　名	性别	别号	选任职务	资　历	备　考
玉家成	男	琢美	荔波县参议会参议员	中学毕业历任地方公务	民国三十五年
高　炯	男	重光	荔波县参议会参议员	中学毕业历任地方公务	民国三十五年
吴中钦	男	佩竹	荔波县参议会参议员	中学毕业历任地方公务	民国三十五年
徐庭燎	男		荔波县参议会参议员	中学毕业历任地方公务	民国三十五年
覃凯民	男		荔波县参议会参议员	中学毕业历任地方公务	民国三十五年
覃金荣	男		荔波县参议会参议员	中学毕业历任地方公务	民国三十五年
何炳均	男	麟书	荔波县参议会参议员	历任地方公务	民国三十五年
韦德华	男	润身	荔波县参议会参议员	中学毕业历任地方公务	民国三十五年
韦钧喧	男		荔波县参议会参议员	中学毕业历任地方公务	民国三十五年
潘育三	男		荔波县参议会参议员	中学毕业历任地方公务	民国三十五年
潘文彬	男		荔波县参议会参议员	中学毕业历任地方公务	民国三十五年
蒙绍熙	男		荔波县参议会参议员	中学毕业历任地方公务	民国三十五年
李盛泽	男		荔波县参议会参议员	中学毕业历任地方公务	民国三十五年
覃名臣	男		荔波县参议会参议员	历任地方公务	民国三十五年

续　表

姓　名	性别	别号	选任职务	资　　历	备　　考
何庆熙	男		荔波县参议会参议员	中学毕业历任地方公务	民国三十五年
莫让才	男		荔波县参议会参议员	中学毕业历任地方公务	民国三十五年
蒙志斌	男	剑英	荔波县参议会参议员	中学毕业历任地方公务	民国三十五年
莫玉轩	男		荔波县参议会参议员	中学毕业历任地方公务	民国三十五年
莫伯丹	男		荔波县参议会参议员	历任校官及地方公务	民国三十五年
覃以康	男		荔波县参议会参议员	中学毕业历任地方公务	民国三十五年
周成武	男		荔波县参议会参议员	中学毕业历任地方公务	民国三十五年
莫如才	男	佩三	荔波县参议会参议员	中学毕业历任地方公务	民国三十五年
欧正荣	男	华轩	荔波县参议会参议员	中学毕业历任地方公务	民国三十五年
潘金城	男		荔波县参议会参议员	中学毕业历任地方公务	民国三十五年
全正纲	男	振三	荔波县参议会参议员	中学毕业历任地方公务	民国三十五年
徐亮寅	男		荔波县参议会参议员	中学毕业历任地方公务	民国三十五年
李治熙	男	伯纯	荔波县参议会候补参议员	陆军小学毕业历任将校军职	民国三十五年
朱　鹏	男	翊根	荔波县参议会候补参议员	中央军校毕业历任上校军职	民国三十五年

续 表

姓　名	性别	别号	选任职务	资　　历	备　　考
覃德兴	男		荔波县参议会候补参议员	中学毕业历任地方公务	民国三十五年
覃卓超	男		荔波县参议会候补参议员	中学毕业历任地方公务	民国三十五年
尹锡珍	男		荔波县参议会候补参议员	中学毕业历任地方公务	民国三十五年
韦万选	男		荔波县参议会候补参议员	中学毕业历任地方公务	民国三十五年
覃水心	男		荔波县参议会候补参议员	中学毕业历任地方公务	民国三十五年
黎奉先	男		荔波县参议会候补参议员	中学毕业历任地方公务	民国三十五年
韦学霖	男	雨臣	荔波县参议会候补参议员	中学毕业历任地方公务	民国三十五年
韦思贞	女		荔波县参议会候补参议员	中学毕业历任地方公务	民国三十五年
何同海	男	星山	荔波县参议会候补参议员	清附生历任地方公务	民国三十五年
黄印寿	男	幼云	荔波县参议会候补参议员	中学毕业县党部书记长	民国三十五年
何金镛	男		荔波县参议会候补参议员	历任地方公务	民国三十五年
莫继宗	男		荔波县参议会候补参议员	历任地方公务	民国三十五年
姚显宗	男		荔波县参议会候补参议员	历任地方公务	民国三十五年
欧福元	男		荔波县参议会候补参议员	历任地方公务	民国三十五年

续　表

姓　名	性别	别号	选任职务	资　历	备　考
覃兴武	男		荔波县参议会候补参议员	历任地方公务	民国三十五年
蒙圣培	男		荔波县参议会候补参议员	历任地方公务	三十五年十月补为参议员
莫自贤	男		荔波县参议会候补参议员	历任地方公务	三十六年三月补为参议员
莫远扬	男		荔波县参议会候补参议员	历任地方公务	
覃冠群	男		荔波县参议会候补参议员	历任地方公务	三十五年二月补为参议员
覃冠卿	男		国民代表大会代表		三十六年余详前
蒙　昭	男		国民代表大会候补代表		三十六年余详前

教员表(中学以上教员)

姓　名	性　别	别　号	任教学校	备　考
李家盛	男	少卿	都匀十县联立中学校长	
高　煌	男	冬心	都匀十县联立中学教员	任国文及数理化等科
覃贵廉	男	名卿	都匀十县联立中学教员	任国文
黎希贤	男	卓甫	都匀十县联立中学教员	任历史地理等科
覃恩永	男		荔波县立初级中学校长及贵州大学教授	
韦永和	男		荔波县立初级中学教导主任、校长	

续　表

姓　名	性　别	别　号	任教学校	备　考
潘益智	男	若愚	荔波县立初级中学教导主任及教员	任国文历史地理等科
梁一民	男		荔波县立初级中学教员	任国文历史地理等科
韦德峻	男	克明	荔波县立初级中学教员	任算术地理历史等科
韦树森	男	植三	荔波县立初级中学教员	任算术
黄品锟	男	剑秋	荔波县立初级中学教员	任国文
黄品鐰	男	和吕	荔波县立初级中学教员	任历史地理等科
蒙泽民	女		荔波县立初级中学教员	任音乐
王迪光	男	惠尧	荔波县立初级中学教员	任童军
覃启圣	男		荔波县立初级中学教员	任数理化体育等科
林继儒	男		荔波县立初级中学教员	任童军体育等科
蒙　昭	男	鉴初	私立导文中学教导主任、私立达德中学教员	
覃　杰	男		私立永初中学暨省立贵阳中学教员	
黄槐萱	女			
韦　奇	男		国立贵州师范学校暨荔波县立中学、榕江县立中学教员	
蒙绍华	男		榕江县立中学教员	
高　炯	男	重光	荔波县立中学教员	
朱　鹏	男	翊根	荔波县立中学教员	

续 表

姓　名	性　别	别　号	任教学校	备　考
玉炯章	男		荔波县立中学教员	
玉成瑞	男		荔波县立中学教员	
高　伟	男		荔波县立中学教员	
覃启贤	男		荔波县立中学教员	

耆寿表

姓　名	住　址	享寿年岁	年　代	备　考
覃玉珍	城　区	90	清咸同间	清恩贡生覃金锡之父,已故
秦延寿	城　区	90	清咸同间	已故
蒙纪沃	城　区	85	清咸同间	平寨人,清拔贡覃培菁岳父,已故
王杨氏	城　区	85	清咸同间	历署广西州县事王锦之妻,已故。◎以上采自李稿
玉覃氏	城　区	96	清末民初	清恩贡生玉琼枝之妻,现任小学教员玉克昌之曾祖母,精神尚健,纺织如恒
蒙覃氏	城　区	90	清末民初	清增生蒙式谷之母,民国二十五年殁
石玉连	城　区	87	清末民初	现任电话局所长石成铭之父,民国二十八年殁
陈韦氏	城　区	87	清末民初	清六品军功陈玉全之母,已故。◎以上采自杨稿
莫丁氏	城　区	92	清末民初	莫子斋之母,精神矍铄,健饭如少年,虽四代同堂孙曾绕膝,然犹朝夕经纪家事不辍云

续 表

姓 名	住 址	享寿年岁	年 代	备 考
覃福隆	城 区	115	清末民初	平生无疾病，垂死之年尚能挑七八十斤重担，已故
韦洪氏	城 区	88	清末民初	韦克明之祖母，逝世时全部牙齿完好
韦兰阶	城 区	87	清末民初	科员韦瑞田之父
张沈氏	城 区	89	清末民初	已故
陆杨氏	城 区	88	清末民初	尚在
覃（双寿）	时来乡	82	清光绪	覃芳联祖父母同年同月生，同年同月卒
蒙连升	时来乡	86	清光绪	
玉琼琚	时来乡	84	清光绪	已故
覃李氏	时来乡	86	清光绪	现任县金库主任覃冠卿之祖母，已故
梁 母	时来乡	82	清末民初	梁自成之母，一民之祖母
覃玉氏	时来乡	83	清末民初	覃冠卿之母，精神强健，尚能纺织操作云
玉 母	时来乡	80	清末民初	现任乡长玉家成之母，精神尚健
覃 母	时来乡	90	清末民初	覃醴泉祖母，尚健在
陈明新	朝阳乡	86	清末民初	尚健在
覃继光	朝阳乡	84	清末民初	精神尚健，四代同堂，孙开儒、开科均在中学肄业
覃 母	朝阳乡	84	清末民初	现任朝阳小学教员覃之梁之母，民国三十一年殁
覃 母	朝阳乡	83	清末民初	覃采臣之母，尚在
覃 母	朝阳乡	80	清末民初	覃哲之嫡母，尚在。孙庆松、庆楠、庆槐等均肄业中学

续 表

姓 名	住 址	享寿年岁	年 代	备 考
何让甫	董界乡	86	清道光	清举人何金龄祖父,已故
何兼三	董界乡	85	清道光	详《善行编》本人列传。 ◎采自李稿
何霍氏	董界乡	85	清咸丰	何金龄之母,已故。◎采自李稿
蒙 母	董界乡	85	清末民初	蒙仲平之母,尚健
何 母	董界乡	80	清末民初	何贵连之母
何 母	董界乡	83	清末民初	何老博祖母,尚在
何 母	董界乡	88	清末民初	何三把叔母
何 母	董界乡	84	清末民初	何木生之母,民国二十八年殁
莫汝明	驾欧乡	83	清末民初	夫妻双寿均八十三岁,尚健。子四,孙数人,大重孙十岁,肄业小学
何文清	驾欧乡	96	清末民初	四代同堂,子一,男孙数人,重孙二。民国三十一年殁
莫莲茂	驾欧乡	84	清末民初	
莫逸侯	驾欧乡	92	清末民初	
莫 公	驾欧乡	97	清末民初	莫光正之父
王 公	播瑶乡	134	清乾隆四年生	王公,忘其名。原籍都匀。清道光初来荔,住地莪场。有子二,渡船为业;俱四五十年病殁。王愤甚,不为生计,居拉强洞中,乞食附近各村。管带王兴贵欲迎之,以病辞。知县唐则璲尝召至署,厚赐之,不受。亦奇人也。◎采自李稿

续　表

姓　名	住　址	享寿年岁	年　代	备　　考
周守一	播瑶乡	84	清末民初	已故
韦　母	播瑶乡	82	清末民初	联保主任覃文龄祖母,已故
莫　公	播瑶乡	94	清末民初	莫荣章祖父,已故
姚　母	播瑶乡	84	清末民初	姚光庭之母,尚健,能纺织
韦芳荣	播瑶乡	82	清末民初	尚健
柏　母	播瑶乡	92	清末民初	柏火贵之母,尚能纺织
覃　公	播瑶乡	80	清末民初	覃金福之父,尚能整日工作
韦金山	播瑶乡	92	清末民初	精神尚健
韦　梁	播瑶乡	83	清末民初	尚健
杨再隆	播瑶乡	88	清末民初	民国三十二年殁
韦　母	播瑶乡	99	清末民初	韦王贵之母,民国三十年殁
韦金寿	播瑶乡	92	清末民初	民国三十年殁
韦　公	播瑶乡	87	清末民初	韦永龙之父,民国二十四年殁
莫三喜	阳凤乡	87	清末民初	民国三十一年殁
莫　公	阳凤乡	82	清末民初	莫让元之父,尚健
罗金包	方村乡	96	清末民初	尚健
莫永富	方村乡	90	清末民初	尚健,四代同堂
白　坤	方村乡	99	清末民初	白建三之父,民国二十八年殁
莫伯卿	方村乡	80	清末民初	乡长莫自贤之父,民国三十二年殁
莫　母	方村乡	85	清末民初	现任方村小学校长莫淑文祖母,民国二十九年殁

续　表

姓　名	住　址	享寿年岁	年　代	备　考
莫文芳	方村乡	88	清末民初	莫伯丹祖父,民国六年殁
莫　公	方村乡	86	清末民初	莫应儒祖父,民国三十年殁
莫　公	方村乡	87	清末民初	莫应章祖父,民国三十一年殁
莫松山	方村乡	85	清末民初	莫治平之父,尚在
莫　母	方村乡	83	清末民初	莫永康祖母,尚在
莫尔荣	方村乡	86	清末民初	尚在
韦阿杰	恒丰乡	104	清咸同间	年一百零四岁,精神尚健,敢饭食肉,少年不及。常出外工作,殁年未详。◎采自杨稿
韦　素	恒丰乡	82	清末民初	已故。◎采自杨稿
韦　母	恒丰乡	117	清末民初	韦阿之母,已故
韦潘氏	恒丰乡	88	清末民初	韦宽之继母,尚在
韦　母	恒丰乡	81	清末民初	韦南高之母,已故
韦学佐	恒丰乡	82	清末民初	尚在
韦珍玙	恒丰乡	81	清末民初	尚在
吴　母	恒丰乡	92	清末民初	吴锦灿之母
韦周贵	恒丰乡	93	清末民初	尚在
韦　母	恒丰乡	100	清末民初	韦鏉之母,已故
韦开彬	恒丰乡	83	清末民初	大学生韦永和祖父,已故
潘　符	阳安乡	91	清末民初	已故
杨　母	阳安乡	93	清末民初	杨凤章之母,已故
莫斯儒	阳安乡	98	清末民初	尚健

续 表

姓　名	住　址	享寿年岁	年　代	备　考
杨吴氏	阳安乡	99	清末民初	杨清洁之母,尚健
莫杨氏	阳安乡	84	清末民初	莫铭三之母,尚健
杨莫氏	阳安乡	82	清末民初	杨少谟之母,已故
杨蒙氏	阳安乡	83	清末民初	杨正游庶母,尚在
莫斯兰	阳安乡	82	清末民初	已故
杨玉儒	阳安乡	86	清末民初	尚健
潘注富	三洞乡	95	清末民初	潘芝茂之父,清道光十一年生,民国十四年殁。平生无疾病,饮食不少衰
韦光才	三洞乡	93	清末民初	清道光二十九年生,民国三十年殁。垂老但苦作犹壮时,然一食非升不饱
韦光玉	三洞乡	92	清末民初	韦光才之从兄,清道光二十七年生,民国二十六年殁。中年后三易其齿,臂力犹壮丁,无疾而终
潘　廷	三洞乡	93	清末民初	
潘　批	三洞乡	87	清末民初	
潘陆氏	三洞乡	85	清末民初	潘益智祖母,民国十三年殁
潘芝茂	三洞乡	85	清末民初	已故
周凤高	周覃乡	105	清咸同间	◎ 采自李稿
韦官保	周覃乡	97	清光绪	
周白氏	周覃乡	86	清光绪	周成武曾祖母,已故
周覃氏	周覃乡	80	清光绪	周炳武之母,尚在
覃周氏	周覃乡	83	清末民初	覃茂卿之母,尚在
覃周氏	周覃乡	87	清末民初	覃锦德祖母,尚在

续　表

姓　名	住　址	享寿年岁	年　代	备　考
覃周氏	周覃乡	82	清末民初	覃清廉之母,尚在
覃周氏	周覃乡	81	清末民初	覃克儒之母,已故
周覃氏	周覃乡	83	清末民初	周仁山伯母,已故
覃贵林	从善乡	83	清末民初	已故
李徐氏	从善乡	98	清末民初	武生李壮鹏之从堂伯祖母,已故
覃引弟	从善乡	85	清末民初	已故
潘　谋	从善乡	85	清末民初	已故
潘　朝	从善乡	83	清末民初	尚在
李陈氏	从善乡	83	清末民初	贡生李少卿之母,已故
潘　义	从善乡	83	清末民初	已故
潘　包	从善乡	81	清末民初	已故
覃国忍	从善乡	84	清末民初	已故
潘文举	从善乡	80	清末民初	已故
潘　喜	从善乡	83	清末民初	已故
潘　俦	从善乡	81	清末民初	尚健
覃　母	从善乡	92	清末民初	覃凤之母,已故
覃德贵	从善乡	84	清末民初	已故
吴　圣	莪浦乡	83	清末民初	尚在
吴　英	莪浦乡	85	清末民初	尚健
吴　母	莪浦乡	83	清末民初	吴佩章嫡母,尚在
吴　母	莪浦乡	82	清末民初	吴佩琚祖母,尚在
何恩益	捞村乡	91	清末民初	尚强健,有孙十余人
何应堂	捞村乡	88	清末民初	民国三十一年殁

续　表

姓　名	住　址	享寿年岁	年　代	备　考
何　母	捞村乡	87	清末民初	何礼文祖母,民国三十一年殁
覃　恩	永康乡	93	清末民初	覃登龙之父,已故
覃　母	永康乡	92	清末民初	覃文恩之母,已故
覃银保	永康乡	86	清末民初	覃富源之父,已故
覃珍贵	永康乡	82	清末民初	已故
覃　母	永康乡	84	清末民初	覃建安祖母,已故
蒙阿低	永康乡	84	清末民初	蒙老玉祖父,已故
蒙老岩	永康乡	90	清末民初	已故
覃晋安	永康乡	84	清末民初	尚健
蒙　母	永康乡	83	清末民初	蒙殿星之母,尚健
文全氏	洞塘乡	97	清末民初	文高贤祖母,已故
吴木养	洞塘乡	97	清末民初	尚在
吴木生	洞塘乡	92	清末民初	吴木养之弟,尚在
周天发	洞塘乡	95	清末民初	四代同堂,已故
姚含章	洞塘乡	89	清末民初	已故
罗吴氏	洞塘乡	95	清末民初	尚在
蒙老寅	洞塘乡	85	清末民初	妻八十二,齐眉双寿,尚在
欧（双寿）	茂兰乡	98	清末民初	欧福荫之父母,均九十八岁,已故
欧观泰	茂兰乡	82	清末民初	已故
欧　公	茂兰乡	85	清末民初	欧建林之父,已故
欧　母	茂兰乡	94	清末民初	欧良宗祖母,尚在
欧老袜	茂兰乡	94	清末民初	尚能挑十斤赶四五十里之乡场

续　表

姓　名	住　址	享寿年岁	年　代	备　　考
尹有善	茂兰乡	89	清末民初	已故
尹吴氏	茂兰乡	84	清末民初	尹有善之妻,已故
欧士明	佳荣乡	89	清末民初	尚健
蒙老贤	瑶庆乡	84	清末民初	尚在
蒙润泉	瑶庆乡	85	清末民初	已故
何雅景	瑶庆乡	83	清末民初	已故
蒙八奶	瑶庆乡	96	清末民初	蒙祖佑祖母,已故

忠烈表

按　本邑在清咸同间两次陷城及历年匪患,阵亡暨殉难者不下万人。而其死事情形,又各不相同:有奋勇当先而死者,有守城受伤而死者,有穷追遇伏而死者,有城陷巷战而死者,有被擒不屈而死者,有厉声骂贼而死者,有投河、投池、投井、赴火、跳楼、服毒、自刎而死者,其忠肝义胆,炳若日星。据旧志李稿称云:“咸丰中知县吴德容始建昭忠祠于城隍庙前,入祀一千有奇;同治元年再建昭忠祠于武庙左侧,入祀三千余众。自吴德容解任后,又大乱十余年,统计城乡各里士庶之家,有全村绝灭者,有仅剩孤嫠者,有死亡过半者,求其苟完无损,盖百不得一焉。”噫!旧志李稿,创修于光绪元年,其过去死亡已有如是之惨。光绪以后,虽无大变乱,然萑苻塞道,烽鼓时惊,或尽职而捐躯,或无辜而死难者,又不知凡几也。惟册籍无存,传闻互异,虽多方采访,而所得未及十一于千百。九泉有知,得勿饮恨吞声,而有向隅之叹耶!姑就旧志所载,及采访所得,列表于后;并将事实较详者,另为列传,以求翔实。至其遗漏者,暂付阙如,以俟来哲之采补焉。

历代变乱阵亡殉难人士表

姓名	职衔	年代	事略	备考
潘开榜	武生	清咸丰五年	殉难	
潘成美	俊秀	清咸丰五年	殉难	
朱元龙	士兵	清咸丰五年	阵亡	马兵，拒贼于城北炮楼，中枪死（一称元标，待考）
黄力池	士兵	清咸丰五年	阵亡	
黄锦春	士兵	清咸丰五年	阵亡	
璩守忠	士兵	清咸丰五年	殉难	
邓廷赞	把总	清咸丰六年	阵亡	
邓廷贵	未详	清咸丰六年	阵亡	随兄廷赞出战阵亡
璩玉林	人民	清咸丰六年	殉难	
邱树桐	候选同知直隶州	清咸丰七年	阵亡	
唐道喜	士兵	清咸丰七年	阵亡	
刘福庆	士兵	清咸丰七年	阵亡	
刘有光	士兵	清咸丰七年	阵亡	
覃容光	士兵	清咸丰七年	阵亡	
覃玉光	士兵	清咸丰七年	阵亡	
杨　二	士兵	清咸丰七年	阵亡	
黄先锋	士兵	清咸丰七年	阵亡	
杨大顺	士兵	清咸丰七年	阵亡	
钦文品	士兵	清咸丰七年	阵亡	

续　表

姓　名	职　衔	年　代	事　略	备　考
韦朝扬	士兵	清咸丰七年	殉难	
雷新霆	千总	清咸丰七年	阵亡	
雷光禧	马兵	清咸丰七年	阵亡	随父新霆出战阵亡
韦芝儒	团首	清咸丰七年	阵亡	
蒙庆湘	六品军功候选从九品	清咸丰七年	阵亡	
覃文福	把总	清咸丰七年	阵亡	
吴阿撒	军功	清咸丰九年	阵亡	
李国材	候选直隶州州判	清咸丰十一年	殉难	
张铭书	候选训导	清咸丰十一年	殉难	
高凤翔	候选训导	清咸丰十一年	殉难	
张步云	候选训导	清咸丰十一年	殉难	
邓履中	九品职员	清咸丰十一年	殉难	
潘起凤	世袭恩骑尉	清咸丰十一年	殉难	
任明善	附生	清咸丰十一年	殉难	
陈绥章	武生	清咸丰十一年	殉难	
郑遇奎	武生	清咸丰十一年	殉难	
万理泰	监生	清咸丰十一年	殉难	
王肇修	庠生	清咸丰十一年	殉难	
王世流	士兵	清咸丰十一年	阵亡	
覃廷魁	士兵	清咸丰十一年	阵亡	
璩老杏	人民	清咸丰十一年	殉难	

续　表

姓　名	职　衔	年　代	事　略	备　考
李　玮	人民	清咸丰十一年	殉难	
黎老光	人民	清咸丰十一年	殉难	
李国兴	人民	清咸丰十一年	殉难	
李广山	人民	清咸丰十一年	殉难	
刘洪模	人民	清咸丰十一年	殉难	
巫恩庆	人民	清咸丰十一年	殉难	
萧　云	人民	清咸丰十一年	殉难	
范二喜	人民	清咸丰十一年	殉难	
文　发	人民	清咸丰十一年	殉难	
刘成妹	人民	清咸丰十一年	殉难	
王家祥	人民	清咸丰十一年	殉难	
王家璧	人民	清咸丰十一年	殉难	
黄老松	人民	清咸丰十一年	殉难	
邱永寿	人民	清咸丰十一年	殉难	
王老引	人民	清咸丰十一年	殉难	
郑士贤	人民	清咸丰十一年	殉难	
杨　二	人民	清咸丰十一年	殉难	
袁　安	人民	清咸丰十一年	殉难	
郑老长	人民	清咸丰十一年	殉难	
邓南邦	人民	清咸丰十一年	殉难	
杨礼房	人民	清咸丰十一年	殉难	
黄应基	人民	清咸丰十一年	殉难	
黄应奎	人民	清咸丰十一年	殉难	

续　表

姓　名	职　　衔	年　　代	事　　略	备　　考
黄应书	人民	清咸丰十一年	殉难	
覃物讲	人民	清咸丰十一年	殉难	
罗福东	人民	清咸丰十一年	殉难	
李永福	人民	清咸丰十一年	殉难	
刘秉凤	人民	清咸丰十一年	殉难	
巫精临	人民	清咸丰十一年	殉难	
夏秉章	人民	清咸丰十一年	殉难	
谢老孝	人民	清咸丰十一年	殉难	
曹之喜	人民	清咸丰十一年	殉难	
罗新楷	候选直隶州州判	清咸丰十一年	殉难	
邓懋官	候选直隶州州判	清同治五年	殉难	
全其心	分发湖南候补府经历	清同治五年	殉难	
刘学武	守备	清同治五年	殉难	
蒙玉连	前任三洞汛千总	清同治五年	殉难	
蒙锡芬	把总	清同治五年	殉难	
覃开明	前任独山岜开汛把总	清同治五年	殉难	
资龙位	前任独山岜开汛把总	清同治五年	殉难	
蒙玉荣	尽先把总	清同治五年	殉难	
覃锡忠	外委	清同治五年	殉难	

续　表

姓　名	职　衔	年　代	事　略	备　考
李华林	吏员	清同治五年	殉难	
张　桢	廪生	清同治五年	殉难	
胡元凯	增生	清同治五年	殉难	
宣学贤	附生	清同治五年	殉难	
刘家骍	附生	清同治五年	殉难	
杨自诚	附生	清同治五年	殉难	
覃衍群	附生	清同治五年	殉难	
覃德昌	附生	清同治五年	殉难	
邓　襄	武生	清同治五年	殉难	
陈宪章	监生	清同治五年	殉难	
王锡元	俊秀	清同治五年	殉难	
杨玉升	人民	清同治五年	殉难	
杨茂青	人民	清同治五年	殉难	城陷一家男女十余人同被害
宣老长	人民	清同治五年	殉难	
胡元泰	人民	清同治五年	殉难	
李国林	人民	清同治五年	殉难	
璩　璠	人民	清同治五年	殉难	
邓元兴	人民	清同治五年	殉难	
李　孝	人民	清同治五年	殉难	
徐五七	人民	清同治五年	殉难	
钱应五	人民	清同治五年	殉难	

续 表

姓　名	职　衔	年　代	事　略	备　考
钱应彰	人民	清同治五年	殉难	
黄保寿	人民	清同治五年	殉难	
何照发	人民	清同治五年	殉难	
覃应宗	人民	清同治五年	殉难	
覃水线	人民	清同治五年	殉难	
覃文藻	人民	清同治五年	殉难	
覃文炳	人民	清同治五年	殉难	
杨愈材	人民	清同治五年	殉难	
秦献瑛	人民	清同治五年	殉难	
秦献璧	人民	清同治五年	殉难	
周老照	人民	清同治五年	殉难	
陈汉章	人民	清同治五年	殉难	
蒙雨化	人民	清同治五年	殉难	
杨贵发	人民	清同治五年	殉难	
王继丙	人民	清同治五年	殉难	
范大喜	人民	清同治五年	殉难	
邓廷芬	人民	清同治五年	殉难	
杨万章	人民	清同治五年	殉难	
滕永发	人民	清同治五年	殉难	
王老官	人民	清同治五年	殉难	
曾光华	人民	清同治五年	殉难	
邓懋杰	人民	清同治五年	殉难	
何板林	人民	清同治五年	殉难	

续表

姓　名	职　衔	年　代	事　略	备　考
黄发泰	人民	清同治五年	殉难	
覃国兴	人民	清同治五年	殉难	
潘成章	人民	清同治五年	殉难	
赖天才	人民	清同治五年	殉难	
赖福生	人民	清同治五年	殉难	
赖荫生	人民	清同治五年	殉难	
覃文安	人民	清同治五年	殉难	
覃阿红	人民	清同治五年	殉难	
覃金保	人民	清同治五年	殉难	
覃品德	人民	清同治五年	殉难	
覃龙弟	人民	清同治五年	殉难	
覃付高	人民	清同治五年	殉难	
覃金贵	人民	清同治五年	殉难	
覃生贵	人民	清同治五年	殉难	
胡之惠	人民	清同治五年	殉难	
胡元亨	人民	清同治五年	殉难	
杨舒凤	人民	清同治五年	殉难	
杨鸣凤	人民	清同治五年	殉难	
杨自强	人民	清同治五年	殉难	
邓元昌	人民	清同治五年	殉难	
童永祥	人民	清同治五年	殉难	
陈德光	人民	清同治五年	殉难	
张老亥	人民	清同治五年	殉难	

续　表

姓　名	职　衔	年　代	事　略	备　考
刘麻子	人民	清同治五年	殉难	
杨再奉	人民	清同治五年	殉难	
罗成二	人民	清同治五年	殉难	
苏　四	人民	清同治五年	殉难	
苏　二	人民	清同治五年	殉难	
姚云保	人民	清同治五年	殉难	
唐　三	人民	清同治五年	殉难	
陈德辉	人民	清同治五年	殉难	
吴老岩	人民	清同治五年	殉难	
郑老开	人民	清同治五年	殉难	
郑老元	人民	清同治五年	殉难	
唐新富	人民	清同治五年	殉难	
陈新发	人民	清同治五年	殉难	
田正兴	人民	清同治五年	殉难	
陈永安	人民	清同治五年	殉难	
胡老岩	人民	清同治五年	殉难	
胡阿勤	人民	清同治五年	殉难	
杨松保	人民	清同治五年	殉难	
江新有	人民	清同治五年	殉难	
江　五	人民	清同治五年	殉难	
吴士均	人民	清同治五年	殉难	
唐保林	人民	清同治五年	殉难	
叶海清	人民	清同治五年	殉难	

续 表

姓 名	职 衔	年 代	事 略	备 考
叶海真	人民	清同治五年	殉难	
韦登云	人民	清同治五年	殉难	
陈大荣	人民	清同治五年	殉难	
郑开科	人民	清同治五年	殉难	
欧老元	人民	清同治五年	殉难	
黎 大	人民	清同治五年	殉难	
黎 二	人民	清同治五年	殉难	
黎 三	人民	清同治五年	殉难	
李老乔	人民	清同治五年	殉难	
李振先	人民	清同治五年	殉难	
李金顺	人民	清同治五年	殉难	
谢老冬	人民	清同治五年	殉难	
谢玉山	人民	清同治五年	殉难	
邱长龄	人民	清同治五年	殉难	
黄华成	人民	清同治五年	殉难	
李老松	人民	清同治五年	殉难	
李长茂	人民	清同治五年	殉难	
官绍封	人民	清同治五年	殉难	◎以上采自李稿
何佩忠	团绅	民国十二年	抵抗翁昂匪首何光星，被光星围攻其家烧死	捞村乡人
何克彦	团绅	民国十二年	抵抗何光星，被光星截杀于巴昂场途中	捞村乡人

续 表

姓 名	职 衔	年 代	事 略	备 考
覃朝阳	团绅	民国十二年	攻翁昂匪被虏，受五马分尸及挖目割鼻之惨	时来乡人，余详大事志
玉振赓	团绅	民国十二年	攻翁昂匪被虏，受五马分尸及挖目割鼻之惨	时来乡人，余详大事志
何超贵	团绅	民国十六年	抵抗何光星，光星烧杀婆村，超贵死之	董界乡婆村人
潘庆传	团绅	民国十六年	剿翁昂匪首何光星，阵亡	从善乡人
莫雨山	团兵	民国十六年	广匪数十人进扰巴乃，雨山一人击之于苏家坪，毙匪四人，匪退，雨山亦负重伤殁	驾欧乡人
何其美	团兵	民国十六年	何光星抢劫地街，其美追匪，遇伏阵亡	驾欧乡人
潘朝林	区长	民国十九年	被匪埋伏截杀	三洞乡人，余详列传
潘田文	队长	民国十九年	屡攻从善匪首潘富文，富文围烧其村，杀之	从善乡人
罗上群	人民	民国十九年	红军经茂兰乡被杀	茂兰乡人
萧培元	团总	民国十九年	红军经茂兰乡被捉去，至广西富禄遇害	茂兰乡人

续 表

姓　名	职　衔	年　代	事　略	备　考
李吉恩	团兵	民国十九年	翁昂匪首何光星白昼抢劫播尧拉日村，拉牲掳货，全赖吉恩奋勇截击，匪放弃人货逃，吉恩亦受伤毙命	播尧乡人
蒙庆云	小学生	民国三十二年二月	持枪杀贼遇害	玉屏镇人，余详列传

抗战阵亡官兵表

姓　名	部队番号及职级	战役或事由	备　考
杨家骝	陆军第60师108旅360团上校团长	民国二十七年参加抗战，九月于江西昆山之役阵亡	余详列传
全正熹	空军第二大队第十四队中尉本级队长	民国二十六年参加抗战，由鲁飞京，被敌机包围，阵亡	余详列传
杨真明	不详	民国三十一年参加抗战，阵亡于安徽	真明，阳安乡人，十四岁从军，二十四岁任连长，民国二十六年参加抗战，三十一年阵亡于安徽。留子二女一，现尚流寓蜀地
朱凤翏	陆军第103师中尉译电员	南京抗战阵亡	荔波城内北街人
韦兴才	陆军103师中尉排长	湖北抗战阵亡	

续　表

姓　名	部队番号及职级	战役或事由	备　　考
韦金报	陆军 40 师一等兵	江西抗战阵亡	
何吉冒	陆军 40 师一等兵	江西抗战阵亡	
韦隆生	陆军 40 师一等兵	江西抗战阵亡	
孟廷书	陆军 57 师上等兵	江西抗战阵亡	
韦胜全	陆军 102 师上等兵	江西抗战阵亡	
张国清	陆军 6 师二等兵	安徽抗战阵亡	
陈庆安	陆军 138 师一等兵	安徽抗战阵亡	
罗永秀	陆军 40 师一等兵	安徽抗战阵亡	
覃诜弟	陆军 40 师一等兵	安徽抗战阵亡	
杨　保	陆军 46 师一等兵	山西抗战阵亡	
韦义堂	陆军 38 师上等兵	湖北抗战阵亡	
陈金林	陆军 142 师二等兵	湖北抗战阵亡	
王国兴	陆军 142 师二等兵	湖北抗战阵亡	
韦彦生	陆军 142 师二等兵	湖北抗战阵亡	
萧长民	陆军 142 师二等兵	湖北抗战阵亡	
韦　谷	陆军 142 师二等兵	湖北抗战阵亡	
吴申明	陆军 140 师上等兵	湖北抗战阵亡	
梁荣发	陆军 11 师上士班长	宝山抗战阵亡	
李秀柏	陆军 26 师上等兵	上海抗战阵亡	
杨子儒	陆军 103 师一等兵	山口抗战阵亡	
邹明诗	陆军 59 师下士	江苏抗战阵亡	
韦　海	陆军第 2 预备师列兵	未详	

续　表

姓　名	部队番号及职级	战役或事由	备　考
莫时恩	浙江省国民抗敌自卫团第二支队二大队四中队二等兵	钱江抗战阵亡	
向明清	陆军 92 师上等兵	鲁南抗战阵亡	
周吉臣	陆军 170 师上等兵	姚家宅抗战阵亡	
莫世才	士兵	未详	阳凤乡人
何桂祥	士兵	民国三十二年九月长沙阵亡	捞村乡人
欧为福	士兵	民国三十二年四月二十一日缅甸阵亡	瑶庆乡人
龙建武		民国三十三年缅北之役壮烈牺牲	余详列传
姜根春	陆军 14 师 41 团 5 连上等兵	民国三十三年八月二日阵亡于缅甸密支那	城区人
莫永才	陆军 58 师二等兵	民国三十三年抗战阵亡	
欧保扬	陆军 58 师一等兵	民国三十三年抗战阵亡	
莫吉乃	陆军新编第 1 军新 38 师上等兵	民国三十三年抗战阵亡	
吴少明	陆军 58 师 173 团 1 营 1 连二等兵	民国三十三年抗战阵亡	
韦三弟	陆军 103 师二等兵	民国三十三年抗战阵亡	

贞烈表

荔波两次失守，妇女之尽节者不一而足，或投河，或赴井，或溺厕，或沉池，或悬梁，或服毒，或携孙抱子，或以媳随姑，或投火自焚，或引刀自刎，或骂贼被杀，或跳城受伤，或闭门自尽，或绝粒以亡。要之其死难虽异，而所以死义则同也。至髡头矢志，节凛冰霜，剪发养亲，心坚金石者，又不知其凡几也。迄今年湮灭久，传闻异辞，难以周知。兹谨依旧稿所载，其事实较详者别为列传；余列之表，以俟后之采访云。

姓　名	事　　略	年　　代	备　　考
璩周氏	杀贼殉节	清咸丰五年	璩守瑞之妻
璩陈氏	杀贼殉节	清咸丰五年	璩守琼之妻
王陈氏	殉节	清咸丰五年	团民王开勋之叔祖母
吴陈氏	城陷投官署莲池	清咸丰十一年	邑侯吴德容之妾，携女秀瑛投池殉节
张林氏	城陷殉节	清咸丰十一年	岁贡张书铭之母
王唐氏	城陷骂贼殉节	清咸丰十一年	王祥之妻
邱李氏	城陷投官署莲池	清咸丰十一年	署湖南安化知县邱育泉之母，携幼孙承欢、女孙秀凤、仆秀祥、婢桂香投池殉节
邱黄氏	城陷投官署莲池	清咸丰十一年	邱育泉之妻
陈邱氏	城陷投官署莲池	清咸丰十一年	邱育泉之妹
邓巫氏	城陷投后园大池	清咸丰十一年	拔贡邓瑞麟之母
邓李氏	城陷投后园大池	清咸丰十一年	邓瑞麟之妻
官王氏	城陷自刎	清咸丰十一年	外委官绍基之妻
璩周氏	城陷投水	清咸丰十一年	携孙贞臣、女小妹、使女荷香投水殉节
璩彭氏		清咸丰十一年	璩文魁之妻
黄邓氏	城陷投河	清咸丰十一年	武生黄富成之母，抱幼子投河殉节

续　表

姓　名	事　　略	年　　代	备　　考
王邓氏	携女春英投圣宫泮池殉节	清咸丰十一年	庠生王肇修之妻
李黎氏	城陷投厕	清咸丰十一年	庠生李锦文之妻
黎涂氏	城陷投厕	清咸丰十一年	庠生黎淳之妻
阙余氏	城陷投厕	清咸丰十一年	监生阙振新之妻
萧王氏	城陷投杨公井	清咸丰十一年	分发广西县丞萧承勋之母
萧潘氏	城陷投杨公井	清咸丰十一年	萧承勋之叔母
萧邓氏	城陷投杨公井	清咸丰十一年	萧承勋之妻
张梁氏	城陷闭门自缢	清咸丰十一年	廪生张桢之妻
雷刘氏	城陷投西门新井	清咸丰十一年	千总雷新霆之妻
雷陈氏	城陷投西门新井	清咸丰十一年	马兵雷光喜之妻
董雷氏	城陷投井	清咸丰十一年	岁贡董成烈之妻
黄黎氏	城陷自刎	清咸丰十一年	黄元泰之妻，同女领袖自刎殉节
胡李氏	城陷自刎	清咸丰十一年	恩贡胡之粹之妻
范王氏	城陷服毒	清咸丰十一年	范二喜之妻
李宣氏	城陷投池	清咸丰十一年	吏员李华林之妻
蔡张氏	城陷投井	清咸丰十一年	
董熊氏	城陷投河	清咸丰十一年	监生董之盛之妻
滕刘氏	城陷赴火	清咸丰十一年	庠生滕永兰之妻
滕陈氏	城陷赴火	清咸丰十一年	通事滕永芝之婶
滕王氏	城陷赴火	清咸丰十一年	滕永芝之妻
滕秦氏	城陷赴火	清咸丰十一年	通事滕远侔之妻

续　表

姓　名	事　　略	年　　代	备　　考
邓姜氏	城陷投井	清咸丰十一年	把总邓廷赞之妻,携女定柱赴井殉节
邓彭氏	城陷闭门自缢	清咸丰十一年	青少守节抚孤,城陷殉节
萧张氏	城陷服毒	清咸丰十一年	萧云之妻
刘谢氏	城陷杀贼殉节	清咸丰十一年	武生刘绍圻之妻
王周氏	城陷自杀	清咸丰十一年	王之音之母,守节二十余年
陈张氏	城陷投厕	清咸丰十一年	王凤祥之母,守节二十余年
夏黄氏	城陷投井	清咸丰十一年	战兵夏秉章之妻
李陈氏	城陷投井	清咸丰十一年	战兵李老福之妻
杨谢氏	城陷赴火	清咸丰十一年	杨礼房之妻
璩范氏	城陷投泮池	清同治五年	从九璩守先之妻
高邓氏	城陷投泮池	清同治五年	训导高凤翔之妻
王赵氏	城陷投井	清同治五年	千总王化龙之妻
黄王氏	城陷殉节	清同治五年	黄瑞香之母
文陶氏	城陷投溷	清同治五年	文发之妻
宣陈氏	城陷投井	清同治五年	宣学斌之妻
范璩氏	城陷殉节	清同治五年	范大喜之妻
邓赵氏	城陷殉节	清同治五年	庠生邓炳之母
李唐氏	城陷投河	清同治五年	李福之妻
梁杨氏	城陷投河	清同治五年	梁朝赓之母
刘厉氏	城陷投河	清同治五年	刘春之母
刘高氏	城陷自缢	清同治五年	书办刘福海之妻
邓连英	城陷自缢	清同治五年	幼瞽双目不适人,贼至殉节

续　表

姓　名	事　　略	年　　代	备　　考
曹陈氏	城陷骂贼殉节	清同治五年	庠生曹之选之母
巫刘氏	城陷杀贼殉节	清同治五年	巫承恩之祖母
巫黎氏	城陷杀贼殉节	清同治五年	巫廷英之妻
黄谢氏	城陷杀贼殉节	清同治五年	黄理泰之妻
黄王氏	城陷杀贼殉节	清同治五年	黄观泰之妻
黄蔡氏	城陷杀贼殉节	清同治五年	庠生黄学灏之妻
邓高氏	城陷杀贼殉节	清同治五年	邓廷玉之妻
杨曾氏	城陷杀贼殉节	清同治五年	杨玉贵之妻
郑何氏	城陷杀贼殉节	清同治五年	郑开科之妻
姜尹氏	城陷杀贼殉节	清同治五年	姜继昌之妻
涂马氏	城陷杀贼殉节	清同治五年	涂天瑞之妻
涂罗氏	城陷杀贼殉节	清同治五年	涂天瑞之媳
吴陈氏	城陷杀贼殉节	清同治五年	吴云之之母
陈郎氏	城陷杀贼殉节	清同治五年	陈盛国之母
张宋氏	城陷杀贼殉节	清同治五年	岁贡张书铭之继室
周巫氏	城陷杀贼殉节	清同治五年	周廷华之妻
周李氏	城陷杀贼殉节	清同治五年	周廷贵之妻
刘陈氏	城陷杀贼殉节	清同治五年	刘绍杰之妻
王吴氏	城陷杀贼殉节	清同治五年	王开元之妻
王傅氏	城陷杀贼殉节	清同治五年	王润元之妻
李黄氏	城陷骂贼殉节	清同治五年	李长春之妻，同女小凤殉节
李谢氏	城陷投河	清同治五年	候选教谕李国材之妻，携女玉娥投河殉节

续　表

姓　名	事　　略	年　　代	备　　考
张邓氏	城陷自刎	清同治五年	张有桂之妻,处士邓昌炽之次女
邱杨氏	城陷自缢	清同治五年	邱永发之妻,年二十余夫死,守节三十年,贼至闭门自缢
李王氏	城陷自刎	清同治五年	李廷璋之妻
李范氏	城陷自刎	清同治五年	李廷梅之妻
李黄氏	城陷自刎	清同治五年	李廷槐之妻
周李氏	城陷自刎	清同治五年	周廷华之母,守节四十余年
李罗氏	城陷自刎	清同治五年	年二十,夫亡守节
李杨氏	城陷殉节	清同治五年	李廷材之妻
李周氏	城陷殉节	清同治五年	李廷春之妻
李邓氏	城陷殉节	清同治五年	李益茂之妻
李游氏	城陷殉节	清同治五年	李琼英之妻
黄李氏	城陷殉节	清同治五年	黄元昌之妻
谭李氏	城陷殉节	清同治五年	谭致谋之妻
黎刘氏	城陷殉节	清同治五年	黎勋如之母
黎梁氏	城陷殉节	清同治五年	黎勋如之妻
黎萧氏	城陷殉节	清同治五年	黎勋如之嫂
邓刘氏	城陷殉节	清同治五年	从九邓履中之妻
陈田氏	城陷殉节	清同治五年	陈绍基之妻
邓刘氏	城陷殉节	清同治五年	邓南英之妻
林黄氏	城陷殉节	清同治五年	庠生林春芳之妻

续 表

姓　名	事　　略	年　　代	备　　考
黎萧氏	城陷殉节	清同治五年	黎老先之妻
曾罗氏	城陷殉节	清同治五年	曾光华之妻
黎蓝氏	城陷殉节	清同治五年	黎茂山之妻
黄王氏	城陷殉节	清同治五年	黄观佑之妻
刘宣氏	城陷殉节	清同治五年	刘胜章之婶
覃陈氏	城陷殉节	清同治五年	团民覃海寿之妻
黄王氏	城陷殉节	清同治五年	黄越之母
覃陈氏	城陷殉节	清同治五年	团民覃阿金之妻
罗覃氏	城陷殉节	清同治五年	武生罗增龄之妻
张黄氏	城陷殉节	清同治五年	张谓先之妻
辜王氏	城陷殉节	清同治五年	辜德贵之妻
邓杨氏	城陷殉节	清同治五年	战兵邓廷芬之妻
徐邓氏	城陷殉节	清同治五年	徐玉清之妻
杨胡氏	城陷殉节	清同治五年	
李邓氏	城陷殉节	清同治五年	
黄邓氏	城陷殉节	清同治五年	
何邓氏	城陷殉节	清同治五年	
李杨氏	城陷殉节	清同治五年	
李王氏	城陷殉节	清同治五年	
宣傅氏	城陷殉节	清同治五年	庠生宣学贤之妻
宣黄氏	城陷殉节	清同治五年	宣老长之妻
罗刘氏	城陷殉节	清同治五年	罗发之妻

续　表

姓　名	事　　略	年　　代	备　　考
赖彭氏	城陷殉节	清同治五年	
穆韦氏	城陷殉节	清同治五年	穆德六之妻
覃蒙氏	城陷殉节	清同治五年	文生覃金锡之母
覃何氏	城陷殉节	清同治五年	覃金锡之庶母
胡张氏	城陷殉节	清同治五年	
杨羊氏	城陷殉节	清同治五年	
邱孙氏	城陷殉节	清同治五年	
黄宣氏	城陷殉节	清同治五年	
罗唐氏	城陷殉节	清同治五年	罗阿央之妻
陈郎氏	城陷殉节	清同治五年	陈水安之母
巫汪氏	城陷殉节	清同治五年	巫福保之母
张胡氏	城陷殉节	清同治五年	兵吏张灿之妻
官胡氏	城陷殉节	清同治五年	营兵官绍封之妻
官周氏	城陷殉节	清同治五年	营兵官绍徽之妻
董林氏	城陷殉节	清同治五年	董芝秀之妻
杨李氏	城陷投水	清同治五年	杨少师之母
杨田氏	城陷投水	清同治五年	杨少师之妻
何和氏	破屯殉节	清同治五年	董界里何长达之母
何霍氏	破洞殉节	清同治五年	董界里何唐先之妻
钱李氏	城陷投天后宫池	清同治五年	钱兴祥之妻
刘巫氏	城陷投井	清同治五年	刘石安之母
黄钱氏	城陷投井	清同治五年	黄能之妻

续 表

姓 名	事 略	年 代	备 考
杨陈氏	城陷投县池	清同治五年	
范淑人王氏	城陷投井	清同治五年	
齐孺人汪氏	城破被焚死	清同治五年	
林孺人	城破被焚死	清同治五年	
刘安人徐氏	城陷投天后宫池	清同治五年	
赵孺人	城陷投泮池	清同治五年	◎以上采自李稿
罗王氏	城陷殉节	清同治五年	拔贡罗新楷之妻,夫妻同殉难,骸骨无存
杨胡氏	城陷殉节	清同治五年	处士杨茂菁之妻 ◎以上采自杨稿

列 传

宦 迹

王 锦 字 蜀江

清道光己酉科拔贡,官广西雒容、修仁知县,象州知州,有政声。◎采自李稿。

赐进士出身刑部江苏清吏司主事加一级象州郑献甫撰《诰封奉直大夫少白大夫暨诰封宜人钱太宜人八秩双寿序》云:“父母俱存,兄弟无故,此君子所难冀之乐也;夫妇齐眉,孙曾绕膝,此世人所难全之福也。今于吾郡侯蜀江刺史堂上,星占南极,月弄西池,不禁踌躇满志矣。我郡侯以道光己酉贡于黔，后以咸丰庚申宦于粤。州如斗大，空梦三刀，城比山荒，不留一瓦。我侯不僻固其地，且不鄙夷其民，只鹤同行，双凫竟住。三十乘立国，远比卫文，十七人守城，近方冯令，鱼符杂至，雁户粗安。虽有领郡之名，实无排衙之乐，尔乃筑琴台于三家村畔，望亲舍于一片云中。新春送寒，故里迎养。同治元年，封翁少伯大夫暨太宜人爰携孙曾至于象。时也，城郭是而人民非，盗贼梳而官兵篦；万家分荫，方仰慈云，一线生阳，又逢爱日。但行祝哽祝噎之礼，不赋陟岵陟屺之诗，桃李四郊，开成花县，笙歌两部，吹出南陔。部下民感我侯之德，益思承我侯之欢也。条其事寄献甫，嘱为之词。谨案毕元宾之堂前，名父观焉；郑善果之屏后，贤母坐焉。计其时兖州之赤子，鲁国之苍生，同我太平，祝君寿考，必有夸燕翼，祝熊丸，相与溯洄不置者，饮水思源，登枝求本，情所不得已，即礼所不得辞也。而况封翁暨太宜人者，旌旗引路，并坐潘舆，畅悦登筵，高擎鸿案。当粉署谋迎之日，正珂乡失守之时，萑苻骚然，枌榆荡矣！乃偪阳之城自破，孙期之舍自全，以宦为家，随儿作郡，黄黄蓠菊，尚恋陶庐，白白江鱼，姑吟杜句，非地之偶逃其劫，实天之巧佑善人也。其所以就养也有如此。又吾州之校职久虚，试士之期多误。至我侯特开之，借席为门，编芦作屋，以鹿鸣之童子，代鸾笑之仙人，以药笼之人材，代露橐之天酒，集兹采笔，娱我斑衣，马队可以校书，蜂房可以战艺，其所以承欢也有如此。然使堂立虞氏，沈沈府中，觥称豳门，亦望望门外耳。今乃坐召公于棠阴，居庚桑于畏垒，将笛作子，抚竹如孙，民忘县令之尊，官讲家人之礼，教人以善，与物同春，尸而祝之，急乃抱佛，寿者酬也，善则归亲，是又娱老之奇方，养年之高致也。其所以共祝也又如此。宜乎，虞升卿新治之民，陶士行旧游之客，共定考法，益悉母仪，仰乔木于山南，颂萱花于堂北，愿陈华祝，请听舆歌矣。惟献甫本部中之退士，作境外之游民，于今六年，去家千里，妻孥无恙，且幸依刘，子弟分行，不曾拜纪。缄鱼有路，捧兕无缘。不得与偷桃之羽客，击磬之侍儿，共宴于幔亭山为可惜耳！然登山临水，我已将归，谋子诒孙，心犹未艾。异日者，鲈脍硕而张翰来，驴背驼而郑棨至。梅开台月，菊放延年，重随诸父老跻堂，则拜木公，揖金母，登天门之曲，即许开先，添海屋之筹，不妨处后云耳。谨序。”◎抄自杨稿《艺文志》。

白朝贵　字　岂堂　号　德卿

军功，官广西东兰典史，凤山、那地州同，河池州知州，所至多政绩，在南丹军营积劳病故。经抚院苏题奏部议给减半葬银五十两，祭银四两，奉旨准允通行在案。

附　朝贵《宦游粤西留别荔波父老》诗三律：“力扫妖氛万丈尘，依然书剑十年身。出山应惹林泉笑，爱我无如父老亲。此去谁为青眼客，再来都是白头人。江干祖饯心何切，握别殷殷泪满巾。”“超然无累起长征，千里行囊一叶轻。好唱骊歌同赋别，敢云戎马是书生。凭将肝胆酬民望，那得涓埃答圣明。自笑身如新嫁女，但逢姑舅总低声。”“暂辞泉石旧莓苔，象郡迢迢走一回。山水名传临桂好，帆樯影背荔波来。家如莲舫随风合，人似梅花带雪开。樗栎自今应不负，根株端向五云栽。”◎抄自李稿。余详《武功编》本人列传。

何金龄　字　少白

清光绪已卯科举人，署山东文登、蒲台、德州、东阿等县知县，德政播口碑，有“何青天”之誉。致仕回黔，卒于省寓；宦囊如洗，其清廉已可概见。

乡先达覃金锡撰《历权山东知县少白何君墓志铭》云：“于清端宰罗城，民敬而信，称曰‘于青天’；魏慎斋宰应城，民悦而畏，称曰‘魏青天’。以为游宦为如牛毛，名宦如麟角，通都大邑，庶几遇之，而此称则边省寥寥罕闻也。乡先达为令为牧，洊擢漕督，历有其人。而此称则我邑寂寂，尤未闻也。不图数千里外，旃檀之风，挟‘何青天’三字，而入耳洋洋，令人油然生懦立顽廉之感。谨按　君讳全龄，姓何氏，字少白，秀外慧中。厥考铭三刺史公，锡师也。以故世谊戚谊，情最挚。应县试，同冠岁科；应乡试，同贵山肄业。杨学博见君而贺曰：‘是必隽。’锡问：‘见其文耶？’曰：‘否。’‘然则何所见而贺？’曰：‘满颊霞生，双眸电闪，瑞征也。’榜发果隽。梁梅老贺以联：‘荔波县二百年开榜，郁林王卅六字连书。’一时佳话，传殆遍。已丑挑知县，签分山东。荣城各县灾，奉委分赈，报旅费，人报绌而君报赢，李抚异之。甲午中日构衅，大吏知君才，电调莱州，参谋前敌，动合机宜，李抚重之。英租威海卫，委道员划界，民反对，围之。檄君赴援。君晓以大义，闻见感泣，围解而租定，大府慰而宏奖之。历权文登、蒲台、德州、东阿县事，有政声。其在德州也，适拳乱，訇然动地。君悯其惑邪教所致，请抚之。项城袁公怒，幕府徐道，与君有旧，函述‘袁奏剿，制曰可，遵制戡乱，红顶花翎在握也。若固执，诚恐噬脐，时机不可失。’君仰天叹曰：‘顶虽红而心漆黑，杀人求福，宁死不为也。’灯下缮稿，钪剢利病以对。越日批回，令剿愈厉。薛丁奎者拳魁也，闻之挺身投狱，曰：‘不忍累公。’于是戮其魁，谕其众，悉抚而散，由死而生者以万计。袁恶之，君去任。百姓泣曰：‘血滴滴捧出心肝，救民而为民负罪者，何青天也。’饯者、嗅靴者，公送衣伞者，攀辕卧辙，环而泣者，塞于衢。当是时，袁威而猛，势能飞砂走石，倒海移山，虽监司皆鞠拱唱喏，谁敢片言诤之者。乃君为民请命，以三寸管，七尺躯，拼雷霆万钧之力，利薰心而不动，害压脑而不惊，岂其生而劲气独得耶？抑独行其志，而克定克坚，铮铮然铁也。君诚恳而惠，文登防地也，民苦兵燹，君请免征以纾其困。蒲台河滨也，民苦水患，君请颁赈而冀其苏。戊戌夏，西坝决口，堵塞躬亲，急甚，君搏颡而祝曰：‘百姓何辜，哀此茕独，下官有罪，愿葬鱼腹。’祝毕，趋向河，耸身而掷。僚佐侍从，急援而止之。瞥见庞然大物，隐隐露水面，如护堤状。谛视之，鼋也。

俄而水落，西坝安。民国肇造，君自鲁过蜀，任南部一等催税官，及瓜回黔。戊午四月十九日，疾终省寓，寿六十有四。高冬心者，我邑拔萃也，路出德州，君停问曰：'何青天安否？'高问故，具得遗爱状。回里，常述及之，始叹'何青天'之称，虽物换星移，德尚足征，而锡之记之也信。噫！总角知交，零落殆尽。尝拟为君立传，自恧不文，握管而辍者屡矣。辛酉冬，哲嗣星山，修墓乞志，及摭其出处政绩荦荦大者，声于石。

"铭曰：巍巍泰山之巅兮，当头日压其肩；汪汪渤海之滨兮，盟心水让其清。挟巫云而归黔树兮，倒屣屡致欢迎；黄土制英雄兮，老泪倾；抚荒凉片石兮，呜乎！此其茔。"◎墓志文抄自覃著《赘赘编》。

黄泽沛　字　云从

清光绪己酉科拔贡。历署山东青城、胶、淄川、益都、沂水等县知事，循声冠全省，而尤以治匪得舆人之诵。

山东益都、昌乐、临朐、沂水、安邱五县士民《公颂黄君云从政绩序》云："粤稽晋文谋帅，首重诗礼。宋代知州，专用文臣。良以士通经致用，正心术，充器识，裕材猷，学道爱人，蔼然为恺悌君子，一旦出而匡时，乃能济世安民，人受其福，非彼健将滑吏颉顽作气势者敢望也。若黄公云从殆庶几焉。公隶贵州荔波县籍，自少力学，沈潜经义，博极群书，思为明体达用之士，以济时艰。前清己酉应拔萃科，已选贡入成均。民三甲寅考取县知事，分发山左，旋以长材而叠任剧邑，由青城而胶县，而淄川，而益都，所至称治，循声冠全省，而尤以治匪名于时。数年以来，蒙山积贼，乘间窃发，抢劫屠戮焚烧之祸，惨不忍言；蹂躏数县，而沂水适当其冲。上宪悉公才，调莅是县。公筹战守之备，选警团而亲教练之。环城筑炮楼三十座，令四乡一律修寨筑碉，编练民团，合兵农为一体，联官民如一家。未及周岁，因以众志成城。丙寅夏，蒙匪诡称难民，流寓沭水集镇，夜半大股来袭，寓者内应，将市肆劫掠一空。公闻警，率队追击败之，夺回被劫良民二百余人，财物无算。十月之交，大股贼自西东窜，公又扼之曹家坡，歼过半，蒙匪始敛迹不敢北向。彼时临朐土匪烽起，大小数十股，蔓延益都、昌乐、安邱诸境，烧杀劫掠，民不聊生，但匪畏公威，不敢扰沂水。大吏有五县会剿之檄，公奉令于丁卯春初，卷甲疾趋，北逾穆陵，驰至东汶水涘时，冰雪满地，寒流澌澌，警兵惮，莫能渡。公跣足径涉，为士卒先，乃相率毕渡，疾驰二十里，及贼于驼峪岭。贼方聚散为整，结众千余，据险顽抗。酣战竟日，贼不能支，乃悉数向西南夜窜。公率干队，越丛岭，追至九山。匪又转而西北，公约友军协助，复穷追数百里，经沂水双山、柳山，以至昌乐境驻马河，匪卒不能逃，突被包剿，歼无算；其逸出者，悉为乡团击毙殆尽。临朐数年匪患，竟告肃清，益昌、安邱亦报敉平。上赏以公功最，而数县人民亦颂公不置于口。盖公性简夷，无宦场骄惰气习，策蹇从戎，与士卒同甘苦。所历乡区，进父老而详询之，故深得贼情，无失道之忧，无愆期之悔，电掣霆击，遂速蒇事。其行军也，号令严明，军容整肃，不扰民，不掠物，行粮自备，不烦乡县之供张。自数年兵兴以来，如公师出以律者，盖亦鲜矣。夫两汉贤能之吏，以虞诩、张敞为最著，虞长朝歌而盗贼屏息，张尹京兆而桴鼓不鸣，然亦只能举其职，未闻有越境以讨贼者。惟公以自治余力，引而之他，任人患若己患，视邻民亦吾民，救焚拯溺，如恐不及，自非根仁而发为义勇，盍克臻此？因思清季川楚乱兴，如盖轩之任商州，刘天一之任南充，皆以选贡起家，文员平贼，裒然为循吏名将之首。由今视昔，何多让焉。某等五县齐民，沐公之恩，感公之惠，佩服公之威德，欲竭涓埃而无从报效，辄自托于舆诵口碑，以志异日之怀思，而纪我公之实录焉。爰敢鞠躬而进为序。”◎序文抄自杨稿《艺文志》

黄自明　字　镜州

清光绪庚子辛丑并科举人。广西官班法政讲习所毕业，历署广西义宁、中渡、左、上思、来宾等县知事。勤政爱民，舆歌载道。复能随机应变，镇静雍容，有古循吏之风。

邑人何同海撰《黄镜州先生志略》云："先生讳自明，字镜州，姓黄氏。其先世由四川之垫江徙居贵州之独山，再徙荔波。世业儒。先生天资聪颖，未成童，已知读书。弱冠补弟子员，益溺苦于学。邑之宿儒如李君少卿、王君遹之、杨君芗浦等咸与结文字交，文坛角逐，互相伯仲。刘梓卿先生以名孝廉来司荔铎，每见其文，即叹赏曰：'颇得春夏气，终非池中物也。'辛丑秋，举于乡。先生素讲大义，性至孝，太夫人久病，屡药无效，深以为憾。乃搜集各种医书，朝夕研究，以是精岐黄术。侍疾年余，衣不解带，事无巨细，以躬亲，未尝假手妻子；且斋戒沐浴，暗祷神祇，愿以身代。然人生修短有数，非人力所能挽回。太夫人属纩之夕，极哀毁，一恸几绝。丧葬毕，闭门读礼，不薙发，不饮酒，不茹荤，如是者三年。服阕后，以拣选举人入广西官班法政讲习所肄业。毕业时，适改造共和，桂都督陆委署义宁县。民初应袁大总统文官考试，取列甲等，仍分发广西补用。历署中渡、左县、上思、来宾等县，有政声。其在来宾也，到任数月，粤政府兴师讨陆，兵差络绎，土匪纵横，荆棘满地，险象环生。在他人处此时局，不操之过激，即失之太懦。先生则从容镇静，应变随机，卒能消患于无形。计先生连任数年，解组后，两袖清风，几不能自给，足见廉吏之难为也。有子五：长曰品锳，绰有父风，曾署广西靖西县；次曰品鏶，任本邑高小学校校长；三曰品铮，四曰品铨，五曰品钫，俱尚幼，可克家。窦氏五桂，不过是也。"◎志略抄自杨稿《艺文志》。

武　功

朱射斗

官四川川北总兵，阵亡。赐谥勇烈。

刘永福

官都司，后升广西副将。
◎以上二人均抄自李稿，功绩未详。

邱树桐

清道、咸之乱，办团练，保卫梓桑，厥功甚伟。详《忠烈编》本人传。

莫芝茂

荔波营三洞汛千总，清咸丰六年冬十一月，九阡水庇土匪作乱，方村汛把总邓廷赞战死，芝茂率壮勇乘夜破之，堕其碉卡，乃降。七年冬十一月，率壮丁攻三洞，连克九寨，人心稍安。后升至古州游击。◎采自杨稿。

雷新霆

详《忠烈编》本人列传。

韦芝儒

详《忠烈编》本人列传。

蒙庆湘

详《忠烈编》本人列传。

吴阿撒

详《忠烈编》本人列传。

刘学武

详《忠烈编》本人列传。

白朝贵　字　芑堂

邑之巴容人也。见义勇为，不避艰险，重然诺。清咸丰初年，与蒙庆湘团练壮丁，捍卫闾里，厥功甚伟。继游宦粤西，办理南丹土州团务，积劳成疾，卒于军。

乡先达何振新撰《白芑堂志略》云："白君朝贵字芑堂，邑之巴容高里村人。少好学而性鲁，夜读常达旦，仍不能记诵。在李晴舟先生之门，称最下；后颇有悟，作诗文，沉雄博大。值黔政多故，学政停童子试，未入庠。及邑乌合者叛，君以布衣从戎，与蒙君小洋分途扫荡。先由方村开团局，练壮丁，进趋瑶台，屯高赫，入据水婆干衡洞，遂克羊安，而攻独山属之羊洛，以分贼势。小洋乃得复限村，定周覃，招三洞。邑西北数里，犷悍者剿，良善者抚，地丁粮税无敢抗，讼狱拘挛咸服。小洋之谋，亦君之力也。叙功保举州同，渐有忌而谮之。君见几作，循例入赀，指分广西试用。未几，奉委代办凤山司土州同，代理河池州知州，皆有声。后办理南丹土州团务，积劳成疾，卒于军。年三十七，未展抱负，赍志以殁。君有至性，早丧父母，间言及风木，泪涔涔下。常延兄嫂同居，敬之甚笃。其事晴舟师，尤人所难能。初魏邑侯聘师主军需局，出粮饷，修造器械。有妒者忌之。魏邑侯去任，李邑侯接署，谗言入，大狱起。师为群小所陷，被锢。时巡道承公按下司军营，君亲诣营鸣冤，辕卒拒之，不获，拥而推之，出复入，鞭棰交下，不避。有锣卒见怜，代进牒纸。君俟数日，不闻可否。襆被上省，鸡斯徙跣，越五百余里，赴学政诉之。以无钱，仍为门者阻。君愤击堂鼓，始得上达，师之冤于是乃白。君之交友也，然诺信。在军中，小洋与约，既订，无不应。其于诸友也，凡有托，亦未尝负焉。君有逆眉，眉尖毫如笔竖起。初见者疑有不驯，相亦未可尽信乎。"◎抄自杨稿。余详《宦迹编》本人列传。

何振新　字　铭三

清附生，广西候补州同；嗣丁忧回籍，办团有功，保花翎知州。其在粤也，抚军张征南宁，考各官策问剿抚，振新迅笔疾书数千言，烂漫潇洒，洞悉机宜，抚军喜，拔第一，委充随员，主文檄。其回籍也，适同治五年，苗匪陷城，土匪蹂躏，伤时忧世，毅然以平盗贼卫地方为己任。时广西协戎孔平阶驻防牛洞，绕道求援，添募义勇，心力俱瘁，复带疟从戎。同治八年，破九阡贼巢，擒伪王潘新简。维时疮痍满地，无饷无粮，咄嗟而办，邑赖以安，厥功尤为不朽矣。◎采自李稿。

翰林院修纂赵以炯撰《诰授奉政大夫广西补用知州何公字铭三墓志》云："水不由江河而入海者谓之渎；木不待扶植而只立者谓之材。士生穷乡僻壤，无名师益友之资，无书可读，而能卓然建树者，谓之豪杰之士。如年伯何公铭三先生若人也。其先世由豫章之庐陵徙贵阳，再徙荔波县之董界里；屡叶幽光潜德，不能殚述。至赠公让甫公抱冲和之资，明粹之质，平生以排难解纷拯亡赒急为务，涵英毓秀以诞生先生。先生幼而歧嶷，负笈从耆宿李似村先生，一见大喜，每阅一艺，必激赏曰：'文有雄直气，吾道其以子昌乎？'先生闻之，益自砥镞于经史子集，天文地学无不通，贾余勇旁收医卜星算皆精。弱冠补博士弟子员；荦荦有大志，磥磥具大才。当道、咸之际，粤逆势张甚，荔之九阡奸民潘阿简闻风响应，伏莽渐兴。先生慨然以捍卫桑梓为己任，创设大局，集练民团，力守孤城，贼不敢逼。以功历保州佐，签分广西；是时公之去留，即邑之安危系之也。而公接部照，义不容辞，乃捧檄趋桂林。适田州土目叛，桂抚张月卿中丞扃阁省属僚于试院，问剿抚奚便，先生以先剿后抚对，且引明季熊文灿等为戒。张公韪之，榜取第一。即檄办幕府，倚之如左右手。田州平，方欲大用，而先生之太夫人在籍考终，闻讣趣装。中丞挽留切，先生曰：'翟方进、张江陵辈著绩可观，皆以夺情遗谤，某何人，敢亏大节。’中丞益叹赏而不忍留。及到籍治丧，荔波糜烂之情形已不堪矣。官若民穴居野处，潘阿简据险称王，先生目击心忧，墨绖在身，不忍坐视，爰集子弟兵于白岩洞。为肃清计，上书求救于黔抚张中丞，乃委吴公德容募勇三千来援荔难。兵至，进荔之旧县时，四野荒凉，一片焦土，粮饷军械，一切倚办于先生，五官并用，肆应机张。惜吴公急攻贼之老巢，先生谏不听，战失利，愤懑疾殁。其军无主，向先生哗索者屡，势将叛。先生以计遣黠者，慰藉病者，文武吏及诸同事恐事不济，均远避。先生抱疟疾，厉羸兵，昼旌旗，夜刁斗，以张虚声；手草檄，口应客，以联众志；日饭盂粥，而百折不回之气不衰。无何，贼窥得实，突拥大股来犯。先生率羸卒战，众寡不敌，炮折足，几殁于阵。幸子弟兵来援获免，义士覃继典负先生归白岩砦。时先生以一身支残局，再蹶再起，受创未愈，侦知故交孔副戎宪隆率广兵五营驻于思恩县之牛洞，防荔贼窜扰。先生力起，率同事到孔营作包胥请，孔公允援，并据情奉请桂抚苏公凤文添兵，苏公亦允请，乃更派潘副戎其泰带五营兵同孔公进荔协剿，先生又自募义勇二营作向导，于是会剿九阡之兵，声威始壮。所难者满目疮痍，供亿无出，营官问粮及饷，万口嚓龄，无敢应者。先生挺身任之曰：‘在我在我。’人皆为先生危，先生则从容镇定，乘款段，劝谕四乡，激以亲上死长之大义，杀贼保家之利害，故人人踊跃输钱运谷，应若肸蠁。虽所费不赀，而咄咄嗟立办也，岂不难哉？既存饷足食，先生乃与潘、孔两副戎谋分兵进剿，先取蝨山鼠洞小贼巢以剪羽翼。潘副戎由毛兰收复水息，以窥九阡，为东路兵；孔副戎则由周覃攻破水阁，降伪镇德王吴邦吉，以窥九阡，为西路兵。伪辅德王潘阿简亲督贼党分抗。先生同二副戎临阵指挥，炮震数十里，贼死战，拥盾如堵，辄洞之，多死伤，心已怯。其神巫又中炮，立殒阵前，贼益骇，遂鸟兽散。潘阿简率余党逃入生苗之水盆山。先生恐其日久滋蔓，又出为患，遂单骑至水盆，径不容足，下马入山。伪王素慑先生名，闻先生至，骇愕无措，呼贼同罗拜曰:‘公真神人,我等伏乞公为救也。’先生娓娓谕之,潘阿简降。至是,犁庭扫穴,荔波数十之积患除矣。凯旋,即擘画善后事宜,修城池、官舍、庙宇、书院。城中无水,屡以此失,始于东门外掘地四丈,得泉甘冽,甃以石,名曰永济。一邑之规模备,根本固矣。先兵后工,合计费数巨万,皆以义集之乡人,不请公家一钱,尤能人所不能。以功蒙黔、粤两抚奏保知州用,仍留原省,并赏戴花翎。先生讳振新号铭三,貌颀皙,须眉疏秀,电目钟声,著有《驻马草堂》各集行世;半生戎马,遍体鳞伤,而志不少衰。而荔邑之气象蒸蒸然,而公之四壁萧然,赴引无资。军务竣,教读十余年以终。今荔邑之茂才贤士,半出先生门下。呜呼!以先生之才,其上焉者,当咸、同间,不得与群雄角逐于吴楚之交,以竟厥施;其下焉者,又不得斗大一州,以略试其循能。公为荔人,固荔之幸,终于荔事,则公之不幸。才丰遇啬,其公之谓欤!抑天之将留以有待欤!元配霍氏,继配覃氏,霍在覃逝。长子金龄,霍出,领光绪己卯乡荐,为荔波破天荒,即少白同年也。以遴选举人签分山东,历署德州、文登、蒲台、东阿各州县。廉明勤慎,刚正慈祥,有政声。次子丙龄,覃出,邑庠生,聪明有志。女三,适士族。男孙同海,邑庠生;同松、同禧、同书均幼。女孙五,二适士族,余尚幼。先生以道光戊子年生,殁于壬午年三月初五日,葬于故里之祖茔旁。”◎墓志抄自原碑。

又　乡先达覃金锡《挽业师铭三先生》诗云:“崛起匡时五十霜,超超出处夜焚香。无双国士题官府,第一功人救故乡。绣口谈经通白虎,铁肩挑劫换红羊。可怜忠义心头血,半呕文场半战场。”“力疾秦廷哭请兵,万家忧重一身轻。墨磨盾鼻时旁午,米淅矛头夜唤庚。潜感豚鱼天地动,飞撄狼虎鬼神惊。峨江再造公拼命,水亦悲凉变征声。”“筑城凿井济时艰,诛卯功成又铸颜。器识宏深黄叔度,词章和雅白香山。六经辨难如犀剖,一榜同堂见豹斑。更博千秋佳话在,荒天破自鲤庭间。”“说法生公妙入神,点头顽石有前因。难忘马帐弥留日，犹授蛇珠记事珍。诲我恩深如鞠我，门人情至化家人。来生侍立知何处？雪满空山泪满襟！”

蒙玉相　字　辅堂

永康乡太极村人，县之诸生也。少倜傥有大志。前咸丰丁巳，太平军围攻贵阳，粮道不通。知县吴德容奉令招募乡勇，赴平伐退敌，保护粮道。玉相应募，招本乡壮勇百余人前往；应需火饷，全由自己担负。至平伐，率队出战，身先士卒，所向披靡。敌退，镇守平伐，疏通粮道，功绩卓著。蒙上峰奏保以州同，分发广西任用；加五品衔，并赏戴五品蓝翎。未期年，蒙委署广西西隆州八达分州。奉职清廉，与岑宫保毓英友善，诰封奉直大夫。嗣因长子学贤夭折，乃卸职返梓。适地方匪焰未熄，萑苻塞道。玉相复招募乡勇，创办团防，以维治安。且乐善好施，遇有善举，必欣然赞助。贫困告贷，慨然诺，不少吝。晚年双目失明，家居课子，享天伦之乐。有子二，一名学仁，曾食廪饩，惜年不永；一名学钧，曾任区长。孙曾满室，和乐一堂，谓非行善之报欤。◎采自杨稿？

陈玉山　字　海屏

邑之莪阳人也。体魁伟，气象轩昂。清同治初年，黔乱日亟，投入都匀协效力，积功历保至花翎游击。光绪初借补麻哈汛千总。到汛后，与当地绅耆联合，筹画防务，邑赖以安。夷考其行，弓马纯熟，营务饱谙，为全协之冠。每考军政均获奖，历任长官皆器重之，同僚辈亦钦佩有加。不幸因公赴都匀，抱病身亡。因其人慷慨好义，囊无余赀，身后萧条，未免令人惋惜耳。◎采自杨稿。

蒙玉明　字　晓东

董界孟塘人。膂力过人，好骑射。未冠，入武举，应甲午武闱乡试，马步箭皆占优胜，操必中权。殊至技勇一场，舞刀风起，不能止，刀微刷地，遂犯规，不第。一日，勃然曰："穷达命也；独善兼善，随所遇也，此生岂无建树乎？"乃以捍卫桑梓为己任。清光绪末，游匪蜂起，匪首梁桂才踞宜北，蔓延二百余里；柳庆一带，遍地荆棘，扰及邑之东南各地。晓东严团防，固疆圉，择族中精壮子弟数十人，加紧训练，讨论战术。警报至，不分畛域，立驰援救，所向克捷，声震四邻。邑宰杨升舟汇其功上陈，保充东路前营左哨官。未几，张观察翼卿奉命剿桂匪，耳其名，调赴前敌，破坚挫锐，迭奏奇功。颇为同僚忌，诬以纵兵扰民，送县狱拘留候斩。杨升舟怜其冤，纵之，诡言破狱遁。适南丹属纪闷地方，匪常出没，不能耕种，请其前往保护。晓东欣然诺，毅然去。匪无所掠，忿甚。匪妇韦五嫂、颜二嫂等率匪数百来犯，不介意，死之。◎采自杨稿。

全之显　字　子儒

瑶庆里洞塘人。体力迈众，有胆略，少时读书不成，弃而学武，精骑射。弱冠，入武庠。其兄之杨任该里乡正，适地方有变，之显助兄维持，居民赖安。清光绪末，游匪扰边，亲率团壮在黎明关一带堵截，匪知其名，不敢犯。南防得以保全。时龙统领济光在粤剿办，稔悉其老于戎行，调赴统部任用，旋委充济字营正哨哨官。游匪肃清，得保五品蓝翎。后辞职归里，享寿七十余而殁。◎抄自杨稿。

何崧龄　字　峻峰

清附生，性慷慨好客，有"座上客常满"之概。又勇敢善战，每次剿匪，身先士卒，有后退者，怒叱之，声若巨雷，故士卒用命，所向披靡。民初，桂边翁昂匪首何光星（一名何妖）啸众行劫，邑境骚然。峻峰独当一面，赖以保障者十有余年，卒计歼光星，复两次解城围，厥功甚伟。

邑令韩知重撰《何先生峻峰纪功碑记》云："民国肇造以来，外受帝国主义者之侵掠，内受军阀土匪之蹂躏，祸患相循，岁无宁日。荔波毗连桂边，山深林密，地瘠民贫，几为全省之冠。而县属之第五、六两区，路当要津，盗匪充斥，杀人劫货，攻城掠寨，时有所闻。然荔城迄未受兵匪之劫杀蹂躏者，实有赖何先生峻峰之大力维持也。先生胜清附生，办团治匪，卓著勋名。民国初年，桂属翁昂毗连县属之董界，该地为先生居住之所，距城三十余里之地，与匪何妖咫尺相隔。翁昂天险，匪凭为穴，边区人民，受害日甚。先生视匪如仇仇，亲率团队，屡年进剿，风餐露宿，九死一生，卒歼其渠，犁其庭，扫其穴，志愿终达，民赖以安。民十四，周公西成回黔，有匪首杨八等乘机窃发，聚匪数千，围城三昼夜。防军一营之众，屡战败北。时团防局长何星三、校长韦植三、教员黄剑秋等出城请援。先生即率团丁漏夜赶至，亲冒弹矢，抢渡痛击，匪徒溃窜，人心始安。民十九，余摄县政，适红军□[①]入县境，要隘布防，多得先生之力。民廿三复任，先生已七十有五，精神矍铄，不减当年，捐金办学，热心公益，仍不后人，尤以先生之爱护人民，保卫乡邦，令人钦仰。比之趋利避害者，诚有霄壤之别矣。不但邑人咸感先生之功德，余得臂助，亦复不少。爰缀数语，题勒于石，借志纪念，并留为异日修志纪功之征信。民国二十四年四月　日。”（碑存中山公园）

益智回忆民国二十六年春，峻峰先生逝世，哲嗣同皋、同矩嘱余志墓，因将先生剿匪援城经过叙述塞责，附录于后，以资考证：“《清授登仕佐郎峻峰何公墓志铭》：公讳崧龄，字峻峰，姓何氏，邑之二区人，清附生也。幼聪颖，有文名。壮游齐鲁，厄于运，宦途蹇滞，赋归。民初，治团务。时桂边匪首何妖踞翁昂险，啸众抢劫，势甚炽。黔、桂军进剿未捷，患弥烈，边民赖公保障者十余年。民二十，公密计刺毙何妖，犁其庭，扫其穴，民乃乂安。先是民十四，省政变，邑有匪魁自称司令者，率众数千攻城，围三昼夜。防军以一

① □：原文省略一字，用□代替。

营战，失利，城几陷，居民惶恐。公率队进城增援，妇孺罗拜马前请命。公曰：'勿惧，何峻峰在，贼无能为也。'时公年六十有六矣。翌日，上马出城，与贼混战。旌旗所至，贼披靡。约四时许，贼大败，溃遁，城围解。老幼欢声震地，佥曰：'生我者父母，救我者何公也。'民十八，有伪旅长吴文渊者，乘周、李之役，收溃军土匪数千，占独山，奸淫掳掠，无不至。欲分兵驻荔，邑人恐，议拒之。吴怒，率匪全力攻城，踞黄泥坡，射城中，弹如雨下，又进焚河街。全城骚动，纷纷欲遁。公登城指挥彻夜，伺贼懈，遣队猛击。贼溃退，城危复安。民廿四，公长二区，余奉上峰令襄助，追随数月，甚相得。公常语余曰：'何妖授首，边患肃清，余可以休矣。'时公年七十有六，健饭如常，方以为期颐可卜。民廿五，余长朝阳小学。次年春公晋城，路过朝阳，到校晤谈，精神犹矍铄。不料回家十余日而噩耗传来，悲夫！公长子同皋，过寄姨父覃氏，生子祖泽、祖荫、祖勋，女荷英，均在小学肄业。次子同矩，年尚幼，亦肄业小学。女六，于归者五，惟满女未字。卜公墓于板墨山之阳。公子同皋、同矩嘱余志墓。余以公之德，口碑遍妇孺，当与荔水峨山并寿，固不系墓石之有无也。惟以称述先达，流风余韵，以迪方来，斯固后死者之责，不敢以不文辞。因志其略，并为之铭曰：捍边患，解城围，民歌其德，匪畏其威。积厚者流光，是以寿逾古稀，而奕叶腾辉。其生也荣，其死也哀，公复何憾？惟后死者思公之德，不禁涕泣歔欷。"

姚炯南　字　北卿

邑之六区（今瑶庆乡）人也。短小精干，见义勇为。民初，黔桂边匪，为祸甚烈，民不聊生；六区适当黔桂之交，蹂躏尤甚。北卿目击心伤，慨然以保护梓桑为任，整饬六区团务，清保甲，编壮丁，修筑碉卡，充实械弹，肃清内奸，抵御外寇，全县赖为东南屏蔽者十余年。

邑人吴中钦撰《姚公北卿墓志铭》云："公讳炯南，字北卿，先世本九江望族。高祖某迁荔波之瑶庆里板央村，世业农。公父绍棠，入邑庠，有文名，生二子，公其长也。幼木讷而性敏悟，读书每冠侪辈，绍棠公常语人曰：'此吾家千里驹也。'比冠而科举废，乃负笈省门，孳孳汲汲，勤奋异于常人。以家贫辍学力农，犹时时浏览古今书籍，其于地方关隘斥堠，尤注心焉。会有桂匪之乱，张观察翼卿督师来剿，公诣军门，面陈边地形势及进剿机宜，观察韪之，遂任以督粮全责。公感知遇，竭忠筹运，士常有余，军容为之一振。匪平，公实与有力焉。事后，论功叙奖，保以五品军功。民元以后，历任水尧小学教员暨南区劝学员等职，循循善诱，乡党称道弗衰。民十一，被选任为第六区区长。设分局，清保甲，编壮丁，办联团，类能因时措施，防患未然，六区成绩，遂为各区冠。乙丑以后，我邑连遭兵祸，继以荒旱，浩劫重重；而何匪起于翁昂，伏莽遍于九阡，荆天棘地，道无行人。公所治区，首尾皆与匪邻，于是充实民团，请编六区团壮为常备、续备、义勇、后备等五十余队，并令民众轮流醵金购置公私枪弹，事集而民不扰。后此□□□[①]，堵溃军，解城围，平翁昂，定九阡，殆无役不赖六区之力，即无役不赖公之力，非偶然也。公天性和蔼，事亲孝，交友信，族党有急，与之贷，无不应。因击匪伤足，跛于行。若以貌取人，似无足奇，然于临阵时，声如洪钟，一呼百诺，团壮恒畏之若虎，所谓外怯内勇胆大心细者非耶！公以甲戌年某月 日卒，春秋五十，葬于某山之阳。子八：长成均，曾充某军某师某旅某团营长，先以某年 月 日抗日阵亡于上海闸北；次子成骧，省立第一中学毕业；三成龙，现肄业于省立高级中学；四成华、五成镒、六成安，均肄业小学，七、八尚幼。女一人。

"铭曰：树我武兮卫我疆；播团防之英誉兮周于南防。人望而生畏兮微公谁倡。莪山高兮荔水长，数典兮难忘；式兹墓兮乡邦之光。"◎墓志铭采自杨稿。

---

① □□□：原文省略三字，故代以□□□。

益智回忆当年挽姚北卿先生一联云:“闻噩耗硕老云亡,盗寇尚如毛,我为梓桑拼一哭;读嗣君述先纪实,言行堪入志,公遗模范足千秋。”亦写当年实情也。

覃子惠

佳荣乡坤地人。民国初年,佳荣匪势猖獗,子惠整饬团务,训练壮丁,相机剿抚。以一身系全里安危者十余年。

姚志儒　字　席珍

洞塘乡板寨人。民国初年,肄业都匀中学。洪宪政变,停课回籍,从事团务。历任乡兵中队长及团防总局长。时广西翁昂匪首何光星势正炽,复以戴老水、舒老六、何老六等扰乱洞塘、茂兰一带,遍地荆棘。赖志儒维持治安者十余年。民十六,剿翁昂,志儒身先士卒,冒险前进,负重伤。虽未能扫荡巢穴,亦足以寒贼胆。创愈后,仍以肃清盗寇、保卫乡闾为己任。直至光星授首,边匪次第消灭,始归田休养。不幸于三十二年秋病卒。功在梓桑,闻噩耗者无不伤悼云。

师　表

巫　璠

嘉庆初年贡,弱冠以文学名,一时才俊如黎仲山、覃登相等皆执经请业焉。惜壮年即逝,著作无存,后进难言梗概耳。◎采自李稿。

黄佑儒

嘉庆中贡,精堪舆,司铎养正义塾五六年,从学子弟极多。享年七十有三。寿终之日,吊者在门,而选缺之报适至,不得生见,数也。◎采自李稿。

何显才　字　兼三

邑之董界人，清嘉庆间附生。设家塾，广招徒众，来学者不计束脩。其教人也，主去恶，重因果。清季董界里文化之盛，先生之遗泽也。◎余详《孝行编》本人列传。

李国材

学问渊博纯粹，为邑中翘楚。其诲人不倦，循循善诱，已立立人、己达达人之苦心，尤为学者所宗仰。

乡先达何振新撰《李似村暨覃玉山、林秋圃三先生志略》云："李似村先生，别号晴舟，讳国材。家居县城，东偏有屋，颜曰'可厅'，先生著书授徒处也。先生少孤家贫，生有异禀，甚敏慧，闻邻儿读，默听之，雒诵上口。太孺人无力具束脩，七岁未就外傅。先生日取饼饵入塾卖，侧听诗书，久之，开卷自能句读。太孺人喜，谋诸族人，咸喜，代其脩脯，命之学。十三岁，始得师受业。日无停晷，夜，太孺人篝灯课之。先生以颖悟之资，加攻苦之力，日新月异，不数年补弟子员。旋食饩，贡成均。时杨公以增、刘公树棠以名进士先后官吾邑，月课士，得先生文，咸叹赏。有解元覃公武保署县事，见先生，尤器之，聘入署教群公子。更砥砺先生以诗古文词，并授以《周易》，备闻费晁诸家之说，先生之学于是更进。及其教人也，昉朱子《小学》作《蒙养遗规》，大而孝弟，小而洒扫，胥就浅近者言。童子读之，不待解，自能领悟。日讲《论》、《孟》，备极形容，圣贤晓人之意，一一传出，口吻如生。牧竖樵夫，闻者无不点头。即说前人诗文，必使作者匠意苦心毕见纸上。故从游者多卒业，亦多成名。遇岁科试，学政取入庠，强半属先生门下士。其所与交者，同学惟覃先生玉山、林先生秋圃二人，倜傥肮脏，卓荦自立，与先生同，故始终胶漆。又同志在文教，见邑多寒畯，不能应试，三年县考，寥寥数十人，同志憝焉，因同倡义举，身劝殷实之家，捐银钱，买田亩佃租，交商贩生息，以作三年汇童报名填卷红案之费。至是我邑应童试者二百余人。后田亩存，商贩耗，惟收租谷，无息钱，于是报名填卷尚有费，红案无费。今当大乱后，都匀所属州县童子试，多者二三十人，甚惟十余人，而我邑有百余人，乃先生之嘉惠，亦覃、林二先生之遗泽也。咸丰三年，魏将侯公令吾邑，时粤氛甚恶，内防外剿，开军需局，储粮饷，备器械，聘先生主其事，皆办，魏公敬服。先生著有《周易易知录》、《学庸便己录》、《晴舟诗文》若干卷、《可厅随笔》若干卷、《荔波县志稿》。十一年正月流寇破城，先生殉难，所有著述焚于兵火，惜哉！有子小村，能世其业。

“覃玉山先生，讳德辉。世居旧县后村。生而岐嶷，十八岁补诸生，目闪闪如岩下电，性刚正，乡里宗族咸敬畏之。能使俗易风移，骎骎乎礼义。如假以年，当更有振作。乃年四十八而卒，天其有靳于斯人乎！

“林秋圃先生，讳春芳，亦邑诸生，魁伟昂藏，好侠，扶善抑恶，有不平者，群向之鸣，鸣亦无不应。亦年四十余而卒。

“玉山先生有子孙，不克家。秋圃先生无嗣，似村先生子小村即其婿也。

“论曰：吾邑先正，何先生父子祖孙，皆温温恭人；邱先生则恂恂如也。殆所谓忠厚长者乎！若李、覃、林三先生，则豪杰之士也。崛起岩邑，斯文之兴衰，风俗之厚薄，戚里患难，皆仔而肩之，所谓虽无文王犹兴者非欤！”◎志略抄自杨稿。余详《忠烈编》本人列传。

何之纪　字　肇修

邑宿儒何显才之胞侄，清道光间岁贡。教学不择贫富。性好佛，勉人为善，学者多受感化。◎余详《孝行·何显才列传》。

覃登相

清嘉庆间岁贡，官石阡府教谕。解组归，年七十矣。家素封，佩实衔华，敦诗说理，乡党化之。平道路，治桥梁，咸推硕德云。

乡先达覃金锡述先诗有《咏登相公一律》云：“易俗移风浑噩天，广文破例富青毡。远栽桃李春都笑，晚惠家园老自怜。径辟羊场拖翠岭，桥横虹影落晴川。出甘苜蓿归贻谷，难怪村翁社媪传。”◎采自覃著《赘赘篇》。

覃德辉

邑高才生，倜傥有为。与李肇同先生少同学，壮同志。雅以培学校厚风俗为任。清道光间，修孔庙。工竣，隐峨阳山，饮酒赋诗，泊如也。绝笔诗有“抱疾三年负学宫”之句。年四秩卒。

乡先达覃金锡述先诗有《咏德辉公二律》云：“超然别墅白云湾，名重儒林玉笋班。蔀屋数椽留月宿，芹宫万仞仰天攀。三年丹臒分筹画，千古青莲共往还。惆怅峨阳人去后，秋高黄叶冷空山。”“南金东箭逐时新，多少承家席上珍。附骥难逢名易晦，磨驴况是迹都陈。飘零风雨宗无谱，检点弓裘我现身。更觅遗珠何处见，茫茫沧海浪翻银。”◎采自覃著《赘赘篇》。

何振新

心细情厚，宏济艰难，待人谦而忠，少颖悟，益自淬厉，经史子集、诗古文词了然。尤究心时务，为有用之学。办团时，军需旁午，手未释卷。邑肃清后，复授徒，从学者户外屦满。教有妙术，引申之，譬喻之，如僧公说法，致顽石点头。其子金龄，得其绪余，便具巍科，游庠食饩者，多出其门。文清峭，不落时径。著《吾文稿》、《吾诗稿》、《所知志略》、《军旅志略》。惜年五十五卒。邑人敬之爱之，至今称之。◎抄自李稿。余详《武功编》本人列传。

罗新楷

教学严而善诱，桀骜者绳以律，不稍假；愚钝者博引旁搜，详加解释，务使之了解。故从学者众，有不远千里而来者。◎余详《忠烈编》本人列传。

白凌霄　字　子昂

廪生，博通经史，颇有学力；文章纯粹，理法精密。屡试棘闱，荐而不售。以授徒为业，循循善诱，凡游泮食饩入成均者，多出其门，至今人犹称之。◎抄自杨稿。

李肇同　字　小村

清咸丰辛酉科岁贡。性谦和，蔼然可亲。选授黔西学正，与诸生讲学，终日不倦，士民咸爱戴之。及归，设帐于乡，从学者众。先生施教，首重道德，经义次之。对于存养省察之功，谆谆训诲，不惮其烦。而训诂考据之学，亦必博引旁搜，了如指掌。至其人格之高尚，能使学者潜移默化而不自知。所谓经师人师者，此其人欤？

益智谨按　先君师事李公有日。儿时，先君常引述李公嘉言懿行以垂训，故闻之熟而记之深。饮水思源，特略述其梗概耳。

附　黔西州士民恭立《李老师筱村德教去思碑》："筱村先生，荔波县名流也。三代书香，一庭诗礼。出关剿越，曾挥战马之鞭；渡海征琼，早破长鲸之浪。自凯旋于梓里，仍掌教于樟江。都人士多出其门，洵可谓学贯中西，才兼文武者也。癸卯秋，选黔西训导，甲辰八月到任。庚戌秋，推升学正。裁成后进，和蔼可亲，九年如一日焉。观其著《水西乡土志》、《安氏名人记》、《黔西学记》、《小村诗草》等书，典雅精详，足资考镜。矧复请得三代诰封，制曰'考绩报循良之最，用奖臣劳；推恩溯积累之遗，载扬祖泽'等谕。客秋反正，先废儒官。胶庠内外诸人，罔不同声叹息而相告曰：'过此以往，我邑难得若是之良师矣！今日者，挂冠归去，渊明之五柳常青；遗爱犹存，学署之四松空翠。燊等欲铸金于泮水，难挽行旌；爰采石于他山，用彰道范云尔！'"

覃培菁　字　莪浦

邑之花围村人，清光绪乙酉科拔贡。为人浑厚，性聪颖，有学力，工诗能文。因艰于嗣，无意功名，不理外事，以授徒为业。及门者常数十百人。先生因材施教，循循有序。讲解经史诸书，娓娓不倦，务求透澈。改窜文字，则顶批旁注，不厌其烦。故受业者多名列胶庠。至其浑金璞玉之姿，令人肃然起敬，学者至今犹仰山斗焉。

王国骏　字　遹之

清光绪丁酉科拔贡。淹贯群书，为邑通儒。生性潇洒，落落穆穆，有名士风。在家设教，从学者多中小学毕业生。

白廷先　字　进之

清光绪丁酉科岁贡。清末民初，设馆于家，小学毕业者，多执经请益焉。

李家盛　字　少卿

清光绪乙巳科岁贡。沉重渊懿，道德博备，清末馆于乡，从学者多列胶庠。民国四年长都匀十县合立中学校，嘉惠士林，学者皆欣欣羡慕焉。

按　李公少卿哲嗣伯纯先生曾以公行状嘱益智志墓，言之较详，附录于后，以资纪实。《清授登仕郎少卿李公暨正配罗孺人墓志铭》云："李公讳家盛，字少卿，清光绪乙巳科岁贡。先世聚族居邑之从善里猪场，业农商。至公父晓春公，见公生姿聪颖，赋质俊秀，不肯以农商误，始延白师子昂教读。时公年仅成童，凡经史子集，过目成诵；不数年，文理清畅。白师喜，以为破天荒克光李氏门第者必公也。癸未应县试，屡列前茅。甲申院试，举博学第子员。游泮之日，公年最少，见者艳羡，赞叹啧啧。公志甚高，不以一领青衿自限。乙酉、丙戌，负笈独山，就学刘师虚斋。丁亥因病，馆于家，借以休养，然课余仍以古诗文揣摩。戊子、己丑，就学省垣旷师乐天，习举业，深得奥窍。然两次入闱，均邀鹗荐，未上公车，数也。庚寅出廪缺，丁外艰，例不应试。辛卯、壬辰，应本邑茂兰刘公汉卿之聘，任教读。公循循善诱，从学者众。凡列胶庠及县府试冠军者多出公门下。癸巳出廪缺，又丁祖父忧。乃应至友王公干夫之约，入总戎幕襄办军书。丙辰回籍，习岐黄术，设药店，悬壶行医，活人无算。戊戌接管黉仪，以清理公款，不徇情，致与前任缠讼数年，劳力伤财不计，其为公也如此。己亥应岁试，列一等。计甲申游泮至庚子，十七年始得食廪饩，亦数也。辛丑、壬寅当保。癸卯乡试，仍失意。乙巳轮岁贡。民二被选省议员，民四、五长都匀十县合立中学校。嘉惠士林，至今称之。民八游桂、粤，考察各省政治，欲有建树。继因时局变乱，不得志。民九回里。公抱负不凡，学期致用，倘能假以百里之地，得展其才，必斐然可观。乃时运厄人，抑郁终老，亦莫非数也。返里后，息影家园，不复出而问世。然而乡里之有疾者，诊候切脉，有求必应。桑梓事，甚关切。民十长经费局，地方财务，振刷一新。民十四冬月从善匪起，公适抱病，然不忍坐视地方糜烂，乃冒枪弹，犯霜雪，力疾往劝，晓以利害，众恬然瓦解，乱遂平。而公心力俱瘁，返家后，病日剧，竟于某月某日溘然长逝，伤哉！公生于同治丁卯，享寿五十有九，卜葬于西山之阳。生子几，存者惟伯纯上校，学术卓越，克继公志。生女几，适士族。尊阃罗孺人谨厚俭朴，寡言笑，不尚文饰，有古贤媛风。其奉尊章以孝，待小姑、媳、婢以宽，处邻里、戚族以和。居常椎髻挽车，经纪家政，虽劳苦毕世，怡怡然无怨言，至今内外老幼咸称颂焉。孺人以同治　年生，殁于民国　年　月　日，享寿　十有，祔于公茔之侧。伯纯上校以公行状嘱志墓，自愧文行无似，不足以彰公之德，爰就公经历而述其崖略耳。

“为之铭曰：以公学问之博而不得志于有司，以公道德之隆而不见用于当时，造物者之厚薄，似不可得而知。然而杏坛雨化，橘井春回，所谓身修梓里恭者，何莫非居穷处约有以致之。天之薄之而适以厚之，夫复奚疑。公先其归，其室有邱，阴幽坤从，壶彝是攸，祔壅同穴，封树千秋。”

覃金锡 字 二如

清光绪乙亥科恩贡，宣统庚戌举孝廉方正。光绪末年历任劝学所所长及学堂堂长。性聪慧，攻诗文，屡领乡荐不售，乃恬然自持。尝谓除贫当富，除辱当贵，除烦恼当寿考，遂自命为“三除居士”。著有《赘赘编》行世，文颇多奇气。其教学也，重修身处世，不徒章句之末，学者多景仰焉。

胡大章 字 乘轩

邑之方村人，清光绪庚寅科岁贡。博学能文；性敦厚朴实，设馆二十余年，从学者众，名列胶庠者，颇不乏人。

黄自明 字 镜州

清光绪末年，曾任学堂教员。民国十七年，游宦归来，任教育局长。先生博极群书，教授学子，循循诱掖，有如时雨之化，学者咸景仰焉。◎余详《宦迹编》本人列传。

莫让先 字 愈卿

邑之茂兰人，清宣统已酉科岁贡。设馆多年，从学者众。曾任城区两级小学国文教员。教授有方。惟不惜品，夏日上课时敞胸露怀；时与屠狗者酣饮于市，士林病之。

高 煌 字 冬心

城区人，清宣统己酉科拔贡。日本宏文学院毕业，以培植后进为己任。民初，任两等小学教员。当时体罚未废，而先生上课不执教鞭，从容启告，详细讲解，于和蔼中现庄严态度。勤勉者悉心静听，惟恐失时；顽劣者畏而生敬，寂然慑慑。盖威而不猛也。民国八年，都匀十县公立中学张校长衷白专舆迎驾，嘱夫坐守，先生不便坚辞，乃就。任国文、数学，教授得法，学生受益不浅。民九，允继续连任，殊寒假回籍，双目失明，学生闻之，有哀悼涕泣者，其感人之深也如此。失明后，仍教徒数人消遣，教授经史，闭目朗诵，旁引注证，不假思索。时从学者均已文理通畅，改窜文字，则先由作者诵读数遍，先生口评瑕疵，令作者笔录更易。其热心教育也如此。奈天厄善人，抱负未展，赍志以殁，惜哉！

按 先生东渡返国，路过山东夏津县，遇至友张令衷白，坚留先生任科长并教授诸公子。既而游平津，历武汉，经粤、滇回黔，多得当轴荐柬介绍黔政府。先生抵省垣，越宿而出，裹函返里，亲荷锄种地，以挽颓风。其耿介也如此。

先生掌教都中时，益智正肄业斯校，常诣先生寝室侍教。谈及社会，每抚然曰："叔世浇漓，人心险恶，惟口白而心黑者始能钻营。吾辈笨伯，只好寄生涯于粉笔耳。"盖平生肺腑之言也。民十二，益智滥竽小学，常诣先生府请益。时先生已失明，犹殷殷以努力教育相勖勉，并以宦场角逐为戒。廿年来，益智拳膺弗敢失。而先生光明磊落，冲淡粹穆之胸怀可见矣。先生研究字书，颇有心得，汉魏碑帖，家藏甚富。惜著作无存，恐其淹没，谨将目见耳闻者叙其崖略，以备后考。

蒙式谷 字 旦初

清增生，历任劝学所长、教育局长，并创立荔波公立两等小学堂，任校长。教学严，时学生有“蒙老虎”之称云。

胡含章　字　广轩

邑之方村人，清附生，都匀师范研究所毕业。民初，设帐于荔波、三合、都江边区各村，从学者数百人。

胡有济　字　巨川

邑之方村人，清附生，清末民初在荔波、三合、都江各村设馆授徒，从学者众。

潘树勋　字　小桐

邑之三洞人，有宿学，厄于科场，无意功名，设馆于家二十余年。荔波、三合、都江边区学子先后受业者数百人。民十一以前，各乡小学尚未成立。出其门者，径投考中学，多列前茅，盖以教学为终身事业，不敢稍事敷衍有以致也。

益智谨按　先严幼受庭训，先王父督学严，而尤以节操相淬砺，长受业于邑中名宿李公肇同之门。李公方正不苟，为邑士林表。先严亲炙默化，常称李公嘉言懿行以自律，且以勖子弟。其教学之严有自也。益智不肖，不能继其志而述其事，然不敢掩先人之善以获罪戾，特谨书其崖略耳。

李孙亿　字　汝能

贵阳达德中学毕业。曾任黔西滥泥沟及本县城区两级小学主任、教员。其教学也，诱掖有方，学者爱之敬之。盖所谓“师严然后道尊，道尊然后民知敬学”，李君有之。惜天厄善人，中年蚤逝，悲夫。

邑人吴中钦撰《李君孙亿传》云：“君姓李，讳孙亿，字汝能，别号畅公，荔波人。祖肇同，黔西州训导。父振庚，邑庠生，君其仲子也。少慧，十二岁，入高小校四期肄业，人以神童目之。毕业后入都匀中学，刻苦研精，为全校同学冠。与余同班，榜发君辄冠，余亚之，盖天资使然也。君性和蔼谦冲，不以意气骄人，故同学多亲之。甫两年，以父宦游桂岭，举家迁焉。君至桂，肄业于英文专修科，多所心得。旋回籍，考插班入贵阳达德中学三年级。每试冠军，卒以甲等第一名毕业。志在升入大学，迫于世乱与家庭经济不果，终身引以为憾。黔西友人徐秋猷知君学有专长，于十六年聘君充滥泥沟小学主任教员，循循善诱，学子至今犹称道之。返里后，任城小教员近十年，满城桃李，尽出公门，真不愧家学渊源卓有祖风者矣。民国二十四年春以疾卒于家，春秋三十有二。君初病至易箦时，皆其高足蒙健、蒙建新等轮侍之，自始至终不稍懈，其感人之深可想见矣。天道无知，君竟乏嗣。有女名老芬，年甫数岁云。

“论曰：师道不行久矣，而君独振之。诚于中形于外，固无怪学子心悦诚服也。惜乎，天不永年，使后之学生，失所依归，则师道之不行，是谁之咎欤！”

秦慕源　原名　洪涛

贵阳简易师范毕业，历任城区男女小学教员，及地维初级小学校长二十余年。性和平诚挚，教学娓娓不倦。民国二十八年秋，调赴都匀讲习，年高体弱，不胜跋涉，病归，殁于途中。士人悲之。

黎希贤　字　卓甫

邑之播尧乡人，贵阳农林中学毕业，从事教育十余年。曾任都匀十县公立中学教员，并创办本县尧花初级小学及驾欧小学，煞费经营。其教学也，循循善诱，学子获益颇多。民国三十二年秋卒。

覃之梁　字　栋臣

邑之朝阳乡人，民国六年，毕业都匀十县联立中学后，即从事教育。历任城区女子小学教员，巴灰初级小学校长，朝阳小学教员，计三十六年，从未间断。民国三十一年，承贵州省政府教育厅给予奖金五十元。三十三年春病殁，承荔波县政府照章给予恤金三千余元。

覃文彬　字　质臣

清附生，都匀师范研究所毕业。历任城区小学暨城区女子小学校长、教员数十年，以教育为终身事业，本县学子，多出其门。为人谨饬，言笑不苟，有长者风。教学有忍耐心，遇天资鲁钝者，必反复详解，不惮其烦。学者多所领会。民国三十五年病殁。

黄品鑅　字　和吕

邑之举人镜洲公次子。性忠厚和蔼，自幼好学，毕业于广西旧制中学。民十七随父归里，即执教于本县第一两级小学。民国二十五年至卅二年担任校长凡八年，团结同事，悉心教学。其后任督学、县民众教育馆长、中学教员、教育科长等职。桃李遍地，颇得学子敬仰。除本人外，其家昆仲、妻、弟媳等人均从事教育事业多年。三代书香，才华鼎溢，殆祖风之遗泽欤。

文　学

陈克谦

少负材器，聪敏过人。童试屡列前茅。学宪按临匀郡，奇之，令其肄业南皋书院，益肆扩充，遂中清乾隆庚子科举人。由是荔波向学者众，此所谓豪杰之士也。◎采自李稿。

巫　璠

详《师表编》本人列传。

巫　瑞

清嘉庆间岁贡，官普安厅教谕，开荔波教职仕路。书法精工，文体清拔，有古气。◎采自李稿。

邓而亨　字　天衢

清嘉庆间岁贡，书法古劲，文藻华瞻。◎采自李稿。

黎仲山

清嘉庆十八年拔贡，博学强记，工诗文。考取八旗觉罗教习，官授山东知县。初入境，未知土性，半度为潮沙所掩。其嗣君复淳，邑庠生，匍匐奔丧，扶柩归里。先是荔波拔贡额已久，皆为别属冒去。自仲山始，实选为拔贡第一。◎采自李稿。

董芝茂　字　香圃

清道光辛巳科恩贡，工诗，性潇洒，筑宜园于城之东北隅，种名花百种，有流觞曲水之胜，日与诸名士游咏其中。著有《宜园诗钞》八卷、《训子规箴》二卷、《家塾文钞》十卷、《名花考》四卷、《廿一史考辨》二十卷、《莪江纪略》二卷、《医宗辩要》八卷、《本草摘元》十二卷。清道光中奉宪委倡捐义谷三千七百余石，复奉知县蒋时淳委修文庙，捐款万余金，有成效矣。旋以病卒，惜哉！◎采自李稿。

按　先生著作甚富，因几经兵燹，轶散无存，望古遥集，徒深怅惘耳。

蒙锡林　字　东海

清道光恩贡，喜书法，工诗文，名于当时。◎采自李稿。

李国材

十六岁试冠童军，力学清操，兼通群籍，随叩辄应，如数家珍。诗古文词，皆能出自心裁，标新领异，不拾前人余唾。著作甚多，兵燹之余，十不存一，良可惜也。常自题堂联云："独立千载与谁友，自成一家才逼真。"◎抄自李稿。

按　先生著有《晴舟诗录》，遗稿已付梓，行于世。◎余详《忠烈编》及《师表编》本人列传。

宣学成　字　裕堂

清道光间岁贡。为人疏宕有奇气。诗才敏捷，每有所感，辄形于歌咏。其袖裹帽中，信步所之，不离诗稿。尝作《九日登玉屏山赋》，上下古今，一唱三叹，朗诵一通，觉《骚》《选》古音犹在人间。又每于酒酣耳热后，扼腕时叹，必痛哭流涕。先作《送五穷鬼文》，后作《迎五穷鬼文》，悲歌慷慨，令人击碎唾壶。今全轶散，惜哉！迨至暮年，常于灯前月下以昭明之书叩之，犹背诵琅琅，不差一字。◎采自李稿。

孙培兰　字　香畹

清道光间廪生。有实学，博通经史。凡一切诗古文词，直造先民之域。而虚怀若谷，浑厚和平，有长者遗风焉。◎抄自李稿。

张书铭　字　西轩

清嘉庆间岁贡。学有心得，吐属不凡；工书能诗，性敦孝友，所谓先器识而后文艺者也。生平谦抑，不立崖岸以骄人，洵学养兼到之士也。◎采自李稿。

王廷英　字　云帆

邑附生，才气沉雄，天姿敏锐，笔下有春秋气。乃屡邀房荐，未上公车，其果文章憎命欤？◎抄自李稿。

邓南铣　字　荆三

清道光间恩贡。为人忠厚诚实，有长者风。文亦雄深简茂，不事雕琢。◎采自李稿。

姜凤翔　字　竹溪

清道光间增生。官广西宜山、马平典史，思陇驲丞，柳州、庆远经历，南丹州州同，那地州州判，开荔波外职仕路。为人天真烂漫，潇洒自如，文亦如之。◎采自李稿。

邓瑞麟　字　辑五

清咸丰间拔贡。在古州镇张军营办文案有功，保以训导选用。文才清华雅健，意匠工整。◎采自李稿。

胡之粹　字　纯庵

清咸丰间恩贡。工文章，屡试棘闱不售，数奇也。◎采自李稿。

邓懋修　字　梅生

清咸丰间恩贡。书法整饬，文章朴茂。◎采自李稿。

董成烈　字　少文

清咸丰七年岁贡。能文章，尤工书法。每于酒酣耳热时，运笔尤为夭矫。喜吟咏，并擅岐黄术。◎采自李稿。

益智谨按　董成烈先生性豪放，不拘小节。常与衙役皂隶以水果花生下酒，随地取乐。惟廉隅自矢，毕生服公务，不名一钱。亦不轻代人关说。先生距今近百年矣，然望古遥集，不禁神往。书文乃其末艺耳。

邓懋官　字　汤臣

清同治癸亥科恩贡。学力天姿，俱臻绝顶。而笔极敏捷，运典如铸。尝谓天下无难题亦无易题，知言哉。◎采自李稿。

何振新

详《师表》及《忠烈编》本人列传。

罗新楷

详《师表》及《忠烈编》本人列传。

梁占魁　字　梅村

清同治甲子科恩贡。性刚正。工诗文，著有《二知轩集》一书。其生平少可多不可，有季野皮里春秋之风。且为人耿介，不苟取。有许某贵阳人，在何某处教读，忽患神经病，何以厚金赠之归。抵城，全数赠梁，梁拒不受。其操守尤为人所难能也。◎抄自杨稿。

邑先正覃金锡有《生祭梅老诗》云："兔走乌飞忙未了，十二万年天告老。盘古开天辟地才，潇潇秋雨荒陵草。世说神仙生上天，不知陆地有神仙。千秋生挽陶公创，笑指黄花断俗缘。怎奈登场绛灌伍，意马心猿众逐虎。天地为炉阴阳炭，跳脱谁敌古人古。一篇生祭势澜翻，满纸飞鸿雪爪痕。漫怪新诗新韵胜，先生别号是梅村。烈士暮年多慷慨，夕照桑榆添老态。疑是唐铬显庆存，又疑鲁殿灵光在。隋珠应记事茫茫，草檄枚皋佩智囊。羡煞当年三出塞，秋光万里玉关凉。悯予小子衔哀感，眼底红愁又绿惨。境遇不平设想奇，踢倒乱山无坎窞。黄粱未熟日迟迟，北望邯郸转似痴。公乞长醒侬乞梦，一般心绪两般时。豫凶非礼胸成竹，珍重生刍致一束。老吏翻案局翻新，咬文当肉歌当哭。游戏人间蜃化楼，鼓殇一例水东流。巴词偏是高声唱，要惹阎罗笑点头。”

尹作书　字　训三

清附生。能文工诗，著有《一画山房文稿》《一画山房诗稿》两书。尚未付梓，今已散失，惜哉！◎抄自杨稿。

白凌霄

详《师表编》本人列传。

李肇同

工书法，能文章，尤长于杂体文字。著有《归田集》一书，基于道德至性，发为文章；其严正之气，流露于字里行间，可以寿世。惜未付梓，稿已轶散。缅想前贤，徒深景仰耳。余详《师表编》本人列传。

何金龄

天资卓越，秀外慧中，文情条畅，笔势夭矫如龙。◎抄自杨稿。余详《宦迹编》本人列传。

杨　鹏　字　叔香

别号颠三，清光绪乙酉科岁贡。工书法，尤工吟咏。生平潇洒，不拘小节。喜诙谐，谈笑风生。逢人和颜悦色，即贫贱亲友，亦不轻视，可谓谦谦君子也。◎采自杨稿。

覃金锡

性聪慧，工诗能文，笔格古拔，摛翰振藻，媲美庄骚。著有《赘赘编》行世。余详《师表编》本人列传。

杨元麟　字　小秋

一名懿年，字怡真。清光绪乙酉科举人，杨鹏之胞弟也。工书法，文章深刻，有古名大家风。惟生性傲慢，崖岸自高，故乡亲友绝少往来，多与时辈不和。◎抄自杨稿。

王国骏

天资灵敏，工诗能文，对于杂体文字，尤多入妙。著作甚富，惜未整理付梓，将来亦难免轶散耳。余详《师表编》本人列传。

李家盛

性聪颖，学力尤富。凡经史子集，无不该综。工文章，惜乡试屡荐不售，盖亦所谓文章憎命者欤？余详《师表编》本人列传。

高树杭　字　级三

一字髫杭。清光绪间廪生。工书法，尤工诗文，词气蓬勃。惜乡荐不售，抑郁抱疾以终。◎抄自杨稿。

梁　樾　字　荫堂

一字秋白，清末附生，天资聪颖，工诗文。小试三冠童军。每逢月课，均列超等。邑侯张济辉常嘉赏之。惟性情傲慢，每与时辈不合。及至乡试，期在必中。有不乘驷马高车，不复过此桥之慨。揭晓后，竟荐而不售，乃四出糊口，终身落拓，赍志以殁。◎抄自杨稿。

覃培菁

详《师表编》本人列传。

黄自明

详《师表编》本人列传。

何长达　字　逵九

邑之董界人，清光绪丁丑科岁贡。博综群书，文气朴茂。家素封而力崇节俭，躬亲耕凿如老农，尤注重读书。子澄龄、侄熙龄，常勉以及时勤学。每春初步行至贵阳延访名师，所聘皆杰出之士。儿辈或不任教督，则哭而数之曰："年荒众之荒也，学荒儿之荒也。倘不自奋，负我苦心矣。"子侄唯唯听命。后子入泮宫，侄亦学有成就。乡党以先生渊源家学，信仰特深，遇有雀角细故，就其排解，众皆钦服。今已三代，而当地瑶民，每季农忙时，犹数十百人，至其家帮工，称其后人为小主人，其感人之深可见矣。◎采自杨稿。

高　煌

天资颖悟，淹通经史。性豪爽，和蔼宜人。文气活泼，有潇洒出尘之概。东渡留学后，复研究外国文学。故其摛藻抒情，纵横跌宕，颇有奇气。余详《师表编》本人列传。

黄泽沛

生性聪颖，工书法，能文章，气概潇洒，雅好音乐，不拘拘以文字见长。及分山东知县，居官廉明，有胆识，不畏强御，不扰小民，政声卓著。民十，吏治考核案，省府加"行洁才长，励精图治"奖语，并奖四等嘉禾章。虽历署益都、青城、沂水、淄川等县，及死时，宦囊如洗，停柩济南，尚未归正首丘，其廉洁已可想见。余详《宦迹编》本人列传。

孝　行

何显才　何之纪

两叔侄，性纯孝。

乡先达何振新撰《何显才、何肇修先生志略》云："何先生显才，字兼三。世居董界板墨村，祖父业农。先生幼好读书，而里无师友，年十三，负笈上都匀，访良师受业，昼夜不辍，岁一归省亲而已。如是者五年，补弟子学员。以父母老，不复远游，归家奉养。父殁，哀毁骨立。母六十后目瞀，服食需人，先生不假妻子，事事躬亲，二十年如一日。扇枕温席，浣洒中裙厕腧，有黄香、石建之风。其教人也，以去恶为主。尝谓'人不去恶，不足言善'。逢人谈因果，备极形容，历历在目，闻者悚然。或曰：'此佛说也。'先生曰：'积善余庆，不善余殃，是佛说也。'每年正月开家塾，广招徒众。乡邻宗族来学者，不言束脩，听其自行以上。贫家子弟，更无所取。见有师徒较锱铢者，辄止之曰：'师道非市道，若以诗书为奇货乎？'当先生时，吾里几家弦户诵；至今里人尚知学，先生之遗泽也。有姜某者，为先生蒙师。其子不肖，且贫困，仰给于先生，时来过访，流连月旬。先生日具酒肴，待以客礼。其人絮帽鹑衣，汗膺骨鼻，见者咸远之，先生无厌色，其不忘故旧如是。而处己则不亵，终身儒冠儒服，即酷暑不释。士有科头跣足，必责之，谓其类人道于牛马。然无矜严之态，须眉魁伟，满面慈祥，对人无疾言遽色。时与沾体涂足者并坐，共话桑麻，以为笑乐。寿逾八十，无疾而逝。其胞侄名之纪，字肇修，尤秉先生教，敦厚诚朴。二十三岁，补诸生，旋食饩，贡成均。好读史，手不释卷。曰：'此人鉴也。'性至孝，居父丧，庐墓朝夕上食，哀感路人。其引诱后进，亦如先生。不择贫富，来学者一体授受。与人交接，胸无城府。然性好佛，或辟之，则曰：'彼教明心见性，即《大学》明明德；而其色空之说，即孟子无欲也。为教不同，同归于善而已。’居恒跏趺闭目坐，如僧入定。乃意不寿，年四十四而卒。”◎采自杨稿。

张书铭

幼孤，母林氏青年守节。铭既长，为请旌表，奉旨建坊。清咸丰辛酉春城陷，铭以身庇母，骂贼殉难。

李肇同曰：“同先君乃西轩先生之太封翁门下士也。有世谊，相知最深。咸丰十年，先君主讲荔泉书院，西轩先生司铎养正义塾，来往亦最密。同捧巾待厕。每闻谠论，窃心志之。先生常言曰：‘读圣贤书，以端本正则为第一，苟家庭稍留缺憾，虽丰功伟烈不足言也。’先生宿学不仕，功烈未彰，即端本一言，可征素履矣。况庇母骂贼，节殉危城，忠孝两全乎！”◎抄自李稿。余详《文学编》本人列传。

邱树桐

在忧服之中，未葬不茹荤，三年不高坐，每食必面壁。事死如此，事生可知矣。

乡先达何振新撰《邱峄峰先生志略》云：“先生初名仿嵩，字一峰，后更名树桐，字峄峰。赠公由福建商于邑城，因家焉。生先生，有异表，方面长眉，鼻若截筒，齿若编贝，见者奇之。七岁就外傅，即知勤学。成童入庠食饩，作岁进士，更究心经史。习举业，乡试屡荐不售。为人贫俭自守，取与严一介。笃敬谦和，事父母以孝闻。赠公性烈，少不如意，辄加杖，先生跪受不避。贺公耦耕巡抚贵州，闻先生有学行，聘课公子。岁暮归，甫及门，赠公责以归晚，大怒，不许入门。先生跪檐外。时临除夕，风雪紧，邻妇怜其冻僵，来劝免，赠公不许，怒，戚友代请，更执杖杖。于是无人敢为言，先生亦长跪不动。至夜赠公关门卧，先生乃起入内，理度岁物。天未明，仍出檐下跪，如是者又一日夜，赠公始霁颜命起。先生毫无怨色，愉愉如也。人以是称为纯孝。赠公殁，先生期年不剃发，苫块之年，断酒肉，极哀毁。咸丰初元，诏举孝廉方正，贵州巡抚以先生应。未几，广西寇起，邑为黔粤门户，戒严。先生于邑侯议防要害，清内匪。巴容里山峻洞深，丛林密箐中多盗窟，无敢过问。先生匹马孤仆入其地，或金购之，或计擒之，送诣县，置之法，十年逋逃薮，一旦归空。大府至是知先生才足办贼，时咸丰二年也。四年二月，南丹州山民余光裕倡乱，众数万，蔓入独山下司，掠邑之羊奉里。大府檄先生团乡丁助兵，不数月荡平。以有战功，保蓝翎同知。五年六月，都匀苗叛，不能歼除。十月，知府鹿公以先生久习戎行，召入府计事，闻命兼程奔赴，方入城而群苗合围。战守事，鹿公一委于先生。先生亦竭力殚心，乘城临阵，部署机宜，昼夜擘画，城围而复安者数次。乃外援不至，内粮空乏，贼聚日多，由是坐困。六年八月初二日城陷，公拔佩刀欲自刭，从者挽手夺刀，负之出。时太宜人方殁数月，先生在危城中不能奔丧，哭母忧国，形容枯槁，到家日一恸而绝，久乃苏。谓子育泉曰：'吾负亲负国，靦然偷生，自时厥后，更无生理矣。汝当自立，毋恃我。'未数日，荷戈入邑边防营。尝匹马陷阵，贼多披靡。败必穷追，战退则望空咄咄，如醉如痴者又数月。七年二月，率羊安团丁剿羊洛，马陷泥淖，贼百矛竞攒，身被多创，力竭遇害。先生深沉果毅，敢任事，未乱时，已乐拯人危，救人急，凡智力所能者，求无不应。及大乱，都匀城当苗冲，困其中者，咸思免脱，先生反驰入。虽无守土之责，而为守土者所寄。守土者死，先生不死，以歉太宜人灵前一恸耳。到家数日，嘱子而入边营，求死所也。死后，吴邑侯据情禀巡抚何公请恤，奉旨予云骑尉世职。子育泉，同治初选授湖南安化县，未几被劾，去官。"◎抄自杨稿。余详《忠烈编》本人列传。

按　志略与埒撰合传（载《忠烈编》本人列传）所叙事实有出入处，姑存待考。

李国瑾

父病，百药不效，割股以进。其墓联云："割股奉亲，今之孝子；呕心创业，古之勤民。"知县吴德容所制也。◎抄自李稿。

周老发

母病临危，割股和药。◎抄自李稿。

蔡老安

割股为羹，以疗母病。◎抄自李稿。

割股非孝也，先儒论之详矣。幸而子身无恙，无补于病；不幸而至于伤生，将以死，谁怼乎？且即子身无恙，仍不可以为训，何也？以父母之遗体，不能全受全归，罪一也；亲竟溘逝，而已之创痛未痊，殡葬均难致慎，罪二也；亲幸获安，闻子为己亏体，倍伤其心，罪三也；不使亲知，累亲有食子之咎，己博孝亲之名，罪四也。然则割股之事，孝者所不为也。今奚取于是而书之？夫亦曰：可以为难矣！孝则吾不知也。◎抄自李稿。

黄清吉　字　绍武

荔波大街人，黄义兴之孙，黄松发之遗腹子。读书未成，常赴两粤作小经纪。年廿二，孀母病笃，延医诊治罔效。医曰："若母病已危，如大便甜，可速备后事。"清吉速尝二次，味悉甜，酸楚不已，病无法挽救，只得虔祷神祇。母竟不药而愈。城乡闻者，莫不孝子名之。

邑先正李肇同有诗云："黄儿名绍武，母病不离床，两次尝亲粪，精神感上苍。"

蒙子才

瑶庆乡人，性至孝，母年七十，久病，子才日夜侍床榻，不稍离。

进饮食，事浣洗，从不假手于人，三年如一日，可谓难矣。

覃敬业

永康乡溪竹村人。事母孝。母病，卧榻前问安视膳，奉汤药，更衣被，涤垢浣溷，十年无倦容。

邑人覃福景述其《曾祖敬业公事略》云："曾祖考讳敬业，生于清乾隆末年，性至孝，诚实谦和，急公好义。幼遵高祖教俨若严师。所可异者，方喃喃学语时，得果饵，必先奉母，俟母食后食。离襁褓后，机智略开，见母病，必问故。十岁时，高祖父尝外贸易，公侍高祖母，听命应遣，未尝废离。年未冠，高祖父弃养，因辍学务农。曾祖母来归，共奉高堂，自始至终，怡怡不厌。其尤难者，高祖母垂老而衰，病在牀褥。公寝榻前，朝夕问安视膳，奉汤药，更衣被，涤垢浣溷，十年无倦容，可谓孝矣。公遇乡党族戚，和而诚；族戚间有急难者，必尽力援助；乡党中有胶葛者，必尽力排解。济人之难，救人之急，公无愧矣。而慈善，而公益，公尤以身先之。如修路桥，兴水利，救灾施振等，无不乐为之者。仅就本地上中下各处堰沟言，每年从事修筑，惟公一肩独任，终身罔懈，可谓好义急公矣。族里间能雍睦而乐于互助者，感公之诚也。公之待人极厚，而克己极严，故自奉亦极薄。其节俭勤劳，则非常人所能企及。公之生活如此刻苦，故能由寒素之门第，而成丰裕之家庭，有由来也。公晚年生祖维宝公，爱之甚，延师课读。惜祖父学业未成，而公赍志以殁，良可慨矣。"

方　技

按　《汉书·艺文志》谓："方技者，皆生生之具，王官之一守也。太古有岐伯、俞拊，中世有扁鹊、秦和，……汉兴有仓公。"今其技术暗昧，故论其书以序方技，分为医经、医方、房中、神仙四种云云。《唐书》有《方技传》，则以推步、卜相、医巧诸技属之。窃房中、神仙、卜相之类，多妄诞不经。除旧稿所载，姑录之以备一格外；新采访者，仅医药一种而已。盖亦本生生之意也。

秦延寿

邑人，精医术而不立崖岸，其为医不拘贫富，即雪夜延之必往。数十年来，全活甚众。寿登八旬，犹矍铄不衰云。◎抄自李稿。

黄和尚

逸其名，云南大理府人。须发如戟，骨格奇伟。少时随刘大将军铤征番有功。偶至黄平飞云岩，顿悟前因，遂削发出世。明天启中至荔邑岜岭之仙人洞，爱其幽僻，因住锡焉。土人岁时瘟疫旱潦，咸延之以祷，屡有奇验。于洞内地池旁面壁二十余年，蜕化而去。遗像印于石壁，栩栩欲活。右侧有朱书三十二字，非篆非隶，人不能识。今洞门"清虚灵洞"四字，其笔迹也。◎抄自李稿。

涂兆清

邑人。其教传自湖南之尹真人，以祈祷世其家。传至兆清而教益宏。曾遇异人传度。每登坛施食，能运镜眼见人生魂攫食。以令牌击之，退则其人生，不退则其人必死。尝考验之，百不失一，又能以鸡子照水碗，即知其家休咎。复工戏术，尝以带化为蛇，吞人梨果殆尽。人恳之，顷刻还于故处。始知古人吐蜂，非虚语也。◎抄自李稿。

董成烈

精岐黄术，设药铺于城大街，贫者施舍。诊脉治病，活人无算。余详《文学编》本人列传。

王国骏

精脉理，认病真确，每处方，分量颇重。然药到病除，却有起死回生之力。余详《文学编》及《师表编》本人列传。

李家盛

医术高明，处方精细；所治之病，绝少误事。邑中之儒医也。余详《文学编》及《师表编》本人列传。

白廷先

医理深研，处方稳帖，邑中病者，多登门请诊。亦医中之稳健也。余详《师表编》本人列传。

蒙式谷

切脉认病，胸有成竹。下药颇重，然亦多有把握，活人甚夥。余详《师表编》本人列传。

黄自明

游宦粤西，精通医术。致仕归，常为乡人治病。手到春回，人多沾感。余详《宦迹编》、《文学编》及《师表编》诸编本人列传。

梁自成

精医理。民国二十年左右，邑中诸医术、诸先进，均先后物化，惟梁公硕果犹存。病者求诊，络绎不绝，活人亦多。

益智谨按 我邑医道，自先生逝世后，继起无人。无医无药，为目前最严重问题。回忆当年曾向先生问岐黄术，承先生授以《寒温条办》一书，嘱："阅通后再为深研。"乃将其全部抄毕，略审门径，正拟质疑，殊不数日而先生溘逝。尚记挽先生一联云："后学受知深，记往时药询君佐，疾问寒温，勉励话周详，一片活人心未已；贻谋流泽厚，看奕叶文播循良，武明韬略，分甘娱矍铄，毕生清福古来稀。"盖表景仰之意也。先生逝世后，启发无人，复以食衣奔忙，遂中途搁置，殊深怅惘。济世活人，仁者之术。不为良相，当作良医，是所深望于来者。

朱燮烜　字　理卿

城区人。精外科，治跌打损伤有奇效，尤以接断骨断筋为神妙。治愈伤者，不计其数。曾任独山守备司令部军医官。

朱平初

朱理卿之兄，得其术，悬壶于市廿余年，活人尤多。惟死后无传，惜哉。

潘　仕

三洞乡人。精外科，以草药治病有奇效。并善魔术，能以木叶掷水中变为鱼及用箩筐盛水等游戏技术。

田雨亭

洞塘乡人。治跌打损伤及痈疽疮疥等，无不灵验。被枪伤，子弹在皮肉内者，能不施手术，以药力取出，活人无算。

忠　烈

潘开榜

邑武生，九阡人。家富有。清咸丰五年，逆首覃朝纲煽众作乱，里人皆附。开榜以洁身见嫉，不容于乡，遂弃家避居三洞，贼益恨之，卒遇害。盖亦铁中铮铮者欤！◎采自李稿。

潘成美

邑俊秀，九阡人。清咸丰五年之乱，里人皆附贼，成美苦劝不听，弃家远去，备历难险而志弥坚。贼有诱之者，辄被其痛骂，益恨之。后水昔卡破被执，骂贼，贼怒，割其舌，断其头，剖其腹而碎其尸焉！其亦颜常山之流亚欤！◎采自李稿。

邓廷赞

荔波营方村汛把总，清咸丰六年冬十一月，九阡水庇土匪负险作乱，廷赞率营兵与之战于周覃里下拉宛村，马蹶死之。其弟廷贵亦同遇害。◎采自李稿。

邱树桐　字　乙峰

岁贡生，清咸丰元年举孝廉方正，道、咸之间，黔省大乱，盗贼充斥。乙峰慨然以捍卫梓桑为任，办团练，建碉卡，联声势，严守望，邑赖以安。复奉檄应援邻县，转战于瓮安、都匀、独山、三合各地，功甚伟。卒以援独，击退股匪，穷追入贼巢，遇伏，困山谷中三昼夜，突围激战，手刃数贼，力竭殁于阵。

主讲东川书院窦垿撰《恤赠知府衔候选同知直隶州邱君讳树桐暨德配李恭人阖门殉难合传》云："咸丰丁巳春二月，黔中逆苗犯独山州，援师候选同知直隶州邱君树桐解其围，穷追遇伏，死之。越三载庚申正月，发逆陷荔波，邱君之妻李恭人率媳黄氏、女适陈、幼孙承欢、女孙秀凤阖门殉难，仆秀祥、婢女桂香与焉。吁！可传矣！按 君行一，讳树桐，原讳仿嵩，字一峰，亦字峄封。先世为闽上杭人，厥考崇光公始迁于黔之荔波县家焉。宿学未仕，生二子，长即君也。幼喜读书，性淳厚，敦孝友。及长为邑诸生，食廪饩，以明经就广文。咸丰辛亥举孝廉方正。先曾肄业贵山书院，抚军贺公常嘉赏之，谓其文郁勃有奇气。应乡试十余次皆荐而不售，亦数奇也。居父丧，庐墓三年，不饮酒，不茹荤，其他可知矣。喜与人排难解纷，有叶姓馈千金，拒而不受，以故乡人皆敬而重之。虽夷苗无所间。道光庚戌岁，粤西发逆滋事，毗连荔境，奉文举办团练，邑人士皆诿避，君独毅然曰：‘执干戈，卫社稷，儒者事也。使人人存畏死幸生心，则桑梓之地，谁与守哉！’遂捧檄，身任总办团练事。首先输赀以为乡人倡。建碉卡，联声势，得守望之助，境内恃以帖然。是时胡文忠公方权贵东道篆，调君带练随征，外剿内防，枕戈未遑者三载。癸丑黔中瓮安榔匪滋事，君带团练剿办，不数月擒其渠魁，余党皆平。抚军蒋奏保以知县选用。甲寅粤西南丹逆匪勾结黔匪杨元保等倡乱，奉胡公檄调带练剿办，事竣，复保赏戴蓝翎。值胡公升任楚北，征君随往，君以老母在，不敢远离，固辞。乙卯春，都匀分驻之台拱逆苗蠢动，蔓延各州邑，众至数十余万，以大股径扑匀郡，城中鼎沸，势岌岌不可终日。是时鹿观察摄郡篆，飞檄调君率豹勇千余人入保危城。君设疑置伏，智应机先。贼百计围攻，往往失利，死者相枕藉，以故攻稍缓。守至丙辰秋，城中粮尽薪绝，至易子析骸者，贼终莫测其虚实，遂解围而去。抚军复保以同知直隶州选用。方君之守匀城也，荔邑夷苗乘机窃发，渐肆猖獗，知县蒋君阵殁，接任赵君为贼阻，四郊之内皆贼巢，人心惶惶，莫知所措。至是闻匀城解围，急调君归保荔城，才半月而匀城陷矣。先是胡公至楚北，屡遣使征君，君皆不就；复以檄调君，君俱以桑梓有事，力辞不往。归荔后，孑然一身，独力支持，数月之中，剿抚兼至。值独山屡次告急求救，君遂于独荔适中之地，树营垒，为兼顾计。越丁巳三月，三脚屯逆苗大股攻独山，君击走之，解其围，遂乘胜逐北，身入贼巢，遇贼伏，被困山谷中三昼夜，从骑伤亡殆尽，君复手刃数贼，力竭殁于阵中。其嗣君为邑诸生，方办城防，闻耗，匍匐率练往求其尸，不得。李恭人手札谕之曰：‘汝若无力取父尸归葬，我必不再为人。’嗣君遂纠集团练，奋力与贼战，攻破贼巢，杀贼无算。百计求父尸，历四十余昼夜，始得。并生擒逆首十余人以归。阅君尸受四十余枪，面如生，膀犹流血。窀穸事毕，李恭人谕嗣君曰：‘自今而后，汝以剿贼复仇为事，家事汝勿与闻。’抚军以其事上闻，恤赠知府衔，给予云骑尉世职，袭次完时，仍给恩骑尉罔替，赐祭葬如律。嗣君遂墨绖从军，转战独、荔、都江、台拱间几三载。庚申六月发逆陷独山，荔波粮尽无援，危在旦夕，李恭人变钗环助饷，以此人心感奋，争先输赀，皆效死弗去，荔城危而复安者，皆恭人之教也。十二月嗣君率练克复独山，贼众大溃，乘胜追杀百余里，出粤西界，擒逆首七名，夺旗帜器械无算。自赴省献俘，节帅田嘉其勇，委赴铜仁军营差办遣，嗣君遂不遑归里，捧檄以行。不逾月，发匪复至。围荔城五日，遂陷。李恭人集阖门长幼于园池上，谓之曰：'今日得见先夫于地下矣。'媳黄氏、女适陈请先之。恭人曰：'尊卑有序，家之率，老身先之矣。'遂投水死，其媳与女及两孙、婢仆二人以次投水死。越两旬，荔波克复，其长女适曹居孀者，距城九十余里，奔入城，收葬成礼焉。后张制军督师入滇，嗣君适统领镇南后军随征，道出渝城，时㙶主东川讲席，谒制军，因得晤嗣君，始悉其颠末焉。嗟乎，邱君以文人而当扰攘之秋，纵横戎马，亲冒矢石，身系地方安危者将十载，非胸有甲兵，矢志报国者岂能若是？使天假之年，身当大任，安见澄清之局不可定，而韩、范之功名不出于儒生。乃未竟其功而中道绠绝，遂使赍志以殁，岂不深可惜哉！其德配李恭人持家有道，乡里以贤称。其姑李恭人谢世，正邱君守匀城吃紧之际。恭人以一身当大事，丧葬皆经营如礼。育一子三女，长适曹，青年而寡，守节廿余载，矢志不移。次适陈，又次适罗，皆以淑德闻。其平日之妇德闺教，已可概见矣。至变簪环助饷，勉其子以杀贼复仇，更为常情所难及。至城陷之日，率阖门从容就义，则又大义凛然，大节昭著，殆所谓巾帼中之完人者耶！诚不愧为邱君之配矣！其嗣君名育泉，号寿田，以积功累保知县，现统领镇南后军，为人精明沉毅，倜傥不群，知其能读父书，继父志者，邱君其不死也夫！"

李肇同谓曰："乙峰老伯，同先君莫逆交也。同自髫龄龀齿，得侍教言，尝忆其自题堂联云：'爱惜精神，留此身担当宇宙；扩充见识，高著眼看透古今。'迄今思之，犹忽忽如昨日事，而公已千古。

昔范文正为秀才时，便以天下为己任，公之志其庶乎！事固未可以成败论也。”

董成烈曰：“先生孝友本于天性，文章发于至诚，久为众所推仰。因事乱，毅然以一介儒生，侧身戎马，必欲歼灭贼匪而后已。乙卯秋，先生兵防在外，闻我荔土匪倡乱，仓皇归里，慷慨从戎，一战而克羊奉，再战而定瑶台，三战而水婆澄清，四战而羊安席卷；他如平南丹、捍都匀、卫独山、靖瓮安之功不计焉。迨乎星落前营，马革裹尸，赍志以殁；其精忠浩气，足以塞天地而贯金石。吾荔沐国家百余年，养士之报，斯其人欤！斯其人欤！”

◎以上三文均抄自李稿。

雷新霆

三洞汛千总。咸丰七年，三洞人民从贼，率营弁会同团首韦芝儒、军功蒙庆湘等统团练剿之，因深入无继，贼以死党截其后，师溃于四方井，力战阵亡，其子光禧与焉。◎采自李稿。

韦芝儒

办团有功。清咸丰七年，三洞人民从贼，声势浩大。芝儒以维持桑梓为任，率团练会营弁署千总雷新霆进剿，卒以孤军深入，被贼截其后，师溃于四方井，死之。◎采自李稿。

蒙庆湘　字　小洋

邑之板尧人，六品军功候选从九品。清咸丰五年十月，知县蒋嘉谷攻九阡匪，被困，殁于阵。匪乘胜攻城，围三昼夜，庆湘率团练援救，贼溃败。十二月，代县事宣德檄委庆湘设局于平寨，练团固守，城赖以安。七年五月，三洞人民从贼，知县吴德容檄庆湘统练会营弁署千总雷新霆往攻。以孤军深入被截，庆湘与团练数十人殁于阵。◎采自李稿。

乡先达何振新撰《蒙小洋志略》云："蒙君庆湘字小洋，邑之板尧人也。少美丰姿，清标玉立，眉目如画，裘马翩翩，见者喜，有易帽掷果之思。君具文貌而有武志，弱冠入塾，不屑章句，好骑射。策怒马下坡，须臾至城，饮半酣，复驰马登冈而去。其俊迈之气，郁而不发，久跃跃欲试。咸丰四年，广西南丹州山民余光裕聚众叛，掠及邑边。大府檄邱峄峰先生团练乡兵，君闻之拊髀曰：'男儿志在报国，此肉不可生也。'遂自团一旅，合峄峰先生为军。贼平叙功，予六品顶戴。五年八月，邑之九阡叛，四窜焚掠，附近之水利、水岩四野农夫吴老东等亦甘心附贼，称王称帅。君先事预防，一村独全。同里各砦，多为贼胁。君晓以利害，护以团丁，皆反正，愿为君用。君编为伍，教之战，所向皆捷。由是板尧团强冠一邑。十月，蒋晓云公入九阡招抚遇害，一邑震骇。城中兵民多逃亡，君忧不守，椎牛酾酒，飨壮士，申说大义，慷慨激昂，声音惨烈，泣数行下。观听者群愤然作色，拔剑起舞，有气吞九阡之慨。君腰弓扬櫜，上马先驰，从者千人，攘臂追随。旗分五色，成列而进。至城，登东楼，吹筚篥三环，视四方中央，旗色不乱，人声无哗，乃诣县署谒代知事宣公。宣公者县典史，讳德字润斋。独守孤城，无援。见君至，大喜，以手加额曰：'吾与一城生灵，获再造矣。'次日，贼大至，见旗帜整，刁斗严，遁去。六年正月，开团练局于城东平寨。团蒙石、时来、巴灰、董界、羊奉、巴乃六里壮丁，为战守计。邑团练之名自君始。其为贼胁从，被贼蹂躏之里不与焉。开局后，剿瑶庆里旗望山，斩逆首蒙阿林，以次招抚各砦，瑶庆平。周覃里当贼冲，君先率团丁屯隈村，召流亡者归业以为后援。乃进周覃，据隆卓山险。贼出争，连战败之。周覃逃者渐归。君示以屯砦法，后皆能自强。君之克水婆也，则先取干衡洞。洞内宽平，外险要，率百勇屯其中，然后团里人教之战，凡为贼胁者皆入团。惟三洞里多桀骜，敢抗兵。而投诚者绍之，反言易与。漫云：'率团深入达便洞，直刺腹心，则三洞瓦解矣。'君信之，请雷千总以百兵相助。由周覃径趋达便。至洞中，人多长发、腰双刀，见客不言，瞠目立。君心悔，于洞内外分布团丁，作长蛇势。雷千总兵，先请其退，距洞二里而军，据归路也。次日，洞中火起，洞外贼攻。君分应之，火熄，贼败。又次日，贼大集，君议更番为营，连环接应，且战且却。无如雷兵怯，见贼众，不相援，争先奔，阵乱大溃。君执刀斩数人，不止，自与贼搏战，马陷沮洳，身被多创，殉于难。雷千总亦遇害。时咸丰七年五月初四日也。邑人闻之，莫不伤悼。”◎抄自杨稿。

吴阿撒

水岩人，勇而捷，每战则请为先锋。清咸丰九年秋九月，下河逆苗黄起风统领匪数万攻白岩，势甚锐，我军三进三退，胜负未分。时阿撒见我军稍却，挥双刀冲阵，斩贼首三人，夺帜五杆。卒被伏贼枪伤顶心而死。◎采自李稿。

李国材　字　似村 号 晴舟

清道光十五年贡士，道德文章，为邑中泰斗。咸丰十一年，城陷被擒，骂贼遇害。忠肝义胆，炳若日星，盖亦间气所钟欤？

其子李肇同纪有《殉难行略》云：“李肇同恭纪先严似村君行略。先君讳国材，字似村，号晴舟，道光中恩贡士也。幼失怙，事祖母陈以孝闻。家道清贫，入泮后，即以授徒为业。砚食乡村城署，先后三十余年，邑中山斗焉。时命限人，屡科不第，乃于馆课之下，穷愁著书，成《荔波县志引》二十卷、《周易易知录》十二卷、《学庸便己录》八卷、《兵鉴》若干卷、《可厅随笔》若干卷、《晴舟诗录》若干卷、《读离骚经》一卷、《通鉴论略》二卷。自经兵燹，惟《通鉴论略》独存。惜哉！道光年间，邑侯蒋公委修圣庙及文昌宫并学院、学署，工竣，赠‘一邦之望’匾额。咸丰初年，邻封不靖，邑侯魏公创立总局，委办军需，赠‘好是正直’匾额。继又随魏公督练越剿思恩股匪，草檄一篇，朱逆得檄，引去。魏公赠诗有‘吾爱李夫子，元爽才不羁。韬铃富渊海，学问无津涯。上马能杀贼，下马露布驰。翩然一纸书，聊城为之摧'等句，皆寔事也。无何，魏公调任，李公下车，先君不善阿逢，旋诬以侵蚀军器，革名下狱，成《训子词》十首、《箴》一首以训同。时同方七岁，而我邑揭竿者起矣。既而蒋公接事，始得申雪复名。爰归卧于巴乃里之东庐山房，稍苏残喘。迨至邑侯吴公于干戈扰攘之中，振兴文教，再三函聘主讲荔泉书院，先君于是复出。庚申夏，独山失守，荔邑震动，加以境中伏莽，屡寇城壕。先君左右吴公，筹防筹剿，半年罔懈。辛酉正月，大股发匪自南来。众寡相悬，如山压卵。时值吴公防剿在外，守备单弱，官僚士庶，仓皇无措，痛哭登陴。先君从容言曰：'尽人事以听天。'盖有必死之心矣。次宵五鼓，贼众乘城，先君为贼所擒，骂不绝声，遂被害。城复后，面目如生。同收骨葬于城西，感伤不已。及同治丙寅二月，苗匪复来攻，围四十余日，城陷。先母谢、亡妹玉娥均投河尽节，骸骨无存。哀哉！呜呼！小鸟巢林，尚借一枝之寄，枯鱼衔索，长怀终古之悲。乃赋质愚顽，不足以阐扬先烈，恐或湮没，为罪滋大，谨书崖略如此。前辛酉之难，同族中死者有伯兴、兄广山、二伯母游、姊适胡、妹小娥等；丙寅之难，有叔林，兄乔，侄振先、金顺，大伯母罗，三伯母刘，二嫂吴，妹玉芝等，计一门殉难死节者合之凡十有六人，因备录之以俟采风者。"◎抄自李稿。

附　《大定府黔西州学正瓦光禄禀都匀府宪王请转详准，将李国材入祀乡贤祠并准李谢氏、李玉娥旌表建坊文》云："窃以阐扬节烈，朝廷有旌表之文；采访忠贞，教职有专司之责。事期得寔，固无分乎此界彼疆；人果堪传，须取信于同乡共井。兹查有五品花翎内阁中书衔升缺升用现任大定府黔西州训导李肇同之父，候选教谕李国材于咸丰十一年正月二十一日发匪陷城，骂贼被害。母李谢氏、妹李玉娥，于同治五年三月二十六日，苗匪陷城，母女二人联袂出城，投河尽节。谨按 李国材之为人也，少孤失怙，经纪营生。奉节母以孝闻，欢承菽水；事堂兄尽弟道，爱溥荆枝。家计清贫，舞勺而未能就傅；得天独厚，卖饧而常近书斋。闻多士攻书，舔窗纸则钻研学蠹；见群儿习字，据阶墀则炭笔涂鸦。塾师怪责，而不以为羞；族长垂怜，而甫令肄业。乃半商而半读，瞀亲之甘旨无虚；自谋食与谋衣，师长之束脩靡欠。洎采芹而食饩，资馆谷而舌耕。受邑侯聘入斋衙，以经术交相砥砺。贡成均于乙未，祖逖先鞭；陈试策于丁庚，刘蕡下第。遂乃慈闱养志，敛手名场；因而闭户著书，潜心理学。养如叔度，聚千里之门徒；人是康成，堆等身之著作。论文章则专求气息，不趋乡会时风；谈性理则务醒颛蒙，深类周程语录。广交游于黔粤，相期则谊笃金兰；睦宗族于桂林，数典则谱修玉牒。德配有如宾之敬，里党观型；传家成训子之词，州闾取法。相攸韩姞，重斯文何论家资；教养玖英，方待字早娴节义。遵朱子山陵议状，迁兆域于泷岗；痛曾参风木兴悲，竖丰碑于防墓。悦亲戚之情话，排乡党之争端。襄友朋创建宗祠，大族之本支永赖；劝孀嫂捐修义渡，通衢之利济无边。循功令以课徒，圣谕十六条，必留心于朔望；凛师传而造艺，及门二三子，多出色于乡城。聿新万仞宫墙，建朝山塔置考费田，兼学署奎楼而蒇事；嘉惠一邦士子，修山斗堂造文昌阁，栽紫薇丹桂以征祥。学问本无津涯，韬钤复富渊海。处平世则经畬食力，值军兴则兵鉴成书。虑文献之无征，独修县志；受邑侯之币聘，出办军需。综局务而设关津，督乡团而援邻境。草檄退他邦巨匪，能不战而屈人；揭竿多本邑妖氛，逐买山而归隐。课徒巴里，门人携眷属以相从；被劫山房，群盗见书箱而失笑。受聘掌荔泉书院，栽培一邑菁莪；登陴偕官弁兵民，悲壮五更鼓角。执干戈以卫社稷，徒存汪踦之心；冒白刃而张空拳，未断常山之舌。先生往矣，盖棺多论定之词；大节昭然，入祀合乡贤之例。其妻李谢氏相夫半世，洎孀居而抚子成名；其女李玉娥，待字深闺，娴姆教而依亲为命。一旦城门失火，皆能遇难以全贞，千秋志乘流芳，不愧从容而就义。誓波澜兮不起，赴清流则腹葬江鱼；寻遗蜕兮无存，题墓志则魂招溆鹭。忆劫灰于四境，难定惊魂；彰忠义于一门，应邀旷典。光禄生邻梓里，敢献刍言。与该员谊切寅恭，见闻熟习；乞我宪转详抚院，附片奏陈。吁恳天恩赏准，将贵州都匀府荔波县失城殉难之教谕李国材交部从优议恤，并入祀本籍乡贤祠。节妇李谢氏、烈女李玉娥母女二人均准旌表建坊，以维风化，而阐幽光，地方幸甚！”

又附　邑先正广西州判恩贡生梁占魁撰《李晴舟先生传》云：“先生姓李，讳国材，字似村，号晴舟，系恩贡生，候选教谕，贵州都匀府荔波县人也。七岁父朝龙故，事孀母陈，陈守节抚孤，家甚寒，借女红谋升斗。母旋瞽，不能针黹。国材卖饧度日，能得瞽母欢。母目痛无钱购药，以舌舐母目，痛辄止。每自外入，必近母身，俟母以手代目抚摩毕，方敢移步。母病，躬亲侍疾，数十昼夜无倦容。母殁，治丧迁葬如礼。年十二，未读书，常卖饧过义塾。见群儿读书写字，心爱甚。听诸生诵读，默识之。往往隐数文钱，私买纸笔学书，遭伯母王诃责。自是日必过塾，据地以炭学书。有问卖饧者，或不应，几不知此身为何事来也。塾师怪而责之。则曰：‘某心爱读书，恨未由耳。’堂兄国清、国瑾闻之，始令就傅。上课毕，即请师先放回家，仍朝夕卖饧奉母。嗣后半读半经纪，习为常。最勤敏，不数年补弟子员，旋食饩。道光乙未贡成均后，在堂兄侧，仍爱敬不衰。一日，立堂兄国瑾旁絮谈家政，国瑾倦，隐几卧，逾时醒，先生依然侍侧，跬步不移，乡党多德之。壬寅，董修圣庙，劝捐宅地，鸠工庀材，昼夜勤劳，不间寒暑，三年蒇事。手持五尺量度，为汗所渍，色几赤焉。并董修文昌宫、魁星阁、训导署、荔泉书院等项。事竣，手植丹桂二株于文昌宫，植紫薇二株于书院。荔邑自建城设学二百余年，向无科目。光绪己卯秋，文昌宫桂二株结子，何金龄始开科中经魁。乙酉秋桂复结子，花又重开，是科杨元麟中孝廉第八。迄今桂薇畅茂，乡人以发祥神物视之。道光丙午，赴桂林访宗族，修谱牒成，题曰：‘处家贵和，勿一于和，一于和则昵，昵则乱，当镇之以礼。治家贵严，勿过于严；过于严则隔，隔则戾，当运之以宽。'咸丰辛亥,发匪陷广西思恩县,与荔毗邻。邑侯魏公承柷,聘国材综局务,清保甲,制军器,设关隘,练团丁,督乡勇;随魏越境赴援,营于大造坡、罗降一带。草檄一篇,朱逆亚狗,得檄引去,荔境得安。尝缓魏颊,救乡民命。乡民私以百金谢,严却之。后任蒋公嘉谷,委办城防。蒋督勇亲剿九阡逆巢,国材知不可,屡谏不听,蒋阵亡,遂买山归隐。载书多,萑苻误为辎重,围掠之,启笥见书,群笑而散。庚申署都匀吴公德容再三敦聘主讲荔泉书院,乃回城居。是岁独山失守,荔邑震动,加以九阡苗匪,屡薄城壕,与地方官筹剿筹防,半年罔懈。辛酉正月,大股发匪肉薄攻城,先生筮之,得无妄之同人。喟然曰:'莫非命也,安命听天而已。'昼夜守陴拒战。二十一日城陷,身受重伤,骂贼被害。吴公德容赐谥文敏,祀昭宗祠。生平著作甚富,培植后进,尽一邑。为文讲究气息。讲学声震屋瓦。及门最盛,学舍常不能容。邑令每微行遇访,闻讲学必止步静听,俟讲毕而后入。著有《学庸便己录》、《周易易知录》、《礼记缺疑根本集》、《性理论指略》、《训子词箴》、《养正遗规》、《可厅随笔》、《通鉴论略》、《晴舟诗录》前后集、《荔波县志》等书。军兴后,复著《兵鉴》一书。惜并毁于兵燹。现惟存《性理论指略》、《通鉴论略》、《晴舟诗录》前集及《训子词箴》数卷。妻谢氏、女玉娥,于同治丙寅年三月二十六日,苗发匪陷城时,母女二人联袂出城,投河尽节,祀节烈祠。占魁忝列东床,深知底蕴;爰备书为小传,以俟后之修志者,有所考焉。"

又附　知县苏忠庭《吊李似村明经殉难即步似村吊蒋明府原韵诗》一律,云:"懔懔常山舌,怦怦骂贼营。不降头可断,虽死面如生。奉命来边瘴,招魂趁晚晴。遗编犹训子,合振旧家声。"

罗新楷　字　式堂

清道光丁酉拔贡,耿介廉隅。家住旧县,与城一河之隔。日课徒,非大故,不履城市,不入公门。咸丰十一年,城陷,与其配王孺人殉难，骸骨无存。惨哉！

乡先达杨树荃撰《清授征仕郎罗公式堂暨正配王孺人墓志》云："闻之天地一大公无我之区也，人生其间，作善者必降祥，作恶者必降殃，其报施初信以为不爽，今吾于罗公暨尊阃王，而窃有大不解者焉。公讳新楷字式堂，道光丁酉拔贡。世居旧县街，与荃有戚里谊。其平生虽不甚详，而其略亦曾得诸父老之传闻者。公以书法名家，于教读更为严谨。凡及门诸子，无论年之少壮，犯其规训，必重责以鞭笞。有不能悟道者，则多方告诫，不惮烦言。以故堂开喇轸，童冠偕来。纵地远千里，亦必亲承提命，而桃李庆盈门焉。何莫非善教之所致也。生平赋性戆直，日以课徒为事，而外务绝不干涉。以故非有大故，足不履城市，身不入公门，其善行愈可嘉也。居常简易持己，不事浮华。其处昆季间，亦相勉以诚朴，怡怡然无纤芥嫌。即处族邻戚里，遇有雀角细故，力为排解。纵或以恶言相触，公独和缓自若，绝不生忿。此尤善养气之最著者也。其贤配王孺人性秉坤贞，德符巽顺，凡公所行者，从不少违，所谓夫妇和家道成者，要皆惟善为室也。至于奉姑嫜善尽孝道，处妯娌善以和光，亦犹公之片言无忤焉。夫若妇有此善德，宜其家道鼎昌，孙枝繁衍。乃公举丈夫子二，长曰其玉，次曰其灿，俱少年不禄。生女二，长曰云娥适胡，次曰素娥适李，均幸托令门。咸丰辛酉，发匪窜荔，公与孺人俱与难，而形骸不知所终。嗟乎！以善人而获如此恶报，犹谓天地为大公之物，吾不信也。复城后，其媳周氏为之置灵枏书生辰，合葬于旧县吉劳之坂。及今夏，鸠工修墓，问志于余。因不揣固陋，爰缀数语，泐石为铭，亦不过志二老之善，免蹈夏五、郭公之例而已。

"其词曰：为善必善终，胡乃死不正！为善后必昌，反嗟伯道邓！惟其不善终，愈见善之行；惟其后不昌，弥见善之庆。我言非偶然，稽古有明证。存仁者颜渊，卅二伤短命，万古传其贤，伊谁不钦敬。作恶如盗跖，以杀人为事，侥幸得永年，唾骂千秋竞。如公与孺人,善恶差报应。初犹为不平,证古始无憾。今日为崇封,发祥有余荫。虽未正首丘,灵爽应不昧。合冢葬衣冠,永冀常凭式。”◎墓志抄自杨稿。

刘学武

在营多年,著有劳绩。清咸丰末年,以功保任荔波营存城千总。继署守备二次,代理游击一次。同治五年城陷,与贼血战,力竭殉难。◎采自杨稿。

潘朝林　字　翰卿

三洞乡人。民国二十年,任第五区区长。时从善匪首潘富文、三洞匪首潘汪等互相响应,势猖獗。朝林慨然以肃清寇盗,安靖闾阎为志。殊为该乡通匪之劣绅所忌,从中破坏,乃忿然辞职,调长三区。及军团会剿,劣绅暗纵匪首潘汪等数十人于水洋洞。县长王公威因投鼠忌器,不予追究。然朝林辞职内容,已彻底明了,再三浼朝林复任。朝林不忍坐视梓桑糜烂,允之。应王召赴从善开秘密会议,计划进剿方略。匪侦之,恨甚,设伏于途,俟其归,截杀之。卒年仅三十,惜哉!

其弟朝荣浼益智撰墓志,附于后以征实:“君讳朝林,字翰卿,姓潘氏。性中直,木讷,事父母孝。民国十一年肄业贵州省立都匀旧制中学。民十四政变停课,君回籍,服梓桑务,致所业未卒。民二十,卒业贵州区长训练所,委长五区。时盗贼充斥,君以肃清丑类,安靖闾阎为任。惨淡经营,不遗余力。继为劣绅掣肘,君忿然辞职,调长三区。治理有方,政绩至今犹啧啧人口。君去任后,五区匪势燎原。迨军团会剿,而劣绅之通匪纵匪情弊毕露。邑令王乃浼君复任。君不忍坐视梓桑糜烂,慨然应允。深入重地,不避艰险,遂遇害。噫!天果不欲平五区也!君子道消,小人道长,尚何言哉!夫人不能无死,君之死,为梓桑也。公道自在人心,盖棺定论，君何憾焉！余与君同宗至好，幼同学，长同事。令弟华卿以墓志嘱。余因平生善，不获辞；又不能以谀词污磷磷之白石，更不敢以私情夸饰，贻后人之唾骂，乃核其实而志之。余颠沛无状，文行又无似，其言不足重君以取信于人。然事实俱在，舆论可传也，君又何疑焉。君卒于民国二十年十二月初六日，年三十。男一、女一。二十二年十二月十五日卜兆于古典山之原。

“铭曰：幼而了了志于学，长而佼佼，鸡群之鹤。服务梓桑，光明磊落。牺牲蒙难誓除恶。入虎穴，惊耗噩。吁嗟昊天！何速之夺！豹皮无恙，年不永而寿者名，身不爵而贵者行。我铭诸石，以妥幽灵。海可枯兮石可烂，浩气磅礴兮与天地长存。”

又附　邑人韦廷楠撰《潘翰卿君墓志铭后词并引》云：“若愚君既以简赅激愤惋愕之词，义表翰卿君墓，道尽君身世而可传矣，夫奚复赘。顾介弟华卿丐余书于石以刊，余忍无一言以慰故人于地下哉！词曰：天生英哲，铮铮金铁。淬厉言行，满腔热烈。何物孽物，为氛为妖；狐魅使之，贼我贤豪。邦人恸惜，有泪如雨；群詈陆梁，有舌如斧。谓寝其皮，畴不剑舞。於戏，翰卿公，尔之身，碧血长存。系以微辞，慰君幽魂。”

全正熹

洞塘乡人，中央航空学校第二期飞行科毕业，任空军第二大队第十四队中尉本级队长。民国二十六年，参加抗战，十月二十四日由鲁飞京，遇敌机包围，被击着火，阵亡。

附　邑人吴中钦撰《烈士全君正熹事略》云：“烈士姓全，讳正熹，贵州省荔波县洞塘乡人。其先世自湘延陵迁荔邑，已八世矣。祖明堂，字之光；父群星，字耀武。均出身办团，捍卫桑梓，叠著劳绩，今邑人犹念之。烈士幼聪俊，五岁入塾时，有了了之誉。年十四，入县立两级小学肄业，每试辄冠军。毕业后，入省立都匀第五中学肄业。沉毅寡言，不染时习。性好数理化，尤专精焉。年十八毕业返梓，其父耀武先生，欲强与完婚，了向平愿。烈士则婉言辞谢。同学辈有邀请在地方任教者，亦如之。时贵阳举办军官团，烈士遂毅然往应考。离家时，父母兄弟十余人牵衣不舍去。烈士慷慨陈言，有割裙风。家人不能阻，遂听之。烈士入学试验，取列前茅。苦心造诣，鸡鸣起舞，得长官欢。将届毕业，适武汉成立中央军官分校，蒙保送前往肄业。中间以'九一八'事变，迁校首都，经委座之薰陶化育，已成一唯一革命军人。迨毕业，以高才生送入中央航空学校肄业，专心致志，成绩蔚然。毕业后，蒙委座委充本校飞行教官，旋升中央空军第九队队长，驻防广德。斯时也，烈士始与宁波叶女士祺尧结婚。女士系高级师范毕业生，相与励志，报国存仁之心，至是益坚。本年芦案发生，烈士蒙改调空军第十四队队长。历次奉禀伯父耀贤，舍身取义，情见乎词！今前后遗札犹在也。不幸于本年十一月四日，烈士竟以身殉国，春秋二十有六。父耀武于二十一日被匪仇杀，母以忧郁死。遗柩在堂，殊堪凄恻。遗孤名心颖，出世仅十九阅月。有弟正奎，先烈士一月不禄。现仅胞弟正权一人。嫡堂弟虽有多人，大都家道中落，乏术谋生。烈士重泉之下，瞻念遗族，得无怆然有感焉！用志厓略如右。"

附 益智拟《荔波县党政军警农工商学各界公祭全烈士正熹祝文》云："穷天黯淡，风雨凄其。痛我烈士，为国捐躯。翳维全君，我邦之杰；间气所钟，聪鉴挺特。肄业小学，名列前茅；洎升中学，淬厉节操。抱负不凡，岂甘小造；投笔从戎，肄业军学。蒿目时艰，空军尤重；转习航空，才期大用。毕业出校，率领空军，驻杭操练，技术尤精。何物倭奴，为祸斯烈。占我朝鲜，噬我东北。赖我委座，朝夕奋发；领我全民，努力建设。国家进步，一日千里；统一告成，乱庶遄已。惟彼倭奴，且惊且惧，恐我复兴，于彼不利。百计破坏，未克成功，七七芦案，猝尔逞凶。夺我平津，攻我淞沪；轰炸民房，惨杀妇孺。惟我委座，赫然斯怒，决心抗战，武力是诉。惟我全君，奉命杀敌，迭奏奇勋，倭奴慑慑。方朝乘胜，直捣东京，雪我仇恨，救我生灵。孰料噩音，飞自广德；彼苍者天，曷其有极！呜乎全君！舍身殉国；骨已成灰，何须裹革。呜乎全君！有妻在室，梦绕深闺，望夫化石。呜乎全君！遗孤数月，天相吉人，宗祧一脉。呜乎全君！双亲未葬，再话重泉，不胜惆怅！呜乎全君，无须幽咽，自古有死，惟君尤烈。君有妻子，政府抚恤，勿使流离，君胡于邑。亲丧未葬，君有介弟，志士解囊，君胡忧虑。呜乎全君，死重泰山。惟有我辈，后死艰难！倭焰方张，疆土日蹙。君其有知，佑我民族。我辈哭君，非徒志痛。痛我国难，日益严重。呜乎全君，幽冥有路。我辈与君，泉台再晤。呜呼全君，尚能杀敌，惟恐我辈，枉试锋镝！呜乎全君，无须幽愤，两军对垒，惟哀者胜！众志成城，亡秦三户，正义昭彰，得道多助。惟我荔民，同胞十万，不愿偷生，愿饮敌弹。惟有牺牲，可救民族，勿讳言死，偷生最辱！我辈其死，会君泉壤，我辈不死，杀敌扶桑。君其有知，与君定约，不在福冈，在横须贺！君其有知，与君约定，十年之前，五年之后！呜乎全君，飞霜急节，气壮山河，忠贯日月！望皖心欷，瞻徽思越，借用可尘，昭忠难阙！”

杨家骝

方村乡郊峻村人。陆军第六零师一八零旅三六零团上校团长，追赠陆军少将。民国二十七年参加抗战，昆山之役阵亡。

迎榇回籍，葬于荔波城内中山公园。

墓碑载将军年表及血亲表，附录于后。

抗战阵亡追赠陆军少将杨家骝将军年表

民国纪元	年　岁	大　事	附　记
前八年		出生	清光绪三十年九月二十五日卯时，在荔波县方村里郊峻村
前一年	七岁	开始认字读书	父兄教授
二　年	九岁	入地莪太阳寨私塾	从伯父庆恩连读二年

续　表

民国纪元	年　岁	大　　事	附　　记
四　年	十一岁	入方村把廷村私塾	从堂兄家驹连读二年
六　年	十三岁	入方村小学	连读四年
九　年	十六岁	遭母丧	
十　年	十七岁	入都江属坝街私塾	从胡大章
十一年	十八岁	入军士教导队	黔军总司令袁祖铭所办,在贵阳
同	同	任中士班长	随袁祖铭入川,隶黔军一师四旅八团
十二年	十九岁	升少尉排长	隶原团
十三年	二十岁	升中尉排长	隶原团,连任二年
十五年	二十二岁	入黄埔军校	属第五期,习步兵
十七年	二十四岁	毕业派充见习	在九师四九团
同	同	连升少中尉排长	隶原团
十九年	二十六岁	调上尉营附	隶原团
二十年	二十七岁	升少校团附	隶原师
二十一年	二十八岁	调少校营长	隶军政部特务团,在江西各地□□①
同	同	结婚	在南昌
二十三年	三十岁	率队驻南京	
二十四年	三十一岁	入军官高等教育班	特务团团长王文彦保送
二十五年	三十二岁	毕业回原职	名列优等第七名
同	同	升中校团附	三五七团在渭南

① □□,原文省略两字,代以□□。

续　表

民国纪元	年　岁	大　事	附　记
二十六年	三十三岁	请假回家	“七七事变”后，送眷属回家并省亲，在家仅三日
同	同	假满回职参加抗战	在上海、嘉兴一带
同	同	升上校团长	六零师一八零旅三六零团，兼任第四支队指挥官，在广德、溧阳一带
二十七年	三十四岁	突出敌围	在溧阳金鸡岭被敌围困七日，突围出，蒙蒋委员长电令嘉奖，并记大功一次
以后同	以后同	补充整训部队	在绩溪
		继续抗战	在东流及南昌一带
		歼敌一联队	在隶树港之昆山境
		中敌弹受重伤	九月二十六日上午九时，在昆山境战场
		殉职	九月二十六日下午二时，在昆山境团本部
二十八年		迎榇回籍	葬于荔波城内中山公园，同时县属各界开会追悼
三十年		包坟立碑	元月谷旦，阖邑各界全体公立

杨家骝将军二等以内血亲表

亲属别	姓　名	备　考
祖　父	自　杰	
祖　母	姜　氏	
外祖父	向廷芳	

续　表

亲属别	姓　名	备　　考
外祖母	刘　氏	
父	庆　旭	
母	向　氏	
兄	家　碌、家　骅	
姊	家　荫	
妻	双淑华	
妹	家　萱、家　英、家　莲	
子	金　声	
女	菊　珍、幼　珍	

蒙庆云

城西门外板基村蒙子恒之子，年十三，肄业于玉屏镇中心学校五年级。民国三十二年一月某日下午八时许，土匪抢劫邻近之板庙村。庆云闻警，持枪往救。驰至板庙村后遇伏被害。虽未能杀贼，然以十三岁童子，救人之急，奋不顾身，可谓烈矣！鲁之勿殇汪踦，庆云可以媲美乎？

益智曾挽以联云："战死不为奇，最难得杀贼争先，年方舞勺；人生原若梦，所可贵成仁取义，气塞苍冥。"

龙建武

城区人，抗日之役，本县参加远征军之龙建武，在缅北勇敢作战，光荣牺牲。民国三十三年七月，美国驻中、缅、印军前方司令部阵亡将士抚恤处罗宾逊上尉来函通知其家属，并给抚恤费一万八千五百元云。

贞　烈

萧王氏　萧潘氏　萧邓氏

广西赐进士出身浙江刑部主事郑献甫撰《敕封孺人萧母王氏暨婶潘氏媳邓氏三列传》云："隋大业之乱，裴伦之妻曰柳夫人，与其女其媳同死井中，余尝览其事而怆然；至明崇祯之季，刘炳文之母曰杜夫人，与其女其媳同死楼上，余闻其事益怆然，曰：'嗟呼！忠义出于末世，贞烈聚于一门，人生所谓不幸之幸，乃如是哉！'今年复得荔波萧氏妇死事状：萧孺人曰王者，处士萧公正和之配，有子二：曰成勋、培勋；其弟婶曰潘者，叔氏正高之配也，嫁一期而寡，出一女而殇；其媳曰邓者，即成勋配，有子二：曰云飞、鹏飞。妯娌雍睦，姑妇慈孝，号为乡里女宗。咸丰初年，兵戈纷起，荔波旧属吾乡之庆远，乙卯以来，苦于攻战者屡年。辛酉正月，盗复围城。适大雨，城为所陷。烈妇知不免，与其弟婶潘诀曰：'萧氏一脉，惟寄两子。吾夫体重，恐不能逃，儿辈既长，当求自脱；我等女流，舍一死无可谋者。'盗方入城，二妇已离舍，相携于所谓杨公井者，痴立以待。其夫适至，欲洁家并奔。潘谓王曰：'可麾手令兄公亟自去，贼已逼，徒相累死耳。'遂无言，各抱一孙投井死。邓后至，见二姑与二子俱投井，亦跳而入，三姑媳相枕死。惟三父子幸逃脱，所遗两女，犹未知死所也。烈妇王之弟蜀江，己酉拔贡，为吾州之牧。其甥随侍，诉其家死状，都为一函，远寄千里，嘱为之传。余本州民，时居羊城，故敬书其略，以俟后之采风者。

"郑献甫曰：自干戈猬起，士女蚁溃，其不幸而僇辱者，庸可问哉？然有不敢不死者，又有不得不死者。三烈妇当城破之时，纷纷藉藉，非指名之家。倘以智自全，涂面易衣，随众而出，未必不幸免，而卒不肯苟免者何哉？当死而不决，恐有求死而不得者。烈妇殆思之审矣。尝读陈同甫所书陈氏女遇贼事，谓一姊引颈受刃，其妹畏死受辱。事后人谂之曰：‘若独不能为姊之所为耶？’连声答曰：‘难！难！’如三烈妇者，夫何难哉！呜呼！此其所以为难也。”◎抄自李稿。

邑先正附贡广西补用知州何振新撰《萧孺人三烈征文启》云：“自古一德一心，须眉尚称罕觏，同生同死，巾帼更属稀闻。故彤管千秋，未传娣能殉姒，黄泉一路，难期妇可从姑。孰则古井同盟心，寒泉同濡首，如萧门三烈妇者乎！三烈妇者：姒则王家淑女，族大乌衣；娣亦潘氏名媛，歌哀黄鹄；而子妇则嫔于邓氏，归此萧郎。有琴瑟之和，征兰桂之盛。阃内肃肃，阃外雍雍。闾里羡其贤，裙钗奉为则也久矣。讵料岁盘正捧，颂方献夫椒花；鼙鼓忽敲，声更敫于铙击。未几四围火起，无援何有狼烟；不图半夜城倾，自救群思兔脱。妖氛满地，惟问尔欲何之；刀剑森天，不信人犹求活。乃有靦然面目，甘为仆妾于赤眉；任尔拘挛，暂缓须臾之黄壤。论其自玷，非只玉之留瑕，闻其受污，甚于花之落溷。求比冰壶之洁，而无鸾镜之羞者，未之有也。尔乃取义舍生，出门入井。但求完璧，不畏沉沙，亦已难矣。及观其属子出围，劝夫脱难，以为宗祧之斩，鬼其馁而瓜瓞须绵。尔盍往矣！是又知有可生者不必死，能计出万全；更喜得有可死者不求生，故泪无一点。当永诀而乃委婉，处造次而尚从容，孰有如此者乎？至若分抱二孙，同归一井，更为思之密计之周焉。何也？夫襁褓孩童，潜藏无地；而纷腾戎马，践踏谁怜。与其骨肉抛残，饱城头之乌雀；孰若清波同葬，作泉下之儿孙。虽已覆巢，尚能完卵，此更非沟壑之匹妇，婉娈之诸姬，仓皇而自图者之所能也。兹者，哲嗣克斋，荔波童试，在泮名冠其曹；粤海宦游，委贽年当其壮。皆昔三迁之贻训，故有长子之克家。他年阡表泷冈，芳烈应须远播；此日泪弹孝水，遗徽犹待阐扬。振新居同梓里，变起桑田。思作嘉言，用宣懿行。愧无淋漓之笔，尽挥井底之泉；敢书涕泪之笺，用引怀间之玉。所愿阐幽君子，扬善贤人，各吐花毫，大书金管。词源混混，浮出沈香；奎耀煌煌，昭斯潜德，以俟采风之采，而为传后之传焉！谨启。”

黔南诸生赵汝金撰《荔波萧氏三烈妇序》云：“从来舍生取义者，丈夫之事也，而妇女为之，诚女中丈夫矣。咸丰辛酉年，荔波城陷，将士皇皇，贼盗纷纷，智者见机而作，愚者遇寇则降，其贪生畏死者，大抵不乏人耳。而三烈妇何其冰清玉洁乎！夫时可死而不死，其生也辱于死；不可死而死，其死也非正命；惟其可死而死，其死也荣于生。三烈妇见之明审之真，同溺杨公井，以光萧氏门。将见大节与日月增辉，伟烈与河山并寿。抱此坚刚不磨之情性，亦古今不朽之完人。礼曰‘临难毋苟免’，可为烈妇拟之。”

山阳进士广西按察使司秦焕撰《读三烈妇传书后》云：“予于庚申通籍。是年春，捻子犯清淮团，大臣晏同甫副宪奏调回籍，襄办江北军务。次年春出京，行至山左遇寇，遂绕道青莱，沿途烽火。至一村，名朱梁。贼氛益炽。有妇人闻警，殉身于井。予欲一访姓氏，而舆夫惧寇，扬鞭亟奔，心甚憾焉。因于夜宿题句于壁曰：‘滚滚黄沙逐御轮，竟从坦道起烟尘。可怜仗钺奇男子，不及朱梁一妇人。’谓时有大帅弃城而走者。近守桂林时，荔波萧克斋佐贰出三烈妇传，读之。一为其妣王太宜人，一为其叔母潘太孺人，一为其配邓孺人，均于咸丰辛酉年贼至时，同时共殉于井。嗟乎！同一井焉，过朱梁之井，予恸焉！闻荔波之井，予尤恸焉！读《易》至井卦九三曰‘井渫不食，为我心恻’，是可为烈妇占也。乃下言‘王明受福’，是丧在一泉，荣在千古焉。他日克斋振作有为，向朝廷请而旌之，是予所重望于克斋也乎。”

举人广西补用知州杨文昭撰《后荔波三烈妇节略书》云：“烈妇王氏，黔南捧莪世族也。少有至性，识大义，父母钟爱之。及笄，归邑处士萧春舲。生二子承勋、培勋。春舲弟仰之，聚潘氏女，孝谨聪慧如王，王爱敬之。年余，生一女，殇。期年，仰之卒，潘悲恸欲绝。王哀而慰之，潘泣止。承勋妇邓，慧而贤，事潘如事姑。生子鹏飞、云飞。王与潘含饴乐甚。里中人咸啧啧称萧氏三贤妇不置。

咸丰乙卯，黔中教匪、苗匪窜荔波，丙辰、庚申间尤甚，去来无常处。辛酉正月，贼攻城，大风雨，城陷贼入。王语潘曰：'噫！数也！恐吾夫困顿难逃耳，吾二子宗祧所系，当令远出。吾与若一妇人，恨不能出力杀贼，泄吾忿。然死归也，义不可苟活取辱，曷早引诀。'潘诺。各携一孙儿出，至杨公井侧。春舲适至，挽之逃，不可，强挽之，潘目王，令挥之，泣别去。二人抱孙跳智井中。邓后至，寻两姑不得，人告以故，呼天号泣，亦跳井中，枕而殁。二稚女抛弃草间。时正月二十一日事也。慨自晚近以来，谈节义者，诩诩然，酒酣拔剑，攘臂掀髯，大言马革裹尸，男儿快事，非妇女所及知也。一旦祸临仓卒，床头人顿足牵衣，掩泣求计，遂不觉仓皇失色，手足无措。求如红粉青磷，勿污丹史不可得，洵乎死之难，难于当死即死，尤难不必死而亦死。且闺门节烈，同死如三妇者，里中人至今又啧啧称萧氏三烈妇不置。克斋征诗歌，未暇作，录三烈妇死事行状为报。时戊辰初秋识于桂林旅舍。"

贵筑解元归顺直隶州知州颜嗣徽撰《跋萧氏三烈传后》云："余前得读洪蜚英大令荔波萧氏三烈妇词，见其一门节孝，可泣可歌，心向往者久之。今秋调帘来省，克斋贰尹出一帙属题，乃知其太宜人及娣若媳辛酉城破投井殉难事也。诗歌赞传，琳琅满纸。余匆匆就道，未克续貂。姑俟异日，续题邮寄。'波澜誓不起，妾心古井水。'读东野《烈女操篇》，可为之欷歔太息也矣。"

临邑解元全州教授邹仁撰《读荔波三烈妇传》云："人情之好尚，皆各成为风气，忠臣不以苟生辱其君，烈妇不以畏死累其夫，其义也。年来萑苻烽起，郡邑之陷者屡矣。其激而成节烈者正不乏人，何独于萧氏三烈妇而异之？然传之者，意正有在。以为著此三妇之节烈，即可以风天下凡妇之不节不烈与一切有愧节烈之妇者。呜乎！彼妇行也，其可忽乎哉！"

金筑状元、四川典试广西提督学院赵以炯撰《荔波三烈妇赞》云："咸丰初元之乱，我黔尤甚。萧氏三烈妇，以一门闺媛，慷慨轻身，可谓壮矣。然观其临难数言，互相慰藉，从容告语，抑何哀哉！予尝论天下之物，至坚者莫如气，虽锐若金石，犹可镕铸磨砻以变其质，独至气所在，虽锉其筋，剔其肉，丧其元，毁其身，而气终不可挠。而后之论者，未尝不为之拊膺长痛也。若萧氏诸淑媛，当其奋身殉节，岂计后人之哀与不哀哉？而闻其风者，亦不知其何以泣下沾襟也。君子曰：是谓知义。”

贵筑拔贡特授全州知州洪杰撰《萧氏三烈妇论》云：“古之所谓节烈之妇，知死必勇。非死者难也，处死者难。方荔波城陷之时，萧氏姒娣，驻足井侧，其志固已决矣。及观其遣子麾夫，抱孙投井；而其妇亦接踵相投，又何其烈也。自古可死不可死者盖多矣。王公卿相，藩封侯服，以至守令丞倅，与夫将帅战士之流，食人之禄，守人之土，任人之事，峨大冠，拖长绅，佩虎符，坐皋比，昂昂然，侈谈忠节，以为白刃可蹈，鼎镬可甘。洎乎变生肘腋，率众登陴，示以死守。一旦寇深援绝，或开关而延敌，或城破而身逃，或被擒而乞降，堂堂须眉丈夫，下与忍耻偷生之匹妇等。无怪乎采风读史者，辄以少完人为憾也。萧氏岂必死之人耶！倘从夫子而逃，幸免于贼，可以不死；即夫子离散，或遇贼而以计自脱，亦可以不死；即不然，遗两孙付夫子，而或子负母逃，夫洁妇去，亦未必尽死。及姑若妇，不愿同生，宁愿同死，非其志之决而性之烈哉！余尝读明纪至崇祯甲申之变，有姑妇三人同沉智井者，有母女妻妾互相刎死者；有一家百余口阖室自焚者，率皆缙绅巨阅，朝廷命妇。议者咸叹其死事之难。萧氏者，家称寒素，身非著名，卒能全贞完节，死人之所难死，死人之所不必死，非所谓知死必勇者哉！妇所投名杨公井，皓皓乎，凛凛乎！虽与杨公争清白可也。”

豫章进士特授崇善县以同知用黄文棠撰《荔波萧氏三烈妇论》云：“天地间磅礴嶙峋之气，钟于男子，亦钟于妇人。自来世乱变生，死节之忠臣义士，垂之史册，千百年而不磨灭者，此天之鉴其衷而彰其隐也。即如贞女烈妇，或从容就义，或敌忾捐躯，或惨切哀迫而偾身，皆死也，皆死得其道也。其间有传有不传者，斯亦有幸有不幸焉。若萧氏之一门三烈妇，可谓难矣，是乌可以不传？当时缙绅大夫，表扬盛事，已先我而为之详矣，毋复琐屑为也。而吾独谓王太宜人者，以不可死而死，以必不可死而死。其以不可死而死者，不惜一身之死，脱其夫与子之不得陷于死也；其以不可死而死者，全其夫与子以至于不死，正为延萧氏之脉而后无憾于死，明乎义也。潘孀妇能承王太宜人之志，完一生冰雪之操，守其常也。邓孺人者，克斋之完配也。不死从夫，又孰得而议之？而必欲从其姑于地下，终其养于身后。不独为一己尽事姑之道，且为其夫尽为子之道，行其孝也。夫明其义而决以必死，与守其常而继以死，行其孝而同归以死，丈夫不易得，而乃得之于妇人耶！然而王太宜人用心苦矣，流泽远矣。挥手者永诀于前，继踵者乐从于后，其平日之睦其娣而教其媳者，不又可见耶！呜呼！可谓难矣！是乌可以不传。”

瓮安副贡候选直隶州判简世桢撰《荔波三烈妇碑铭》云：“癸亥孟春，余承太守吴公聘馆于荔邑之城隍庙。由庙后稍折而东，则新建节烈祠在焉。祠内设牌位六，中供吴公淑配刘恭人，位前即其闺秀幼女，左右胪列同时殉难诸烈姓氏。瞻拜之下，凄然含悲，肃然起敬，谓其足以愧须眉而维世风也。既而李生肇同以郑小谷先生所传《萧氏三烈传》见示；且称其家将建亭竖碑于井上，索余留题数语。余以其事关风化，不以谫陋辞，爰为之铭曰：三才定位，人居其中，刚柔健顺，德本化工。忠孝节烈，事异心同。辛酉之春，变起兵戎。萧氏有妇，大义能通。生资井养，死借井终。纤尘不染，有色皆空。一门三烈，正气常充。寒泉冽食，明月清风，建亭勒石，垂于无穷。”

邑先正贡生董成烈撰《萧氏三烈妇铭》云：“名门之裔，挺生贞烈，冰比其清，玉比其洁。岁在辛酉，粤寇陆梁，杀掠侵陵，厥势披猖。壮哉宜人，清洁自矢，闻贼登陴，井旁立俟。顾夫嘱子，或窜或逃，宗祧之计，宜付尔曹。余为身谋，惟甘一死。若缓须臾，其辱更耻。语毕从容，先坠重渊。曰潘曰邓，共归九泉。古有楚妃，水涌高台，全符不至，毕命堪哀。亦有贞娘，为贼所掳，自投清流，高风千古。取义成仁，君子所器，孰若奇节，一家萃聚。余览史鉴，俯仰三千，贞烈麟炳，今古称贤。五官百骸，过眼皆空，惟兹正气，与天不穷。我阐幽光，茹毫饮血，留待史乘，以昭大节。”

治城举人广西补用知县王俊臣撰《阖门三烈妇传赋》云：“岁在咸丰辛酉正月，荔城陷。予适于役庆远，抱病旅邸。时庆郡亦戒严，防堵资熟手，几不容返车。予以状再三丐辞回榕，会而病益剧。亟医治，三阅月乃瘥。迄今痛定思痛，犹觉旌旗影乱天同惨，金鼓声淫鬼亦愁，情事如昨也。克斋以阖门三烈妇传属题，感念畴昔，遂亦不嫌春莺僵舌，仿王义丰赋馆娃，杨诚齐赋浯溪，为古体赋一通，借博辴笑：悲夫！岁序更迭兮荔波往事犹可说。大寇如林兮攻城，缺城不守兮民飘瞥。风猎猎兮悲且号，井有波兮湔碧血。烈妇埋冤兮心如冰雪，娣姒累累兮同时殉节。一门凄怆兮仓皇诀别，秋坟鬼唱兮哀声呜咽。夫既生离兮恨死不同穴，望夫成石兮慈竹哭裂。双双俱至兮志何决，携孙并命惨尤切。枕花斑斑兮夫心哽噎，魂兮魂兮为谁郁结。乡里传闻兮莫不咋舌。不曰难难兮洵女宗英杰。郑公表扬三人兮佳话胪列。我抚卷流连卒读兮心为之折。爰拜乎稽首而赞叹之曰巾帼。识此大义兮眼中早应有铁。树即不种冬青兮墓草亦闻芳烈。愿效邑宰矢精忠兮泉台会须怡悦。三人虽死犹生兮破涕为笑，杳不知其气概风节。永堪表率万世兮清门果然虚设。宗祀赖以不坠兮又与执夫手出滩异辙。媿沉渊而不一跃兮虽獠师皆诧为奇绝。倘如祝家妇共立烈女庙兮地下且欣然诗题指啮。是盖智足然后勇生兮不淄何如不涅。观夫骈肩联袂从容以就义兮夫固虑患也必周守道也若拙。舍死无以救夫与子兮若留孙又徒为遗孽。欲不溢美于志乘兮必先纪石于碑碣。献甫一传盖实录也。吁嗟乎！昔余忠宣公一家仁兮，并垂千年不磨灭。

兹诵祝家不朽之著作兮，彼杨公井有寒泉度亦永汲之清洁。”

◎以上抄自杨稿。

邑先正拔贡王锦撰《哭萧氏姊哀歌》云：“四郊之贼哮如虎，一城之人窜如鼠。杨公井畔鬼相语，水底应眠三烈女。娣随姒去妇随姑，中有一人吾女媭。先呼两子令逃避，次挥夫子无踟蹰。痴立井边何所望，黄泉在下白日上。孙男孙女各在怀，次第投入同穴葬。有弟有弟方宦海，边远揄粟时领州。阿甥麻衣告阿舅，恸倒空自张双眸。回忆时会坳间别，申申而詈殷殷说。两年妄意得同居，数语谁知成永诀。吁嗟乎！彦达分禄皆空言，英公煮药兼无缘。曹娥碑与愍氏诔，幸附郑子云台篇。年来对案时振触，欲以哀歌写贤淑。一字一泪不成书，三踊三号聊代哭。姊本知书再三读，悲声应满射鲋谷。”

训导陈培垣《咏杨公井殉难三烈妇歌行》云：“天地清贞气，间世产贤良。匪特忠臣义士流，女子坤柔寓乾刚。莪阳山水多奇崛，妇道守贞坚不屈，我为千载植纲常，遑惜一身就幽郁。乃今苗逆窜捧峨，萧室一门贞烈多。王氏潘氏同邓氏，相随入井井不波。余因司铎来此境，道旁忽睹杨公井。井上碑文触目伤，堪嗟汲古无修绠。幽魂渺渺归何地，生存大节死为神。死者长已矣，声名震闾里，人间父老称斯人，天上婻星照此水。吁嗟乎！当时城陷各呼号，千门万户众奔逃。岂无东邻西邻妇，垢衣涂面出城濠。总之人生百年耳，与其偷生不如死。偷生死后有谁知，死难终当载书史。为止感叹作歌行，巾帼长留不朽名。珠沉玉碎虽物化，英风凛凛气如生。杞妇之城湘君竹，焉能拟此穷途哭。惟留清白在人间，须眉男子亦惊服。闺中君子古所称，烈女传中堪追逐。”

◎以上抄自李稿。

张林氏

庠生张国华之妻，岁贡张书铭之母，廪生张桢之祖母也。青年丧偶,守节抚孤。经抚院贺、学院丁题奏奉旨旌表建坊在案。咸丰辛酉城陷,贼至其家。偕子书铭骂贼,同时遇害,洵可谓女中丈夫也。◎抄自李稿。

余详《孝行编·张书铭列传》。

邱李氏　邱黄氏　陈邱氏

邱李氏,恤赠知府衔候选同知直隶州邱树桐之妻,署湖南安化知县邱育泉之母。邱黄氏,邱育泉之妻。陈邱氏,邱育泉之妹。清咸丰四年六月太平军陷独山,荔波粮食无援,危在旦夕,李恭人变钗环助饷,人心感奋,争先输赀效死,城赖以安。五年正月,城被攻陷。李恭人集阖门长幼于园池上,谓之曰:"今日得见先夫于地下矣。"媳黄氏、女适陈,请先之。恭人曰:'尊卑有序家之率,老身先之矣。'遂投水死,其媳与女及两孙、婢仆二人,以次投池死。噫!可谓烈矣!◎采自李稿。

余详《忠烈编·邱树桐列传》。

吴淑人陈氏

知县吴德容之妾。清咸丰十一年春正月城陷,慨然曰:"妇人之义,不出闺中,守正死,分也。"遂携女秀瑛投莲池殉节。

邑贡生梁占魁挽以诗,有"满城节义为先导,惹得群花不爱春"之句。赞曰:"吴淑人者,知县吴德容之夫人也。聪明慈惠,为邑女宗。在荔数载,值干戈纷起,粮饷不继,尝脱簪珥以助军赀,织战袍以赏勇士。吾邑多事之秋,所以能保障数年者,淑人与有力焉。及乎全城奔溃,慨然守正以死。盖其死生之义明而利害之念泯,固能节烈若斯也。噫!共姜而后,舍淑人其谁与归!"◎采自李稿。

董熊氏

太学生董芝盛之妻,候选从九董成杰之养母,岁贡董成烈之叔母也。青年失配无子，矢志冰霜，不出户庭者十余年。咸丰辛酉城陷，带伤投河死。◎采自李稿。

张邓氏

处士邓昌炽次女，拔贡邓瑞麟之姑母也。家甚贫，守节廿年。惟日事针黹以奉姑抚孤。后姑逝子夭，茕茕独立。同治五年城陷，引刀自刎。◎抄自李稿。

李谢氏

候选教谕李国材之妻，特授黔西州教谕李肇同之母。清同治五年城陷，携女玉娥投河尽节，骸骨无存，哀哉！◎采自李稿。

余详《忠烈编·李国材列传》。

巫朱氏

少失所天，抚孤养老，数十年如一日。经大宪题请旌表，并给予“节孝可风”四字。◎抄自李稿。

李陈氏

恩贡李国材之母，岁贡李肇同之祖母，增生陈尧典之姑母也。青年守节，矢志抚孤。家贫甚，借女红谋升斗。尝不饱，自以米汁充饥，而留饭饲儿，使勤苦读书。中年后，目渐失明。迨国材入泮时，不能视矣。以手摩衣顶而哭曰：‘我廿年茹蘖，不料得有今日。’逾数年，抱孙而殁。知县刘树棠有诗记其事。◎抄自李稿。

按　诗已轶。

林陈氏

年十八，失所天，有子重蛟甫数月。氏抚孤养老，心如金石，百折不回，乡党钦之。◎抄自李稿。

黄陈氏

外委黄坤泰之妻也。其夫阵亡，遗一子一女。氏青年守节，抚子女成立。今抱孙矣。◎抄自李稿。

何和氏

庠生何长盛、廪生何长达之伯母也。年二十余失偶，无子。矢志靡他。今年将六十矣。◎抄自李稿。

曹邱氏

孝廉方正邱树桐之女，恩贡曹之杰之嫂，俊秀曹之楷之妻。年二十四而夫殁。立志守节，孝事翁姑。抚侄兴为己子，乡党称之。◎抄自李稿。

巫李氏

恩贡李国材之侄女，上江外委巫廷襄之妻也。其夫在任殉难，无子息。氏矢志柏舟，守节归母家。后十余年，死于乱。◎抄自李稿。

李梁氏

青年丧偶，矢志坚贞，上有翁姑，下无子息。氏送终养老，之死靡他。◎抄自李稿。

刘宣氏

营兵刘应祥之妻，庠生宣学贤之妹。年十九，夫亡无出，茹苦守节，二十余年无他志。◎抄自李稿。

林李氏

庠生林大农之妻。年二十余夫亡，以针黹自给，足不出户庭者三十年。闾里贤之。◎抄自李稿。

罗周氏

邑拔贡罗新楷之媳，俊秀罗琪玉之妻，处士周良桂之女也。十七于归，十九夫殁。立志守节，事翁姑惟谨。翁姑殁，经理丧葬，居然孝子。己无所出，踽踽茕茕。迎孀母周刘氏同居。母女二人，俱矢清操，相依为命，节之苦者也。光绪十年学院杨赠“台筑怀清”匾额。十七年抚院潘、学院杨题奏奉旨旌表建坊。◎抄自李稿。

梁李氏

文生梁自成之母。夫早逝，苦操针黹，抚子成名。光绪十三年，学院杨赠给“松筠晚翠”匾额。◎抄自李稿。

石蒙氏

俊秀石炳芳之妻。夫殁时二十一岁。青年守节，白首完贞。代夫尽职，孝事翁姑；教子成家，勤操耕读。光绪十年学院杨题赠匾额。经内阁中书李锡龄呈报礼部题旌奏十三年十二月十九日奉旨旌表，坊待建。◎抄自李稿。

刘邓氏

夫疾不愈，割股肉以医之。◎抄自李稿。

王李氏

邑拔贡王锦之媳，俊秀王培元之妻，拔贡王国骏之母，处士李习文之女也。幼失怙恃。年十四于归。适清咸丰初年乱，城陷。时阿翁服官桂岭，板舆迎养。氏随祖父母及阿姑赴任所。旋举三子：国泰、国骏、国骧。及不数年而夫亡，祖父母及阿翁、长子相继去世，经营丧葬，宦囊已空。上遗孀姑，下有幼子，异乡羁旅，生计维难。乃多方筹措，奉姑携子归里。抵家后，清理旧业，薄有余粮；又午夜篝灯，辛勤针黹。事姑尽孝，教子成名。洎姑氏见背，营葬营斋，代夫尽道。每念桂岭先茔，时欲狐丘正首。虽其志未遂，而孝行已属可嘉，贞操尤堪足式。清光绪二十八年蒙前抚部庞、学院朱汇奏奉准旌表。享年八十有一而殁。◎采自杨稿。

高韦氏

邑庠生赏蓝翎候选训导高凤翔之媳，俊秀高云涛之继室，处士韦钦之女。年十八于归，事翁姑孝，遇有病，亲侍汤药，衣不解带。清咸丰辛酉城陷，翁姑殉难。氏携前妇子女随夫逃避广西新城县。夫以笔札为生，氏以针黹补助。虽茹苦含辛，而夫妇之间，伉俪甚笃。乃未几而夫殁，旅衬未厝，子女复相继夭亡。惟氏一人，异乡孤零，茕茕孑立，痛不欲生。时年方廿六也。然氏矢志柏舟，始终不改。及乱平返荔，膝下空虚，乃延住广西南丹属里湖村族孙高炆、高煌两兄弟来舍抚养，借慰寂寞。后炆孙家称富有，煌孙名登拔萃，氏之教也。乡人钦慕，联名公举节孝，蒙前学院朱给予“冰霜坚整”四字匾额；并会同抚部院庞题奏奉准旌表。年七十有五而殁。◎采自杨稿。

陈朱氏

邑俊秀陈金文之媳，花翎游击借补都匀协麻哈汛千总陈玉山之妻，处士朱本崇之女也。年十八于归，未五年而夫殁，遗子女各一。时宦囊羞涩，景况萧条。百计经营，丧葬尽礼。矢志守节，以女红度日。乃不数年而孤子夭，女适贡生杨树荃亦旋踵而逝。孤零一身，形影相吊。然氏誓矢靡他，贞操不改，乡里称之。后经民政部主事张玉麟呈请礼部题奏，清光绪三十四年二月奉准旌表建坊。乃坊未建而病殁，享寿六十有九。◎采自杨稿。

高秦氏

邑处士高云注之媳，廪生高树杬之妻，中学毕业生高炯之母，俊秀秦文云之女。年廿一，失所天。上遗六旬孀姑，下有及龄幼子。夫弟树楠仅八岁，夫妹瑞全年十六未字。薄有田谷，仅敷半年。白头黄口，度日维艰，事畜之责，系于一身。氏不避艰苦，矢志靡他，毅然一肩独任。夫妹瑞全，亦立誓不嫁，同作伴侣。井臼躬操，借针黹度活。每值姑病，亲侍汤药，未尝废离。及姑殁，哀毁异常，丧葬尽礼。其孝可钦，其贞足式，乡里称之。现年逾古稀，精神尚健，殆天所以佑善人云。◎采自杨稿。

黄邓氏

俊秀黄金鳌之妻，拔贡生历署山东州县黄泽沛之祖母也。年十六赋于归。清咸丰辛酉城陷夫亡，全家俱与难，外氏亦几绝，仅存舅侄锦廷、锦成兄弟二人。一线苟延，伤悼曷极。时氏年方二九，悼念黄氏一脉，既无余子，若不早为之计，势不免若敖其馁。乃抚舅侄锦成为嗣，更名钦臣。时地方未靖，携子逃避粤西，以针黹度日。及城复归来，为谋室家，筹资本作小生理，家计稍裕。乃锦廷、锦成又相继殁，氏痛不欲生。差幸遗孙二：长泽沛、次泽霖。氏复呕尽心血，抚养教诲。卒泽沛名列拔萃，历掌山东州县篆；泽霖亦能克家。乡里咸称为茹苦守节之报焉。光绪二十五年，蒙前学院傅赏给“贞徽永播”四字；并会同前巡抚部题奏，奉旨旌表。殁年七十八岁。◎采自杨稿。

罗覃氏

时来里甲埲村清文生罗荣贵之嫡母。夫早逝，氏无出。篷室生荣贵而出姓。氏矢志守节，抚荣贵，以养以教，荣贵卒成名。蒙学院题赠“冬心独抱”四字匾额。

罗何氏

夫早逝，子女皆殇，守节终老。

钦命贵州全省提督学院翰林院编修加三级录五次陈题赠“苦节高龄”四字。并序云：“节妇罗何氏系故民罗廷辅之妻，监生何其华之女，文生何其惠、何其荣之侄女，增生何廷瓒之堂妹，监生何级辉、文生何星辉、武生何光辉之堂姑母。幼娴四德，长备三从。有子女皆殇，年廿九夫殁，矢志柏舟，贫而无怨。现年七十七岁。光绪十六年八月初一日题。”

卷末　杂录志

杂　录

清嘉庆二年玉屏山崩。十年地震。十七年彗星现于西方。

清道光二年地动，又大饥。三年旱。五年大饥，人相食。十七年，玉屏山崩。二十三年七月彗星现于南方；七夕，西南角天开一道，声如裂帛。二十四年春三月大疫。

清咸丰七年六月，雷震文庙大成门右柱。八年正月，彗星现于西方，九月大火。九年八月，有星坠于城北，其声若雷。冬十月大火。

清同治三年十一月笋发如春，大旱。四年大疫，九月有大鹰群飞蔽日，自西而东。五年四月，黑气起城南，逾时始散；大饥，人相食。六年六月大疫。八年十月大雨雹，大风拔木，屋瓦飞。十年五月大水。十一年十一月大火；虎毙人数百。十二年九月大风雷，大雨雹，雹大如鸡卵，草木皆折。十三年瘈狗毙人畜，不计其数。

清光绪元年二月大雷电、大雨雹，大风拔木，屋瓦飞，蒙石里水龙村压死人民十余口；五月五日卯刻地震二次。二年七月雨雹，伤稼，继至八月不雨，大饥。三年二月大风雷，大雨雹，伤麦。◎以上采自李稿。

五年三月雷震文庙钟鼓楼。八年七月彗星现东南方。◎采自杨稿。

民国六年十二月大火，延烧城内十字街商店民房数十座。十四年夏大旱。十五年大饥，斗米一百二十毫，道馑相望，死者不计其数。◎采自杨稿。

三十年夏大旱。三十一年夏大水。三十二年夏末秋初，螟虫蚀尽稻叶稻茎，秋收损失甚巨。

民国二十九年，播瑶乡男女妇孺被虎咬死者五六十人。三十二年豺狼白昼结队游行，但未闻伤害人畜。

民国三十一年秋，霍乱流行，各乡均有死亡，而以播瑶、驾欧两乡为重，各死亡男女三四百人。三十二年秋，洞塘乡染霍乱症死者亦多。

吴大

元末明初，瑶庆里板央村有吴大者，短小精悍，铁额铜头，身披犀甲，矢炮不能入，所执戟重百余斤，上阵如飞，人咸畏之。◎采自杨稿。

覃氏祖

旧县后村覃氏祖，忘其名，长身高颧，有勇力。清扬威将军哈元生南征至杨拱，覃仗剑请谒。哈异之，令试其技。覃以石臼为盔，牛皮为甲，大木为杆，运动风生。哈大悦，厚赐之归。◎采自杨稿。

某道士

清道光二十七年，有道士身披破袄，肩担漆藤，神骨苍老，憩于城东之龙王庙。不饮不食，善以符咒治病，沉疴立起。人厚馈之，尽倾以施贫乏。常自吟云："壶里春秋多岁月，胸中经史大文章。自从悟彻菩提树，看透人间万古忙。"居数月，不知所之。◎采自杨稿。

苏琼

不知何许人,夫妇寄居荔波,不茹荤,不饮酒。以米面为团,实糖于内,外加红米裹之,名曰“喜团粑”。蒸熟,鬻于市以自给。夫妇同日尸解。茅屋数椽,忽生异草,香透一室。◎采自杨稿。

黄姓妇

瑶庆里有黄姓妇,偕一子方七岁,耕于山。有虎突至,扑妇于地,将噬之。其子不知为虎,以小木击之,虎舍妇而遁。◎采自杨稿。

姚煦

义仆姚煦。邑先正何振新撰《姚义仆志略》云:“闲读《后汉书·独行传》,李善以男仆抚幼主,乳为生湩,窃疑善即爱主,第男身,安所得妇乳?及闻城东平寨父老谈姚义仆乳幼主事与善同,始信古人不我欺也。义仆姓姚名煦,无字,邑之瑶庆里巴恒村人。佣于平寨蒙早家。值大疫,早生一子,三日身故,再三日其妻继亡。族人见是呱呱方六日,群谓稚甚,不可养,以属义仆,听其自为。义仆保抱心诚。求啼则以己乳注饴浆使吮。久之,乳长大,如有儿妇。试挼之,果生湩,给幼主食。早族人奇之,属以家产,听其自为。义仆抚主耕田,一岁所入,衣食外,余则藏之,分毫不苟。幼主亦视之如母。自襁褓至成童,无须臾离。十六岁完婚,高会族人亲戚于堂前。义仆稽首曰:‘仆兢兢业业,十六年于斯,主人今日有室矣。仆亦身老力衰,敢谢诸公,敬从此辞。’其幼主闻之,趋而前,双手抱其颈曰:‘哥何往!哥何往!’泪涔涔下。义仆因之泪,满堂观者,亦莫不泪。幼主名秋桂,自能言,即以哥呼义仆。

“论曰：仆之事主，犹臣之事君，大小一也。若义仆者，不惟可为霍光，且可几孔明。如宋太祖者，其愧于斯人乎！王莽、曹操之流，则不堪为仆者也。昔光武于李善，不嫌其为仆而官之，亦以其为仆而忠主，则为臣必忠君也。乃姚煦之事，昔则无闻于朝，今将有闻于里。余心惄焉，志之以俟采风者。”◎抄自杨稿。

韦荣

韦荣，清初恒丰里人，其父因案被押古州。荣往来照料，苦岩鹰滩之险，不利行船。乃凿通之。古州道嘉其功，免父罪，并禀准免恒丰里廷牌、红罕、木陀、地两、务条、地哀、梅甫等村丁粮。后因案，充毕节，现繁衍数百户云。

覃开榜

覃开榜，清乾隆时从善里人，力大，能将两手合围树子连根拔起飞舞，能两手紧握百斤重黄牛四肢，抛上高楼。亦异人也。

附　志

荔波县志整理委员会组织规程

第一条　本会以整理县志旧稿并采访编纂遗漏及新有事实，完成付印为目的，特订定本规程。

第二条　旧志稿之体裁文字，除必须修改者外，得仍其旧。

第三条　本会设委员若干人，由县政府聘地方公正绅耆及热心文化人士组织之。

第四条　本会设主任委员一人，由县长兼任，综理全会事务；并就委员中推定一人为副主任委员，负责襄办本会事务及总编纂之责。

第五条　本会委员均负采访审核及校对之责;并由本会聘各乡镇长、各中心学校校长及各乡镇热心文化人士为采访员,分头采访(采访范围另定之)。

第六条　副主任委员先将旧志稿分送本会各委员轮流阅读,签注意见,限期转交副主任委员汇交本会初次审核。

第七条　各委员签注意见,经本会审核通过后,再交副主任委员从事整理。

第八条　采访所得事实,经本会审核通过后,交副主任委员从事编纂。

第九条　全部志书,整理编纂完竣后,送交各委员轮流修饰润色,复经主任委员审核,即行付印。

第十条　本会暂定采访阅读时期为两个月,整理编纂时期为两个月,修饰润色时期为一个月,缮正校对时期为一个月,共计六个月。必要时得呈请县政府延长之。但延长时时期不得超过三个月以上。

第十一条　本会设书记、工役各一人,处理日常事务;必要时得呈请县政府增设临时书记若干人。

第十二条　本会除副主任委员及书记为有给职外,其余委员及采访员均为无给职。惟整理结束后,得由主任委员酌致酬金,以慰辛劳。

第十三条　本会办公费每月暂定为一百元,实支实报。必要时得呈请县政府增加。

第十四条　本会经临各费,由会拟具概算,呈请县政府筹发。按月领取支付,取据报销。

第十五条　印刷费俟届时议价确定后,再由本会呈请县政府筹发。

第十六条　本规程自呈请县政府核准公布之日实施。

第十七条　本规程如有未尽事宜,得呈请县政府修改之。

荔波县县志整理委员会经费支出计算书〔单位 元〕

科目	支出数		附注
第一款 县志整理委员会经费	10 000	00	
第一项 经费	6 205	00	以八个半月计，自三十二年三月十六日起至十一月底止
第一目 俸给	5 100	00	
第一节 副主任委员薪津	2 550	00	月支300元，生活津贴及实物补助在内
第二节 书记薪津	1 700	00	月支200元，生活津贴及实物补助在内
第三节 工役生活费	850	00	月支100元，生活津贴及实物补助在内
第二目 办公费	1 105	00	
第一节 笔墨纸张费	510	00	月支60元
第二节 灯油费	255	00	月支30元
第三节 邮电费	85	00	月支10元
第四节 杂支费	255	00	月支30元
第二项 临时费	3 795	00	
第一目 缮写费	2 269	00	
第一节 缮写工资	2 000	00	
第二节 纸张费	269	00	
第二目 酬劳费	726	00	
第一节 酬劳费	726	00	
第三目 旅费	800	00	

续　表

<table>
<tr><th>科　　目</th><th colspan="2">支出数</th><th>附　　注</th></tr>
<tr><td>第一节　旅费</td><td>800</td><td>00</td><td></td></tr>
<tr><td colspan="4">附记
1. 缮写费继因物价增高，不敷甚巨，乃将三十三年度文献委员会事业费二千八百四十元挹注开支。
2. 敌寇沦陷铁散后重行编整，并无待遇，仅由政府发给缮写费国币壹拾万元正（三十六年三月五日支付）。
3. 印刷费 计　部，共去国币　元正。</td></tr>
</table>

后　记

九届荔波县县政协为了抢救荔波珍贵文化遗产，对明清民国的荔波古籍进行点校出版，以丰富荔波广大读者的历史知识，丰厚荔波文化旅游底蕴。

荔波现存最早的一部县志是郑珍的《荔波县志稿》，其次是苏忠廷、李肇同、董成烈、邓君瑞编纂的《荔波县志》十三卷，民国时只有潘一志等十人编纂的《荔波县志稿》九卷，1998 年蒙忠福主编《荔波县志》一部，2017 年邓贤海主编《荔波县志》一部。现存的这五部县志，全面记述了荔波历史的林林总总、方方面面。

潘一志总纂的民国《荔波县志稿》编纂于 1943 年，成书于 1944 年；1984 年荔波县志办公室钢板刻印一百多套八卷本，印发全县各单位。2017 年由上海古籍出版社出版繁体本. 这部繁体本由贵州民族大学图书馆和贵州水书文化研究院共同点校。2018 年为了方便荔波全县使用，荔波县政协开展了点校工作，2019 年出版这套简体本。这套简体本，以繁体本为点校底本，对照解放初存放在档案馆的手抄本和一九八四年钢板刻印本，纠正了繁体本二百多处与原版不符之处。2018 年先由何羡坤、潘茂金、谭宝刚单独对四十七万字的繁体本进行了点校核对，用时三个月。然后三人又集中在荔波县政协文史委办公室进行各人修改处的比对，商定修改的最终意见，用时十天。简体本由出版社拿出初稿后，2019 年三人又再次校对一遍。总之，按照繁体变简体，标点断句对照原著原文不变的原则开展点校。

荔波有编纂县志的优良传统，为本县留存了珍贵的文化遗产。清代荔波人李国材曾著《荔波县志引》若干卷，他儿子李肇同参与了清光绪《荔波县志》十三卷的编纂，他孙子李西长参与了潘一志总纂的民国《荔波县志稿》九卷的编纂。一家三代，一门三人，为荔波县志编纂作出贡献，这在荔波绝无仅有，令人感佩！

潘一志先生总纂的《荔波县志稿》九卷，是荔波仅有的一部民国县志，四十七万字的志书反映了民国及其以前的历史概貌。没有这部志书，无从查阅民国荔波历史，此志的珍贵与重要，自不待说。潘一志历任荔波县各族各界委员会副主席、三都县副县长、黔南州政协副主席、全国政协委员，在公务繁忙之际，他勤奋搜集，挑灯伏案，编写了《水族社会历史资料稿》和《潘一志诗词集》两本书稿，他是荔波志书、民族文化、诗词的集大成者。

2019 年县政协出版潘一志总纂的民国《荔波县志稿》，时间匆促，难免有不足之处，敬请读者指正。

编者　2019 年 6 月

图书在版编目(CIP)数据

荔波县志稿：点校本 / 潘一志主纂；何羡坤，潘茂金，谭宝刚点校. —上海：上海古籍出版社，2019.8
ISBN 978-7-5325-9271-5

Ⅰ.①荔… Ⅱ.①潘… ②何… ③潘… ④谭… Ⅲ.①荔波县—地方志 Ⅳ.①K297.34

中国版本图书馆 CIP 数据核字(2019)第 130051 号

荔波县志稿

【点校本】

潘一志　主纂

何羡坤　潘茂金　谭宝刚　点校

上海古籍出版社出版发行

（上海瑞金二路 272 号　邮政编码 200020）

（1）网址：www.guji.com.cn

（2）E-mail：guji1@guji.com.cn

（3）易文网网址：www.ewen.co

启东市人民印刷有限公司印刷

开本 890×1240　1/32　印张 16.5　插页 3　字数 414,000

2019 年 8 月第 1 版　2019 年 8 月第 1 次印刷

ISBN 978-7-5325-9271-5

K·2669　定价：78.00 元